JN425624

사대기서와 중국문화

고려대학교핵심교양 5

四 大 奇 書

사대기서와 중국문화

최용철

KOREA UNIVERSITY PRESS
고려대학교
출판문화원

이 저서는 2016년 대한민국 교육부와 한국연구재단의 지원을 받아 수행된 연구임
(NRF-2016S1A6A40109080)

고려대학교 기초교육원과 출판문화원의 집필지원을 받아 저술됨

책머리에

중국문학사에서 「사대기서」는 거대한 산맥과 같다. 중국 문학의 핵심 내용을 양분하면 시가와 소설로 나뉘는데 소설사에서 장편소설의 대표로 드러난 것이 바로 명대의 「사대기서」다. 이 「사대기서」는 『삼국지(연의)』, 『수호전』, 『서유기』, 『금병매』 등의 네 작품을 한꺼번에 아우르는 이름이다. 이 네 작품은 형성 과정이나 간행 시기도 다르고 작품의 주제와 등장인물도 전혀 다르지만 오히려 네 가지 유형의 장편소설을 대표하는 작품으로 선정되어 천하의 기서가 되었다. 일찍이 명나라 말에 「사대기서」로 확정되어서 지난 수백 년간 중국 전역은 물론 한국, 일본, 베트남 등지에 널리 퍼지고 근대 이후에는 동남아시아, 유럽까지 널리 알려지게 되었다. 청나라 때 나온 『홍루몽』까지 포함하여 「오대명저」 혹은 「오대기서」라고도 했으니 실로 중원의 드넓은 하늘을 떠받치고 있는 오악과도 비유될 수 있는 작품이라고 하겠다. 동서남북의 사방과 중앙의 각 지역을 대표하여 당당하게 우뚝 솟은 다섯 명산의 이미지와 닮아 있다. 하지만 우리나라에서는 여전히 「사대기서」의 이름으로 널리 알려져 있기에 「사대기서」에만 집중하여 중국문화를 살펴보려는 입장에서 서술하고자 했다.

사실 중국이나 우리나라를 막론하고 「사대기서」를 동시에 다루는 책은 그다지 많지 않다. 개별 작품 하나씩 살펴보아도 매우 방대하고 복잡한 내용이 들어있어서 이 네 작품을 동시에 다루고자 하는 엄두를 내기가 힘들기 때문이다. 그런데 한국에서는 현재 『삼국지』 또는 『삼국지연의』를 대상으로 하는 일반 교양서는 많이 출판되었지만 나머지 『수호전』, 『서유기』, 『금병매』에 대한 전문서 혹은 교양서는 매우 드문 게 현실이다. 본서의 참고문헌에 보이는 몇 권이 거의 전부라고 할 수 있다. 그러나 한국에서는 일반 교양인으로서 또한 대학생으로서 「사대기서」를 한꺼번에 살펴보고 상호 관련성을 알아보고자 하는 많은 독자들이 있다. 본서는 이러한 독자층의 수요에 부응하기 위하여 기획된 책이어서 되도록 평이한 문체로 쉽게 이해할 수 있도록 서술했다.

필자는 「사대기서」를 어떤 방식으로 소개할 것인가에 대해 많은 고민을 하였다. 독자들의 눈높이에 맞추어 가장 혁신적이고 기발한 방법으로 오늘날 우리의 대중문화에 녹아서 전파되고 있는 다양하게 변형된 이야기의 원소를 찾아서 그 DNA를 역으로 추적할 수도 있을 것이다. 「사대기서」의 다양한 요소가 오늘날 한국을 비롯하여 일본 등지의 여러 나라 대중문화에 깊숙이 스며들어 있는 것은 사실이다. 그러나 그 요소요소의 핵심적 내용과 그들의 역사적 변천 및 해외 대중문화에서의 변용과정 등을 밝히는 일은 「사대기서」 연구에서 비교적 후속 과제에 속하는 일이다. 따라서 필자는 그러한 연구 방식을 여기서는 잠시 유예하기로 했다. 아직 국내에는 「사대기서」의 기본적인 사실조차 제대로 정리된 책이 없기 때문이다. 기본서가 완성되면 그 다음에는 아주 기발한 아이디어로 매우 다양한 접근을 시도해볼 수 있을 것으로 기대하고 있다. 그래서 이제 조금은 유감스럽고 필자 자신도 완전한 호감을 갖는 것은 아니지만 비교적 전통적인 서술 방법을 쓰기로 했다. 「사대기서」가 어떻게 형성되었고, 어떻게 전파되었으며 어떠한 인물과 주제와 구성으로 이루어졌는지를 각각 체계적으로 살펴보는 것이다. 그리고 독자들이 기억해 두면 좋을 만한 명장면을 선정하여 분석하고 작품 상호 간의 구체적인 관련성을 살펴서 비교하며 작품에 반영된 다양한 문화 요소 등을 고찰하고 끝으로 한국에서의 전래 상황을 기술하는 순서로 안배하였다. 그러나 아쉽게도 본서에서는 편폭상의 제한으로 말미암아 각각의 작품마다 다양하고 풍부한 구체적인 비교연구나 문화적 현상을 모두 담지 못하였고 또 동아시아 다른 나라에 널리 전해진 구체적인 전파 상황도 모두 다루지 못하였다. 향후에 개별 연구로 진행될 수 있는 과제들이다.

본서는 일반 교양서로서 기획된 책이므로 전문적인 주석을 최소한으로 줄이고 권두에 「사대기서의 세계」를 한눈에 살필 수 있는 「프롤로그」를 배치하고 권말에 「에필로그」로 마무리하면서 「사대기서」를 바라보는 다양한 시각을 소개하였다. 「사대기서」의 각 작품을 읽다보면 어떤 대목은 어디선가 앞서 보았던 것 같은 기시감을 느끼는 때가 많다. 시대적 배경에서 보면 『삼국지연의』는 삼국시대의 이야기로 가장 오랜 전승 과정을 거쳤고, 『서유기』는 당나라 때, 『수호전』은 송나라 때 이야기로서 모두 남송 때 설화인들의 입을 통해 구술되었고 송원의 연극인들에 의해 무대에 올려 공연되었다. 비슷한 시기에 관중들의 환영을 받기 위해 설화인들이나 연극인들은 서로 경쟁적으로 자신의 이야기를 멋지게 표현하였고 강사화본으로 출판될 때는 이미 상당한 요소들이 상호 영향을 끼치게 되었다. 내용상으로 시대를 거슬러 올라갈 수는 없었지만 서사 기법은 상호간에 적극 차용하게 되었다. 양산호걸들의 흥미로운 싸움 장면이나 서천취경의 환상적 묘사가 삼국 이야기의 서사 방식에도 조금씩 영향 주었고 유명인물의 별명이나 전투 수법은 그대로 다른 작품에 영향을 주었다. 수호인물의 별명을 보면 제갈량보다 낫다고 오용을 가량선생이라 했고, 관우의 수염을 닮았다고 주동을 미염공이라 했으며, 허구로 만들어진 삼국인물 관색을 이어받아 수호인물 양웅에게 병관색의 별명을 붙이고 있다. 탁탑천왕은 수호인물 조개와 서유인물 이천왕에게 모두 사용되고 있으며 서유인물 혼세마왕은 수호에서 번서의 별명이지만 훗날 『홍루몽』의 주인공 가보옥에게 왕부인이 붙여준 별명이기도 했으니 그 전통이 유구하다. 이처럼 「사대기서」 상호 간의 영향 관계는 뿌리가 깊다. 결의형제 대목은 『삼국지』에서 유비를 중심으로 하는 도원결의가 가장 인상적이지만 『수호전』에도 도처에 나오고 심지어 양산박 백팔호걸이 모두 의

형제나 마찬가지다. 『서유기』에서도 손오공이 화과산에서 있을 때 우마왕 등의 요괴들과 결의형제를 맺어 후에 화염산의 불을 끄려고 파초선을 빌리려 할 때 철선공주에게 그 인연을 내세워 설득하려고 하는 대목이 있다. 오로지 돈과 권세만 따르는 『금병매』의 시정잡배들조차 결의형제를 하고 함께 술집을 들락거리지만 서문경 사후에는 의리라고는 찾아볼 수 없는 행태를 보이는 것은 반면교사로서의 모습을 보여주기 위한 것이다. 「사대기서」를 종합적으로 보고 이해해야 하는 까닭이 여기에 있다.

「사대기서」는 네 권의 작품이지만 장편소설의 횟수로 총 440회에 이르는 방대한 분량이고 그 속에 중국 고대의 다양한 문화를 포함하고 있다. 위로 국가 창업의 역사와 문물제도의 운용에서부터 아래로 민속 신앙과 민간 연예의 활용에 이르기까지 오늘날까지 면면히 이어지는 전통문화를 각양각색의 모습으로 담고 있다. 본서에서는 숫자 문화와 오행사상 등 일부 흥미로운 몇 가지를 문제를 다루어 보았지만, 다양한 문화적 요소를 모두 찾아서 보여줄 수 없어 안타깝다. 본시 「사대기서」에 관련된 자료는 수없이 많지만 본서에서는 이를 최소화하여 작품별로 반드시 필요한 도표를 몇 장으로 압축하여 제시하였음을 밝힌다.

「사대기서」 자체에 풍부한 전통문화를 담고 있고 또 「사대기서」가 형성되어 전파된 이후 중국에서는 이를 바탕으로 하는 새로운 문화가 풍부하게 만들어져서 오늘날까지 문화의 전통으로 전해지고 있다. 본서는 바로 이러한 점을 고려하여 『사대기서와 중국문화』로 표제를 잡게 되었다. 이 책을 통해 잠시 「사대기서」의 멋진 세계에 들어가서 재미있는 소설을 통해 폭넓은 중국문화와의 즐거운 만남이 이루어지기를 기대하는 바이다.

2018년 12월 17일

연홍헌에서 최용철

차례

제7장 사대기서의 명장면

제8장 사대기서의 비교론

제9장 사대기서의 문화론

제1장 프롤로그

「사대기서」는 중국 명나라 때 나온 네 가지 장편소설을 합쳐서 이르는 말이다. 중국에서도 명나라 말기에 이러한 칭호가 생겨났고 수많은 장편소설 중에서 네 가지 유형의 대표작으로 자리매김되었고 최고의 가치를 부여받았다. 청대 이후 동아시아 전역에 「사대기서」가 급속하게 전파되면서 각국에 깊은 영향을 끼치게 되었으므로 오늘날 「사대기서」는 이미 어느 한 시대, 한 지역에서만 유행한 일부 작품이라는 인식에서 벗어나 중국소설을 대표하는 작품, 전근대시기 동아시아의 고전을 대표하는 명작으로 인식하게 되었다.

중국소설은 중국 문학의 중요한 갈래에 속한다. 중국문학사의 시작은 시가(詩歌)로부터 비롯되었지만 사실은 그에 앞서 이미 신화와 전설의 이야기가 전래되고 있었다. 이야기를 만들고 이야기를 전하고 또 이야기를 즐기는 것은 인간의 가장 원초적인 재능이며 또한 즐거움이다. 글자를 모르고 문학의 원리를 이해하지 못하는 시골의 노인들이라도 이야기의 행복한 즐거움을 얼마든지 누리고 살아간다. 원시시대로부터 할아버지에서 손자로 이어져 입에서 입으로 구전되는 가족의 이야기, 마을의 이야기, 민족의 이야기가 신화가 되고 전설이 되어 하나의 체계를 이루어 한 민족, 한 나라의 구비·서사문학을 이룬다. 소설은 신화와 전설로부터 이야기의 전통과 기법을 이어받았으며 문학의 발전단계상 초기에서 마지막에 이르기까지 줄곧 변화와 발전을 거듭하였다. 작은 이야기의 의미로 '소설'이라고 하던 초기의 명칭은 전기(傳奇)와 화본(話本) 등의 다양한 과정을 거쳐서 오늘날 방대한 대하(大河)장편에 이르러서도 여전히 '소설'의 이름을 쓰게 되었다. 짧고 비현실적인 괴이한 이야기로부터 세간에 떠도는 다양한 소문과 유명 인사의 갖가지 에피소드를 지괴와 지인소설이라고 불렀고, 좀 더 탄탄한 구성과 개성적인 인물을 갖춘 독특한 이야기를 전기라고 하였다. 단순하고 짧은 환상적인 이야기에서 삶의 현장을 비추고 인정세태를 갖춘 화본소설로 발전하였고 급기야 설화인들 공동의 노력으로 이룩한 장편 강사화본이 책으로 엮어져 남게 되었다. 송원 이후 본격적인 통속소설이 그렇게 형성되었고 원말 명초에는 장편의 강사화본을 기초로 한 『삼국지』와 『수호전』의 초기 판본이 그렇게 만들어졌고, 명대 중기에 나온 판본이 현존하고 있으며 이어서 『서유기』와 『금병매』도 곧바로 출현하게 되었던 것이다. 이때 나온 수많은 장편소설 가운데 가장 뛰어나며 유형별로 대표작이라고 할 수 있는 네 작품이 선별되어 「사대기서」로 불리게 되었으니 그게 바로 『삼국지』, 『수호전』, 『서유기』, 『금병매』였던 것이다.

중국의 역사와 문화를 이해하고 중국인의 생각과 삶의 모습을 살펴볼 수 있는 것으로는 소설만한 것이 없다. 중국문학사의 흐름을 보면 시사와 같은 서정(抒情)문학과 소설, 희곡과 같은 서사(敍事)문학으로 나뉠 수 있는데, 서사문학의 대표는 바로 소설이다. 소설에는 작가의 사상과 문화가 그대로 반영되는데 당연히 동시대의 역사관, 사회관도 낱낱이 드러나며 등장인물의 삶을 통해서 당시 중국인들의 현실과 이상을 가늠해 볼 수 있다.

1. 사대기서를 바라보는 시각

그러나 역사상 「사대기서」가 줄곧 환영만 받아온 것은 아니었다. 유교적 정통문학관을 가진 문인 계층에서는 우선 통속소설에 대해 부정적으로 인식하였고 특히 통속소설의 대표적인 작품이라고 할 수 있는 「사대기서」에 대해 조목조목 반박하면서 청소년과 부녀자들을 비롯한 사회 각계 각층에 해악을 끼칠 것이라고 강조하였다. 중국에서도 이러한 소설을 좋아하고 평점을 달았던 인물이 정통유학의 반역아로 불리는 명말 청초의 이탁오(李卓吾)나 김성탄(金聖嘆) 등이었다는 점에서 보수적인 문인들은 이에 가까이 접근하기를 꺼려하였던 것이다.

「사대기서」중에서 『삼국지』에 대한 비판에서는 그래도 비교적 온건하였고 조금은 우호적이었다. 아무래도 충의를 강조하고 있다는 점에서, 그리고 역사적 지식을 조금이라도 얻을 수 있다는 판단에서 좋게 보았을 것이다.

명대 중기 이후의 중국에서 소설은 중류층 문인들에 의해 만들어지고 간행되었으며 강남 지역 문화 상인들의 적극적인 노력으로 인하여 급속하게 전파되고 있었다. 그러므로 이중의 문화층을 갖고 있는 중국에서 황실이나 조정 대신 사이에서 소설의 문제가 심각하게 논의된 적은 거의 없었다. 하지만 조선에서는 16세기 이래 명청소설이 급속하게 유행하고 연행사절단에 의해 수많은 작품이 속속 유입됨에 따라 조정에서도 직접 소설의 문제가 논의되기 시작하였고 18세기 후기에는 국왕이 직접 소설과 잡서의 수입을 금지한다고 천명하기까지 하였다.

조선 명종(明宗) 연간에 『삼국지연의』가 전파되고 조선의 활자본이 간행되었을 때 저명한 유학자 기대승(奇大升)은 국왕 선조(宣祖) 앞에서 노골적으로 이 책의 황당함을 파헤치면서 조정 대신이 이 책을 간행하고 왕실에서조차 즐겨 읽는 일의 부당함을 강조하였다. 그것은 우연히 자신도 모르게 『삼국지』의 한 구절을 인용한 선조 대왕에 대한 엄준한 비판이었으며 또한 이에 앞서 조정 대신으로서 『전등신화』와 『삼국지통속연의』

를 교서관에서 간행하도록 한 윤춘년(尹春年)과 같은 이를 강력히 응징하기 위한 포문이었다. 윤춘년은 소설이나 시문학에 비교적 관대한 문인으로서 스스로 나서서 소설과 시화의 간행을 선도하고 주선하였다. 그러나 그가 실각하자 곧바로 유교적 사상으로 무장된 기대승 같은 대신이 앞 시대의 이러한 느슨한 조치에 대해 적폐 청산의 대상으로 삼았던 것이다. 후대에 이르면 그래도 소설 『삼국지』는 청소년들에게 독서 취미를 진작시킬 수 있는 권장 도서로 인식되었으므로 어린 시절의 국왕 고종(高宗)에게 이 책을 읽고 역사를 익히는 방편으로 삼기를 권하는 말도 나온다.

그러나 여전히 『수호전』과 『금병매』에 대해서는 강력하게 반대하였고 각각 도적질을 가르치는 회도(誨盜)소설이니 음란함을 부추기는 회음(誨淫)소설이라고 비난하였고 유교적 문인들은 불교와 도교의 환상적 내용을 담고 있는 『서유기』에 대해서도 탐탁하게 여기지 않았다.

오늘날에도 중국에는 자신의 자녀에게 『수호전』을 제대로 읽혀야 하는지를 고민하는 학부모가 많다고 한다. 단순히 고전 명저로서 이러한 책이 있다는 정도로만 알게 하는 것이라면 모르겠거니와 도적질과 강도질을 일삼고 있는 수호인물의 행위 하나하나를 어떻게 어린아이들에게 알아듣기 쉽게 설명할 수 있겠느냐는 것이다.

소설의 시작에서 까닭 없이 모함을 받고 모진 학대를 받은 후에 급기야 반역의 길로 들어서는 임충이나 억울하게 죽은 형 무대의 원수를 갚는 무송의 이야기를 이해는 한다고 해도 잔인한 살인과 방화 등의 행위는 결코 어린아이들에게 온전하게 이해시키기가 어렵게 된다. 몇몇 사람이 작당을 하여 남의 소중한 짐을 강탈하는 생일 선물 수송단의 탈취 사건이나 양산박 무리들이 떼를 지어 사형을 집행하는 형장을 습격하여 사형수를 탈취하는 이야기는 국가 권력에 대한 심각한 도전이기 때문에 그것 자체로는 도저히 권장할 만한 일이 못되는 것이다.

『서유기』 초반에 손오공이 천상천하를 휘저으며 무서울 것 없이 무소불위의 행패를 저지르며 스스로 제천대성이라고 부르며 그야말로 하늘 높은 줄을 모르고 소동을 부리는 기고만장한 모습은 성인 독자들에게 한

바탕 시원한 카타르시스를 제공하는 역할을 할 수는 있겠지만, 아직 세계관이나 인생관이 정립되지 않은 어린 독자들에게 혼란을 야기하고 세상을 잘못 이해하도록 하는 해독이나 없을지 염려가 되기도 한다. 서천취경의 길에서 신불과 요마의 이분법적인 대결이 이루어지고 있지만, 그 요마 중에는 바로 믿고 따르던 신령이나 보살의 의도에 의해 만들어졌거나 혹은 신불의 실수로 인해 탄생한 요마가 등장하고 이들과 처절한 싸움을 계속해야 하는 취경단의 고통을 생각하면 진지하고 엄숙한 구도의 길에 이 무슨 어린애 장난 같은 넌센스냐고 허탈한 느낌마저 들 수도 있을 것이다. 특히 전근대의 전통사회에서 유교적 사고방식으로 경세와 공명을 중히 여기던 선비들에게 『서유기』의 이야기는 남의 자제의 앞날을 망쳐버리는 못된 책에 다름아닐 것이다.

『금병매』의 경우에는 더욱 말할 게 못된다. 오늘날에 이르러서도 중국에서는 「사대기서」나 「사대명저」에 『금병매』를 포함시키지 않고 청소년용의 교육 도서에서는 거의 이 책을 언급하지 않고 있다. 심지어 「사대기서」의 용어조차 가능한 쓰지 않고 있는 것은 청초부터 쓰이는 이 용어에는 곧 『금병매』가 포함되어 있기 때문일 것이다. 그리하여 사대명저라는 말로 『홍루몽』을 대신 포함시키고 있는 것이다. 『금병매』에는 곳곳에 노골적인 성적 묘사가 들어있다. 청소년은 물론이거니와 성인이라고 하더라도 그 해악을 조심하지 않을 수 없을 것이다. 중국에는 『금병매』를 전문으로 연구하는 학회도 있고 적지 않은 연구자들이 매우 진지하고 심오하게 연구에 임하고 있으며 또한 그 활동이 매우 활발하지만 정부 당국에서는 여전히 사회적인 문제를 야기할 수 있다는 우려를 지우지 못하고 조심스럽게 대응하고 있다. 일반 대중에게는 『금병매』 원전의 완전한 텍스트조차도 출판을 금하려는 전근대적인 태도를 견지하고 있어서 학자들의 불만을 야기하고 있다. 통제 사회로서의 오늘날 중국의 어두운 면이라고도 할 수 있다. 오늘날 『금병매』의 음란성을 훨씬 능가하는 다양한 작품이 난무하고 있고 청소년들이 쉽게 접근할 수 있는 인터넷에는 훨씬 노골적인 성문화가 넘치고 있음에도 불구하고 『금병매』에 대해 보수적인 입장을 취하는 것은 아마도 중국 고전문화의 대표작으로서 「사대기서」의 당당한 위상에 흠이 되지 않을까하는 우려에서 나온 것이 아닐까 생각된다. 그만큼 「사대기서」에 대한 중국인의 자존심은 높다고 할 수 있다. 천안문 사태 때 해외로 망명한 중국 학자가 『수호전』과 『삼국지』를 분석하면서 이 두 작품은 분명 중국문학의 경전으로서 작품의 문체와 예술적 성취를 인정할 수 있지만 사상적인 측면에서 본다면 역대 중국인들에게 더할 수 없는 해악을 끼친 작품이라고 강조하여 많은 사람들의 주목을 받은 바 있다. 중국의 속담에 "젊어서는 수호전을 읽지 말고, 늙어서는 삼국지를 읽지 말라!"고 하는 말이 있는데 이는 『수호전』에서의 잔인무도한 살인과 방화 같은 행위를 사회적인 영웅으로 보는 시각이나 『삼국지』에서 노회한 권모술수나 눈속임 같은 사기수법을 역사적 정당행위로 간주하는 관점 때문에 수많은 젊은이들을 오도하였다고 비판하였다. 이러한 폐해는 결국 중국인의 심성을 피폐하게 만들고 인성을 메마르게 하여 오늘날 중국인의 부정적 이미지를 형성하게 되었다고 비판하기도 하였다. 물론 『쌍전비판』의 작가는 「사대기서」 전체가 그러한 폐단이 있다고는 하지 않았고 오히려 『서유기』나 뒤에 나온 『홍루몽』 같은 작품에서 순수한 자아를 찾고 선량한 본성을 추구하고 있으므로 이들 작품을 통해서 순수한 인간성을 되찾는 노력을 해야 할 것이라고 강조하였다.

2. 우리가 알아야 할 사대기서

명대소설 사대기서는 다양하고 폭넓은 중국문화를 담고 있다. 앞에서 말한 바와 같이 「사대기서」에 그만한 부정적인 시각이 있다면 우리는 지금 왜 「사대기서」를 읽어보아야 한다고 주장하는가. 도대체 이들 책에는 어떤 좋은 점이 있고 어떤 보물이 들어 있으며 어떤 가르침이 있는가. 그러저러한 공리적인 입장을 다 떠나서 적어도 어떤 소설적 재미가 있단 말인가.

중국의 장편소설은 문학의 다양한 장르를 거의 포함하고 있으며 중국의 역사와 문화를 다양하게 담고 있다. 문화를 공부하기 위해 일부러 소설 작품을 찾을 수는 없지만 소설을 통해 문화와 전통을 이해하고 중국인의 인생관과 생생한 삶의 모습을 살펴보는 일은 유용할 것이다. 「사대기서」는 물론 명대 소설에 국한 된 것이지만 명청소설에는 중국의 오랜 역사와 문화가 녹아 흐르며 그 문화가 수백 년이 지난 지금에까지도 면면히 이어져 오고 있음을 감안하면 이를 통해 중국을 이해하는 것은 매우 손쉬운 일이 된다.

「사대기서」는 통속문학의 대표적인 작품이다. 전통적으로 일반 민중에게 많은 영향을 끼친 「사대기서」는 과연 대중들에게 어떠한 문화적 가치를 제공하였을까. 「사대기서」의 각 작품에는 작가가 지향하는 문화적 가치가 담겨져 있다. 독자들은 작품을 적극 수용하고 감상하면서 자연스럽게 작가가 제시하는 문화적 가치에 찬동하게 되고 이를 자신의 가치로 받아들이게 되는 것이다. 『삼국지』에는 모종강의 평본에서 말하는 삼절의 인물이 있다. 제갈량의 지절, 조조의 간절, 관우의 의절이다. 작가는 역사적 정통성을 유비 집단에 집중하고 유비가 백성을 사랑하고 어질고 인자한 정치를 추구하는 정치 성향에 찬사를 보내며, 관우의 강인하고 정의의 화신과 같은 성격과 태도를 그려내고, 제갈량의 충성과 신의와 지혜를 한껏 높여 불후의 영웅으로 만들어 놓는다. 중국 전통의 유교적 정치 관념을 이들에게 적용하여 형상화시킨 것은 역대 문인들이 지닌 최대의 이상이었다. 비록 역사상 실제로 드러나진 않았지만 소설이라는 매체를 통하여 그러한 이상을 실현해 본 것은 결국 민중의 바람과 문인의 이상을 책에서 실현시켜보려는 의도였을 것이다. 『수호전』에서 송강은 양산박의 역량이 최고조에 달했을 때 스스로 몸을 낮추어 황제의 초안을 받아들이고 귀순한다. 이러한 행위에 대해 이미 일부 과격한 부하들로부터 비난을 받았지만 송강은 끝내 굽히지 않았다. 그는 현청의 낮은 아전으로 있었지만 유교적 덕목을 실천하는 이상적인 유생이었다. 그는 이미 지극한 효자였고 청렴한 관리였으며 착한 일을 솔선하여 실천하였고 어려운 이웃을 돕는 사회의 천사였다. '효의흑삼랑'이나 '산동급시우'라는 그의 별호가 그의 면모를 잘 말해준다. 그는 살인범으로 피신을 다니면서도 양산박에 오르기를 거부하였고 끝내 사형장에서 구출되어 양산박의 최고 자리를 차지했을 때 본래 있던 '취의청' 현판을 '충의당'으로 바꾸었다. 그에게 있어서 의로움은 충성스러움과 함께 있을 때에 비로소 의미가 있었던 것이다. 그의 이상은 결국 나라 안이 어지러우면 '하늘을 대신하여 도를 행하고(替天行道)', 나라밖에 외환이 있으면 '하늘을 따라 나라를 지켜야 한다(順天護國)'는 것이었다. 전근대시기에 민중들은 이러한 송강의 가치기준에 절대적으로 공감을 드러냈다. 『수호전』이 새로운 정권을 창출하는 창업의 이야기가 아니라 도탄에 빠진 나라를 구하고 간신배를 물리치고 황제를 보필하는 이야기를 담고 있는 것은 이러한 까닭이다. 『서유기』에 이르면 손오공의 천궁 소동과 서천취경 길의 요마 퇴치의 일을 어떻게 볼 것인가에 대해 논란이 많다. 일부에서는 절대 권력에 반항하며 옥황상제의 천궁에서 마음껏 난동을 부리던 손오공이 고분고분하게 말을 들으며 일찍이 자신의 동료들이었던 (적어도 같은 부류의) 요괴를 상대로 하나하나 처치해가는 과정을 평가하여 혁명의 실패자 즉 반혁명분자라고 진단한 적도 있지만, 다른 한편에서는 옥황상제로 대표되는 절대 권력에 대항하거나 취경길에 만나는 요괴로 상징되는 각 지방의 뿌리 깊은 토착세력에 대한 처단이 모두 손오공의 용기 있고 슬기로운 개척정신을 드러내는 것이므로 충분히 긍정할 만하다는 견해도 보인다. 손오공은 남에게 의지하지 않고 독립적으로 백절불굴의 의지를 불태워 서천취경의 대업의 임무를 완수하고 있는 『서유기』의 실질적인 주인공이다. 『서유기』의 사회적, 문화적 가치는 손오공의 생각과 행동을 통해서 충분히 구현되고 있는 것이다. 『금병매』에는 어떠한 대중문학적 가치가 존재하는가, 또 사회문화적 가치는 무엇이라고 생각하는가? 주인공 서문경은 지방 도시의 한 장사꾼이다. 여섯 명의 처첩을 두고도 만족할 줄 모르고 끝없이 내외의 다른 여자에 탐닉하고 온갖 부정한 방법으로 돈을 벌어들이면서 동시에 돈으로 권력을 구하고 더 큰 권력과 결탁하는 모습에서 당시의 어두운 사회적 현실을 반영하였다는 것을 절감하면서도 마땅히 이러한 인물의 등장을 반가워해야 할 까닭을 알 수 없게 된다. 그러나 이와 동시에 독자들은 서문경의 또 다른 일면에 주목하게 된다. 그는 분명 청하현 현청 앞의 생약포 하나로 사업을 시작하였으나 불과 오륙 년 만에 남들이 놀라고 부러워하는 거부가 되었다. 포목점과 비단 가게, 털실 가게 등을 새로 열었고 남방으로부터 물건을 실어 나를 선박을 구입하였으며 양주의 소금 판매권을 따내고 관청에 향초의 납품권도 장악하였으며 고관대작을 상대로 고리대금업까지 행하고 있으니 요즘 말로 치면 꾸준히 문어발식의 사업 확장을 추진하였던 것이다. 그것은 모두 서문경 한 사람의 뛰어난 안목과 결단에 의해 진행된 것이니 그야말로 그에게 '경영의 귀재'라고 불러도 됨직한 일이다. 이미 부동산이외에 10만 냥의 자본금을 확보하였으니 그의 곁에서 항상 아첨하고 떠받드는 응백작도 진정 놀라운 마음으로 입이 마르도록 칭송해마지 않고 있는 것이다. 좋게 말하면 이제 그는 웬만한 고급 사교클럽에 당당히 명함을 내밀 수 있는 경영 CEO의 신분으로 상승된 것이다. 서문경은 새 시대의 새로운 인물 유형이었다. 『수호전』에서 무송의 손에 의해 머리가 잘려나간 서문경은 이제 열심히 돈을 벌고 시시때때로 향락을 누리는 것이 인생의 최고 목표가 된 상업 문화의 새로운 시대에 새로 태어난 전형적인 인물이었다. 그는 누구보다 뛰어난 실력으로 열심히 돈을 벌었고 누구보다 열심히 삶의 욕망을 누리고 즐겼다. 그는 죽는 순간까지 정확하게 셈을 하였으며 함부로 돈을 낭비하지도 않았고 꼼꼼하게 따져가며 반드시 쓸 만한 곳에 돈을 썼다. 가장 큰 효력을 내기 위한 경제 효과에 대해 누구보다 명확하게 인식하고 있던 인물이었다. 서문경은 과도한 음행을 즐기며 절제할 줄 모르다가 갑작스런 죽음을 맞이했지만 적어도 화자허나 장죽산, 응백작 그리고 자신의 음행을 따라할 줄만 알았지 돈을 관리하고 지킬 줄 모르던 진경제보다는 훨씬 뛰어난 인물이었다. 적어도 『금병매』의 작가는 이점에서 서문경을 긍정적으로 묘사하였다. 이 책의 사회문화적 가치를 찾아낸다면 아마도 이러한 점에 있지 않을까 싶다. 물론 서문경의 수많은 악행과 음란한 언행을 작가가 여실히 보여주고 있는 것은 당시 사회의 이러한 유형의 인물을 냉정하고 객관적으로 보여줌으로써 독자 스스로 판단을 하도록 유도한 것으로 여겨진다.

「사대기서」는 문학적으로 뛰어난 작품이다. 중국소설사에서 본격적인 장편소설의 시대를 열게 된 것은 원말명초 나관중의 『삼국지연의』와 시내암의 『수호전』이 사회적으로 대대적인 환영을 받으면서부터 시작되었다. 물론 이들 작품이 하루아침에 홀연 나온 것은 아니다. 아주 오랜 세월을 거치면서 민간에 전해지던 이야기들이 모이고 가공되면서 여러 가지 문예 장르로 다양한 시도를 거쳐서 비로소 최종적으로 완성된 것이다. 민간설화와 송원 시기의 화본, 원대의 희곡 등을 거치면서 소설의 이야기는 뛰어난 묘사력을 장악하였고 인물의 생생한 모습을 창조해냈다. 탄탄한 줄거리와 생생한 몸짓 그리고 매우 구체적이고 현실적인 대화를 첨가하여 만들어진 장편소설은 마침내 중국소설의 최고봉에 이르게 된 것이다. 이러한 장구한 형성 과정을 거쳐서 나온 장편소설은 대개 역사연의, 영웅 전기, 신마투쟁의 이야기를 담고 있었고 그리하여 이들 세 가지 유형의 대표작으로서 『삼국지』와 『수호전』, 『서유기』가 선정되었던 것이다. 작가의 개인적인 창작으로 일컬어지는 세정소설 『금병매』는 사실 앞선 작품들의 기반 위에서 만들어진 것이다. 비단 인물과 줄거리의 기본 바탕을 『수호전』에서 가져왔을 뿐만 아니라 사건의 전개, 인물의 갈등, 지문과 대화 등의 서사 방법은 앞선 작품들의 영향 하에 비로소 이루어질 수 있었던 것이다. 그러나 전혀 새로운 유형의 작품을 창조하는 데 성공하여 마침내 「사대기서」에 포함되었고 이들의 전파와 영향은 명말 이후 광범위하게 진행되었다. 이러한 명작이 탄생하자 그 속서가 우후죽순처럼 쏟아져 나왔고 그 영향은 청대 말기까지 수백 년간 지속되었다. 본래 희곡의 영향이 소설에 미쳤었지만 이번에는 「사대기서」의 각 장면이 다시 새로운 희곡으로 각색되었다. 북에서는 경극으로, 남에서는 곤극으로 그리고 각 지역별로 독특한 방식의 지방 연극으로 수많은 종류의 연희가 중국 전역에서 정초나 명절이나 개인적인 축하기념일에 끊임없이 연출되었다. 책을 읽을 수 없었던 보통 사람들은 이를 가장 중요한 오락으로 여겨 힘겨운 삶에 기운을 북돋는 활력소로 삼았다. 문인들은 「사대기서」의 원전 텍스트를 직접 감상하면서 더불어 자신의 감상을 덧붙여 수많은 평점을 달고 새로운 비평문을 지었으며 시가로 노래하여 풍부한 문학적 유산을 남겼다. 이러한 다채로운 문예현상은 일반인들의 문화적 수준을 한껏 드높이게 하였다. 「사대기서」의 이야기들은 이처럼 연극의 내용이 되었고 노래 가사가 되었고 민속 판화와 통속적인 회화의 소재가 되어 민중의 삶에 깊숙이 파고들어 갔다. 지난 수백 년간 중국 사회에서는 「사대기서」를 모르는 중국인이 없었으며 그것은 그들에게 있어서 어려서부터 자연스럽게 접하고 귀에 익숙하게 들으며 자라서 언제나 느끼고 즐기는 그야말로 삶의 일부가 된 상식이었다.

「사대기서」가 성공한 것은 무엇 때문인가. 새로운 시대는 새로운 문학을 요구하였고 소설은 그 요구에 부응하여 비약적으로 발전하였다. 송나라에서 발달한 화본은 설화의 소재를 더욱 넓게 발굴하였고 원나라에서 발달한 희곡은 이야기의 기초를 단단하게 하고 구체적인 동작과 대화를 창조해냈다. 그리하여 원말 명초에는 이미 삼국, 수호, 서유의 이야기가 다양한 방식으로 전해지게 되었다. 그리고 최종적으로 만들어진 장편소설은 고전소설의 최고봉에 근접하게 되었다. 「사대기서」의 성공은 무엇보다도 작품 자체로서 뛰어난 소설적 성취에 도달하였기 때문이다. 소설의 세 가지 중요한 요소는 인물과 사건과 주제다. 매 작품에서는 각각 뛰어난 인물을 형상화하였고 놀라운 사건을 시시때때로 만들어냈으며 독특한 주제를 드러내고자 하였다. 소설이 널리 전해짐에 따라 독자들은 누구나 조조와 관우, 제갈량과 같은 삼국의 인물, 송강과 무송, 이규와 같은 수호의 인물, 손오공과 저팔계, 사오정과 같은 서유의 인물 그리고 서문경과 반금련, 이병아와 같은 금병매의 주인공에 대해서 손바닥을 들여다보듯 훤히 알게 되었다. 인물의 성공적인 묘사는 곧 작품의 성공을 의미하는 것이었다. 역사 인물이 소설 속에서 더욱 생생하게 살아났으며 성공적인 소설의 묘사로 인하여 다시 문화 인물로 변환하여 민중의 추앙을 받는 관우와 같은 인물이 탄생하기도 하였다.

3. 사대기서란 무엇을 말하는가

「사대기서」에서 사(四)는 네 가지 책, 대(大)는 위대한 책, 기(奇)는 기이한 책이란 뜻이다. 네 가지는 바로 선발된 작품의 수이고, 대는 다른 작품과 달리 위대하다고 판단된 책이므로 이미 수많은 작품 중에서 네 가지를 선발할 때는 가장 뛰어난 것을 의미한다. 그렇다면 기이(奇異)하다는 것은 무엇인가? 여러 가지 의미가 복합적으로 들어있다. 책을 지은이가 기이하고, 책이 만들어지게 된 경위가 기이하며 심지어 책 속에 기이한 인물이 많이 나오고 기이한 사건이 많이 들어있기 때문이다.

기(奇)! 그것은 한자에서 정(正)과 대비되는 말이다. 숫자에서도 기는 홀수다. 짝이 있는 짝수와 달리 홀로 존재하는 숫자다. 정식의 역사를 정(正)이라고 한다면 민간에 전해지는 야사(野史)는 기다. 그래서 이야기는 기이한 것에서 시작한다. 평범하고 일상적인 것과 달리 유일하게 일어났던 일, 유일하게 존재하는 사람, 그리고 일찍이 한 번도 일어나지 않았던 독특하고 유별난 사건을 말한다. 그래서 중국소설사에서 괴이한 것을 기록한 이야기 지괴(志怪)가 만들어지고 기이한 것을 전하는 이야기 전기(傳奇)가 생겨났다. 장편소설이 되었을 때도 역사에서 다루지 않았던 유별난 이야기는 역사연의가 되었고 역사에 기록되지 않은 나머지 이야기라고 하여 사여(史餘)라고도 하였다. 정사와 달리 야사가 된 것이다. 영웅의 이야기를 다룬 것에서는 언제나 보통 사람과는 독특하게 차이나는 그들만의 특별한 이야기를 담고 있어서 영웅 전기가 되었다. 신불(神佛)과 요마(妖魔)의 다툼으로 이어지는 신마소설은 그 소재 자체가 인간 세상에서 멀리 떨어진 환상의 세계를 다루고 있다. 사대기서에서 가장 인간적인, 가장 세속적인 이야기는 『금병매』이지만 너무 세속적인 인물을 너무 노골적으로 그리고 있어서 어디서도 보기 힘든 특별한 이야기가 되었기에 오히려 기서가 되었다.

소설은 예로부터 정통 문학에서 천시되고 무시되었다. 전아한 문학의 전당에 오르지 못한 것은 바로 역대의 잡기와 소설이었다. 「자불어괴력난신(子不語怪力亂神)」에서처럼 성인이 말씀하지 않았다는 이유로 환상적이고 기이한 세계를 그리는 일은 전통 사회에서 터부시되었다. 그래도 소설은 없어지지 않았다. 군자가 굳이 나서서 만들어내려고 하지는 않았지만 소설에도 볼만한 것들이 있어서 나름대로 인정을 받았고 누군가는 호기심을 이기지 못하고 이야기를 만들고 또 널리 전하였다.

소설은 정통을 벗어난 재야의 기본적인 성격을 갖추고 있다. 정통역사와 정통 문학에서 다루지 않았으므로 자유롭게 역사를 새로 규정하기도 했고 문학의 범위를 새롭게 넓히며 다양하게 활약했다. 기존의 역사관을 뒤집어보기도 하였고 국가의 통치에 반항하기도 하였다. 심지어는 종교적 권위를 지닌 절대자의 위계질서조차 뒤집어엎는 과감한 용기도 부려보았고 성인의 가르침으로 정신적 순수만을 강요받자 육체적 욕망에도 깊이 관심을 기울여 인간의 욕망은 무죄라고 항변하기도 했다.

이렇게 해서 촉한을 정통으로 하는 새로운 역사관을 담은 『삼국지연의』가 만들어졌고, 왕조의 통치 질서를 과감하게 거부하고 사회변혁을 꾀한 양산박의 영웅을 그린 『수호전』이 만들어졌으며, 인간세상에서 오랫동안 신봉해오던 천상과 지하 그리고 바다 용궁의 제왕에게 감히 달려드는 환상적 손오공의 활약을 그린 『서유기』도 나타났다. 선비의 위선적 금욕주의를 보란 듯이 거부하며 주색재기의 욕망에 빠진 서문경의 짧은 일대기를 담아서 희대의 외설작인 『금병매』도 만들었다.

이 모든 작품에는 바로 소설의 특징으로서 기인(奇人)과 기사(奇事)의 다양한 이야기가 담겨져 있다. 삼국시대의 역사를 그리고 있는 『삼국지연의』에서도 칠성단에 올라 동남풍을 부르는 제갈량의 신비로운 체험을 그리고 있고, 북송 말기의 역사적 인물로서 양산박 백팔 영웅의 수장인 송강이 구천현녀로부터 천서를 받는 환상적인 묘사도 기록하고 있다. 당태종 때 천신만고 끝에 천축국에서 불교 경전을 가져온 현장의 이야기인

『서유기』에는 신비롭고 환상적인 이야기를 더 많이 채우고 있다. 무엇보다도 본래 서천취경의 주인공 삼장법사보다도 그를 보위하여 팔십일난의 난관을 헤쳐 가는 손오공과 저팔계, 사오정의 신비롭고 기이한 활약이 소설의 중심이 되고 있기 때문이다. 『금병매』의 기이함은 세속적인 인물 서문경의 삶 자체가 하나의 커다란 기이한 사건이라고 할 수 있다. 세밀하고 정교한 소설의 문체와 묘사는 지금까지 소설에서 보여주지 못한 정밀함을 드러내고 있어 가히 장편소설의 '제일기서'라고 할 만한 것이었다. 장죽파가 비평본에서 과감하게 「제일기서」라고 제목을 달았던 것은 나름대로 그러한 자부심을 보여준 증좌라고 하겠다.

중국에서 기서(奇書)라는 말은 언제부터 나왔을까. 세상에 책이 나오고 나서 특별한 의미를 지니는 책에 독자들은 독특한 이름을 붙여주기 시작하였다. 중국의 사대기서는 『산해경』, 『역경(주역)』, 『도덕경』, 『황제내경』이 있다. 고래로 『주역』과 『황제내경』과 『산해경』을 일러서 삼대기서라고 했다. 어느 전문 분야의 기서라는 이름으로도 쓰인다. 예언서 중에는 「칠대기서」라는 말도 있다.

「사대기서」 중에서 『금병매』는 아예 「제일기서」라는 제목으로 간행되기도 하였다. 현대에 이르면 독특한 책을 지칭하여 무조건 기서라고 붙이는 경향이 있어서 오늘날 기서의 숫자는 훨씬 많아진 느낌이지만, 그래도 기서는 아무 책에나 붙이지 않는다. 도저히 보통 사람으로서는 만들 수 없는 책, 보통의 독자들로서는 그 내용이 기이하고 기발하여 타의 추종을 불허한다고 여기는 책에만 「기서」라는 이름을 붙였던 것이다.

오늘날 중국이나 해외에서는 다양한 방식으로 3대 기서니 10대 기서니 하는 말로 주요 작품을 모아서 함께 선전하고 있다. 세계의 3대 기서라는 말도 있다. 이탈리아의 『군왕론』, 중국의 『손자병법』, 스페인의 『지혜서』 등을 말한다. 중국에서는 중화철사(哲思)10대기서, 중화사지(史地)10대기서 등과 같이 10가지 분류에서 각각 주요 명저 10종을 묶어두는 것이다. 그중에 중화예문(藝文)10대기서는 바로 문학작품 중에서 선발한 『시경』, 『초사』, 『한부』, 『당시삼백수』, 『송사삼백수』, 『원곡삼백수』, 『고

문관지』, 『서상기』, 『수호전』, 『홍루몽』 등이다. 시사곡을 비롯하여 희곡과 소설의 대표작을 모은 문학 명저다. 모두 100종의 명저 서목이라고 할 수 있으니 연구의 대상으로 충분히 가치 있는 작품들이다.

「사대기서」는 중국에서 나온 책 중에서 최고의 영예를 안겨주는 명예로운 칭호다. 일찍이 명대 문단의 영수인 왕세정(王世貞)은 『사기』, 『장자』, 『수호전』, 『서상기』를 특별히 지칭하여 「사대기서」라고 말한 바 있다. 각각 역사서, 제자서, 소설 그리고 희곡에서 한 작품씩 선발한 것이었는데 그야말로 기이한 책으로 본 것이다. 명말 최고의 통속소설 작가이며 출판 문화의 대부 역할을 하고 있었던 풍몽룡(馮夢龍)은 이를 본받아 당시까지 나온 장편소설 중에서 최고의 네 작품을 뽑아서 「사대기서」라고 지칭했다. 이른바 명대소설 사대기서가 탄생한 것이다. 풍몽룡의 말은 이어(李漁)의 글에서 인용되었고 청대 초기 수많은 사람들이 이를 본받아서 소설의 전파와 간행에 활용했다. 오늘날까지 「사대기서」라고만 말해도 으레 명대소설 사대기서라고 하는 것을 알 수 있는 것은 청대 이래 수백 년 동안 그러한 호칭으로 애용되었기 때문이다. 하지만 오늘날 중국에서는 『금병매』의 평가에 대한 사회적 합의가 이루어지지 않아서 여전히 꺼리는 입장에 있으므로 청소년을 향하여 공개적으로 「사대기서」를 내세우지 않고 대개 『홍루몽』으로 대체하여 「사대명저」라고 하거나, 이들 모두를 함께 지칭하여 「오대기서」라고 하게 되었다.

「사대기서」란 네 가지 기이한 책이다. 보통의 책과 기이한 책의 차이는 무엇인가. 보통 사람으로서는 도저히 저술하기 어렵다고 생각되는 것이다. 기서는 예로부터 적지 않았다. 옛날이야기에서는 주인공이 기이한 사람(혹은 하늘에서 온 인물)으로부터 기서(혹은 천서)를 받는 경우가 많다.

주인공을 신비롭게 만들기 위해서 대부분 선인(천인)과 기서(천서)를 등장시킨다. 가장 사실적인 이야기를 기록한다고 보는 역사소설에서도 허구는 심심찮게 만들어진다. 사실 그래서 소설이 붙여진 것이다. 제갈량은 적벽대전에 앞서서 가장 필요한 동남풍을 구하기 위하여 칠성단에 올라 향을 피워 바람을 불러오는 신비로운 체험을 실행에 옮긴다. 강동에서 손책의 손에 죽은 우길도 신비로운 능력을 가져 백성들로부터 신선으로 대접받았는데 일찍이 순제 때 산에 들어가 「태평청령도」라는 신서(神書)를 얻어서 그 비방으로 질병을 고친다고 하였다. 손책은 그가 민심을 어지럽힌다고 여기게 되어 주변의 만류를 무릅쓰고 급기야 그를 처형하기에 이른다.

『수호전』에서 송강은 구천현녀로부터 천서 세 권을 받는다. 독자들은 이제 송강이 평범한 보통의 인물에서 좀 더 다른 주목받은 인물로 간주하기 시작한다. 하늘의 선택을 받았다는 이유에서다. 그가 어리숙해 보이거나 무능력으로 점철되더라도 언젠가는 혹은 어느 구석에서든 특별한 능력이 숨어있을 것이며 특별한 기회가 하늘로부터 주어질 것이라고 강력하게 믿게 된다. 그가 양산박의 장래를 책임지는 대표적인 인물이 되는 것에 의구심을 보내는 독자는 없어지게 되는 것이다.

『서유기』에서는 손오공이 수보리조사로부터 온갖 무예를 배운다. 본래 부모도 없이 하늘에서 떨어진 원숭이다. 화과산의 돌알로부터 해와 달의 정기를 받아서 문득 돌을 깨고 나온 손오공에게 이미 남다른 능력과 혜안이 있을 것을 믿고 있음에도 좀 더 이를 실증적으로 증명하기 위하여 그에게 교육의 기회를 주게 되는 것이다. 수보리조사는 불교와 도교의 어떤 영역에서도 독립적인 존재였다. 그가 가르쳐 준 72가지 도술은 손오공이 후에 하늘의 천궁과 바다의 용궁과 땅속의 염라전에서 마음껏 발휘하여 천하의 질서를 어지럽히는 근본 원인이 되었지만 그 누구에게든 자신의 이름을 밝히는 날에는 무사하지 못할 것이라는 수보리조사의 경고와 협박은 그대로 통용된다.

역사상 수많은 명작이 있고 기서가 있었지만 유독 네 권을 아울러서 지칭한 것은 왜인가? 이것은 아마도 주자가 강조한 유교의 경전 「사서(四書)」의 영향일 것이다. 「사서」는 『논어』와 『맹자』를 비롯하여 「대학」과 「중용」을 한꺼번에 일컬은 용어다. 「대학」과 「중용」은 『예기』의 작은 편명이었지만 이를 따로 떼어내어 별도의 책으로 간주하고 「사서」로 일컫게 된 것이다. 이로부터 중요한 책을 묶어서 지칭할 때 네 권을 하나의 단위로 삼는 관례가 생겼다. 역사서 중에서 앞서 나온 『사기』, 『한서』, 『후한서』, 『삼국지』를 묶어서 「전사사(前四史)」라고 하였다. 역대 서생들은 '경사자집'을 배우면서 역사서에서는 바로 그 네 책을 중심으로 공부하였다. 앞서 왕세정은 고전명저 중에서 네 가지의 「기서」로 『장자』, 『사기』, 『수호전』, 『서상기』를 거론했는데 여기에는 각 분야별의 대표작이라는 점을 감안한 것이다. 그렇다면 명대소설 「사대기서」는 무엇을 대표한 것인가?

4. 네 가지 유형의 소설 대표작

명나라 말기에 당시까지 나온 장편소설 중에서 선발된 「사대기서」는 소설유형별 작품의 대표라는 성격을 띠게 된다. 『삼국지연의』는 역사연의 소설의 대표이고, 『수호전』은 영웅 전기소설의 대표이며, 『서유기』는 신마소설의 대표이고, 『금병매』는 세정소설의 대표작이다. 이러한 소설유형의 명칭은 20세기 들어와서 루쉰의 『중국소설사략』에서 확정된 것이다. 당시에는 아직 소설 유형의 명칭이 제대로 정립되지 않았지만 이러한 「사대기서」의 선별과 공통의 명칭이 있었음을 감안하면 당시 소설가나 평론가들은 분명히 이 네 가지 작품이 각각의 유형별 대표 작품이었다는 점을 인식하고 있었을 것이다. 왜냐하면 동일한 유형 중에서도 충분히 뛰어난 작품이 있었지만 이를 중복하여 포함시키지 않았기 때문이다. 삼국시대를 배경으로 하는 역사소설인 『삼국지평화』가 원대에 간행되어 나올 때 이와 동시에 『무왕벌주서(武王伐紂書)』, 『악의도제칠국춘추후집(樂毅圖齊七國春秋後集)』, 『진병육국평화(秦併六國平話)』, 『전한서속집(前漢書續集)』 등 「전상평화오종(全相平話五種)」으로 함께 나온 것을 감안하면 역사연의소설이 오직 삼국시대를 배경으로 한 것에만 집중되지 않았음을 알 수 있다. 영웅 전기 소설도 양산박의 영웅 이야기 외에도 양씨 가문의 장수 이야기인 『양가장전전(楊家將全傳)』, 악비의 애국적 영웅 이야기인 『설악전전(說岳全傳)』 등이 유행하였으나 『수호전』만이 선택을 받았고,

신마소설의 경우에도 『봉신연의(封神演義)』나 『평요전(平妖傳)』 등의 작품도 널리 유행하였지만 「사대기서」에는 『서유기』 하나가 선정되었다.

「사대기서」는 과연 명대 말기까지 나온 중국소설 중에서 각 유형별로 대표가 될 수 있는 최고의 작품으로 선정한 것이다. 「사대기서」에 포함된 네 가지 작품의 주제와 내용을 아울러 살펴보면 『삼국지』와 『수호전』이 각각 "역사의 흥망성쇠와 국가 창건의 문제", "정치적 이상과 사회 혁신 및 민중의 저항 문제" 등의 거창한 주제를 다루고 있는 것에 비하면, 『서유기』와 『금병매』는 인간 개인의 문제, 정신과 육체의 문제를 궁극적으로 다룬다는 점에서 크게 차이가 난다고 할 수 있다. 『서유기』는 겉으로 보기에 종교적 이상을 실현하고자 노력하는 고난의 여정으로서 흔들리기 쉬운 인간의 참된 본마음을 찾아가는 과정으로 서천취경(西天取經)이 그려지고 있는 것이며, 『금병매』는 유교적 정통사상 속에서 억압받아온 인간본능의 육체적 욕망과 탐욕의 세계를 노골적으로 보여준 하나의 반면교사로서 지어진 것이라고 하겠다. 「사대기서」의 이후에 그 영양분을 받아서 만들어진 청대의 『홍루몽』은 인정소설의 전통을 이어가고 있으면서 인간 내면의 순수함과 선의를 바탕으로 인간관계에서 마음의 소통과 진정한 사랑의 발견을 노래한 작품으로서 명대 「사대기서」를 능가하는 최고의 명작으로 평가되고 있다.

명말에 「사대기서」의 명칭이 출현한 이후 청대 초기에 이들 네 소설은 확고한 지위를 자리매김하게 되었다. 청초의 이어(李漁)는 『삼국지』 서문에서 풍몽룡이 언급했다는 「사대기서」의 명칭을 처음으로 밝혀놓았다. 김성탄(金聖嘆)은 일찍이 「육재자서(六才子書)」라는 이름으로 『장자』와 『이소』, 『사기』, 「두보시」, 『수호전』, 『서상기』를 아울러 지칭했다. 그는 『수호전』에 극찬의 평점을 가하면서도 내용의 전개상 후반부에 대한 불만을 가지고 전반 71회만을 남겨(제1회를 설자[楔子, 서설]로 삼고, 전체를 70회본으로 만들었음) 청대에 유행하도록 하였다. 그는 후에 모종강(毛宗崗)의 『삼국지연의』에 서문을 써주면서 기서로서의 『삼국지연의』를 언급하기도 하였다.

당시 독서계는 이른바 「기서」에 대한 열화와 같은 붐이 일고 있었다고 해도 과언이 아니다. 청대 강희(康熙)연간에 『금병매』의 장죽파 평점본은 판심에 과감하게 「제일기서(第一奇書)」의 제목을 달고 나왔다. 기서 중에서 가장 으뜸이라고 자부하고 나온 것이다. 그러나 또 솔직하게 사대기서 중에서 네 번째라는 의미로 「기서제사종(奇書第四種)」이라고 밝히기도 했다.

이어(李漁)의 개자원(芥子園)간행 『삼국지』 판본에는 「사대기서」의 타이틀을 붙였다고 했으니(1736년 일본으로 건너간 『박재서목』에 보임) 청초에 확실히 「사대기서」의 이름으로 널리 퍼지기 시작한 것이었다.

「사대기서」는 소설 중에서 최고 명작을 뽑은 것이지만 또한 중국 고전문학에서 가장 뛰어난 정수를 담고 있다고 해도 좋을 것이다. 「사대기서」는 하루아침에 만들어진 것이 아니다. 삼국시대를 배경으로 하는 『삼국지연의』는 진(晋)나라 때 만들어진 역사책인 진수(陳壽)의 『삼국지』가 나온 이후 남조 때 배송지(裴松之)가 수많은 에피소드를 찾아서 붙이면서 다양한 이야기의 원천으로 자리 잡게 되었다. 당·송대를 거치면서 민간에 굳건히 자리 잡아 원대의 잡극에서는 이미 많은 작품이 이때의 인물과 사건을 소재로 삼게 되었다. 당나라 때 현장(玄奘)이 불경을 가져온 역사적 사실을 구술하여 기록하게 된 『대당서역기』도 곧이어 수많은 전설적 이야기가 추가되면서 송·원대에 이르면 신비로운 이야기로 변형되어 갔고, 북송 말기 송강(宋江)의 양산박 점거와 조정에 대한 저항의 사적은 남송 때 이미 이야기꾼(설화인)들의 단골 소재가 되었고 원대 희곡의 작품으로도 많이 만들어졌다. 이처럼 역사적으로 축적된 민간 연예인들의 기발한 발상이 마침내 장편소설의 기반을 마련하였고 지금 알려져 있는 바와 같이 나관중, 시내암, 오승은 등의 작가에 이르러 최종적으로 수정 보완되어 완성도를 높여갔던 것이다. 다만 『금병매』의 경우 이와는 달리 『수호전』의 한 대목에서 끌어온 이야기를 당시 명대 후기의 사회적 현상에 맞춰 핍진한 세정소설로 만들어낸 것이지만 역시 시대를 반영하여 소설의 발달 과정에 부합한 새로운 시도로 만들어진 대작이었다.

이처럼 「사대기서」의 형성과 발전은 중국 문학의 발전과도 긴밀한 관련이 있고 사회 변화의 여러 가지 요인을 담아내고 있기에 역대 중국문화의 변천을 살피는 데도 매우 유용한 작품이라고 할 수 있을 것이다.

5. 사대기서의 비교와 상호 영향

「사대기서」를 개별적으로 연구한 경우는 헤아릴 수도 없이 많지만 「사대기서」를 하나의 단위로 하여 상호간의 문제를 한 자리에서 논의한 경우는 그다지 많지 않다. 그러나 「사대기서」는 명나라 때 만들어진 장편소설의 중요한 네 가지의 소설 유형을 대표하는 작품이면서 각각의 형성 과정과 변천 과정에서 상호 간의 중요한 영향을 끼치고 있다는 점에서 반드시 한자리에서 그들 상호 간의 문제를 분석할 필요가 있다고 본다.

다음에서 몇 가지 과제를 중심으로 「사대기서」 공통의 문제와 각 작품 간의 문제를 다루어볼 수 있다.

우선 역사적 사실과 허구의 삽입의 문제다. 이른바 역사소설에서 허허실실의 문제라고 할 수 있다. 역사소설인 『삼국지연의』에는 이를 대조하여 허실을 가릴 수 있는 진수의 『삼국지』라는 역사서가 있다. 이밖에도 삼국시대를 역사 기록의 자료로 삼은 『자치통감』과 같은 다른 책도 많다. 연구자들은 역사서와 소설을 구분하면서 전자는 완벽한 진실, 후자는 그 진실을 오도하고 허구를 마음대로 집어넣은 것이라고 단정하지만, 소설에는 이른바 허구적 진실이 얼마든지 남아있을 수 있다. 실제로 경사를 중시하였던 당시에 철저하게 자료를 중심으로 보충한 것이 배송지의 『삼국지주』인데 여기에는 이미 상당수 전설이나 민간의 소문에 전해지던 이야기들이 삽입되고 있다. 동시대에 기록되지 않고 구전으로 전해지다가 후에 기록된 것 중에서도 진실은 얼마든지 남아있을 수 있다. 『수호전』의 송강을 중심으로 하는 양산박의 봉기 사건은 아주 단편적으로 역사의 기록이 남아있지만 보다 구체적인 내용은 당시에 구전되어 전해지고 있었을 것이다. 어디까지가 역사적 진실이고 어디까지가 소설적 허구인지는 알 수 없지만 소설가는 이른바 충분히 그럴만한 것을 그랬을 것이라고 여기고 기록하는 사람이다. 역사가와 소설가는 각각 진실을 전하는 사람이다. 소설가는 문학적 수사와 기법을 통해서 독자의 감동과 동정을 불러일으키는 예술가다. 진실은 진실이라고 믿는 사람들에게 신뢰성 있게 전해진다. 중국소설의 독자층에는 상당수의 소설 속 내용이 여러 가지 면에서 진실성을 내포하고 있다고 믿는 광대한 민중을 포함하고 있다. 소설적 진실의 위대함은 역사적 진실을 능가할 때가 있다.

「사대기서」에서 상호 비교를 진행할 만한 과제는 너무나 많다. 공통적인 사안으로 다루어볼 수 있는 사안이 적지 않다는 것이다. 이러한 비교는 그들 상호 간의 영향 관계나 당시 소설계의 창작 분위기와도 관련이 될 것이다. 「사대기서」에서 등장인물의 배치 문제와 주요 인물의 상징적인 숫자의 문제, 사건의 안배와 변화의 기법 등이 거의 유사함을 간과할 수 없기 때문이다. 「사대기서」의 유행은 필연적으로 속서의 창작과 방대한 문화적 영향을 일으킨 것도 사실이다. 여기에서 속서의 유행 문제 또한 동시에 다루어야 할 사안으로 여겨진다.

「사대기서」의 작가는 똑같은 시기에 작품을 창작하지는 않았지만 전통적으로 전해지는 다양한 전적과 민간의 구전을 통하여 거의 유사한 역사적 경험을 심정적으로 공유하고 있으며 소설 창작의 기법도 상당 부분 서로 거울을 삼고 있다고 할 수 있다. 굳이 「사대기서」만이 아니라 명청 장편소설의 발전사에서 살펴보면 소설 작가들의 문화적 상식과 문학적 창작기법은 일맥상통하여 면면히 그 맥을 이어가고 있음을 확인할 수 있다. 삼국시대 역사 인물의 에피소드나 북송 말기에 영웅 전기의 민간 전설 한 대목은 후대 소설가들이 자연스레 자신의 작품에 녹여서 드러냈다. 이는 작가 자신의 박학을 보여주는 것이 아니라 이미 당시의 독자층, 혹은 소설 속의 등장인물이 누구나 상식적으로 알고 있다는 점을 확인시켜 주는 것이다.

『삼국지』 초반의 유비와 관우, 장비가 도원결의를 하면서 "한날한시에 태어나지는 않았지만 한날한시에 함께 죽기를 바라노라"하는 맹세의 말은 송나라를 배경으로 하는 『수호전』의 녹림 인물 사이에서는 자연스럽게 등장할 수 있는 상식이 되었던 것이다. 소화산 두령들이 마침 세 명이었고 그들은 유관장의 도원결의를 흉내 내어 바로 그러한 맹세를 하였다고 그려지고 있다. 『삼국지』는 세 나라의 이야기이면서 촉한의 유, 관, 장 세 사람을 집중적으로 그리고 있고 또 세 번씩 싸움을 하는 경우도 비일비재하다. 이렇게 무슨 일에나 삼세번 하는 습관은 『수호전』과 『서유기』에서도 거의 습관적으로 드러나는 형상이지만 결코 『삼국지』에서 처음 만들어져 영향을 준 것이라고는 하기 어려울 것이다. 혼세마왕의 이름은 『서유기』에서 손오공과 대판 싸운 요괴의 이름으로 인상적인데, 『수호전』에서도 번서라는 인물의 별명으로 만들어져 쓰이고 있으니 결코 『수호전』에서 먼저 만들어져 『서유기』로 전해진 이름은 아닐 것이다. 혼세마왕은 세상의 질서를 어지럽힌 마귀 같은 대왕을 이른다.

그러다가 주인공에 혼세마왕의 별명을 붙이는 경우는 『홍루몽』에서 나왔다. 종잡을 수 없는 기이한 언행과 할머니의 총애에 기대어 집안을 무소불위로 휘젓고 다니는 보옥에 대해 그의 어머니 왕부인은 그를 한마디로 「혼세마왕」이라고 했던 것이다. 아들에 대한 사랑과 더불어 임대옥으로 하여금 경계하도록 하려는 의도에서 내놓은 이름이기는 하지만 가보옥의 또 다른 면모를 잘 보여주는 별명이 되었다.

역사소설 『삼국지』와 영웅소설 『수호전』은 많은 부분에서 유사성을 갖고 있었고 창작과정에서 상호 간의 인물 형상과 사건의 묘사를 적극적으로 거울삼음으로써 작품의 성취도에 큰 도움을 받았다. 『수호전』과 『서유기』는 각각 영웅소설과 신마소설의 큰 차이가 있음에도 불구하고 민간의 전설을 적극 채용하여 전개하면서 수많은 전투 장면에서 유사한 방법을 활용하고 있다는 점에서 또한 공통부분을 점유하고 있다. 영웅소설 『수호전』에서 『금병매』가 나왔지만, 『금병매』는 새로운 소설의 유형을 창립하여 세정소설의 대표작이 되었다. 신마소설인 『서유기』는 인정소설과는 거리가 멀지만, 신화의 활용과 자아의 탐구, 진가(眞假)의 문제를 파고드는 깊이 있는 주제 등에서 『홍루몽』과도 일맥상통하는 면이 있는 것으로 분석된다.

이와 같이 「사대기서」는 『홍루몽』까지 포함하여 상호 간에 상당 부분을 서로 공유하며 하나의 거대한 그룹을 형성하고 있다. 그러므로 개별 작품의 디테일한 분석만이 아니라 이를 한자리에서 하나의 시각으로 함께 고찰하는 것이 융합 연구의 방안이 되리라고 본다.

6. 사대기서에 담긴 풍부한 문화

「사대기서」의 출현은 유구한 중국문화의 변천과정에서 어떠한 위상을 지니며 또 중국문화의 어떠한 면을 반영하고 있는가?

중국은 본래 중앙의 중원 지역으로부터 확대되어 드넓은 대륙의 각 지역의 역사와 문화를 포괄하는 다문화 사회로 발전하였다. 춘추전국시대에 등장한 제자백가의 사상과 문화는 지역 문화의 다양성과 자유로운 학술 발전의 극치를 보여주고 있다. 진시황의 진나라에서는 법가를 핵심적인 지도사상으로 통치를 했지만 짧은 시간 내에 몰락하고 말았으므로 한나라에서는 유가 중심으로 방향을 전환하였다. 한 무제 때 「독존유술(獨尊儒術)」을 시작한 이래로 중국 전통문화의 핵심적인 내용은 유교의 예악과 교화라는 도덕규범 하의 질서를 강조하는 문화로 압축되었다. 그러나 중국 각지에서는 나름대로의 특색을 갖춘 지역 문화를 바탕으로 정체성을 유지하였고 오랜 민간의 전통을 이어가는 통속 문화도 상존하였다. 그 통속의 문화에는 이야기의 전통과 호기심의 추구라는 인간의 본능도 포함되어 있었으므로 통치자들이 예교를 강조하고 복고주의 문화를 추구하고 있었던 때에도 민간의 설화 전통은 면면히 이어져 내려왔다. 「사대기서」는 이야기 전통의 작은 물줄기의 흐름을 거대한 호수로 만들어낸 완결편에 가까운 것이었다.

소설 속에는 면면히 흐르는 이야기 전통을 바탕으로 유교 문화로 상징

되는 상층 문화와 통속의 문화를 대변하는 하층 문화가 모두 반영되었고 또 이를 이어주는 상호 조화와 융합의 길을 보여주고 있다. 공식적으로 만들어지는 역사와 달리 역사적 사실과 민간의 전설을 자유자재로 적당히 섞어서 만들어내는 역사소설은 작가의 역사관을 보여주는 좋은 기회가 되었고 '세상이 그렇게 살아오진 않았지만 그렇게 살았으면 좋았을 것을' 하면서 작가의 희망과 꿈을 담아냈다. 민간 전설 속에 살아 숨 쉬는 영웅의 이야기는 소설의 작가를 더욱 피 끓는 열정으로 새로운 이야기를 만들어내도록 유도했으며 작은 영웅의 이야기는 작가의 뛰어난 손끝에서 화려하게 부활하면서 날개를 달고 세상을 휘저었다. 상상의 날개를 마음껏 펼칠 수 있었던 것은 통속문화 속의 유연한 사고와 끝없는 이해와 너그러운 관용이었고 무엇이라도 품어주고 받아줄 수 있는 폭넓은 마음이었다. 원숭이가 주인공이 되어 용궁과 염라전에서 난동을 피우고 하늘나라를 휘저어도 민중은 다만 즐거워하고 넓은 아량으로 모두 포용하였으므로 작가는 자신과 용기를 얻어 대담무쌍한 상상의 공간을 열어갈 수 있었다. 양산박의 영웅들이 정의의 이름으로 관군을 무찌르고 북경 대명부와 동경 개봉부에서 큰 소동을 일으키더라도 결코 그들의 무모함이나 부당함을 탓하지 않았고, 치열한 싸움 중에 함께 희생당한 무고한 백성에 대해선 눈을 감아주었다.

「사대기서」에는 중국의 역사 문화, 강호 문화, 종교 문화 그리고 세정의 상업 문화가 다양하고 깊숙하게 반영되어 있다. 소설이라는 장르를 통해 반영된 이러한 문화는 교과서적인 그런 단순한 문화가 아니고 작가가 작품의 인물과 사건에 이용하고 전후 맥락에 활용한 문화다. 유불도의 삼교사상과 민속을 보여주는 다양한 종교 문화가 반영되었다고 하더라도 결코 종교의 전도를 위한 경전이 아니다. 인간에게 종교란 무엇인지, 일반 백성들에게 있어서 유교의 가르침이나 불교와 도교의 의식은 과연 무엇인지를 곰곰이 생각하도록 하는 반성의 기회를 제공하며 심지어 그 피해와 폐단을 조목조목 따져서 행복한 삶에 무엇이 도움이 되는지를 살펴보는 비판적 시각도 포함하고 있는 것이다.

역대 소설 중에 가장 많은 논란을 낳고 있는 『금병매』는 고대사회의 중심에서 멀리 떨어져 있다가 송원 이래로 새로운 사회적 중심 세력으로 부상하기 시작한 상인 계층을 정면에서 그려낸 소설이다. 한 번도 이들을 제대로 다루어본 적이 없었으므로 오히려 소설의 내용과 주제는 독자층에게 신선하게 다가섰고 한 인물의 짧은 활약의 모습을 여러 가지 상념 속에서 살펴볼 수 있도록 했다. 세정소설이라는 새로운 장르를 개척함에 따라 당시 사회와 경제문화를 여실히 반영하였고 가정의 처첩제도, 돈을 벌 수 있는 경제적 수단과 방법, 지방 관청의 권한과 정경 유착 등의 문제를 살펴볼 수 있는 명대 후기의 문화 소설로서의 위상도 가지고 있다. 전통시기에는 금기의 대상이 되었지만 오늘날의 입장에서 보면 이 소설은 또한 성 문화의 보고라고도 할 수 있다. 남녀의 단순한 성행위만이 아니라 당시의 유곽과 기녀, 성기구의 보편적 사용, 호승이 전해주었다고 하는 음약의 실제 등등은 세계 성문화사에서도 빠질 수 없는 중요한 자료가 된다.

제2장 사대기서의 형성론

여기서 「사대기서」의 연원을 살펴보기에 앞서 중국소설의 발전과정을 잠시 일별해 보자. 소설(小說)이란 명칭 유래는 선진시대로 거슬러 올라가지만 그냥 자잘한 이야기의 의미로 쓰인 것이고 대도(大道)와 반대의 의미로 사용되었다. 그러나 이러한 유형의 글들이 적지 않게 축적되었으므로 한나라 때 만들어진 수많은 이야기를 분류하여 『한서』에서는 「소설가류」에 넣었다. 위진남북조 시대가 되자 기이한 이야기를 모은 지괴(志怪)류와 명사들의 일문을 모은 세설(世說)류가 확실히 자리를 잡았다. 소설사에서는 지괴소설과 지인소설이라고 했다. 『수신기』나 『세설신어』는 이야기 선집이었다. 당나라에 이르면 문인에 의한 창작소설로 전기(傳奇)가 양산되었고 이는 문언소설의 주류가 되었다. 송나라 때 나온 『태평광기』에는 이전까지의 모든 이야기를 거의 다 모았고 명초 구우(瞿佑)의 『전등신화』와 청초 포송령(蒲松齡)의 『요재지이』는 문언소설 창작의 맥을 면면히 이어간 뛰어난 성과였다.

이와 별도로 송나라 때부터 설화인들의 구연(口演)에서 시작된 강사화본이 곧 「사대기서」의 발전에 직접적인 원인으로 작용하였다. 처음에는 역사 이야기를 중심으로 하다가 민간에 전해지는 다양한 이야기를 모아 체계적인 장편의 이야기로 만들어갔다. 그중에 양산박 이야기와 손오공

이야기가 들어있었던 것이다.

이처럼 「사대기서」는 하루아침에 이루어진 것이 아니다. 가장 나중에 나온 『금병매』의 경우에는 단독 작가의 뛰어난 실력에 의해 만들어졌다는 설이 지배적이지만 전문가 중에는 여전히 모종의 설화 형태의 전 단계가 있었을 것으로 보는 견해도 있다. 이를 제외하고 나머지 「삼대기서」는 모두 장기적인 발전 단계를 거쳐서 비로소 최종의 명품으로 탄생하는 과정을 거쳤다. 이른바 강사형 소설로서 발전되어 온 이들 작품의 연원과 유래를 「형성론」의 이름하에 살펴본다.

「삼대기서」의 세 가지 명작소설의 초기 형태는 이미 송원시기부터 민간에 널리 이야기 전하여 강사화본소설로 전해지고 있었다. 『삼국지평화』, 『대송선화유사』, 『대당삼장취경시화』 등이 바로 그것이다.

1. 삼국고사의 형성과 변천

지금 원나라 지치(至治, 1321-1323) 연간에 복건성 건안의 우씨(虞氏)간본으로 나온 「전상평화오종」이 일본에 남아있는데 그중의 하나가 『삼국지평화』다. 이는 장편소설 『삼국지연의』를 탄생시키는데 결정적인 역할을 한 강사화본이었다.

삼국의 역사를 기록한 최초의 공식 사서는 진(晋)나라 때 진수의 『삼국지』다. 진수(陳壽, 233-297)는 촉한의 동향 출신 학자인 초주(譙周)로부터 학문을 배웠고 잠시 벼슬을 하였으나 세력가인 황호에게 굴복하지 않으려고 하다 수차례 폄적을 당했다. 촉한이 망한 후에 진나라에서 벼슬을 살았다. 280년 진이 오를 멸하자 그는 곧 『삼국지』의 저술에 착수했다. 『삼국지』는 위, 촉, 오의 삼국이 정립해 있던 시기의 기전체 역사서다. 앞서 나온 『사기』와 『한서』의 체제를 그대로 이어받았다. 그 중에는 「위서」가 30권으로 가장 많고 「촉서」는 15권, 「오서」는 20권으로 각각 차등이 있었다. 총 65권인데 기록의 범위는 위문제(조비)가 등극한 220년부터 진

무제가 오나라를 멸한 280년까지 60년간의 일이다. 위촉오의 연호는 위나라를 정통으로 보아 처리하였고 조조는 사후 추증된 무제로 서술하였고 촉한의 경우 유비와 유선을 각각 선주와 후주로 지칭하였다. 진수 자신이 비록 촉한지역의 출신이라고는 하지만 당시 이미 진나라의 벼슬을 하고 있었고 진나라는 위나라로부터 직접 선양을 받은 나라였으므로 정통성을 이어가고 있는 것으로 판단한 것이다. 그리고 실제로 장악한 지역이나 역사상의 영향력을 보더라도 당시 진수가 촉한을 정통으로 삼아서 정사를 쓸 수 있는 입장은 아니었을 것이다. 그러므로 비록 삼국이라고 했지만 「촉서」의 내용이 「위서」의 절반에 불과한 것은 당시의 실제적 필요에 의한 판단에 따른 것으로 볼 수밖에 없다.

진수의 『삼국지』와 나관중의 『삼국지연의』는 기록의 대상 연도에서 큰 차이가 난다고 할 수 있다. 진수는 실질적이고 구체적인 역사기록으로서 조비가 위나라 문제로 등극한 이후부터 기록할 수밖에 없는 것이고 한나라 마지막 황제인 헌제가 재위하는 기간의 모든 활동, 즉 동탁이나 조조의 사연들은 모두 『후한서』의 범위에서 다루어야 할 역사적 사실이다. 하지만 나관중의 『삼국지연의』는 이야기의 배경을 먼저 밝히고 전후 맥락을 일목요연하게 보여주기 위하여 184년 황건적의 난으로부터 시작하여 280년 오나라의 멸망에 이르기까지 무려 96년간의 시간을 다루고 있다. 특히 소설의 전반에서 다루어지는 조조의 활약을 중심으로 하는 유비, 관우, 손권 등과의 관계로 얽혀있는 부분은 소설 『삼국지』에서 빠질 수 없는 명장면들을 연출하기 때문에 이를 제외한다면 삼국의 이야기라고하기 어렵게 된다.

진나라가 북방 민족의 침범으로 낙양에서 철수하여 양자강 유역으로 옮긴 후에 동진으로 이어진다. 이후 송, 제, 양, 진으로 거듭 나라의 이름이 바뀌었지만 건업(建業, 남경)을 수도로 삼아서 활기찬 문화가 발달한 나라들이 이어졌다. 비록 황제는 바뀌었지만 왕씨나 사씨같은 귀족층은 거의 변함없이 권력을 이어가면서 부귀영화를 누리고 있었다. 북방을 중심으로 이어지는 여러 나라들과 구분하여 이들을 남조라고 하고 또 오나라로부터 남경을 수도로 하는 여섯 나라가 이어진다고 해서 육조라고 불렀다. 나라의 역사는 길지 않았다. 따뜻한 기후와 풍부한 물산에 힘을 입어서 문화와 예술이 발달하게 되었다. 황하 유역의 중원 문화가 남북으로 각각 발전하는 형국이었고 양자강을 중심으로 하는 남방의 화려하고 정밀한 문화 예술이 꽃피우게 되는 시기였다.

동진 때의 역사가 습착치(習鑿齒)는 『한진춘추』를 써서 촉한을 중심으로 보는 정통 역사관을 드러냈다. 이미 진수의 『삼국지』와 다른 시각을 드러낸 것이다. 『한진춘추』 54권은 동한의 광무제부터 시작하여 유비의 촉한을 포함하여 서진의 민제까지 3백 년간의 역사를 다룬 것인데, 삼국시대에서는 위나라를 찬역으로 보고 촉한을 정통으로 삼아서 진나라로 이어진 것으로 보았다. 남송 때 주자가 촉한 정통론을 이어간 것도 바로 여기서 발원한 것이었다. 동진에 이어 남조의 송나라 중서시랑 배송지(裴松之)는 어명을 받고 『삼국지』에 주석을 붙이기 시작했다. 황제는 『삼국지』의 내용이 너무 소략하다고 생각하여 좀 더 상세하게 주석을 붙여주기를 바랐던 것이다. 배송지는 150년 이상 전해오는 삼국시대의 문헌자료와 다양한 민간의 전설 및 수많은 관련 기록을 모두 모아서 상세한 주를 냈다. 주석이 많다보니 원본보다 세배나 되었고 인용한 자료목록도 210종이나 되었다. 진수가 정사 『삼국지』를 쓸 때 미처 활용하지 못한 많은 역사적 사실이 그에 의하여 보존될 수 있었다.

또 송나라 유의경의 『세설신어』에는 이미 삼국인물에 대한 다양한 에피소드가 들어있고 수나라에 이르면 수양제가 선상에서 구경한 연극의 제목에 「조조가 초수에서 교룡을 격퇴하는 이야기」나 「유비의 말이 단계를 뛰어넘은 이야기」 등의 제목이 있었다고 하니 육조이래로 형성된 삼국인물의 고사는 상당히 인기를 얻고 있었다고 할 수 있다. 당나라 때 이상은의 시에서 보이는 바와 같이 어린아이들이 벌써 조조와 유비의 이야기에 울고 웃는 감동을 전달받고 있었음을 알 수 있다.

송나라에 이르면 민간 이야기꾼의 활동이 상업화로 발달하여 설화인들이 개봉(변경)의 와사 등에서 다양한 고사를 구연하였는데 그 유형 중에는「설삼분」이라는 전문 분야가 있었다. 즉 삼국 이야기를 전문으로 하는 설화인이다. 북송 맹원로(孟元老)가『동경몽화록』에서 밝힌 설화인의 전문분야는 소설(小說), 합생(合生), 원화(諢話), 설삼분(說三分), 설오대사(說五代史) 등이었다. 벌써『삼국지평화』와『오대사평화』는 따로 구분되어 전문적인 설화인이 존재했다는 것이다. 남송의 오자목(吳自牧)이 쓴『몽양록』에 따르면 이러한 분류를 좀 더 합리적으로 구분하여 소설, 담경, 강사, 합생으로 네 가지로 나눴는데 역사연의를 구연하는 것은 강사로 묶은 것이었다.

원대 잡극에는「삼대기서」의 원류로써 훗날 구체적이고 직접적인 영향을 끼친 많은 작품들이 있다. 희곡은 실제로 연출하기 위한 대본이기 때문에 노래를 하는 창(唱)과 대화체인 백(白), 그리고 무대에서의 동작을 설명하는 과(科)를 넣고 있으니 이는 막연히 민간 전설로 전해오는 이야기에 실제적인 피와 살을 덧붙인 효과가 있다. 중국의 희곡과 소설은 모두 통속문학으로서 함께 발전하고 있었다. 당대 전기소설이 먼저 나왔지만 송원 희곡에서 이들 소설을 상당부분 희곡으로 만들었으며 다시 이들 희곡에서 영양분을 이어받아 명초이래의 소설이 양산되었던 것이다. 원대에 소설과 희곡을 동시에 창작한 작가는 바로 나관중이다. 그는 역사소설의 대가로『삼국지연의』와『삼수평요전』등을 편찬했지만 또한 희곡 작품「조태조용호풍운회」의 작가이기도 하다. 이처럼 소설과 희곡의 상호 영향은 원말명초의 장편소설 출현에 결정적 작용을 했다고 본다. 여기서 잠시 원대 희곡 중에 보이는 삼국희 작품의 제목을 살펴보면 관한경(關漢卿)의 작품『관대왕단도회(關大王單刀會)』,『관장쌍부서촉몽(關張雙赴西蜀夢)』등이 있었으며 왕엽(王曄)의『와룡강(臥龍岡)』이나 왕중문(王仲文)의『오장원(五丈原)』등도 있었다.

원대의『삼국지평화』는 장편소설의 출현에 직접적인 영향을 준 것이다. 기본적으로 동일한 구조를 취하고 있는데 황건적의 난으로부터 시작하여 오나라의 멸망까지 근 백년의 기간을 다루고 있고 등장인물도 유사한 이미지를 유지하고 있다. 원말의 나관중은 희곡작가이면서 소설가였으므로 이 두 가지의 기본 요소를 잘 융합하여 장편소설로 묶어낸 것이다.

원나라 지원(至元)연간인 1294년에 나온 「지원신간전상삼분사략(至元新刊全相三分事略)」은 강사화본으로서 가장 먼저 나온 것이다. 「상도하문본」으로 상단에 삽화가 들어있어 하단의 글과 함께 상단의 그림으로 쉽게 감상할 수 있다. 오늘날의 만화책과 같지만 하단에는 내용이 더욱 충실히 들어있는 편이다. 설화인들이 그림만 보아도 그냥 이야기를 술술 해낼 수 있도록 만들었다고도 볼 수 있다. 곧이어 원나라 지치연간(至治, 1321-1323)에 나온 「삼국지평화」의 전체 이름은 「지치신간전상평화삼국지(至治新刊全相平話三國志)」다. 「삼분사략」의 표제에서 「삼국지」의 표제로 정식으로 바뀌어 진 것이다. 이후에는 이를 근거로 대부분 「삼국지」로 이름을 붙이고 있다.

오늘날 우리가 볼 수 있는 소설 『삼국지』의 모습을 만들 수 있게 한 공신들은 이상과 같이 많다. 세상의 위대한 사업은 결코 어느 한 사람의 공으로 이루어낼 수 없는 것이다. 옛말에도 나라의 은덕과 조상의 은혜와 본인의 노력이 한데 모아져 비로소 조그마한 공이라도 이룰 수 있다고 했다. 소설 『삼국지』의 성공은 이름 있는 자와 이름 없는 자들이 모두 한결같이 이 책의 탄생을 위하여 노력한 결과라고 할 수 있다. 진수의 『삼국지』, 배송지의 『삼국지주』 그리고 이름 없는 수많은 민간의 이야기꾼, 송원대의 희곡 작가 등이 모두 그에 해당한다. 그리고 원말명초에 이 책의 출현에 마지막으로 힘써 준 나관중과 시내암 등이 바로 그 공을 세운 사람들이다.

명나라 가정 원년(1522) 간본은 「삼국지통속연의」이고, 주왈교본은 「삼국지전」이며, 청초에 모종강 부자의 평점본은 「삼국지연의」로 이름을 쓰고 있다. 주목되는 것은 원나라 때의 강사화본부터 이미 삽화가 들어있는 판본이라는 것이다. 기본적으로 소설과 삽화는 시작과 끝을 같이 할 만큼 긴밀하게 연결되어 있었다.

『삼국지평화』는 비록 『삼국지』의 역사서를 기본으로 했다고 하나 소설적 구성은 순전히 민간 전설을 채용한 것이었다. 후한 광무제 때의 수재인 사마중상이란 사람이 꿈에 저승에 갔는데 염라대왕이 한고조 유방과 여후에 의해 살해된 한신과 팽월, 영포 등의 억울한 죽음을 판결하는 내용이었다. 당사자들의 억울한 호소를 듣고 나서 염라대왕이 천제에게 주상하니 인과응보에 의하여 유방은 한나라 헌제, 여후는 복황후, 한신은 조조, 팽월은 유비, 영포는 손권으로 각각 윤회환생하도록 하고 괴통은 제갈량, 사마중상은 사마의(중달)로 다시 태어나게 하여 삼국시대를 열었다는 전제를 만들고 있다. 전생의 업보를 윤회의 방식으로 해결하려는 민간의 사상이 개입된 것이었다.

『삼국지평화』 속에는 역사서에는 없는 장비의 정주태수 살해사건, 유비와 관우, 장비가 태항산에 들어가 산적이 되었던 사건, 황학루에서 유비가 도망가면서 열었던 연회사건 등이 있는데 이러한 허구는 더 이상 윤색되지 못하고 말았다.

소설 『삼국지』에는 제갈량에 대해 특별한 관심과 중점을 두어 상당한 분량으로 그의 뛰어난 지혜와 재주를 드러내고자 하였다. 유비가 삼고초려를 통해 제갈량을 처음 만났을 때 제갈량은 미리 오랫동안 생각해 둔 것처럼 당시의 정세를 정확하게 파악하고 장차 유비 집단이 나아가야 할 방향을 제시하였다. 이른바 「융중대」라고 하는데 융중에서 제시한 대책문이다. 정사 『삼국지』「촉서」의 「제갈량전」에는 그의 작품으로 「초려대」가 나온다. 바로 「융중대」다. 제갈량은 이후에도 두 번이나 후주 유선에게 「출사표」를 올리고 있으며 이는 소설 속에서 매우 중요한 장면으로 묘사된다. 그러므로 소설의 형성 과정에서 이러한 원시 자료는 매우 요긴하게 활용되었을 것이다.

삼국지연의의 작가와 판본

원말명초에 나관중은 마침내 이상의 여러 가지 요소를 종합하고 원대의 삼국 희곡 등을 참조하여 『삼국지통속연의』를 완성하였다. 나관중(羅貫中, 약 1330-1400)은 본명이 나본이며, 호해산인(湖海散人)의 호도 있다. 관중은 그의 자다. 그의 출신에 대해서는 매우 모호하여 태원(산서태원) 사람, 동원 사람(산동동평) 혹은 절강 사람이라는 여러 설이 있다. 그는 원말 소주에서 봉기한 장사성의 막료를 지냈다고 하며 후에 주원장이 천하를 통일하자 물러나 패사(소설)의 편찬 사업에 전념하게 되었다고 한다. 그는 원말명초의 혼란기에 민간의 여러 전설과 고사를 기초로 하여 『삼국지연의』와 『수당지전』, 『삼수평요전』, 『분장루』 등의 장편소설을 엮어내고 희곡작품 『조태조용호풍운회』를 짓기도 하였다. 일부 작품은 시내암과 공동으로 엮어냈다고도 하였다. 그중에서 『삼국지연의』는 역사소설의 전형적인 작품으로 만들어내 「사대기서」의 하나로 분명한 위상을 확립했다.

나관중의 『삼국지연의』가 가정(嘉靖) 임오년(1522)에 간행된 이후 마침 명나라의 출판문화는 비약적인 발전을 시작할 무렵이었다. 게다가 통속문학으로서의 소설판본은 상업적 목적에 의해 다양한 판형과 삽화, 평점 등의 요소를 적극 가미하여 수많은 종류를 양산하게 되었다. 명대 판본이 20여 종, 청대의 판본은 무려 70여 종에 이르는 방대한 텍스트가 만들어졌다.

그중에서 중요한 판본을 종류로 분류하면 첫째 「삼국지통속연의」 계통, 둘째가 「삼국지전」 계통, 셋째가 모종강 부자의 평점본 「삼국지연의」 계통으로 나눌 수 있다. 그중에서 가정 임오년(1522)에 나온 「삼국지통속연의」가 현존하는 가장 빠른 판본이다. 이 판본은 당시 조선에 전해져서 이를 근거로 1560년경에 금속활자본(병자자)으로 교서관에서 간행한 바 있어서 최근에 더욱 주목을 받고 있다. 현재는 그중 권팔 1권이 남아 있다가 2010년에 발굴되었다.(**〈표 1〉 삼국지의 형성 과정**(415쪽) 참고)

2. 수호고사의 형성과 변천

북송 말기 휘종연간의 정치는 엉망이었다. 황제는 예술을 즐긴다고 했지만 백성이나 나라의 안위는 상관없이 향락에 빠져있었다. 간신들은 황제에게 아부를 하면서 자신들의 이익을 따를 뿐이라 나라의 정치는 역시 혼란스러웠다. 백성 중에는 이러한 현실을 참지 못하고 강력하게 부패와 불의에 맞서 관군에 대항하려는 일군의 사람들이 있었다. 중국에는 고대로부터 의협의 전통이 있었으므로 연약한 백성이 억울하게 탄압을 받는 걸 보고 참지 못하는 의로운 사람들이 적지 않게 있었던 것이다. 충직한 관리로 있다가 모함을 받아 쫓겨났거나 억울함을 당한 백성 중에서 과감하게 반기를 드는 사람들이 한군데로 모여들어 세를 이루었다. 이들은 어디에서도 받아주는 데가 없었으니 스스로 살길을 찾아 양산박으로 모여 관군에 대항하고 하나의 무력 항거집단이 되었다. 『수호전』은 바로 그러한 내용을 담은 책이다. 이들의 생각은 모든 죄악의 근원은 올바른 정치를 못하는 조정에 있고 모든 혼란의 원인은 위로부터 만들어졌으며 자신들은 관군의 핍박에 못 이겨 어쩔 수없이 양산에 올랐다는 것이었다. 그러나 양산박 호걸 집단의 기치가 다른 반역 집단과 다른 것은 나라가 정치를 못하고 조정이 간신배로 가득 차 있기 때문에 자신들이 나서서 「보국안민」을 하고 「체천행도」를 실행하여야겠다는 것이었다. 나라를 지키고 백성을 편안히 하는 것은 위정자의 의무이다. 그러나 당시 조정은 그것을 실천할 수 없다고 판단했기에 양산박 호걸들이 대신 그러한 기치를 내세우고 있는 것이다. 민심은 곧 천심이었으므로 하늘을 대신하여 천도를 행하겠다는 것도 바로 그러한 의미에서였다. 물론 양산의 호걸들이 처음부터 이러한 생각을 하였던 것은 아니다. 최초의 양산박 두령은 기개도 없고 안목도 좁은 왕륜이었다. 그는 단순히 자신의 조그만 영역을 구축하고 작은 산채를 운영하면서 조용히 지내고자 하였다. 동경의 팔십만 금군의 창봉교두 임충이 들어오면서 그의 소박한 구상은 금이 가기 시작했다. 갈 곳 없는 임충을 억지로 받아두었더니 조개 일당이 오면서 완전히 판이 달라졌다. 왕륜은 임충의 칼날에 목이 달아나고 조개 일당을 중심으로 새로운 체제의 「취의청」이 만들어졌다. 불의로 모은 재물을 탈취하는 것은 의로운 일이라고 생각하는 그들은 대명부 양중서가 동경의 채태사에게 보내는 생신강을 탈취한 이후에 양산박으로 들어갔다. 재물과 인원이 어느 정도 확보된 상태에서 세력은 점점 불어나고 급기야 산동 급시우의 별명으로 불리는 송강이 영입되었다. 그 자신은 여러 차례의 기회를 거부하며 산적으로 전락함을 극력 기피하였지만 끝내 사형수가 되어 벼랑 끝에서 겨우 구출되었을 때 양산박에 오르는 것을 마다하지 않았다. 그러나 조개가 죽은 다음 송강이 양산박의 실권을 장악한 이후에는 상황이 달라졌다. 그는 「취의청」을 「충의당」으로 고쳤다. 재야의 호걸들이 의로움을 말하는 것은 흔한 일이다. 그러나 그들의 미래는 보장받을 수 없었다. 송강은 양산박에 모여든 강호의 호걸들이 일시적인 사건으로 인하여 평생 낙인찍히는 반역자로서 이름을 남기지 않도록 하기 위해 자신들이야말로 누구보다도 나라를 걱정하고 백성을 사랑하는 집단임을 강조하였다. 황제를 반대하는 것이 아니라 조정의 간신배들을 물리쳐 나라를 평안히 하고 외적을 막아내며 백성을 잘 살게 하겠다는 것이 그들이 내세운 슬로건이었다. 송강은 내부의 일부 반대론자를 물리치고 조정의 「초안(招安)」을 받아들여 귀순하였고 마침내 반란의 집단에서 관군으로 변신하였다. 그러나 그들의 앞에 가로놓인 임무는 외적을 물리치고 또 다른 반란을 진압하는 일이었다. 「정사구(征四寇)」로 표현되는 대요(大遼), 전호(田虎), 왕경(王慶), 방랍(方臘)을 정벌하면서 양산호걸도 태반이 죽거나 흩어지고 마침내 해체의 단계에 이르게 되었던 것이다. 송강은 충의를 내세워 양산호걸들을 귀순시키는 데 성공하긴 했지만 '토사구팽'의 비극적 결말을 맞이하여 많은 독자들을 가슴 아프게 한다.

『수호전』의 역사적 배경은 간단한 역사적 근거에 의거하여 시작되었다. 산동의 도적 송강(宋江)은 이미 송나라 역사에 엄연히 등장하는 역사 인물이다. 『송사 · 휘종본기』에 이렇게 나온다.

> "회남(淮南)의 도적 송강 등이 회양군을 침범하니 장수를 보내어 잡도록 하였다. 그런데 또 동경과 하북을 범하고 초주와 해주의 지역으로 들어오니 지주 장숙야를 보내 초안하여 항복하도록 하였다."

또 『송사 · 장숙야전』에서는 송강이 하삭(河朔)에서 봉기하여 10여개 고을을 휩쓸어 관군이 그 예봉을 막을 수 없었으나 계략으로 격파하여 항복을 받아냈다고 했다. 그런데 『송사 · 후몽전』에서는 좀 다른 구절이 있다.

> "송강이 동경을 침범하니 상서를 올려 송강 일당 서른여섯 명이 제와 위의 지역에서 횡행하고 있으나 관군이 수만이라도 감히 대적할 수 없으니 이는 그 재주가 필시 남다를 것이므로 차라리 사면을 하여 방랍 토벌의 일을 맡겨 속죄하게 함이 나을 것이다"

이러한 단편적인 기록만으로도 송강을 위시로 반란인물 36명은 관군에 대항하여 오늘날의 산동과 강소, 하남, 하북 일대에 걸쳐 상당한 세력을 떨친 북송말기의 역사 인물임을 알 수 있다. 특히 장숙야가 초안으로 통해 항복을 받아냈다는 기록과 후몽이 36명의 숫자를 언급하고 사면을 통해 방랍을 치도록 하자는 주장 사이에서 오늘날 『수호전』의 원시적인 형태를 가늠할 수 있다고 본다.

논자 중에는 『수호전』의 원류를 동정호에서 일어난 종상(鍾相)과 양요(楊幺)의 봉기 사건에서 상당부분의 내용을 차용한 것으로 보기도 한다. 또 남송의 『이견지』에 기록된 내용이 수호 이야기의 형성에 도움이 되었다고 보기도 하고 노지심의 이미지 형성 과정에서 속인과 승려 두 가지 요소가 혼합되었음을 지적하고 파계승의 모습은 양가장 계열의 양오랑이나 『서상기』의 법총과 혜명의 형상도 영향을 주지 않았을까 보기도 한다.

송나라 설화인에게는 다양한 전문 분야가 있었다. 내득옹(耐得翁)의 『도성기승(都城紀勝)』에서는 당시 남송의 수도 임안에서 유행하는 설화 네 분야를 소개했는데 소설, 설경(설참경), 강사, 합생이었다. 그중에서 소설(小說)분야를 다시 세분하여 셋으로 나누고 해당 내용을 예로 들었는데 이러했다.

첫째 은자아(銀字兒) : 연분(煙粉), 영괴(靈怪), 전기(傳奇) 등,
둘째 설공안(說公案) : 박권(搏拳), 제도(提刀), 간봉(趕棒), 발이(發異) 등,
셋째 철기아(鐵騎兒) : 사마(士馬)와 금고(金鼓)의 일

이처럼 다양한 설화인의 종목에는 북송 말기를 배경으로 일어난 민중봉기의 한 형태가 다수의 강호 인물을 중심으로 이야기되었고 이것이 모여 여러 가지 가공을 거쳐 수호의 이야기로 확산 정립되었을 것으로 여겨진다. 앞의 항목에서 보면 훗날 사대기서로 발전하는 역사연의소설, 영웅전기소설, 신마소설, 세정소설의 원초적인 연원을 모두 볼 수가 있다. 잡아채고 주먹으로 치고, 칼을 휘두르고 몽둥이를 들고 달려드는 내용은 그대로 『수호전』의 양산박 호걸의 모습 그대로라고 할 수 있다.

송강의 이야기는 북방의 태항산과 산동 일대, 그리고 남방의 안휘와 강소, 절강 일대에서 널리 퍼져나갔다. 특히 남송 시대에 발달한 강창문학에 힘입어 설화인들은 수호인물의 이야기를 매우 선호하였다. 공개(龔開)의 『송강삼십육인찬』에는 이미 송강을 비롯한 서른여섯 명의 인물과 별명을 온전하게 기록하고 있다. 당시 유행한 책의 형태로 인물의 별명과 찬문을 적어서 새긴 것이다. 나엽(羅燁)의 『취옹담록』에는 「수호」 이야기가 이미 설화의 한 종목으로 삽입된 상태였다. 북송 때 「설삼분」이 포함되듯이 남송에 이르면 북송 말기의 사건을 배경으로 하는 송강 이야기가 신속하게 설화인의 관심을 사로잡은 것이었다. 수호 이야기의 설화 중에는 「청면수」, 「화화상」, 「무행자」, 「석두손립」 같은 제목이 있었다.

남송 말에 나온 『대송선화유사』는 이미 『수호전』의 기본적인 추형을 보여주고 있다. 양지가 보도(寶刀)를 파는 대목, 생신강을 탈취하는 대목, 송강이 염파석을 살해하는 대목에서 시작하여 끝에는 장숙야의 초안으로 귀순하여 방랍을 정벌하고 송강이 절도사에 봉해지는 내용까지 이어지니 『수호전』 초기 형태의 틀을 거의 갖추었다고 할 수 있다.

원나라의 희곡 중에는 수호 이야기를 주제로 하는 다양한 수호희(水滸戲)가 있다. 수호희는 잡극의 유형으로서 「녹림잡극」이라고 불리는 범주

에 속해 있었다. 당시 이러한 작품이 널리 유행하고 있었음을 알 수 있다. 작품으로는 고문수(高文秀)의 『흑선풍쌍헌공(黑旋風雙獻功)』, 강진지(康進之)의 『양산박이규부형(梁山泊李逵負荊)』, 이문울(李文蔚)의 『동락원연청박어(同樂院燕青博魚)』 등이 보인다. 희곡 작품 속에서 본래 36명의 호걸이 72명으로 늘어나고 있음을 볼 수 있다.

수호전의 작가와 판본

이처럼 송원 이래로 급속하게 발전되어 온 송강 이야기는 원말에 시내암에 의해 장편소설로 탄생하였다. 현재 『수호전』의 작가에 대해서는 여러 설이 나온다. 초기 판본에 대개 3가지 형태로 쓰여 있다. 나관중의 이름만 있거나, 나관중과 시내암이 함께 쓰여 있거나, 시내암 한 사람의 이름만 나오는 경우다.[1]

현재 학계에서는 『수호전』의 작자를 기본적으로 시내암(施耐庵, 약 1296-1370)으로 본다. 원말 명초의 인물이라고 하지만 상세한 인적 사항은 불분명하다. 현재 알려진 것으로는 본래 조상은 소주 사람이고 본인은 회북에서 살았고 서른다섯 살 때 진사가 되어 전당(항주)에서 관직에 있다가 상사와 불화로 그만두고 소주의 창문(閶門) 밖에서 잠시 거주하고 흥화현 백구진(白駒鎭)으로 옮겨 두문불출하고 저술에 전념했다고 한다. 본명은 시자안(施子安)이라고 하였고 내암은 그의 자였다. 전하는 말에 그는 원말 장사성(張士誠)의 반군에 참여하였다고 하며 원말 조정의 부패와 폭정 등의 어두운 면을 많이 보고 민간의 고사를 모아 정리하여 『수호전』을 지었다고 한다. 나관중과 함께 『삼국지연의』, 『수당지전』 등을 함께 찬술했다고도 전해진다. 그러나 그에 관련된 자료는 여전히 확정할 수 없는 증거들이다.

---

1 余象斗 본 「忠義水滸志傳評林」에서는 羅貫中이 편집했다고 하였고, 劉興我본 「수호전」에서는 錢塘 施耐庵이 편집했다고 했으며 天都外臣(汪道昆) 서문본 「수호전」에서는 施耐庵集撰, 羅貫中纂修라고 썼다. 명초에 高儒는 『百川書志』에서 '施耐庵的本, 羅貫中編次'라고 표기하였다.

『수호전』의 판본은 중국소설의 판본사상 가장 복잡하다. 지금 간략히 구분하면 번본(文繁事簡本, 묘사는 번잡, 사건은 간명)과 간본(文簡事繁本, 묘사는 간략, 사건은 많음)의 두 가지로 나눌 수 있다.

번본(繁本)은 전호와 왕경의 정벌 장면이 없으나 문장의 묘사가 정밀한 것이다. 번본에는 100회본, 120회, 70회본이 있다. 100회본 중에는 정덕 가정방각본 「경본충의전」, 가정간본 「충의수호전」, 만력(1589)천도외신 서문본 「충의수호전」, 만력(1610) 용여당본 「이탁오선생비평충의수호전」 등이 있다. 첫 번째 「경본충의전」은 정덕연간 쯤에 방각본으로 간행되었지만 성서는 원말명초에 이루어졌을 것으로 보고 있어 가장 오래된 판본으로 여겨진다. 1974년 발견되어 상해도서관에 소장되었다. 120회본은 100회본을 기본으로 하여 전호와 왕경의 정벌 장면을 추가한 것이다. 이 장면은 간본에서 가져왔지만 수정하여 넣었으므로 나머지는 역시 번본계열이라고 할 수 있다. 120회본의 대표 판본은 「원무애간본」이다. 이탁오의 서문과 양정견의 소인이 있다.

간본(簡本)계통으로는 만력(1594) 「쌍봉당간본」, 「영웅보(한송기서)」 등이 있는데 모두 전호와 왕경의 정벌장면이 들어있고 120회, 115회, 124회 등이다. 「영웅보」는 상단에 『수호전』 115회본을 넣고 하단에 『삼국지』 120회본을 배치한 합본이다.

100회본에서는 요나라 정벌 이후에 곧바로 방랍을 정벌하는 것으로 이어지지만, 120회본에서는 요나라 정벌 이후에 하북 산서에서 반란을 일으킨 전호(田虎)와 회서 지방에서 반란을 일으켜 초왕을 자칭한 왕경(王慶)을 평정하고 끝으로 방랍의 정벌에 나선다. 논자들은 중간에 끼워넣은 전호와 왕경의 정벌 이야기를 나관중의 보충으로 보는 시각도 있다.(**〈표 2〉 수호전 형성의 과정**(415쪽) 참고)

3. 서유고사의 형성과 변천

신마소설이란 무슨 뜻인가? 글자를 풀이하면 신선이나 부처, 마귀와 요괴 등이 다양한 인물로 등장하고 그들의 직능과 술법을 마음껏 펼치도록 만든 소설의 한 유파다. 이러한 유형의 소설을 신마소설이라고 명명한 것은 루쉰의 『중국소설사략』이다. 그는 소설사의 흐름을 역사적으로 살펴보면서 명대에 "신마(神魔)소설"을 설정하였다. 그는 신마소설을 매우 중시하여 「명의 신마소설」을 상중하로 3편을 안배하였다. 그는 「원명 전래의 강사」를 제외하고 명대 장편소설의 유형을 신마소설과 인정소설의 두 가지로 크게 나누어 서술하였으니 신마소설을 얼마나 중시하였는지 알 수 있다.

신마소설의 명칭은 루쉰의 학설로 학계에 널리 퍼졌지만 완전히 고정된 것은 아니었다. 임진(林辰)의 『신괴(神怪)소설사』 등의 이름으로 분류된 소설사가 나온 것만 보아도 그렇다. 그는 루쉰이 신마소설의 이름으로 썼지만 그것은 명대소설의 경우에만 해당되고 오히려 중국소설사 전체의 입장에서 보면 지괴와 신마의 개념을 합하여 신괴로 써야 한다고 주장하면서 자신의 소설사에는 육조의 지괴소설과 당대 전기소설 속의 신괴류, 송대 화본소설 속의 신괴류 등을 망라하고 청대의 『요재지이』 등의 문언소설을 포함하여 폭넓은 신괴소설의 세계를 조명했다.

신마소설의 발생에 대해서 다음과 같은 세 가지의 요소를 거론하는 경우가 많다.

중국의 수많은 신들로부터 나왔다. 중국은 서양의 유일신 체제와 달리 생활 속에 나타나는 수많은 신들에게 경배하는 문화적 전통을 가지고 있다. 그중에는 자연환경의 신들과 역사의 신이 혼재되어 있다. 거대한 산이나 바다에 있다고 믿는 산신이나 해신을 비롯하여 거석의 신이나 고목의 신들도 모두 경배의 대상이었다. 또한 오랜 역사의 과정에서 형성된 시조와 영웅은 그대로 신격화되어 삼황오제가 모두 신이 되었다.

중국의 신화·전설은 이러한 바탕 위에서 형성되었으며 비록 단편적이었지만 수많은 이야기를 남기고 있다. 반고의 천지창조, 여와의 인류창조, 여와와 복희의 남매 혼인 등의 많은 신화·전설은 명대 신마소설의 직접적인 화소가 되어서 소설의 주제와 내용을 풍부하게 하였다.

그러나 신마소설의 형성에 결정적인 영향을 끼친 요소는 도교와 불교의 풍부한 이야기로부터 나왔음을 부인할 수 없다. 도교는 선진시대 도가사상의 줄기에서 유래되었지만 한대의 신선 사상에 의해 종교집단화 되었고, 인도로부터 전래된 불교 사상의 기틀을 배워서 좀 더 체계적인 자체 종교로 발전하기 시작하였다. 하늘에는 옥황상제를 비롯한 천관, 지하에는 염라대왕을 비롯한 지옥의 왕, 바다와 강에는 각 방위별로 각각의 용왕을 설정하고 수많은 인물을 체계적으로 배치하였다. 불교의 요소나 인물을 그대로 차용하는 경우도 적지 않았다.

불교는 인도의 전통사상에서 분화하여 세계종교로 발전하였지만 기본적으로 인도 고유의 사유 체계를 많이 채용하여 복잡하고 정교한 신들의 세계를 구축하였다. 불교의 신들은 최고의 위상과 권능을 지닌 부처나 보살에서 사천왕에 이르기까지 다양한 권능과 복잡한 전생 인연을 가지고 있다. 중국의 신마소설은 바로 이러한 다양한 요소를 기본 바탕으로 하여 환상성이 풍부한 스토리로 엮어내었다.

중국 신마소설에는 명대의 『서유기』와 『삼수평요전』, 『봉신연의』 등이 가장 유명하다. 청대에 이르면 『여선외사』와 『삼보태감서양기』 등으로 이어지지만 이미 다양한 요소를 복합적으로 포함하고 있어서 순수한 신마소설로 부르기에는 적합하지 않은 면이 있다. 현대에 이르면 신마적인 요소는 너무 황당하고 비현실적이라는 이유로 거의 신마소설이 만들어지지 않고 있지만 그러나 의외로 고전 신마소설의 영향을 받아 다양한 콘텐츠로 재창조되고 있다는 점에서 매우 흥미롭다.

신마소설의 탄생에 신화·전설이나 불교 고사 및 도교 고사의 영향이 지대한 것은 물론이지만 역대 왕실이나 귀족 가문에서 방사나 신선, 도교와 불교 등에 심취하였던 사회적 현상으로부터 받은 영향 또한 지대하다고 할 수 있다.

진시황이 방사(方士)의 말을 믿고 불로장생의 약초를 찾으러 동방의 해상으로 서불(徐市, 혹은 徐福)을 보낸 일은 훗날까지 오래 전해지는 이야기다. 신선 사상에 심취한 한 무제가 서왕모를 만나는 이야기는 널리 전해졌다. 북송 황제 중에서 도교를 신봉한 진종(眞宗)은 도교의 경전으로 이름난 『운급칠첨(雲笈七籤)』을 편찬했고 휘종 황제는 도교에 더욱 빠져서 도사를 받들고 심지어 강압적으로 불교 사원을 도교의 도관으로 바꾸도록 하였으며 석가모니의 이름조차 대각금선(大覺金仙)이라고 신선의 이름으로 부르기도 했다. 아들 흠종은 상황으로 물러난 휘종에게 도군(道君)황제라는 존호를 올렸다. 그가 도교에 얼마나 심취하였는지 알 만 하다. 『수호전』에도 양산박 인물이 이사사의 집에서 도군 황제를 은밀히 만나는 대목이 있다.

명나라 때는 태조 홍무제(洪武帝)때 유교를 양으로 간주하여 통치의 수단으로 삼되 도교와 불교도 백성들에게 필요한 것으로 인식하여 이를 통합하는 삼교합일의 입장을 취하였다. 그리하여 명대 문화와 문학에는 삼교 사상이 혼합하여 등장하게 된다. 정통제(正統帝)는 대규모 도장(道藏)을 편찬하도록 하여 이를 「정통도장」이라 불렀다. 성화제(成化帝)는 도교와 방중술을 깊이 신봉하여 스스로 신선이라고 하여 긴 이름의 도호를 붙이고 궁녀의 경혈을 모아 방중의 비약을 만든다고 소동을 일으키기도 하였다. 이러한 분위기는 방중서의 편찬을 조장하여 이 분야의 책이 많이 나타나고 훗날 『금병매』 탄생의 시대적 배경이 되었다. 이후 홍치제(弘治帝)는 유학자와 독서인을 중시하고 나라를 운영하기 시작했지만 아쉽게도 젊은 나이에 죽고 이후 명나라의 국운은 급속하게 기울어졌다. 정덕제(正德帝)가 뱃놀이 하다가 물에 빠져 죽자 이어 등극한 가정제(嘉靖帝)는 어려서 병약했던 이유로 장생불사를 신봉하고 도교를 광신하는 지경에 이르러 단약을 만들고 궁녀들을 괴롭혔다. 명나라에서는 불교가 통제되고 황실의 신봉으로 인해 도교가 널리 퍼졌다. 신마소설은 바로 이러한 사회적 분위기를 바탕으로 만들어졌다.

서유고사의 연원을 올라가면 가장 먼저 당나라 현장이 인도를 다녀와서 서천취경과정을 구술하고 그 제자 변기(辨機)가 기록한 『대당서역기』를 만날 수 있다. 현장은 당태종의 정관 초년에 조정의 금령을 어기고 출국하여 왕복 17년간에 걸쳐 인도로부터 불경을 가져왔다. 그가 돌아올 때는 당태종의 대대적인 환영을 받고 불경 번역 사업을 적극 후원받았다. 정관 19년 그로 하여금 홍법사에서 불경을 번역하도록 하였고 그 사업을 표창하여 「대당삼장성교서(大唐三藏聖敎序)」를 써서 하사하고 비석을 세우도록 했다. 이러한 점은 훗날 『서유기』에서 처음부터 지옥 여행을 다녀온 당태종의 주동적인 지원 하에 서천취경의 대사업이 시작되는 것으로 개편되었다. 현장법사의 경이롭고 위대한 이야기는 당시부터 신비로운 이야기의 대상이 되었다. 그에 관한 전기가 만들어져 『대자은사삼장법사전』으로 나왔다. 삼장법사는 본래 불교 용어로 불교 경전의 모든 분야(경장, 율장, 논장 등 삼장)에 능통한 분의 뜻으로 쓰이며 역대 여러 명의 삼장법사가 있었지만 당나라 현장법사가 대표적이기 때문에 주로 그의 경칭으로만 사용하여 「대당 삼장」, 「당 삼장」으로 지칭하게 되었다.

현장(玄奘, 602-664)은 속명이 진위(陳褘)이며 낙주(洛州, 하남성)사람이다. 중국 불교 사상 최고의 불경 번역가이며 「법상종」의 창시자이다. 그는 인도로부터 사리 150알, 불상 7구, 경론 657부를 가지고 당나라에 돌아와서 제자와 더불어 불경 75부, 1335권을 번역했다. 『대반야경』, 『심경』, 『해심일경』, 『유가사지론』, 『성유식론』 등이 그의 번역이다. 그의 구술을 받아 기록한 『대당서역기』에는 그가 직접 경유한 110개 나라의 국명과 28개 나라의 자연환경과 도시, 생산 물품과 민간의 풍속 등을 기록하였다. 당나라 때부터 그에 관한 전설은 민간에 널리 퍼지기 시작했다. 장안의 대안탑(大雁塔)과 「대당삼장성교서비」[2] 탁본 등에 현장의 유적이

---

2 「대당삼장성교서」는 당태종이 현장법사가 서천취경을 하여 돌아온 후에 홍법사에서 중요한 불경을 번역하고 불법을 전하고 있는 것을 표창하여 하사한 비문이다. 태종이 글을 지었고 후에 또 황태자 시절의 고종이 「대당황제술삼장성교기」를 썼다. 처음 당대 최고의 서예가 저수량(褚遂良)이 글씨를 썼는데 「안탑성교서」라고 했다. 후에 다시 회인(懷仁)스님이 왕희지 서체를 모아 「회인집왕희지서성교서」를 새겨 탑을 세웠는데 비석 머리에 칠불을 조각하여 「칠불성교서」라고도 했

남아 널리 전하게 되었다. 중당 이후 삼장의 전설은 밀교색채가 농후한 불화 「석가십육선신도(釋迦十六善神圖)」에 남아있게 되었는데 그림 속에 당 삼장이 사막을 지나가다 깊은 모래 바다의 요마왕인 심사신왕(深沙神王)을 교화시키는 장면이 들어있으니 소설 속 사오정의 원형이라고 할 수 있다. 중당의 시인 대숙륜(戴叔倫)의 「증행각승(贈行脚僧)」이란 시에 당시 전하는 이야기를 담았는데, 현장이 서천으로 출발할 때 방 앞의 소나무 가지가 자신이 장차 반드시 귀국할 것임을 보여줄 것이라는 이른바 「마정송(摩頂松)전설」이 들어있다. 현장이 마당에 서서 소나무 가지를 어루만지며 말했다.

> "내 지금 서천으로 불경을 구하고자 떠나려 하니 내가 서행을 할 때는 너의 가지가 서쪽으로 길게 자라고, 만약 불경을 구하여 동쪽으로 돌아오고 있을 때는 너의 가지가 동으로 돌려지기를 바라노라. 그리하면 나의 제자들이 알게 될 것이다."

현장의 말대로 이 소나무 가지는 해마다 서쪽으로 길게 자라다가 어느 해 문득 동쪽으로 돌려지기에 제자들이 보고 스승이 돌아오고 있음을 알고 마중을 나갔다고 한다.[3]

당대 후기에는 현장이 직접 경유하였던 경력으로 인하여 촉(蜀)지역은 삼장법사의 전설이 만들어진 중요한 지역이 되었다. 삼장이 서천행으로 성도를 지날 때 병든 승려로 부터 『심경』을 배웠다는 전설부터 여주(黎州) 관청의 배(梨, 黎와 동음)나무가 본래 삼장법사의 명아주지팡이(藜杖)를 심은 것이었다던가, 또 삼장이 보연(寶研)개울을 건널 때 물속의 돌을 갈아 벼루를 만드니 오색 광채가 났다는 등 전설이 만들어져 『서유기』의

다. 「성교서」는 모두 1904자인데 당태종의 서문과 당고종의 기문, 현장법사가 번역한 경의 일부를 포함하고 있다. 회인이 24년간 궁내에 소장된 왕희지 서예 작품을 근거로 글씨를 모아 썼으므로 훗날 서예사의 중요한 자료가 되었다.

3 『태평광기』「현장」의 후반에 이 고사가 들어있다.

내용과는 무관하게 전해지고 있다. 돈황 지역에도 삼장의 전설이 「보승여래도(寶勝如來圖)」에 그려져 전해졌다. 보승여래는 밀교에서 비교적 지위가 높은 신불인데 삼장과 관련이 지어지는 것이다. 이 그림 속에서 삼장을 보호하는 동물은 호랑이였다. 호랑이가 등장한 것은 삼장법사가 처음으로 고양이를 인도로부터 데리고 왔다는 전설과 관련 있을 것으로 보인다. 「보승여래도」는 돈황에서 발굴되어 프랑스로 옮겨간 그림인데 「행각승도」 혹은 「운유승도」라고도 불린다. 지금 파리의 기메 동양미술관에 소장되어 있다.

삼장의 서천취경 이야기 영향으로 당시 돈황에 유행하던 내용을 담고 있으며 돈황 발굴 그림 중에서 동일한 소재의 행각승 그림이 12폭 있는데 우리나라 국립중앙박물관의 1점과 일본 소장 1점은 모두 오오타니(大谷光瑞)탐험대의 수집품이었고, 영국에 2점, 프랑스에 7점, 러시아에 1점이 남아서 전한다. 공통적인 특징은 머리 앞쪽의 구름 속에 부처님 좌상이 있고 신변에는 호랑이가 따르며 등에는 불경을 담는 책 상자를 지고 손에는 불진(拂塵, 총채)을 들고 있으며 맨발로 걷고 있는 행각승의 모습이다.

당나라이후 오대십국의 시기에 민간 전설은 촉지방으로 부터 강남으로 확산되었다. 양주의 절에 「현장취경벽화」가 그려졌고, 송대에는 강남과 복건의 민간 전설과 융합하여 더욱 발전하였다. 송초에 현장의 두골이 남경의 절(천희사, 후에 보은사로 개명)로 이장되면서 본래 현장법사와 상관이 없던 전설이 강남 지방으로 급속하게 확산되었다. 남경을 비롯한 강남은 육조이래로 불교 문화가 극성하였으므로 현장법사의 취경고사는 새로운 이야기로 체계를 잡아갔다.

항주의 고찰 영은사의 호원동(呼猿洞)전설은 손오공의 연원에 영향을 끼친 것으로 생각할 수 있다. 삼장법사 호신 동물이 호랑이에서 원숭이로 바뀌는 것은 중국 남방에 흔하게 보이는 원숭이 문화와 관련 있다고 보는 것이다. 호원동의 전설은 육조 시대로 거슬러 올라간다. 인도 고승 혜리(慧理)는 인도 영취산으로부터 동굴 속에 있다가 부르면 즉시 나와서 자신을 시중드는 백원과 흑원을 데려왔다. 그때 날아온 산봉우리가 바로 비래봉이라는 전설이다. 역대 삼장법사의 관련 전설의 변천과정을 살펴보면 당대이전의 중국 서부지방과 서역에서는 대부분 삼장을 보호하는 동물이 호랑이였지만 송나라부터 동남 지역에서는 원숭이로 바뀌고 있음을 볼 수 있다. 송나라 때 항주에서『대당삼장취경시화』가 간행되었고 여기에 취경단에는 제자 손행자가 들어있다.

복건 지역의 원숭이 이야기는 이미 오랜 전통이 있었다. 당대소설「보강총백원전」[4]의 무내는 복건의 장락(長樂)이었다. 그 지역에서는 야생 원숭이들이 무리지어 살고 있으므로 충분히 신비로운 이야기들이 만들어질 환경 조건을 제공했다. 탕구트족의 서하(西夏)시기 만들어진 유림굴(楡林窟)의 벽화도 돈황벽화 만큼 유명한데, 이곳의 벽화에는 이미 당삼장과 후행자가 함께 그려져 있다. 그러므로 늦어도 북송 말기에는 이미 삼장법사의 제자로 원숭이가 확정된 상태였다고 본다.

『대당삼장취경시화』의 출현 이후 전파 지역은 더욱 광범위하게 늘어났고 당삼장을 따라 후행자와 백마의 취경단이 나타난다. 복건 천주(泉州) 개원사(開元寺)의 서탑에는 후행자의 부조가 나타났다. 남송 문인 유극장(劉克莊)의 작품에는 후행자를 읊은 시도 나타났다. 복건은 송대 출판 문화의 핵심이었고 고려와 일본, 동남아 등지와의 해외무역 기지였다는 점을 감안하면 일본 고산사 소장의『신조대당삼장법사취경기』는 복건 출판본일 가능성이 크다. 임안(臨安, 항주)의 장씨 간행의『대당삼장취경시화』와는 다른 점이 있기 때문이다. 또 서하 유림굴의「당승취경도상」을 통해 북송 때 개봉(開封)의 취경고사가 서북 지역으로 전해진 것으로 이해될 수 있다.

---

4 당대 전기소설은 대부분 작가가 알려져 있지만 유독「보강총백원전보」만은 무명씨로 되어 있다. 신비한 힘과 능력을 지닌 흰 원숭이의 자식이 결국 당대 유명한 구양순(歐陽詢)이라는 설정은 작가를 익명으로 처리할 수밖에 없었을 것이다. 구양순의 아버지 구양흘(歐陽紇)이 죽음을 당하기전에 마침 친하게 지내던 강총(江總)이 아이를 데리고 있어서 난을 면했다고 했다. 그래서 강총이 지은 구양순의 유래를 적은 전기를 보충한다는 제목으로 의탁한 것이다. 원숭이 이야기는 역대 소설에서 꾸준히 이어져 왔다.

송대의 삼장법사 이야기로 가장 상세한 것은 역시 『대당삼장취경시화』다. 우선 당나라 때 나온 역사 문헌을 충실히 참고하면서 현장과는 무관한 민간 전설까지 취합하여 광범위한 융합 과정을 거쳤다. 이 책에는 이미 손오공의 원형인 후행자, 사오정의 원형인 심사신을 등장시켜 훗날 『서유기』의 출현에 기반을 다져놓고 있다.

복건 지역에 전해지던 원숭이 이야기(「보강총백원전」, 「복주후왕신기」)가 민간 전설에서 가공되고 보충되어 원대에 이르면 이른바 소설로서의 고본서유기가 만들어진다. 고본서유기는 혹은 원본(元本)서유기로도 불리며 현재 전하지 않지만 여러 군데에 부분적으로 전해지는 원대에 나왔던 초기 형태의 소설 『서유기』를 말한다.

우리나라 고려 시대에 중국어를 배우기 위한 교재인 『박통사(朴通事)』를 편찬할 때 바로 이 「고본서유기」를 사용했을 것으로 본다. 그 내용은 조선 전기에 『노박집람(老朴集覽)』 합편본에 들어가 『박통사언해』에 전해지고 있다. 이 책은 고려 말에 중국어를 배우는 교재로 편찬된 것인데 주로 대화를 통해서 여러 가지 이야기를 말하고 있다. 여기서 관음보살이 노승으로 변신하여 취경인을 추천하고, 당태종이 현장에게 칙명을 내려 서천취경을 떠나는 내용 등을 언급하였으며 특히 「차지국투성(車遲國鬪聖)」의 대목은 상세한 내용을 남기고 있는데 현재의 백회본 『서유기』와 기본적으로 동일하다. 그러므로 16세기에 오승은의 정리본 이전에 이미 존재했던 고본으로 보는 것이다. 최근 서울의 국립중앙박물관에 있는 경천사지(敬天寺址)십층석탑의 하단에 부조 그림도 삼장취경의 고사에서 나온 것으로 밝혀져 주목을 받고 있다. 이 석탑과 동일한 탑이 복제되어 조선 초기에 건립된 원각사지(圓覺寺址) 십층석탑이다. 현재 종로 탑골공원에 있는데 하단의 부조는 고려의 것보다 비교적 명확하게 남아있다. 이를 통해 당시 삼장취경의 고사는 「고본서유기」나 「도책」 등의 자료를 통해서 당시 고려에 전수되었을 것으로 판단된다.

근년에 일본에서 발굴된 원대 왕진붕(王振鵬)의 『당승취경도책』(전32폭, 有缺)에도 「원본서유기」의 흔적이 있다.[5] 명초 이래 「원본서유기」의 일부 내용은 『영락대전』에 들어갔는데 「위징몽참경하룡(魏徵夢斬涇河龍)」의 대목이다. 당시 「서유기」는 이미 세덕당 간본과 거의 유사해졌다. 또 양경현(楊景賢)이 희곡 『양동래(楊東來)선생비평서유기』를 창작했는데 세덕당간본보다 앞선 것으로 보고 있다. 본래 『삼국지』나 『수호전』의 경우에도 소설에 앞서 희곡의 영향에 크게 작용했으며, 이미 원대부터 삼국희, 수호희, 서유희는 각각 독립적으로 발전하고 있었으므로 소설 『서유기』의 출현에는 희곡의 깊은 영향이 있었다.

서유고사의 희곡으로는 오창령(吳昌齡)의 『서천취경』이 있었고 양경현(楊景賢)의 『서유기』가 있었으나 구체적으로 소설의 어느 대목을 다룬 것인지는 알 수 없다.

여기서 잠시 손오공의 외래설의 대표로 꼽히는 인도의 『라마야나』에 나오는 하누만을 간단히 소개한다. 전통적으로 『서유기』를 중국 내의 변화 발전과정으로만 보던 입장은 20세기이후 국제적으로 비교문학의 연구가 확산되면서 학자들은 손오공과 유사하게 놀랄만한 힘과 재주를 가진 인도의 유명한 서사시의 등장인물이 있음에 주목하게 되었다. 기원 이전에 훨씬 오래전에 만들어진 인도 고대의 서사시 『라마야나』는 코살라국의 왕자인 라마가 주인공으로 왕자비인 시타를 구출하고자 숱한 고난을 겪으면서 활약하는 무용담이다. 왕자비는 기구하게 수난을 당하고 원숭이 왕 하누만은 라마 왕자를 도와서 악귀를 물리치며 대활약을 펼친다. 총 7편으로 24,000 구절로 이루어져 있어 세계적으로도 가장 긴 장편의 하나다. 동남아시아에 널리 확산되어 번역이나 번안이 되었고 여러 가지 형태의 연극으로 만들어졌다. 중국에 전해진 불경 중에도 들어있어 그 내용이 알려졌을 것으로 여겨진다.

하누만은 이미 힌두 신화에 나오는 원숭이들의 왕이었다. 하누만이 갖

5 원대 왕진붕의 『당승취경도책』은 1992년 일본에서 발굴되었는데 매 쪽 표제가 있고 관음이 화룡마(火龍馬)를 보내주고 유사하에서 사화상(沙和尙)을 영입하고 팔풍산에서 저팔계를 영입하는 대목을 볼 수 있다. 『자은법사전』에 나오는 석반타(石盤陀)의 그림이 후행자와 닮아있음도 보인다.

고 있는 지위나 독특하고 경이로운 재능은 충분히 손오공을 연상하게 된다. 다만 하누만에서는 손오공의 출현 첫 대목에 보이는 무뢰한 같은 행동이나 천궁대소동 같은 것이 보이지 않지만 손오공도 나중에 삼장법사에 제압된 이후에는 완전히 서천취경의 최대 조력자로 변모하므로 라마 왕자를 도와 곤경을 헤쳐 나가는 하누만과 기본적으로 유사하다고도 할 수 있다.

특히 동남아시아를 통한 하누만의 이미지 전파와 불교의 전래는 같은 경로로 중국 동남 지역에 이르렀을 수 있고 특히 복건 지방의 신비로운 원숭이 이야기와 결합되었을 가능성은 농후하다. 특히 송대 이후 복건이나 강남에서 삼장의 취경고사가 다양하게 변천 발전하였으며 항주의 인도고승과 얽힌 비래봉 전설과 원숭이 이야기, 그리고 남해관음의 기획에 의한 서천취경의 안배 등을 감안하면 충분히 개연성이 있다고 본다.

본래 현장법사의 『대당서역기』는 장안에서 출발하여 서역의 사막을 지나 인도를 다녀오는 경로이므로 강남이나 동남 해안과는 별무관계이지만 송나라에 이르러 남해관음과 손오공의 결합으로 확대 보완하여 취경고사의 새로운 체제가 갖추어진 것인데 이러한 과정에서 인도로부터 동남아시아를 경유하여 불교의 유입과 함께 『라마야나』의 원숭이 왕 하누만의 형상이 전해지고 이를 다시 중국화하여 오래국 화과산에서 탄생하는 원숭이 왕으로 재창조하였을 가능성이 없지 않다는 것이다. 그러나 중국 학자들은 비교문학의 전공자를 제외하고는 손오공의 외래설을 별로 받아들일 준비가 안된 것으로 보인다. 하기야 노자가 함곡관 너머 서쪽으로 나갔다는 말에 근거하여 그가 곧장 인도로 가서 결국 석가모니가 되었다는 전설도 있다고 하니 중화 문화의 입장에서 자랑스런 손오공이 비록 조금이라 하더라도 인도의 피가 섞였을 수 있다는 설은 결코 받아들이지 않으려고 할 것이다.

서유기의 작가와 판본

『서유기』의 완전한 판본이 간행된 것은 우리나라에서 임진왜란이 일어난 만력 20년(1592)이었다. 금릉(金陵, 남경)의 세덕당(世德堂)에서 나온 「신각출상관판대자서유기」다. 이 책에는 작자의 서명을 드러내지 않았고 '화양동(華陽洞)주인교'라고만 표기하여 교감자를 밝혔을 뿐이었다. 작자를 드러내지 않아서 20세기이후 호적(胡適)에 의해 오승은으로 밝혀내고 루쉰의 『중국소설사략』에서 확정함으로써 학계에 오랫동안 정설로 정착되었다. 하지만 여전히 이에 대해 부정적인 시각도 남아있다. 이 판본 이후에 만력 연간(1603)에 서림 양민재(楊閩齋)간본이 나왔고 또 숭정 연간에 「이탁오선생비평서유기」100회본도 나왔다. 명말의 만력, 숭정 연간에는 소설의 출판이 경쟁적으로 진행되고 있음을 가늠할 수 있다. 청대에는 여러 종류의 『서유기』가 간행되었는데 그중에는 삼장법사 출신 이야기인 「강류화상」 대목을 담고 있어서 중요하게 여겨지는 판본도 있다.

오승은(吳承恩, 1510-1582)은 자를 여충(汝忠)이라고 하고 호를 사양산인(射陽山人)이라 했는데 회안부 산양(山陽, 淮安)사람이다. 그는 본래 선비 가문이었으나 몰락하여 소상인으로 전락한 집안에서 태어났다. 어려서 총명하고 기이한 이야기를 수집하기 좋아했다고 한다. 가정 연간(1550)에 세공생으로 남경의 국자감 태학생으로 있었다. 1561년 빈곤으로 인해 부득이 현승의 벼슬자리를 맡았으나 치욕을 당하기 어려워 사임하고 귀가하였고 또 잠시 형왕부(荊府) 기선(紀善)을 지냈으나 만년에는 돌아와 순탄치 않은 세월을 보냈다. 하지만 호기심 많고 해학적인 성품으로 인해 이상적이고 낙관적으로 견뎌나가며 『서유기』의 창작에 힘썼다.

「사대기서」의 다른 작가와 마찬가지로 소설 창작의 과정이 명확하게 밝혀지고 있는 것은 아니며 여전히 다른 견해가 많다. 특히 『오승은시문집』과 『서유기』의 사상이나 문장의 풍격 등이 전혀 다르다는 이유로 그를 『서유기』의 작가로 최종 결론을 내리기는 어렵다고 한다.(**〈표 3〉 서유기 형성의 과정**(416쪽) 참고)

4. 금병매의 출현과 전파

중국에서 16세기는 소설사상 특기할 만한 시대다. 그 유명한 사대기서(四大奇書)가 연이어 등장한 시기이기 때문이다. 『삼국지』와 『수호전』, 『서유기』의 이야기 형태는 오래전부터 내려오던 것이었지만 오늘날 남아있는 가장 이른 판본은 바로 16세기에 나온 것들이다. 1522년 가정(嘉靖)초년에 『삼국지통속연의』의 가정본이라고 일컫는 초기 판본이 나왔고 이와 비슷한 시기에 『경본충의전』과 이탁오비평의 『충의수호전』(가정본)도 나왔다. 『서유기』는 이들보다 늦었지만 만력(萬曆)연간인 1592년에 금릉(金陵)세덕당본이 간행되었으니 16세기에 「삼대기서」는 모두 선을 보인 것이다.

그런데 이 시기인 만력 연간에 홀연 역사상 아무런 조짐도 없었던 『금병매』라는 이름의 새로운 장편소설이 탄생하여 저명한 문인 사이에 주고받으며 읽혀지고 있었으니 당시 문단으로서는 매우 신선한 소식이었다. 16세기도 거의 끝나가는 1596년(만력24) 명말 문단의 공안파 영수인 원굉도(袁宏道)가 동기창(董其昌)에게 보내는 편지 속에 다음과 같은 구절을 남겼다. 『금병매』의 이름이 등장하는 역사적인 첫 기록이라고 하겠다.

> 빌려주신 『금병매』는 대체 어디서 구하신 것인가요? 베개에 엎드려 대충 훑어보니 그 멋진 구절들이 구름같이 가득하여 매승(枚乘)의 『칠발(七發)』보다도 뛰어나게 느껴집니다. 나머지 뒷부분은 또 어디서 베낄 수 있는지, 어디서 구하여 바꿀 수 있는지를 알려주시기 바랍니다.

원굉도는 동기창(董其昌)으로부터 『금병매』의 일부(전반부)를 빌려서 읽어보고 있었던 것이다. 동기창은 원굉도보다 열세 살이나 위인 유명한 서화가였지만 진사 급제로 보면 삼 년이 앞서는 선배였다. 그가 원굉도에게 『금병매』의 일부를 빌려주어 읽도록 했던 것이다. 원굉도는 이 책을 보고 처음부터 극찬하는 평가를 남긴다. 운하(雲霞)는 구름과 노을인데 『문심조룡』에 나오는 구절로서 문장이 아름답고 뛰어남을 비유하는 말이다. 『금병매』의 문체를 그렇게 묘사했다. 그리고 곧이어 한나라 때 사부(辭賦)의 대표적인 작품인 매승(枚乘)의 『칠발(七發)』에 비유하여 그 보다도 훌륭하다고 평가하였다. 『칠발』은 일곱 단락의 내용으로 엮은 부(賦)로서 한나라 때의 황로(黃老)사상을 강조하는 작품이었다. 초나라 태자가 병이 들었을 때 오땅의 어떤 이가 문병을 가서 대담하는 형식인데 병의 원인이 탐욕이 과도하고 수시로 향락에 빠져 있으므로 야기된 병이므로 백약이 무효하고 침이나 뜸과 같은 어떤 치료법으로도 고칠 수 없다고 진단하면서 오로지 요언(要言, 요긴한 말씀)과 묘도(妙道, 절묘한 도리)로서만 고칠 수 있다고 한 것이다. 작자는 음악과 음식, 수레와 연회, 사냥과 유람 등 여섯 가지의 행락으로 비유하면서 태자가 나쁜 습관을 고치고 방술(方術)로써 천하의 정밀함과 만물의 시비를 논하여 마침내 깨우친다는 내용이다. 『칠발』의 주제를 귀족 자제가 안일과 향락에 심취하여 몸을 망치고 있음을 경계하고 풍자하는 것으로 본다면 원굉도는 『금병매』를 처음 접하면서 이 책이 바로 그러한 주제를 갖고 있다고 판단한 것이었다.

원굉도는 그의 글 「상정(觴政)」의 「십지장고(十之掌故)」에서 술에 관한 전적을 나열하면서 『수호전』과 『금병매』를 나란히 열거하여 당시부터 문인들의 주목을 끌었다. 『금병매』의 위상을 『수호전』과 동렬에 배치하였던 것이다.

『상정』에서는 16가지로 술에 관한 내용을 정리하였으며 그중의 열 번째인 「장고」에서는 주경(酒經), 내전(內典), 외전(外典), 일전(逸典)으로 나누어 중국 고전에서 술의 경전으로 불릴 만한 것을 선별하였는데 그중 일전으로 『수호전』과 『금병매』를 콕 찍어서 지적했다. 새로 나온 『금병매』를 소설의 경전으로 자리매김한 것이다.

> "사인으로는 유영과 신기질이 있고, 희곡 작가로는 동해원, 왕실보, 마치원, 고명 등이 있고 소설 작품으로는 『수호전』과 『금병매』가 별미를 가진 전형적인 작품이라고 할 만하다. 이러한 경전을 익숙하게 읽지 않고 뱃

속에 술만 들이붓는다면 진정한 술꾼이라고 할 수가 없다."[6]

원굉도의 이 구절은 후에 심덕부(沈德符)의 『야획편(野獲編)』에서 곧바로 인용되었고 도본준(屠本畯)의 『산림경제적(山林經濟籍)』에서도 거론되었다. 당시 문인들에게 큰 인상을 남기게 된 구절이 된 것이다. 이 글은 『원굉도집전교(袁宏道集箋校)』에 들어있는데 『원중랑집』이 당시에 이미 간행되었고 이 책이 조선의 허균(許筠, 1569-1618)에게 전해져서 허균의 『한정록(閑情錄)』에 실린 것이 1617년이었음을 감안하면 마땅히 원굉도가 『금병매』를 접하고 얼마 안 된 이후에 썼을 것으로 생각된다. 심덕부가 「상정」을 거론하고 나서 병오년(1606)에 경사에서 원굉도를 만나 전질이 있느냐고 물었다는 구절을 보면 「상정」이 1606년 이전에 쓰여진 것으로 볼 수 있다. 원굉도는 1596년 동기창에게 편지를 보낸 이후 머지않아 자신의 「상정」에 『금병매』를 포함시켰다고 볼 수 있겠다.

이번에는 원굉도의 아우인 원중도(袁中道)가 기록한 『금병매』에 대해서 살펴보자. 그는 『유거시록(遊居柿錄)』에서 동기창의 집에서 『금병매』를 논의한 사실을 전하면서 이 책의 전모에 대해서 좀 더 상세하게 언급하고 있다.

> 태사 동사백(董思白) 선생을 찾아가 뵙고 함께 여러 소설 중에서 뛰어난 명작에 대해서 논의했다. 사백 선생은 최근 나온 소설 『금병매』가 지극히 뛰어나다고 했다, 우선 그렇게 혼자 알고 지내다가 중랑(中郞, 원굉도)이 진주(眞州)에서 이 책의 절반을 보았다는 말을 들었다. 이 책은 남녀 간의 인정세태를 상세히 그려낸 것이라고 하며 『수호전』의 반금련 이야기를 연출한 것이다. 金은 반금련, 瓶은 이병아, 梅는 하녀인 춘매를 가리킨다. 전에 경사(京師)에 서문(西門)천호의 집에 소홍(紹興) 출신의 유생을 훈장으로 들인 적이 있는데, 평소 일이 없어 그 집안의 음탕한 풍월

---

6 「詩餘則柳舍人, 辛稼軒等, 樂府則董解元, 王實甫, 馬東籬, 高則誠等, 傳奇則水滸傳, 金瓶梅等爲逸典, 不熟此典者, 保面甕腸甕, 非飮徒也.」

> 의 일을 매일 기록했다고 한다. 서문(西門)은 그 주인이고, 나머지는 그의 처첩을 그린 것이다. 자질구레한 내용 중에도 멋진 구절이 넘치고 있으니 필시 뛰어난 문인의 작품일 것이다. 사백 선생은 이 책을 분서(焚書)해야 한다고 했는데 지금 생각하니 굳이 태울 필요도 없고 또 너무 떠받들 필요도 없이 그저 담담히 듣기만 하면 될 것으로 본다. 태운다고 해도 자연 감추는 자가 있으리니 사람의 힘으로 모두 없앨 수는 없을 것이다. 『수호전』을 회도(誨盜)의 책이라고 한다면, 이 책은 회음(誨淫)의 책이라 할 것이다. 명교(名教)의 생각이 있는 자들이 굳이 이를 신기롭게 여겨 어리석은 이들을 놀라게 하고 비속한 자들을 병들게 할 까닭이 있겠는가.

원중도의 언급은 매우 구체적이다. 이 글이 쓰여진 것은 1614년이다. 우선 당시 진사 출신의 동기창(1589년 진사)과 진사 시험을 앞두고 있는 원중도(1616년 진사)가 만나서 소설을 주제로 담론을 했다는 사실과 그때 동기창이 소유하고 있던 『금병매』를 가장 뛰어난 소설로 지적했다는 점이 놀랍다. 동기창이 이 책의 유래에 대해 말하지 않는 것은 매우 안타깝지만 원굉도에게 빌려주고 그 아우 원중도와 이 책을 논하였다는 점에서 이는 소중한 기록이다. 이 기록을 통해서 원굉도가 진주(眞州)에서 이 책의 절반을 보았다는 앞서의 기록(與董思白書)을 다시 한번 검증할 수 있는 점도 가치가 있다. 원중도는 가장 먼저 『금병매』의 전모에 대해서 밝힌 학자가 되었다.

첫째, 이 책의 내용은 남녀 간의 인정세태를 그린 소설이다.

둘째, 이 책의 유래가 『수호전』의 반금련 이야기에서 왔음을 밝혔다.

셋째, 이 책의 서명 유래를 등장 인물의 이름에서 나온 것으로 밝혔다.

넷째, 이 책의 작자에 대해선 전하는 말을 기록했다. 서문천호의 훈장이었던 소흥 출신의 늙은 유생으로 문체가 화려하니 뛰어난 문인일 것이다.

다섯째, 이 책의 내용은 주인 남자와 처첩 간의 음란한 풍월을 그린 것이다.

여섯째, 이 책의 처분 문제로 동기창과 서로 다른 생각을 갖고 있다. 동기창은 이 책의 내용 때문에 분서해야 한다고 했지만 원중도는 굳이 태울 필요 없이 그저 소설로 담담하게 받아들이면 된다고 냉정함을 보이고 있다.

일곱째, 이 책의 평가로서 『수호전』을 회도소설이라고 한다면 『금병매』는 회음소설이다. 이러한 평가는 후에 줄곧 유지되고 있는데 초창기 원중도의 입에서 처음 나왔음이 확인된다.

원중도의 『금병매』 인식은 상당히 객관적이고 구체적이어서 첫 대면한 작품에 대한 비평으로서는 매우 소중한 분석이라고 할 수 있다. 『금병매』는 이처럼 「삼대기서」와 같이 길고 긴 형성 과정을 거치지 않고 명나라 가정 연간이라는 몇십 년의 짧은 역사 속에서 이루어졌다. 『금병매』의 이름이 문단에 나타난 것은 만력 20년(1592)경이다.

간본은 만력 46년(1618)경에 출판되어 전해지게 되었다고 한다. 앞서 언급한 문인들도 이미 원작자에 대해서는 제대로 아는 바가 없어서 단순히 "가정 연간의 대명사"가 지었다고만 말했다(심덕부). 명말 이후 대체로 그 명사가 왕세정(王世貞)일 것이라고 인식하고 있었다. 그러나 또한 청나라 때는 이미 작가불명처럼 되어 있어서 강희 연간에 만주어 번역본 서문에선 작가를 노남(盧柟)으로 추정하였고, 또 다른 문집에서는 조남성(趙南星)을 지목하기도 하였다. 현대 이후 학계에서는 새로운 인물 찾기에 힘써서 이미 수십 명의 작가 후보를 내기도 했다. 왕세정이외에 이개선(李開先), 도륭(屠隆) 등이 유력하게 거론되었다. 전자는 『금병매』 제61회 이후에 이개선의 『보검기』의 구절이 많이 나온다는 점 때문이었고, 후자는 『산중일석화』에서 소소선생(笑笑先生)과 합합도사(哈哈道士)가 곧 도륭(屠隆)임이 증명되었기 때문이라고 했다. 이 책의 앞 권에서는 「탁오선생편차」의 하단에 「소소선생증정, 합합도사참열」이라고 했는데 권삼에서는 같은 곳에 이를 대신하여 「일납도인(一衲道人) 도륭참열(屠隆參閱)」로 고쳐쓰고 있으니 곧 『금병매』의 작가 「소소생」은 도륭에 해당될 것이라는 주장이었다.

이처럼 명대 후기 16세기와 17세기 전반의 인사 수십 명을 작가의 대상으로 놓고 결론 없는 갑론을박을 하다 보니 설화인들의 창작설이라는 새로운 관점이 나오기 시작하였다. 지금 문학사나 소설사에서는 『금병매』의 단독 창작설이 우세하지만 사실 여러 가지 면에서 처음에 나타난 「사화본(詞話本)」(만력본)은 설화인의 흔적이 많이 남아있고, 이어서 수정 보완된 신판 「설산본(說散本)」(수상비평본, 숭정본)에서는 문인의 참여로 인한 여러 가지 수정 보완이 이루어진 상태라는 것이다. 「사화본」에는 만력 정사년(1617)에 쓴 「동오농주객」의 서문이 있어서 「만력본」으로 불리고, 「수상본」에는 숭정제를 피휘하고 있어서 「숭정본」으로 지칭한다.

「만력본」과 「숭정본」의 차이는 여러 가지 면에서 특징적으로 나타난다. 가장 큰 차이는 전자에서 설화인들의 창작 습관에 의하여 강창의 방식대로 기록한 흔적이 남아 있다면 후자는 이를 문인의 손으로 좀 더 정교하게 가공하여 책상에서 읽기 위한 독본의 형태로 손을 보았다는 것이다. 구체적으로 보면 「만력본」에는 흔흔자(欣欣子)의 서문, 입공(廿公)의 발문, 동오농주객의 서문이 있고 권두에 「사탐사」가 있는데, 「숭정본」에는 흔흔자의 서문과 「사탐사」가 들어있지 않다. 그리고 「만력본」의 첫 회 회목의 첫 구절은 「경양강무송타호」인데 『수호전』에서 그대로 차용한 것이다. 그리고 하련인 「반금련혐부매풍월」과는 글자 수도 맞지 않는다. 초기의 형태가 그대로 존재하고 있다. 회목의 앞뒤 구절이 대구가 되지 않는 경우는 여러 군데서 보인다. 그런데 「숭정본」에서는 첫 회를 「서문경열결십형제(西門慶熱結十兄弟), 무이랑냉우친가수(武二郎冷遇親哥嫂)」로 정교한 대구로 바꾸었다. 본래 제10회의 후반에 있는 서문경의 친구들에 대한 소개를 옮겨와서 별도로 옥황묘에 가서 결의형제하는 장면을 연출하도록 만들었다. 「만력본」의 사는 대부분 『수호전』에서 직접 가져온 것으로 중복적으로 쓰이고 있지만 「숭정본」에서는 당시에 유행한 『초당시여(草堂詩餘)』와 같은 새로운 사집으로부터 채록하여 활용하고 있다.

금병매의 작가와 판본

지금까지 『금병매』를 단독 작가의 작품으로 간주하고 작가 소소생에 해당하는 인물을 찾으려고 백방으로 노력하였으나 조금씩 관계는 있지만 완벽하게 작가로 인정할 수 있는 사람은 없었다. 그러므로 가정(嘉靖)연간의 설화인에 의한 창작으로도 생각하고 있다. 왜냐하면 현존하는 「사화본」으로만 보았을 때 설화인의 창작 습관이 많이 남아있기 때문인데 그렇다고 해서 당시에 이를 실제 공연하였을 것으로 보기는 어렵다. 이미 삼국, 수호, 서유의 이야기를 능숙하게 다루어온 설화인들은 충분히 이로부터 파생한 새로운 이야기를 만들어낼 수 있었고 가정 연간을 실질적 배경으로 반금련으로 대표되는 처첩의 이야기로 이끌어갈 수 있었던 것이다. 명목상 배경은 송나라로 되어 있었지만 모든 사회적 내용은 명나라 가정 연간으로 잡혀 있었으며 이들은 설화인들의 모임인 서회(書會)에서 내려오는 다양한 자료를 활용하였으며 좁은 범위에서 연출하였을 가능성도 있지만 오랫동안 전승된 설화로 볼 수는 없다. 소설의 완성 단계에서 이름난 문인이 관여했을 수도 있지만 이것을 드러내지 않고자 하였던 것이다.

이상은 설화인의 창작설인데 여전히 『금병매』의 최종 완성 단계에서는 최고의 문인 작가에 의해 만들어낸 작품일 것으로 보는 견해가 우세한 편이다.

『금병매』와 유사한 작품으로는 이미 『옥교리』가 있었다. 흔흔자(欣欣子)의 「금병매사화서」에서는 『금병매』에 앞서 있던 소설을 거론하면서 『여의전』을 언급했고, 사조제(謝肇淛)의 「금병매발」에서는 이 책의 모방작으로 『옥교리』가 있다고 직접 밝혔다. 『여의전』은 즉 『여의군전(如意君傳)』인데 명대와 청대에 각각 같은 제목의 다른 작품이 있다. 『금병매』이전에 있었던 것은 「곤오정전(閫娛情傳)」이라고도 하는데 9천자에 불과하며 16세기 초 가정 연간의 황훈(黃訓)의 독후감이 남아있다. 『여의군전』은 당나라 여황제 무측천과 그녀의 정인 설오조의 관계를 그린 야한 작품이다. 작품에서는 칠순 고령의 무측천이 거대한 양물을 지닌 청년 설오조를 궁내로 들여서 음욕을 채우며 음란한 행위를 하는 것을 중심으로 하는데 여의군은 무측천이 설오조를 부르는 애칭이며 무측천은 이를 기념하여 연호를 여의(如意)로 바꾸기도 한다. 후에 무측천이 쇠약해지고 설오조가 궁을 떠나 어디론가 잠적하면서 이야기는 끝난다. 민간에 전해지던 무측천 이야기를 문인의 가공으로 만든 것이지만 설화인의 설창 흔적이 남아있는 작품이다.

명대 소설 속의 외설적인 묘사는 대부분 이 책으로부터 영향을 받았다. 『금병매사화』에서는 흔흔자의 서문에서도 직접 이 책을 거론했지만 본문에 들어가면 여러 군데서 이 책으로부터 직접 옮겨오거나 영향 받은 성애 묘사가 들어있다.

제3장 사대기서의 전파론

「사대기서」의 네 작품이 출현한 이후 주로 중국 내에서 어떻게 간행되고 보급되었으며 중국 문학과 문화에 어떠한 영향을 끼쳤는지, 그 의의는 무엇인지를 살펴본다. 여기서는 대체로 「사대기서」를 포함한 중요한 장편소설이 시기별로 어떻게 변천되었고 어떠한 방식으로 전파되었으며 전파 과정에서 일어난 인쇄 기술의 문제나 삽화와 평점, 출판사와 간행자, 위정자의 금서 조치와 민간의 필사본 대여 그리고 명작의 유행에 따라 등장하는 속서나 희곡의 탄생 등에 관련하여 개괄적으로 살펴보면서 여러 가지 문화현상을 일별하고자 한다.

1. 통속소설의 출판 문화

통속소설은 말 그대로 고급 문인의 전아한 문학이 아닌 민간의 저속한 문학으로서의 소설을 의미한다. 통속소설은 작가를 드러내지 않았고 민간의 연예인이나 중류층 문인들이 만들어낸 것이다. 통속소설은 송나라의 도시 문화에서 싹을 틔웠고 강남의 상업 문화에서 꽃을 피웠다. 송나라는 도시경제가 발달하였고 인문주의가 성행하여 다양한 문화·예술이 꽃필 수 있었다. 그중에 이야기꾼 설서인은 도시에 몰려있는 상인들이나 한가한 문인들에게 재미있는 이야기를 해주는 것으로 돈벌이의 수단을 삼았다. 사업주는 널찍한 찻집이나 강당같은 기와집을 연출장소로 제공했다. 이야기꾼은 가장 손쉬운 역사에서 재료를 취해왔다. 수당 이래로 이야기는 이미 많이 만들어지고 있었다. 송나라 초기에 칙명으로 만든 『태평광기』에는 수많은 이야기의 편린들이 가득 들어 있었다. 중국은 역대에 기록 문화가 발달하였고 많은 이야기가 전수되었다. 유교적 문학관에서는 「괴력난신」을 배격하라고 끊임없이 강조했지만 위진남북조를 지나오면서 유교의 권위는 땅에 떨어졌다. 애당초 유교는 혼란의 극치로 내닿고 있는 춘추 시대에 만들어지기 시작한 것이었다. 현실적으로 온전하게 적용할 수 없는 사상이었다. 전국 시대를 경유하고 진나라의 포악한 정치를 맛본 후에 비로소 유교적 통치술을 국교로 삼은 것은 한나라 무제 때였다. 사라진 경전을 다시 모으고 오경박사를 두고 삼강오륜을 널리 강조하고 『열녀전』을 만들었다. 삼국시대에 문학이 발달하면서 웃음과 해학으로 인생을 풍자하는 『소림』이 나오고 남조에 이르러 괴이한 이야기를 더욱 노골적으로 만들었다. 『지괴』가 나오고 당나라 때는 『전기』가 나왔다. 북송 때의 서울 변경(汴京, 개봉)은 문화와 예술의 도시답게 아름답게 꾸며진 정원에 화려한 옷차림의 여인들이 오가고 온갖 상품이 즐비한 상가에서 시민들이 각종 오락을 즐기고 있었다. 북송이 망하는 정강(靖康)의 변을 겪은 후에 임안(臨安, 항주)에 자리 잡은 남송에서도 한 때의 국난의 고통을 서서히 잊고 더 따뜻한 날씨와 더 풍부한 물산 속에 즐거워하면서 이야기를 만들어갔다. 소설은 그러한 분위기 속에서 더욱 흥미진진하게 만들어졌고 삼국의 이야기, 수호의 이야기, 서유의 이야기가 그중에서 두드러진 주제가 되었다. 도시의 인구밀도는 크게 증가하였고 인구는 동남지역으로 몰려들었다. 특히 회하(淮河)이북의 땅을 빼앗긴 이후의 남송지역으로 피난민이 몰려들면서 큰 성황을 이루었다.

『동경몽화록(東京夢華錄)』과 『몽량록(夢粱錄)』에서 북송의 변경과 남송의 임안의 모습을 상세히 보여주고 있다. 당시 변경의 인구는 백만 명이 넘어서 세계에서 가장 많은 대도시였다. 이 책에서는 건축과 상가, 음식과 풍속 등을 상세히 기록했다. 특히 그림으로 변경의 실제 모습을 드러내는 장택단(張擇端)의 「청명상하도」에는 설서인들의 이야기 연출 모습까지 보여주고 있어 당시의 현실을 충분히 실감할 수 있다. 남송의 서울 임안은 수상 교통이 발달하고 고려와 일본, 남해와의 해외무역도 성행했다. 13세기 말 원나라 때 이곳을 찾은 마르코 폴로가 지상의 낙원이라고 감탄했던 곳이었다. 송태조 조광윤(趙匡胤)은 무장 출신이었지만 독서광이었고 무력보다는 문인통치를 강력히 주장하여 송나라를 문치의 나라로 만들었다. 글을 쓰고 읽을 수 있는 사람들도 대량으로 증가했다. 과거시험은 누구에게나 열려있는 출세의 문이었고 젊은이라면 한번쯤 도전하려고 노력했다. 송나라의 유학자들은 인재를 발굴하고 교육하기 위하여 수많은 서원을 창설하고 서생들에게 경서를 공부시켰다. 그러나 그들 중에서 과거에 낙방하였거나 경학에 취미가 없던 이들은 통속문학에 손을 댔다. 더구나 호구지책이 필요한 사람들은 그러한 길밖에는 출로가 없었다.

원나라 시절 한족 문인들은 희곡 작품을 쓰면서 울분을 달랬다. 과거시험이 중단되고 문인을 천대하는 시대에 그들의 호구지책은 희곡 대본을 써서 몽골 군인이나 무식한 대중들을 위한 무대 공연에 제공하는 일뿐이었다. 그러나 이야기의 소재에서는 새로 만든 신선한 작품도 일부 있었으나 「삼국희」, 「수호희」, 「서유희」가 상당수를 점했다. 원말명초에 나관중, 시내암 그리고 명 중엽에 오승은 같은 문인이 바로 이러한 이야기들을 모아서 짜깁고 덧칠하여 멋진 장편으로 새롭게 선보였다. 바로 「삼대기서」의 출현이었다. 곧이어 어느 천재 소설가가 나와서 『금병매』를 덧붙이면서 「사대기서」가 성립된 것이다.

그러나 명나라 초엽에는 소설이 그다지 기를 펴지 못했다. 원말에 만들어졌다고 하는 『수호전』과 『삼국지』는 150년이나 지난 가정 연간에 이르러 처음 간행되었다. 홍무 연간에 만들어진 구우(瞿佑)의 『전등신화』는 영락 연간에 이르러 『전등여화』와 함께 간행되어 전해지고 있었지만 역시 장편소설의 간행은 쉽지 않았던 것이다. 『전등신화』도 처음 나오자마자 서생들의 폭발적인 인기를 얻었다. 급기야 국자감 학생들의 경학 공부에 악영향을 미치게 되자 국립대학 총장격인 국자감의 제주(祭酒) 이시면(李時勉)이 본서의 간행과 유포를 금지해달라는 상소문을 올리게 된다. 이로 인해 최초의 소설 금서조치가 내려졌다. 어쨌든 이러한 영향으로 인한 것인지는 몰라도 중국에서는 온전한 『전등신화』가 전해지지 못하고 오히려 조선에 전해져 판각된 책이 가장 완전하였다. 『전등여화』와 함께 세종 때 들어와서 조선간본으로 여러 차례 간행되고 또 임기(林芑)가 주석을 단 「전등신화구해」가 윤춘년(尹春年)의 주선으로 교서관에서 간행된 것이 1559년이다. 이 무렵 가정본 『삼국지통속연의』도 조선에 전해져 금속 활자본으로 간행되었던 것이다. 조선본 『전등신화』가 일본에 전해져 크게 영향을 끼치더니 19세기 말 메이지 시대 때 중국의 동강(董康)이 가져다 상해에서 원문을 새로 간행하니 비로소 중국에 다시 『전등신화』의 완전한 본이 널리 전해지게 되었던 것이다.

명초에는 억압적인 정치적 분위기속에서 상업이 침체되었고 인쇄술의 발전도 정체되어 있었다. 명대 황제들은 통치술로서 주자학을 강조하고 있었으므로 자연히 통속소설을 금기로 여기게 되었을 것이다. 이 시기에 장편소설은 거의 필사본으로 유통되고 있었으며 민간의 문인들 사이에서는 새로운 장편소설에 큰 기대를 걸고 있었다. 「삼국지연의」의 용우자(庸愚子)는 15세기 말(1495)에 쓴 서문에서 "선비 중에서 특히 이를 좋아하는 사람들은 다투어 베껴서 서로 읽어보고자 하였다"고 증언했다. 그러다 16세기 초부터 갑자기 소설 간행과 창작의 붐이 일어났고 만력(萬曆)에서 청 강희(康熙)에 이르는 근 2백년 사이는 중국소설의 황금시대가 되었다.

명 중엽에 왕수인(王守仁)의 양명학이 일어나 세간에 풍미했고 가정이후에는 왕간(王艮)이 창시한 태주학파가 통속문학의 발전을 촉진시켰다. 이때부터 소설의 간행과 전파가 공개적으로 시행되기 시작했다. 『삼국지』와 『수호전』은 관판본도 적지 않게 나오기 시작하였고 심지어 황실에서도 소설 감상의 분위기가 있었다. 황실 내의 필사본도 나오고 황제가 『수호전』을 읽고 있다는 설이 난무하는 과정에서 소설의 민간 유포는 더욱 속도를 내기 시작했다. 가정이나 만력 황제는 본래 정치를 외면하고 거의 도교 등에 심취해 있었으므로 바깥세상에서는 오히려 자유롭게 문학과 예술이 발전할 수 있었다.

가정(嘉靖)이후 중국의 인쇄술은 비약적으로 발전했다. 남경(南京)과 소주(蘇州) 등지에 대규모 사적인 출판 기지가 만들어졌고, 송원 이래 복건의 건양(建陽)을 중심으로 하던 소설 간행의 본거지도 이곳으로 옮겨졌다. 출세하지 못한 문인 그룹이 상인층과 결합하여 소설의 창작과 편집, 비평, 간행, 판매에 참여하였고 이러한 출판의 상업화에 소설은 문인과 상인이 협력할 수 있는 가장 적합한 업종이 되었다.

마침내 문인 중에서 직업적인 소설 작가들이 탄생하였고 이들의 전문성은 날로 진화하여 소설의 고급화에 기여하게 되었다. 바로 풍몽룡(馮夢龍)과 능몽초(凌濛初)같은 소설가들이 탄생한 것이었다. 그들은 소설의 창작과 비평, 간행 및 판매에 이르는 전 과정을 책임지고 적극적으로 사업을 진행한 통속문학가였다.

비평가의 대열에도 많은 사람들의 이름이 오르내리게 되었다. 이탁오(李卓吾)와 김성탄(金聖嘆), 종백경(鍾伯敬) 등을 노골적으로 소설의 표제에 이름을 올리고 판본의 몸값을 높이려고 하였다. 소설의 표제에도 다양한 광고성 내용이 포함되었다. 방금 새로 찍어냈다고 하는 신각(新刻)이나 신간(新刊)을 넣는 것은 기본이었고, 전체 이야기에 삽화를 넣은 책이라고 전상(全相)이나 전상(全像), 혹은 수상(繡像)의 이름을 덧붙였고 비평이 붙여있는 평점본이라는 사실을 강조하기 위해 앞에서 든 그러한 유명인사의 이름을 가탁하여 붙여 넣곤 했던 것이다. 소설의 판매 경쟁은 이처럼 치열했다.

이러한 경쟁이 가능해진 것은 결국 출판업이 발달했기 때문이고 인쇄기술이 그만큼 진보했기 때문이었다. 소설의 출판은 도서 간행의 기술진보와 밀접한 관련이 있다. 필사본 한 부를 만들어서 수십 금을 받고 팔기도 하지만 역시 필사본은 제작에도 힘들고 수많은 독자의 수요에 대응할 수가 없다. 청대 건륭 연간에 『석두기(石頭記)』의 필사본이 비싸게 팔리는 것을 보고 정위원(程偉元)은 나머지 원고를 진력으로 구하여 고악(高鶚)을 불러 수정 보완 하도록 하고 완전한 「전본홍루몽」을 간행하였다. 출판을 통한 경제적 이득을 추구하려는 것이었다. 명청 시대의 중국은 남과 북의 거리가 멀고 문화도 차이가 나므로 황제가 있는 북경에서 나온 책을 경본(京本)이라고 하여 중시했는데 남방으로 어렵사리 가져오면 많은 이익을 남기고 팔 수 있었다. 그러나 송원 이래로 출판의 중심지였던 복건이나 명대 중기이후 출판 문화의 맹주가 된 소주와 남경에서 이를 두고만 볼 수 없었을 것이다. 경판 『홍루몽』을 곧이어 강남의 각지에서 앞 다투어 다시 찍어내니 수십 금 짜리가 불과 두 냥에 팔리는 기현상이 일어났다고 한다.[7]

작가에 의해 만들어진 소설 작품이 정식으로 출판되기 위해서는 우선 이를 목판에 새겨야 하는 각공이 있어야 하고 다시 종이에 먹으로 찍어내고 다시 장정을 해야 한다. 이러한 공정에서 중요한 몇 가지 요소가 명대 중기이후 어떻게 달라졌는가를 살펴본다. 오늘날까지도 이름났지만 붓은 호주(호필湖筆), 종이는 선주(선지宣紙), 먹은 휘주(휘묵徽墨), 벼루는 흡현(흡연歙硯)이라는 말이 있다[8]. 명대 영락에서 선덕에 이르는 15세기 전반에 제지 기술이 비약적으로 발달했으며 특히 값싸게 만들 수 있는 죽지(竹紙)를 개발하게 되었다. 종이를 싸게 만들 수 있으니 책값도 싸지는 것은 당연하였다. 명대 중기이후 소설의 출판에 제한이 없어지자 출판사들은 경쟁적으로 달려들었는데 출판의 원가 절감이 가장 큰 걸림돌이었다. 그런데 종이가 싸지고, 송연묵(松煙墨)을 쉽게 구하게 되자 출판시장은

---

7 毛慶臻『一亭考古雜記』.

8 문방사우는 중국에서 문방사보(文房四寶)라고 하는데 시대마다 특산지가 달라졌다. 송나라 때는 선필(안휘 선성), 휘묵(안휘 휘주 흡현), 선지(안휘 선성 경현), 흡연(안휘 휘주 흡현) 혹은 단연(광동 조경, 고칭 단주)이 유명했고, 원나라 때는 호필(절강 호주), 휘묵(적계), 선연(정덕) 등 변천이 거듭되었지만 대체로 안휘성 일대가 집중 출산지였다.

상당히 탄력을 받게 되었다. 송나라 때 이미 송연묵이 전국에 유행했는데, 특히 안휘성의 황산(黃山)이나 이산(黟山)에서 많이 만들었다. 휘주의 인쇄기술이 유명한 것도 이에 기인한 것이었다.

책을 찍어내어 장정하는 방법도 선장본이 유행하게 되었다. 그 이전에는 판심이 가운데서 모이는 호접장(蝴蝶裝)이나 책을 묶고 겉에 표지를 싸는 포배장(包背裝)이 대세였지만 명대 만력 연간을 전후하여 선장(線裝)으로 기울어졌다. 선장은 간단히 말하면 세 단계를 거쳐 책을 만드는데 한 판으로 찍은 종이를 절반으로 접어 모으고 여기에 겉표지를 덧대고, 오른쪽 끝에 구멍 네 개를 뚫고 이를 실로 꿰어서 만든다는 것이다. 이러한 공정은 앞서 다른 장정보다 훨씬 간편한 것이었으며 탄탄하고 보관에도 용이하였으며 특히 낡은 뒤에 다시 장정하기가 매우 쉽다는 장점이 있다. 가장 큰 문제는 각서(刻書)다. 원전에 쓴 글자를 하나씩 새겨야 하는데 시간이 많이 걸리고 정교한 공력도 필요한 대목이다. 원말에는 대체로 조맹부(趙孟頫)의 글씨체를 본받아서 많이 썼다. 그러나 가정 이후 만력 무렵에는 송나라 글자체를 닮은 송체자(宋體字)를 쓰게 되었다. 이러한 글자체는 각공들이 글자를 새기는데 칼질에 편리하도록 거듭 개량이 되었는데 종횡의 획이 가로로 평평하거나 세로로 곧게 내려 긋도록 하였고 횡은 가늘고, 종은 굵게 썼으며 필획이 두껍거나 둥근 형태는 줄이고 사방이 네모 방정하여 글자를 새기는데 편리하도록 하였다. 의식적으로 출판용 전용 글자체로 규범화시킨 것이다. 명대 문인들은 이러한 글자체를 예술성이 떨어지는 장인들의 글자라고 하여 장체자(匠體字)라고 낮춰 불렀지만 후에 조선이나 일본에 전해진 이후에는 동아시아의 주류의 인쇄체 한자로 자리 잡으면서 오히려 명조체(明朝體)라고 명명되었다. 오늘날 우리가 말하는 한자의 정자체가 되었다.

이러한 과정을 거치고 또 출판 사업이 활성화되자 각공이 몰려들어 판각의 비용은 크게 낮아졌다. 통계에 의하면 송원 시기의 각공의 비싼 보수는 만력 연간에 이르러 오히려 절반으로 줄어들었다고 했다. 명나라 때의 출판 비용이 특히 저렴하였다는 기록이 남아있다. 그러고 보면 명대후기의 대량 출판은 모두 이처럼 출판 비용의 원가를 최대한 낮추고 이윤을 최대한 높이는 상업적 방식으로 인해 이루어진 것임을 알 수 있다.

그런데 소설 출판의 문제에서 야기되는 난제는 작품 속의 속자와 약자가 너무 많이 나오고 있다는 것이다. 심지어 동음이자나 형태가 유사한 오자도 부지기수로 등장하고 있다. 통속소설의 출판에서 가장 문제가 되는 부분이다. 그래서 새로 만드는 판본에 이러한 글자의 오류를 교정하고 글자를 보기 좋게 대자로 사용했다는 등의 장점을 부각시키는 제목을 드러내기도 했다. 예를 들면 『삼국지』의 초기 판본 중에 「신간교정고본대자음석삼국지통속연의(新刊校正古本大字音釋三國志通俗演義)」는 문자를 교정하고 발음을 풀이한 대자로 인쇄한 새로 나온 신간임을 제목에서 특별히 강조하고 있다. 원무애(袁無涯)의 「충의수호전」 발범(發凡)에서도 구 판본에는 글자의 오류를 수정하는 데 공력을 들였지만 여전히 고쳐야 곳이 많음을 지적하면서 동일한 발음으로 인해 잘못 쓰이고 있다고 지적하였다.[9] 소설의 출판에 경전과 같은 정교한 교감학이 적용되고 있었던 것이다.

사실 장편 통속소설은 설화인들이 사용하던 강사화본으로부터 나왔고 오랫동안 구전으로만 전하면서 원전의 인명과 지명을 온전하게 알지 못하는 가운데 소리나는대로만 적다보면 수많은 글자가 잘못 적히게 된다. 본래 눈으로 보던 표의문자인 한자가 입으로 전해지는 표음문자처럼 운용되었던 설화인의 기록에서 이 같은 동음이의자가 더욱 빈번하게 발견되는 것은 이상할 게 없다. 그러한 예는 소리로 글자를 적는 우리나라에 오면 더욱 심해진다. 조선시대 『제마무전(諸馬武傳)』이란 소설의 유래를 보면 본래 『삼국지평화』의 사마모(司馬貌)의 이야기에서 유래되었는데 마모가 마무가 되었고 다시 한자를 넣고 제씨를 덧붙여서 결국 본래 이름과는 상관없이 명명되었다. 언해본 『빙빙전』도 표지에 「聘聘傳」으로 기록되었으나 실제는 『전등여화』 「가운화환혼기」의 번역본으로 주인공

9 내(耐-奈), 조(躁-燥), 대(戴-帶), 살(煞-殺), 충(沖-衝), 경(逕-竟) 등의 글자를 지적함

빙빙(娉娉)을 지칭하는 것이었는데 동음의 다른 한자를 넣은 것이었다. 청초 모종강은 『삼국지연의』의 「범례」에서 이 책을 정리하는 과정을 소개하면서 속본에 상투적인 문언의 어투가 억지스럽고 매끄럽지 못하고 또 말이 길게 늘어져 불분명하였으므로 고본에 의거하여 수정하여 문체를 깔끔하게 정돈하고 읽기에 원활하게 만들었다고 고백했다. 『삼국지』나 『수호전』 등의 명저는 독자들의 관심이 집중되어 있으므로 출판사에서도 예민하게 신경을 썼고 당대의 훌륭한 문인들이 적극적으로 나서서 문자의 교정에 힘을 기울여 명품으로 만들어 놓았지만 민간에 숱하게 유통되는 탄사와 고사와 같은 설창체의 경우는 속자와 약자 혹은 잘못된 오자가 훨씬 많이 나타나게 마련이었다. 당시 「사대기서」의 판형도 다양한 형태로 나타났다. 활자본의 경우는 청대이후 많이 나왔는데 건륭 말년에 나온 120회본 『홍루몽』의 「정갑본」과 「정을본」이 모두 목활자본이었다.

여기서 중국과의 이동을 생각하면서 조선의 출판 상황을 잠시 살펴본다. 조선에서는 송명 이래의 출판 문화에 자극을 받아서 도서의 출판에 적극적이었다. 하지만 조선에서는 출판의 상업화가 이루어지지 않았고 도서를 사고팔지도 않았다. 명종 연간에 책을 팔 수 있는 서점을 개설하자는 주장이 제기되었지만 성사되지 못했다. 조선에서는 닥나무로 만드는 종이(楮紙)를 쓰기 때문에 책이 훨씬 더 질기고 오래갔다. 특히 대부분 관각이므로 인쇄는 정교하고 책의 크기는 비교적 컸다. 책이 크기 때문에 오른쪽에 다섯 구멍을 뚫어서 선장본을 만들었다. 오침공은 오륜을 상징한다고도 하였지만 결국 제본의 용이성과 책의 크기와 관계되었을 것이다. 명나라 후기에는 한문의 내용이 일상화되고 감성화 되어 많은 사람들의 환영을 받았다. 조선에서도 이에 매료된 문인들이 나타났다. 17세기 초의 허균이나 18세기 말의 박지원 등의 글이 그러했다. 소설이나 희곡도 휴대에 편리하도록 작은 책으로 만들어 수진본(袖珍本)이라고 했다. 여행 중에 얼마든지 책을 읽을 수가 있었다. 장거리를 옮겨가며 과거시험을 준비하거나 준상업계에 뛰어든 중류층 문인들에게는 편리하고 좋은 일이었다. 그러나 조선의 국왕 정조(正祖)는 문체반정 운동을 일으키며 중국의 수진본을 비판했다. 지질과 인쇄 상태가 좋지도 않은 중국의 소설이나 잡서를 찾지 말고 유교의 경전이나 당송고문집도 조선 간행본을 보라고 강력 권했다. 조정에서 결정된 중요한 도서는 교서관에서 간행하고 지방 감영이나 현청에서 관원의 감독 하에 간행되었다. 관판도서는 이처럼 엄밀하게 만들어졌기에 질적으로 훨씬 좋았지만 보관이나 증정용으로만 썼으므로 수량은 극히 적었다. 특히 상업적인 출판으로 다양한 시도를 하는 명대 중기이후의 중국 도서와는 전파의 상황이나 판도가 달랐다. 조선판본에서는 제목도 단순하였고 삽화도 거의 들어있지 않았다. 출판원가를 절감해야 하거나 판매 경쟁을 고려할 필요가 없었기 때문이기도 하였고 또 화공이나 숙련된 각공이 부족한 것도 이유가 될 것이다.

중국 도서가 주로 죽지에 인쇄하는 바람에 시간이 오래되면 잘 부서진다는 단점이 있었지만 당시 출판업자들에게 있어서 그것은 문제되지 않았다. 통속소설은 집집마다 구하여 읽고는 보관하지 않고 내버린다는 것을 잘 알고 있었기 때문이다. 소설이나 희곡, 탄사와 고사, 혹은 일용유서인 『만보전서』 등의 책은 근대에 이르기까지 보고나면 거의 내다버리는 책으로 인식되어 있었다. 청말 이래 일부 뜻있는 학자들이 각지를 다니면서 이러한 책을 염가에 구하여 오늘날까지 소장하고 연구하고 있다. 문혁기간에도 역시 이렇게 버려지는 책들을 조심스럽게 모아들이는 사람들이 있었다. 오늘날 그러한 책은 소중한 문헌으로 주목을 받고 있다.

2. 명청소설의 필사본

그러나 이렇게 인쇄술의 발달로 출판이 용이하게 되었음에도 불구하고 필사본의 전통이 여전히 면면히 이어지고 있는 것은 무슨 까닭인가. 명대 전기에 아직 출판 사업이 정체상태에 있을 때 장편소설은 대부분 필사본으로 전파되었다. 나관중은 『삼국지연의』의 출판을 위해 복건의 출판상을 찾아갔었다고도 한다. 당시 복건은 출판의 중심이었고 이미 강사화본

등이 간행된 상태였지만 『삼국지』는 여전히 필사본으로 유통되었다. 『금병매』도 가정 연간에 만들어졌다고 보지만 상당기간 필사본으로만 좁은 범위의 문인 사회에서 유통되었다. 서로들 돌려가면서 필사본을 보았고 비평을 주고받았다. 전체를 모두 구하지 못하였을 때는 다른 소장자에게서 나머지 부분을 빌려보기도 하였다. 사조제(謝肇淛)의 발문에 "이 책은 그동안 간행본이 없이 필사본으로만 전해져 들쑥날쑥하고 온전하지가 않다"고 했다. 물론 당시에 『금병매』같은 장편소설의 간행이 그리 쉽지만은 않았겠지만 또한 문인들이 의식적으로 이 작품을 작은 범위의 문인 사회에서만 서로 전파하는 것으로 국한시키려는 의도도 있었던 것으로 보인다. 심덕부의 『만력야획편』에선 당시에 풍몽룡이나 마중량(馬仲良) 등이 『금병매』의 필사본을 보고 간행을 종용했을 때, "이러한 책은 누군가 반드시 간행하게 될 것입니다. 하지만 이 책이 만약 간행되어 집집마다 전해져 사람의 마음을 해친다면 훗날 염라전에 이르러 필시 화를 일으킨 죄를 따질 것이니 그때 가서 무엇이라고 답을 하겠습니까. 내가 어찌 나서서 이를 책으로 간행할 수 있겠습니까"라고 응수했다는 말을 전하고 있다. 이러한 문인들의 분위기로 인하여 더욱 오랫동안 필사본으로 유통되었다고 보는 것이다.

당시의 저명한 장서가 중에서는 필사본을 특별히 소중하게 여겨서 보관하였기 때문이기도 했다. 명대 출판업계에서는 상업적인 이익을 염두에 두고 책을 거듭 찍을 때마다 표지의 형식과 책의 제목을 바꿔버리는 경우가 비일비재했다. 장서가들은 이러한 판각본보다는 정교하게 필사한 책을 더욱 중요하게 여겼다. 귀중서를 구하면 반드시 필경사를 시켜서 정초본(精鈔本)을 만들어서 비장품으로 보존했다. 황궁의 내부에서도 가정 연간에 『대송연의중흥영렬전』이나 『열국지전』 등을 정교하게 필사하여 보관하였다. 통속소설의 판각본은 최소한의 경비를 들여 최대의 이익을 얻기 위해 지질이나 판각의 정교함이 떨어졌고 대량으로 출판하기 때문에 인쇄상태도 좋지 않았다. 장서가들은 흔하게 유통되는 판각본보다 유일본으로 만들어진 필사본을 더욱 선호하게 되었다. 필사본에는 비평가의 평점이나 주석이 직접 기록되기도 하는데 소중한 자료가 되어 후세에 전한다. 『홍루몽』의 초기 필사본인 『석두기』에는 지연재(脂硯齋)를 비롯한 초기 비평가들의 평점이 실려 있어 작가와 판본의 연구에 소중한 자료를 제공하고 있다. 또 『홍루몽』 간본을 수정 보완한 고악이 직접 교열했다고 적힌 『홍루몽고(紅樓夢稿)』는 청대의 유명한 소장가인 양계진(楊繼振)이 입수하여 보존하여 왔다가 현대에 공개되었다. 장편소설의 필사본이 남아 전하는 것으로는 또 서점에서 고객에게 임대용으로 마련된 것이 있다. 책을 빌려주는 서점에서 필사하여 일정기간 임대하는 것인데 이러한 방식은 조선 후기에 특히 성행하던 세책점의 경우가 유명하다. 조선에서는 소설의 간행이 어려웠기 때문에 중국소설의 언해본이나 조선의 창작 언문소설을 필사하여 비치하고 독자들에게 빌려주는 소규모 상업행위가 한양에서 성행했다. 조선 말기 궁중에서는 이러한 책을 빌려오고 또 역관들을 시켜 새로 번역한 책들을 모아 낙선재에 쌓아두고 비빈이나 궁녀들에게 보여주었는데 여기에 소장되어 있었던 방대한 필사본 소설을 「낙선재(樂善齋)문고」라고 한다. 현재 한국학중앙연구원의 장서각도서관에 소장되어 있다. 중국에서 필사본의 형태로 오랫동안 전해지는 또 하나의 원인은 소설 작가가 자신의 경제적 능력으로는 간행할 수 없는 경우가 많았기 때문이다.

모종강 부자도 『삼국지』의 평점을 완성한 이후 "집안이 넉넉지 못하여 곧바로 간행할 수가 없다"고 한탄한 바 있었고, 『기로등(岐路燈)』의 작가도 『홍루몽』과 비슷한 시기인 건륭 연간에 탈고를 했음에도 불구하고 재물을 털어 출판을 도와줄 사람을 구하지 못하여 필사본이 보존되어 오다가 1920년대에 비로소 석인본으로 간행되었다. 그리하여 소설사에 제대로 자리매김조차 되지 못했다.

그러나 『기로등』의 경우는 그래도 행운이다. 필사본은 전파되는 과정에서 온전하게 보존하기가 어려운 경우가 많다. 명대 무종(武宗, 正德帝, 재위 1506-1521)은 한밤중에 갑자기 『금통잔당기(金統殘唐記)』라는 소설을 구해오라고 명을 내린다. 환관이 거리에 나가서 정교한 필사본을 50

금에 구하여 바쳤다. 당시 아직 소설 간행의 붐이 일어나지 않은 상황이어서 필사본의 값이 이처럼 비쌌던 것이다. 이 책은 간행되지 못했고 훗날 『수호전』, 『삼국지』는 사람마다 다 알아도 이 책은 아무도 모른다. 명나라 전희언(錢希言)의 『동신(桐薪)』 권3에 실려 있는 내용이다. 내용은 당나라 말기의 황소(黃巢)의 난과 명장 이존효(李存孝)의 이야기를 담고 있다고 하였다. 훗날 『잔당오대사』의 내용에 부합하는 것으로 볼 수 있다. 원대에 이미 『오대사평화』가 있었으니 명초에 이러한 소설이 당연히 있었을 수 있는데 아쉽게도 간행되지 못했던 것이다.

『홍루몽』도 처음 필사본으로 유통될 때는 전 80회뿐이었는데 그래도 정교하게 필사한 책은 수십 금에 팔리곤 하였다. 정위원이 적극 나서서 원고를 수집하고 고악이 이를 수정 보완하여 완전한 120회본을 간행하니 비로소 전국으로 널리 퍼질 수가 있었다. 필사본의 품질이나 분량도 천차만별이었다. 만약 수준이 높은 전문가의 손에서 만들어졌다면 믿을 만하겠지만 정교하게 교감하지 않으면 원작의 훌륭한 수준을 보존하기 어려운 경우도 많기 때문이다. 근대 이후 홍학의 열기가 뜨거워지면서 초기의 지연재 평점본 『석두기』 필사본이 속속 발굴되었다. 이들 필사본에 적힌 평점으로 인해 작가 조설근의 가문과 작품의 창작 과정이 밝혀지고 있다.

3. 사대기서의 삽화본

중국소설은 원대 이후보다 많은 독자를 확보하고 광범위한 전파를 위해 상업적 목적에서 본문 이외에 인물과 사건에 관한 그림을 넣어 간행하기 시작했다. 이를 삽화라고 하고 이러한 소설을 삽화본 혹은 삽도본 소설이라고 한다. 「사대기서」의 삽화본의 역사는 원나라 지치 연간에 상도하문본(上圖下文本)으로 간행한 「신간전상평화오종」으로부터 시작된다. 「전상(全相)」라는 제목에서 보이듯이 이미 전체적으로 삽화가 들어간 것이다. 명 초의 문언소설 『전등신화』와 『전등여화』도 매 쪽마다 본문의 상단에 그림을 넣은 「상도하문본」으로 간행되었으며 후에는 책의 앞쪽에 전체 페이지를 인물이나 사건의 그림으로 삽화를 넣은 정판본(整版本)이 나왔다. 이보다 늦게 간행된 「사대기서」도 차츰 삽화본이 나오기 시작한 것이다.

명대의 판화는 『서상기』와 『수호전』, 『금병매』 등의 삽화에서 최고 수준에 도달했는데 또한 작품성의 완성도를 높이는 동시에 독자층을 넓히고 전파력을 강화하는 중요한 수단이 되었다. 「사대기서」의 고전 삽화가 어떻게 발전해 왔는지를 간략히 살펴보도록 한다.

장편소설의 삽화는 원대 나온 「평화(平話)」에서 이미 시작되었다. 「지원신간전상삼분사략(至元新刊全相三分事略)」이 그 시초다. 이 책은 13세기 말인 원나라 지원 31년(1294)년에 복건의 건안에서 간행된 것인데 상도하문본의 형태를 띠고 있다. 이때는 남송이 멸망한지 불과 10여년이 지난 뒤의 일이니 남송 이래의 강사화본 간행의 전통이 이어져 온 것이다. 이 책은 일본 천리대학 도서관에 소장되어 있는데 그림은 상단부에 배치되었고 한쪽 끝에는 「화제(畵題)」가 「선주탁공명우태자(先主托孔明佑太子)」와 같이 기록되어 있다. 이어서 지치(至治)연간에 나온 「신간전상평화오종」에도 동일한 방식으로 삽화그림이 들어있다. 그중에서 「삼국지평화」가 삼국 이야기의 전통을 이어갔다. 건안 우씨(虞氏) 간본인데 일본 내각문고에 전하고 있다. 상도하문본은 오늘날 연환화처럼 하단의 이야기를 상단에 그림으로 표현한 것으로 당시에도 독자를 끌기 위하여 대단한 공력을 들였음을 보여준다.[10]

만력 갑오년(1594) 쌍봉당(雙峰堂) 간본의 『수호전』은 「경본증보교정전상충의수호지전평림(京本增補校正全像忠義水滸志傳評林)」이란 긴 제목인데 역시 새로 만든 전권의 삽화를 넣은 신 판본임을 강조하고 있다. 본래 내용이 풍부하고 편폭이 길기도 하지만 상도하문의 방식으로 만든 삽화이므로 무려 1,200여 폭이나 들어있다고 한다. 쪽마다 상단에 있는 그림

10 이하 삽화그림의 설명은 『중국고대소설판화집성』(전8책), 한어대사전출판사, 참조

의 방식은 비슷하여 좌우에 큰 글자로 제목을 넣고 있는데 좌우의 글자를 합쳐서 한 구절을 만들었다. 예를 들면 「노달타(魯達打), 사정도(死鄭屠)」, 「지심산내(智深山內), 구임충(救林沖)」, 「임충입묘(林沖入廟), 간견화기(看見火起)」, 「우이여양(牛二與楊), 지핍구(志逼口)」와 같이 구절을 양편으로 나누고 있는데 정확하게 짝을 이루는 것은 아니어서 삽화의 민간 화공들이 적당히 지어낸 구절임을 알 수 있다.

만력본으로 「당삼장출신전전(唐三藏出身全傳)」도 상도하문본인데 근 300폭의 그림을 매 쪽의 상단에 싣고 있으며 그림의 좌우에 대자(大字) 두 글자를 제목으로 넣고 있다. 예를 들면 「천지(天地), 윤회(輪廻)」, 「중후(衆猴), 욕수(浴水)」, 「조사(祖師), 강도(講道)」, 「오공(悟空), 요법(要法)」, 「신철(神鐵), 방광(放光)」, 「태자(太子), 출진(出陣)」 등과 같은 것이다. 모두 서유고사를 압축한 네 글자 제목을 양편으로 갈라서 새긴 것이며 이러한 상도하문본의 특징은 여러 소설 간본에서 공통적으로 나타나는 것이다.

만력 신묘년(1591)에 만권루(萬卷樓)에서 간행된 『삼국지』는 「신간교정출상고본대자음석삼국지통속연의(新刊校正出像古本大字音釋三國志通俗演義)」의 제목으로 나왔는데 간행자의 이름을 따서 「주왈교본(周曰校本)」으로 불린다. 전 12권 240회(回, 혹은 則)인데 삽화는 각 회마다 한 폭씩 있다. 그림은 두 폭을 하나의 세트로 하고 우측 상단에 작은 글자의 제목이 있고, 좌우 양쪽 그림의 끝에 대자로 한 구절씩 대구가 새겨져 있다. 첫 번째와 두 번째 그림을 예로 들면 합하여 「제천지도원결의(祭天地桃園結義)」의 제목에 있고, 따로 그림의 첫 그림의 우측에 「평수상친(萍水相親), 위한시랑당도로(爲恨豺狼當道路)」, 둘째 그림의 좌측에 「도원공계(桃園共契), 돈교용호회풍운(頓教龍虎會風雲)」의 대구가 있는 것이다. 이와 같이 240칙의 판본은 후에 회목이 합쳐지면서 120회본으로 만들어졌다.

만력 임진년(1592년)에 금릉 세덕당(世德堂)에서 간행된 『서유기』는 「신각출상관판대자서유기(新刻出像官板大字西遊記)」로 표제를 드러내고 있는데 역시 새로 만든 삽화를 싣고 있다는 특징을 광고하려는 제목이었다. 삽화는 각 회마다 두 폭씩 마련하였고 그림 상단의 큰 글자로 제목이 이어져 하나의 제목을 형성한다. 서명에서 「대자」란 바로 이 삽화상단의 큰 글자를 의미하는 것이다. 회목의 글자 수는 4자에서 8자까지 각각 상이한데 사실은 본래의 회목에서 일부 구절을 가져온 것이다. 처음에는 각 회의 전구와 후구에서 각각 가져왔던 그림의 제목은 점차 규칙성을 잃고 내용에 따른 자체적인 제목을 달고 있다.

『금병매』는 초기에 한동안 필사본으로 전파되었으며 상당수의 문인들이 돌아가면서 열람하고 품평을 가했다. 이 책이 간행된 것은 만력 연간(1618년경)의 「신각금병매사화」이다. 10권으로 총 100회다. 권두에 흔흔자의 「서문」에서 "난릉소소생작 「금병매전」"이라고 말하여 작가의 본명을 알 수 없고 소소생을 작가로 지칭하게 되었다. 또 입공의 「발문」이 있고 동오농주객이 만력 정사년(1617)에 쓴 「서문」이 있어서 「만력본」의 이름을 얻었다.

「만력본」에는 삽화가 없이 본문만 담고 있지만 곧이어 숭정 연간에 나온 「신각수상비평금병매」(숭정본)에서는 비평과 삽화를 함께 싣고 있다. 이는 명말청초의 장편소설이 대부분 삽화와 평점을 구비하고 있었으므로 새로 나온 신서에 대해서도 곧바로 대규모 작업을 진행했기 때문이다. 상업적 출판을 전업으로 하는 소주 등지의 출판사에서 적극 참여하였을 것이다. 동오농주객을 풍몽룡으로 보는 학설도 있는 것은 그가 앞서서 『금병매』를 간행하겠다고 공언하였기 때문이다. 길지 않은 시간에 화공과 각공을 동원하고 수정 보완하여 이 같은 대작을 새로 낼 수 있다는 것은 당시의 상업적 출판 사업의 규모와 추진 속도의 신속성을 보여준다. 전체 100회에 각 2폭씩 그려서 모두 200폭의 삽화가 새겨져 인쇄되었다. 각 회목의 기본적인 내용을 모두 그림으로 표현한 것이다. 삽화는 대부분 원경에서 그려져 비스듬한 경사 위에서 집안을 내려다보고 창문 안쪽의 방안에서 일어나는 노골적인 모습을 그려서 인물은 작게 묘사되었고 마당의 화초나 방안의 설비도 역시 작게 그려졌지만 사람들의 행동 모습이 여실하게 그려져 사실성을 더욱 높여 주고 있다. 특히 『금병매』의 내용에서 핵심을 이루는 주인공 남녀의 성행위 묘사를 가감 없이 보여주는 삽화도 20여 폭이나 들어있다.

「숭정본」 삽화의 제작 과정에서 그림을 새긴 사람의 일부 명단이 남아 있다. 그들은 유응조(劉應祖), 황자립(黃子立), 유계선(劉啓先), 황여요(黃汝耀), 홍국량(洪國良) 등인데 모두 안휘성의 휘주(徽州)사람들이다. 명나라의 판각 기술은 특히 휘주의 예술가들이 뛰어나 대대로 이어가고 있었다. 『금병매』는 인정소설의 대표작으로 규중의 여성 인물과 남녀의 정애를 묘사한 다양한 방식으로 묘사했는데 이는 훗날 『홍루몽』 등의 삽화에도 영향을 끼쳤을 것으로 본다. 청대 강희 연간에 나온 장죽파(張竹坡) 비평본 『제일기서(第一奇書)』에서도 「숭정본」 삽화를 그대로 재활용하고 있다. 한편 「숭정본」 판화를 기초로 하여 만든 채색 화책도 전하고 있다. 청대 궁중화는 정교하게 그린 미인도가 많다. 이 그림은 대체로 강희연간에 궁중에서 정교하게 만든 것으로 여겨지므로 「청궁진보벽미도(淸宮珍寶皕美圖)」의 이름으로 영인하였다. 벽(皕)자는 2백을 의미하며 200폭의 미녀도란 뜻으로 쓴 것이다. 그림의 원 구도는 「숭정본」의 삽화에서 왔지만 궁중화 답게 훨씬 더 화려하고 정교하게 고쳤다. 영인본에서는 흑백 인쇄여서 아쉽지만 컬러판 그림도 일부 인터넷에 전해지고 있다. 그림의 우측 상단에 회목을 담고 있다.[11] 근대 이후 『금병매』 삽화는 수많은 명작이 출현하였지만 민국시기 호야불(胡也佛)의 『금병매비희도(金瓶梅秘戲圖)』가 유명하다. 모두 30폭인데 사의(寫意)와 사실(寫實)의 방법을 겸하면서 서양화의 투시법을 원용하여 매우 정교하게 그렸다.

4. 판본에 실린 평점비평

「사대기서」의 전파에서 삽화와 더불어 큰 역할을 한 것은 판본에 직접 비평문을 기록한 평점본이다. 명대 중기 이후 소설의 출판과 전파는 크게 성행하여 일시에 수많은 독자를 확보하였다. 소설의 독자층은 고급 문인

11 『淸宮珍寶皕美圖』, 臺灣 天一出版社, 1987년

층의 일부와 중류 문인층의 대다수를 망라했다고 할 수 있다. 도시경제의 발전과 다양한 오락 방식의 추구에 따라 소설의 출판에서도 경쟁력을 확보하기 위해 좀 더 정교하고 화려하며 다양한 부가적인 요소를 겸비한 판본을 만들기 시작했다. 우선적으로 들어가게 된 것이 삽화와 더불어 유명 인사의 평점이었다. 확실한 추천자를 앞세워 독특한 서평을 싣는 격이었다. 그러나 실제로 당시에 유명 인사들이 누구나 평점에 참여하는 것은 아니었다. 또 아무나 내세워도 별효과가 없었을 것이다.

소설의 간행에 유명인사의 이름을 가탁하는 것은 출판사업상 널리 홍보하기 위한 행위였는데 가탁하는 인물은 우선 통속문학이나 소설의 창작과 전파에 직접 참여하였거나 우호적인 인물 가운데 세상에 많이 알려진 명인을 골라 활용하였다. 그중에서 가장 유명한 인물은 이탁오(李卓吾, 1527-1602)였다. 그는 이 시기 통속문학계에서 가장 이름난 명사였다. 그는 남경 국자감의 박사를 지냈고 형부 원외랑, 운남 요안지부 등을 지냈지만 양명학의 영향을 받은 이후 교조주의로 고착화 되는 유교에 반대하여 공자 우상화를 비판하고 거짓 도학자와 공리공론의 주자학을 거부했다. 만년에 사문난적으로 지탄받아서 투옥되었는데 분을 이기지 못하고 옥중에서 자결했다. 그는 인간의 욕망을 인정하고 개성 해방을 주장하면서 문학에서의 진정을 강조하고 동심설을 주창했다. 문학사에서 소설과 희곡의 가치와 위상을 중시했으므로 소설 애호가와 소설 간행자들에게는 구세주와 같은 인물이었다. 이탁오는 실제로 소설의 평점에도 관여했다. 지금 전하는 용여당(容與堂)『충의수호전』에 이탁오의 명의로 된 평점은 엽주(葉晝)의 것으로 밝혀졌지만 원무애(袁無涯) 간본『충의수호전전(水滸全傳)』의 이탁오 평점은 그래도 본인의 것으로 보고 있다.『서유기』 최초의 비평본으로 나온 것도「이탁오선생비평」이라고 했지만 역시 엽주의 평점이었다. 그러나 그의 저서『분서(焚書)』에 실려있는「충의수호전서(序)」만큼은 분명히 그의 글로 볼 수 있으니 그가『수호전』에 깊은 관심을 기울였던 것은 분명하며 소설과 희곡 비평에 부분적으로는 직접 참여한 것이 확실시된다. 그는『수호전』을「발분지서(發憤之書)」로 규정하고 그 주제 사상은 충의에 있다고 보았다. 통속문학에 대한 긍정적인 평가와 성원으로 인하여 그의 명의를 가탁한 소설과 희곡의 평점본은 『수호전』 외에 『삼국지』, 『서유기』, 『비파기(琵琶記)』, 『유규기(幽閨記)』, 『홍불기(紅拂記)』 등으로 늘어났다. 그의 명성 때문에 엽주는 자신의 평점을 그의 이름에 가탁한 것이다.

전문가의 통계에 의하면 이탁오 명의의 판본이 18종, 김성탄 명의가 6종, 종백경 명의가 6종이며 풍몽룡과 탕현조, 이립옹 등의 명의도 있어 소설의 판매 시장에서 유명 인사들의 면면을 대개 알 수 있다.

종백경(鍾伯敬, 1574-1624)은 명말 경릉파의 대표 인물 종성(鍾惺)이다. 그는 산문작가이며 평론가로서 소설 창작과는 거리가 있었지만 의고(擬古)를 반대하고 성령을 적극 주장하였으며 『시경』이나 『좌전』, 당시의 평점 등에서 정교하기로 유명했다. 그의 명성을 활용하고자 하는 소설 간행자들은 그의 이름을 가탁한 판본을 다수 유행시켰다. 소설 평점에 이름이 가탁된 예로 『삼국지』, 『수호전』, 『동한연의』, 『봉신연의』 등이 보인다.

풍몽룡(馮夢龍, 1574-1646)은 명말 소주 출신으로 통속문학의 대가다. 만년에 잠시 지현의 벼슬을 했으나 거의 평생 소설과 민간 문학의 창작과 간행에 힘썼다. 그는 이탁오와 공안파의 문학적 견해를 이어받아 소설 등의 통속문학을 통한 사회 교화에 힘쓰려고 했다. 물론 상업적 목적을 가지고 많은 책을 만들었지만 서문에서 그는 항상 독자들의 깨우침을 강조했다. 「삼언」에서 작품집의 이름을 「유세명언(喩世明言)」, 「경세통언(警世通言)」, 「성세항언(醒世恒言)」으로 만든 이유다. 그가 직간접적으로 편찬과 출판에 관여한 소설로는 이밖에도 『삼수평요전』, 『신열국지』 등 여러 종이 있다. 이밖에도 『지낭(智囊)』, 『정사(情史)』, 『고금소(古今笑)』, 『소부(笑府)』, 『산가(山歌)』 등 다양한 장르의 저술을 통해 명말 통속문학의 발전에 이바지했다. 만력본 『금병매사화』에 있는 동오농주객(東吳弄珠客)의 서문도 즉 풍몽룡의 것으로 추정하기도 하고 「북송삼수평요전서」를 쓴 장무구(張無咎)도 혹은 풍몽룡 자신으로 보기도 한다. 이 서문에 당시 유명 작품을 중심으로 소설비교론을 전개하면서 『삼국지』, 『서유기』, 『수호전』, 『금병매』를 차례로 거론하였는데 비록 직접 「사대기서」라는 말은 하지 않았지만 여기서 풍몽룡의 「사대기서」 발설론이 나오지 않았을까 여겨진다. 후에 이러한 풍문을 전해들은 이어(李漁)가 기록으로 남겼을 것이다.

김성탄(金聖嘆, 1608-1661)은 명말청초의 본격적인 평점가로 일생동안 벼슬하지 않고 재야에 은거하면서 육재자서 평점에 주력했지만 소주의 곡묘(哭廟)사건에 연루되어 처형되었다. 그는 『장자』, 『이소』, 『사기』, 두시(杜詩), 『수호전』, 『서상기』를 묶어서 육재자서(六才子書)라고 지정하고 그중에서 뒤의 삼종에 평점을 남겼다. 특히 「관화당(貫華堂)제오재자서(第五才子書)」에 남긴 『수호전』 평점은 중국소설 평점의 기본적인 틀을 완성한 그의 대표작이 되었다. 그는 『수호전』을 『삼국지』와 『서유기』와 비교하면서 뛰어난 작품성을 강조하였고, 또 『사기』와 『수호전』을 비교하여 역사 기록의 특징은 「이문운사(以文運事, 객관적인 사건에 대한 취사선택)」임에 반하여 소설 창작의 특징은 「인문생사(因文生事, 주관적인 필요에 따른 사건 창조)」라고 하면서 그 차이점을 명쾌하게 비평하였다. 김성탄은 이탁오와 달리 『수호전』의 주제에서 충의를 배제하고 양산박에 강호의 호걸이 모여들어 석갈에 108명의 명단이 드러난 이후의 내용을 모두 삭제하여 「고본(古本)」이라는 이름으로 새로 간행하였다. 이 판본은 김성탄의 명성에 기대어 청대에 줄곧 유행하였다.

이어(李漁, 1611-1680)는 청초의 소설과 희곡의 작가다. 소설 창작과 희곡의 공연 등을 호구지책으로 삼으며 항주와 남경에서 생활했다. 그의 소설은 『무성희』와 『십이루』가 있다. 『육포단』에는 「정은선생(情隱先生)편차」로 쓰여 있지만 유정기(劉廷璣)의 『재원잡지(在園雜志)』에서 이어의 작이라고 증언했다. 작품의 언어나 풍격으로 보아 그의 작품으로 인정하고 있다. 그러나 정작 「입옹(笠翁)선생원본」이라고 표제를 한 『합금회문전(合錦回文傳)』은 구성이나 창작 의도로 볼 때 그의 작품으로 인정하기 어렵다고 본다. 즉 그의 명성을 가탁한 작품으로 보아야 한다는 것이다.

그는 항주에서 남경으로 옮겨서 저택의 이름을 개자원(芥子園)으로 지었다. 아주 작은 공간의 정원이란 의미에서다. 개자원은 그가 설립한 서점의 이름이 되었고 그 이름으로 소설과 화책 등이 간행되었다. 그의 소설 창작 이외에 소설 간행에 대해서는 잘 알려져 있지 않다. 개자원은 그의 사후에도 계속 이름이 사용되었고 따라서 개자원 간본의 소설이 모두 이어와 관계있다고 하기도 어렵다. 그러나 청초에 여기서 나온 간본에 「사대기서」의 호칭을 많이 넣었다는 점은 주목할 만하다. 다름 아니라 「사대기서」의 이름을 처음으로 세상에 알린 사람은 바로 이어였기 때문이다. 이어는 「삼국지연의서」에서 "일찍이 듣기에 동오(東吳)의 풍몽룡이 사대기서가 있는데 삼국, 수호, 서유와 금병매 네 가지다"라고 했다. 풍몽룡 자신이 많은 기록을 남겼지만 그러한 말을 실제로 남겨놓지 않았는데 이어가 풍문으로 들었다는 것이다. 통속문학의 대가이고 솔선수범으로 소설 창작을 앞장서서 하였던 풍몽룡이었으니 충분히 그럴 개연성이 있지만, 또한 어쩌면 이어가 그렇게 말을 꾸며 했을 수도 있다. 어찌되었든 강희 연간에 이어의 개자원에서 나온 판본에 「사대기서」를 붙인 제목이 많이 보이는 것은 특기할만한 일이다.

『삼국지』 판본으로는 「고본삼국지사대기서제일종」이 나와 있다. 이와 달리 「입옹평열회상(笠翁評閱繪像)삼국지제일재자서(第一才子書)」의 이름으로 된 판본도 있다. 권두에 바로 이어의 서문이 있다. 김성탄의 「육재자서」에 의하면 「제일재자서」는 『장자』이며, 『수호전』이 「제오재자서」이고 『삼국지』는 「재자서」에 포함되어 있지 않다. 「사대기서의 제일종」이라는 것은 맞는 말이지만, 「제일재자서」는 없는 말을 만든 것이니 출판사의 임의적인 명명이라고 할 수 있다. 후에 다른 소설에서도 용기를 내어 멋대로 재자서의 이름을 붙이기 시작했는데 『호구전(好逑傳)』을 「제이재자서」, 『옥교리(玉嬌梨)』를 「제삼재자서」, 『평산냉연(平山冷燕)』을 「제사재자서」, 『백규지(白圭志)』를 「제팔재자서」 혹은 「제십재자서」, 『참귀전(斬鬼傳)』을 「제구재자서」으로 붙인 것 등이다. 이미 「제오재자서」는 『수호전』을, 「제육재자서」는 『서상기』를 지칭하는 것으로 나왔으니 나머지 숫자로 재자서의 순서를 붙인 것이다.

『수호전』 판본으로 「개자원간(芥子園刊)사대기서수호전」이 있었는데, 일본 천문원년(天文元年, 1736, 즉 건륭원년)에 일본에서 수입한 『박재서목(舶載書目)』에 그 이름이 나온다. 이와 동일한 복각본이 청 강희 연간본 「개자원장판충의수호전」 100회본이며 삽화의 각공으로 백남헌(白南軒), 신안유계선(新安劉啓先)의 이름이 들어있다. 「이탁오평」을 붙이고 있지만 실제는 가탁한 것이다.

건륭 을묘년(1795)에 나온 『금병매』는 「사대기서제사종」의 이름을 걸었으니 건륭 연간 이전에 「사대기서」의 이름을 붙인 소설판본이 널리 퍼짐에 따라 그 이름이 독자들의 뇌리에 더욱 강하게 남게 되었던 것이다. 그러나 가장 주목해야 할 것은 장죽파(張竹坡)비평본 『금병매』다. 장죽파는 평점본을 만들면서 과감하게 「제일기서」의 이름을 붙였다. 그런데 이 책의 표지를 보면 상단에 「강희(康熙)을해년」(1695), 중앙에 「제일기서(第一奇書)」로 쓰고 우측에 「이립옹선생저」, 좌측에 「재자당(在玆堂)」을 표기했다. 역시 이어와 관련이 있는 것이다. 이 책은 후에 다시 찍으면서 「제일기서」를 상단으로 옮기고, 중앙에 「수상금병매(繡像金瓶梅)」, 우측에 「팽성(彭城)장죽파비평」, 좌측에 「영송헌장판」의 형태로 바꾸어 장죽파 평점본임을 분명하게 드러냈다. 여기서 「수상」(삽화)은 숭정본의 삽화를 그대로 옮겨온 것이다. 이런 상황에서 보면 「사대기서」의 명칭으로 전파되는 다양한 판본이 처음에는 이어와 깊이 관련되어 있었던 것으로 볼 수 있다.

소설 평점의 전파 기능은 본래 본문 내용 중에서 어려운 부분에 대한 풀이를 보충한 주석의 역할을 담당한 것이었다. 그것은 경전의 난해한 구절을 풀이한 「구해(句解)」로부터 시작하였고 훗날 소설에도 「구해」가 나타났다. 유명한 것은 조선 명종 때 임기(林芑)와 윤춘년(尹春年)이 만든 『전등신화구해』다. 거의 인명이나 지명 혹은 전장제도의 구절에 대한 풀이를 쌍행소자(雙行小字)로 기록해 넣은 것이었다. 조선 후기에 일대 유행하였고 일본에도 전해져서 큰 영향을 끼쳤다.

중국의 평점은 소설의 인물이나 사건에 대한 비평이나 서사 구조에 대한 분석 등이었고 강조점을 덧붙인 것이었다. 필요한 상황에 따라 평어를 붙이고 중요한 원문에는 방점을 찍었다. 원전의 본문에 직접 달았고 위치에 따라 회전평(回前評), 회말평(回末評)이 있고 본문 행간에 넣은 행간평(行間評, 혹은 側批), 문중에 넣는 쌍행평(雙行評), 상단의 공백에 써넣는 미평(眉評, 眉批) 등이 있다. 전서의 권두에 넣는 독법이나 범례를 붙이기도 한다. 명말 이후 평점의 양식도 경쟁적으로 발전하여 독자의 의문을 풀어주는 석의(釋疑), 난해한 글자의 발음을 알려주는 음석(音釋), 알기 어려운 지명을 풀이하는 지고(地考), 전체적으로 풀이하는 총석(總釋) 등이 다양하게 개발되었다. 점을 찍는 방법도 본문의 옆에 권점(圈點), 쌍권(雙圈), 조점(粗點), 직수(直竪), 삼각점 등에다 채색까지 넣은 다양한 방법이 동원되었다. 결국 평점본에 여러 가지 채색을 하고 부호를 첨가하며 글자체를 더욱 눈에 띄게 개발하여 활용하는 것도 그 목적은 모두 독자들에게 새로운 면모를 보여 관심을 끌고자 하려는 전략이었다.

만력 이후에는 거의 모든 소설이 이처럼 삽화와 평점을 구비하여 출판되었고 그 정교함에 있어서도 나날이 새로워졌으므로 당시 출판계와 통속문학계에서 소설의 위상은 최고조에 달하게 되었다. 이후 적지 않은 문인들이 소설의 평점에 몰두하였고 그리하여 김성탄, 모종강, 장죽파 등의 뛰어난 비평가들이 탄생되었다.

모종강(毛宗崗)은 『삼국지』 평본의 「범례」에서 텍스트의 정리 과정을 소상하게 밝히고 「독법」에서 삼국 역사에서 촉한을 위주로 하는 정통관의 확립을 천명하고 서사 구조와 묘사 기법 등을 상세하게 설명하고 있다.

김성탄의 『수호전』 평점에서는 앞서 이탁오가 충의사상을 강조하는 것과는 달리 강호의 호걸들이 양산박에 모여드는 과정만을 중시하고 이들이 황제의 초안을 받아 관군이 되는 것을 용납하지 않았다. 그러나 그는 『수호전』의 문장 기법을 극찬하면서 정교하게 전통적인 팔고문 방식의 소설평점 형식을 채택하였다. 당시 문인들은 과거 시험을 준비하기 위해 팔고문(八股文)의 학습에 익숙해 있었고 이러한 방식의 평점은 이미 「원무애본」에서 시작된 것이었다. 김성탄은 "글자는 글자마다 자법이 있고,

구절은 구절마다 구법이 있으며 문장은 문장마다 장법이 있다"고 하면서 구조주의적인 미학 관점에서 소설의 평점에 임하고 있었다. 현대에 이르러 호적(胡適)은 김성탄의 평점을 비판하여 당시 팔고문의 악습에 젖어 있어서 『수호전』을 엉망으로 만들어 놓았다고 했다. 그러나 다른 입장에서 본다면 김성탄은 제1회를 설자(楔子)로 처리하여 팔고문의 파제(破題)의 입장에서 출발하였고 이 부분이 전체에서 차지하는 기능을 훨씬 더 강조함으로써 전체의 구조를 명확하게 만든 점도 있다. 사실 당시에는 팔고문에 익숙한 독자층이 훨씬 많았고 이들에게 소설 평점이 과거 시험 공부에 조금이라도 도움이 되는 일이라는 점을 강조할 수 있다면 고급 독자의 확보가 훨씬 용이해지는 상황이었다. 호적은 백화문학을 강조하면서 전반적으로 팔고문을 비롯한 고전을 비판하는 입장에 있었기 때문에 그러한 관점을 드러낸 것이다. 소설의 열독이 시험에도 도움이 될 수 있다고 하는 생각은 조선 시대 『전등신화』나 『삼국지연의』의 전파에서도 보이고 심지어는 현대에 『삼국지』 번역본을 그러한 쪽으로 이용한 적도 있다는 점을 감안하면 판매와 전파의 촉진을 위한 방안이 고금에 다르지 않다고 할 수 있다.

제4장 사대기서의 인물론

소설의 삼대 요소는 인물과 사건 그리고 주제다. 인물은 소설에서 가장 중요한 구성 요소가 된다. 사대기서에는 각각 수백 명씩의 인물이 등장하고 있다. 등장하는 인물의 전체적인 규모와 인물의 구성과 배치가 어떻게 되어 있는지를 비교하여 살펴보고자 한다.

1. 사대기서 인물구성과 분류

『삼국지연의』는 역사소설이다. 역사상의 사실을 중심으로 소설화하였기 때문에 일찍이 존재하지 않았던 인물의 창조를 작가 마음대로 할 수는 없다. 그러나 실제에 있어서는 역사상의 중심 인물이나 주요 사건을 대체로 역사에 따라 부연하되 세부적인 사건의 전개나 갈등 관계의 설정에서는 작가의 창조적인 아이디어가 작용한다.

『삼국지평화』에서는 다분히 민간 전설을 인용하여 한나라 초기 개국공신들의 원한을 근거로 이들을 환생시켜 삼국 분열의 핵심인물로 만들고 있지만 『삼국지연의』에서는 이러한 비역사적, 비이성적 내용을 과감히 척결하고 엄밀한 역사적 근거를 매우 중시하고자 한다. 그리하여 이 책은 후세 역사소설의 전범이 되었으며 장학성(章學誠)에 의하여 사실과 허구가 칠대삼으로 된 황금 비율의 역사소설이란 평가를 받게 된 것이다. 30%의 허구가 없다면 소설로서 성공할 수 없는 것이고 70%의 사실이 받쳐주지 않는다면 역사소설로서의 위상을 잃게 되기 때문이다.

소설 『삼국지』의 인물은 당연한 이야기지만 역사서 『삼국지』에서 나온다. 다만 이들이 활약한 사건의 구성에서 크게 차이가 난다. 일단 인물의 구성 방식을 보면 삼국정립 이전 군웅할거의 시대와 삼국정립 이후 인물로 크게 나뉘어진다. 군웅할거 시대에는 황실(헌제)과 조정인물(왕윤)을 비롯하여 동탁과 여포, 조조, 원소, 원술, 공손찬, 유표, 손견과 손책 등이 중심이다. 물론 소설에서는 유비 사단을 핵심 줄거리로 끌고 가야 하므로 군웅할거의 시대에도 처음부터 유비와 관우, 장비의 작은 그룹이 공손찬, 조조, 원소, 유표 등에 기대어 활약하는 모습이 그려진다. 적벽대전을 전후하여 판세 변화에 따라 유비, 조조, 손권의 세 그룹으로 나뉘어지고 특히 제갈량의 지략과 주유의 용기로 조조의 북방군을 물리치면서 유비 사단은 비로소 독자적인 세력을 키울 수 있는 기회를 포착하였다. 형주와 서촉을 중심으로 하는 천하삼분지계가 그것이다. 유비 사단에는 오호장군으로 불리는 관우, 장비, 마초, 황충, 조운 등이 포진하였고, 촉한 성립 불과 2년 뒤에 유비가 백제성에서 죽게 되자 이후에는 북벌을 추진하는 제갈량을 중심으로 이어졌고 그 후계자로 지목된 강유가 끝까지 이어서 촉한의 인물로 명맥을 잇는다. 조조 사단은 인물이 풍부하기로 이름났는데 조조 자신이 인재를 적극 영입한 면과 중원에 판도를 잡은 세력의 크기 때문으로도 생각된다. 조조는 아들 조비와 조식을 비롯하여 조홍과 조인, 하후돈과 하후연 등의 친인척이 포진하여 있고 순욱, 곽가, 정욱 등의 참모들이 둘러싸고 있다. 조조의 참모는 지속적으로 보충되거나 교체되기 때문에 언제나 인재로 넘쳐난다. 조조는 완전히 자신의 주체적인 입장에서 그들을 임명하고 해임하고 심지어 없애 버린다. 그러므로 전략의 중심은 조조 자신에게 있고 참모들은 말 그대로 그 지혜를 받아서 참고할 따름이다. 진정한 전략사령부라고 할 수 있을 것이다.

유비의 인물들은 대부분 인의와 도덕이라는 덕목에 따라 사람을 보고 따라나선 충성파라고 할 수 있다. 자신의 이상과 맞아 떨어져서 세상에 어진 정치를 베풀 수 있다면 제 한 목숨 바칠 각오가 되었다는 것이다. 그에 비하여 조조의 인물은 세력을 보고 따라간 취업형이 아닐까 한다. 자신의 재주를 드러내어 만약 기용이 되어 크게 빛을 볼 수 있다면 부귀영화도 얻을 수 있는 것이다. 손권의 인물들은 대부분 지역적 연고를 따르고 있다. 삼대의 가업을 기반으로 하여 일으킨 주공을 따라 역시 지역 출신의 인재들이 대거 몰려들어서 북방의 조조와 서천의 유비에 대항하는 큰 판도를 일궈낸 것이다. 그래서 이 세 그룹에게 뛰어난 점을 한마디로 일컬어 조조에게는 천시(天時)가 따르고 손권에게는 지리(地利)의 이로움이 있고 유비에게는 인화(人和)가 가장 두드러진다고 말하는 것이다.

인물은 소설의 주요 구성 요소다. 단편소설에서는 주로 한 인물의 한 가지 사건을 중심으로 구성될 수 있지만 장편소설에서는 다수의 인물이 공동으로 핵심 역할을 하여 다양하게 배치되어 있다. 장편소설에는 등장인물이 수백 명씩 등장하는데 각각 통계가 일정치 않다. 「사대기서」의 경우에도 등장인물의 수가 정확하게 몇 명씩인지 구체적인 통계는 부족하다. 그냥 쉽게 통계내기도 어렵다. 여러 가지 기준과 방법에 따라서 각각 다른 숫자를 보여주기 때문이다. 또 인구조사 하듯이 굳이 정확한 숫자를 알아야 하는 것도 아니다. 중국의 인구조사는 너무나 방대하여 조사가 끝나고 발표하는 순간에 이미 수백 만 이상이 늘어났을 것이라는 말도 있고 호적에 누락된 미확인 인구 또한 적지 않을 것이라고 한다. 중국은 인구의 나라다. 그래서 그런지 농담으로 중국에서 가장 흔한 것이 사람이라고 하고 그래서 가장 값어치가 없는 게 사람이라고도 했다. 세상에 가장 귀한 것이 사람이라고 해야 하는데 인간에 대한 불경이요, 모독이지만 어쩌랴? 실제로 인구는 그만큼 많다는 것이다.

현실을 반영하는 것이 소설이다. 그러하니 「사대기서」에도 숱하게 많은 인물이 쏟아져 나온다. 그냥 길 지나다 마주치는 「많은 사람들」이 아니라 아주 구체적인 이름과 사연을 담은 인물을 숱하게 만들어낸다. 그냥 지나는 인물이라도 성씨나 이름, 이름을 대신하는 돌림자나 형제의 순서라도 넣는다. 그래서 나오는 이름이 장삼(張三)과 이사(李四)다. 후에는 이삼과 장사로 뒤바뀌어 나오기도 한다.

1) 사대기서의 인물 통계

우선 등장인물의 규모를 보자. 『삼국지』에는 역사 인물과 허구 인물을 포함하여 1,200여 명 이상 나온다고 하고, 『서유기』에도 신불과 요마를 모두 포함하면 1,000명이 넘는다고 한다. 『수호전』에는 7백여 명이 등장하며 『금병매』에도 5백여 명이 나오고 있다하니 「사대기서」에 나오는 인물의 총수는 어림잡아도 무려 3,400명에 이른다는 것을 알 수 있다.[12]

이처럼 등장인물의 수는 대체로 다음의 몇 가지의 이유로 인하여 들쑥날쑥하게 되었을 것이다. 일반적으로 말해서 인물의 수를 통계내기 위해서는 대체로 이러한 기준을 갖고 살펴야 한다.

① 성씨와 이름을 모두 갖춘 인물
② 성씨만 있고 이름은 없는 인물
③ 성씨는 없고 이름만 있는 인물
④ 성씨도 이름도 없지만 별명을 가진 인물
⑤ 성명이 없더라도 단독 역할이 있는 인물
⑥ 성명이 없더라도 공동 역할이 있는 인물
⑦ 현실 인물이 아니지만 작가에 의해 창조된 환상 인물
⑧ 역사와 작품 속의 인물이라도 역할이 주어진 환상 인물

---

12 인터넷에 돌아다니는 인물의 통계는 정확성을 보증할 수 없지만 또 그나마 전반적인 규모를 가늠하게 한다. 『삼국지』 인물은 1,230명이라는 통계도 있고, 1,191명이라는 통계도 있다. 『수호전』은 827명이라고 했는데 그중 725명이 실제 등장하는 수라고 한다. 『서유기』에는 신불과 요마를 모두 포함하여 대충 1,000명이라고만 하고 정확한 숫자를 밝히지는 않는다. 사람이라고 볼 수도 없는 온갖 요괴를 세다보니 이게 과연 인물인가 하고 그만 지쳤는지도 모른다. 『금병매』에는 567명의 인물이 나온다고 했다. 장편소설의 등장인물은 완전한 통계가 거의 없다.

그러나 여기에서 다음과 같은 경우는 제외하여야 할 것이다.

① 등장인물로서 정확히 수를 셀 수 없는 인물
② 대화 속에 언급된 역사나 문학작품 속의 인물
③ 장면의 묘사 속에 나오는 책이나 그림 속의 인물

「사대기서」의 인물이 방대한 그룹을 이루고 있으므로 우리는 여기서 간략하게라도 그들을 유형별로 나누어서 생각해보는 것이 좋을 것이다. 어떤 종류의 인물이 있는지를 알면 전체적인 윤곽이 훨씬 분명히 드러날 수 있기 때문이다.

2) 삼국지연의

『삼국지』 인물의 유형을 분류하면 우선 세 나라로 나누어서 위, 촉, 오의 인물별로 나눌 수 있겠지만, 그리되면 작가가 소설의 첫머리를 도원결의로부터 시작하고 촉한정통을 강조하기 위해 애쓴 정성을 무시하는 격이 될 것이다. 또 역사소설이라고 해서 시대의 추이를 따라 가면서 인물을 소개하려면 동탁이나 여포가 먼저 나오고 제갈량이 나중에야 나오게 되는데 역시 독자들이 탐탁하게 여기지 않을 것이다. 그렇다면 소설의 작가가 핵심적으로 그리고자 하는 인물을 중심으로 하되 그를 둘러싼 그룹의 인물을 함께 펼치는 것이 한 방법일 것이다.

촉한(蜀漢)의 지도자는 유비다. 유비와 도원결의를 맺은 인물은 관우와 장비다. 유비가 삼고초려로 영입한 인물은 제갈량이다. 후에 유비 군대의 오호대장군의 그룹에 추가로 들어간 인물은 조운, 황충, 마초다. 제갈량과 더불어 복룡과 봉추로 불리며 촉망받던 참모는 방통이다. 유비의 사후에 촉의 주인이 된 자는 유선이다. 제갈량의 후계자가 되어 북벌을 이끈 장수는 강유다. 이쯤 되면 촉의 핵심 인물이 거의 망라된 것이다.

위(魏)의 조조는 단연 『삼국지』의 핵심인물이다. 그는 유비와 관우와도 관계가 깊다. 아들 조비와 조식과 더불어 조씨 삼부자는 당대에 제일가는 문학가로도 이름났다. 그의 주변에는 참모가 많다. 곽가, 정욱, 가후, 양수가 모두 뛰어난 모사꾼이다. 후에 나온 사마의는 조비를 보필하였으나 또한 손자 대에 일으킨 진나라의 기반을 닦았다. 조조에겐 뛰어난 장군도 많다. 조조의 친족인 조인, 조진, 조홍 그리고 하후돈, 하후연 등이 모두 명장이다. 또한 전위와 장료, 장합, 서황 그리고 촉한을 항복을 받은 종회와 등애도 있다.

동오(東吳)의 손견, 손책, 손권 삼부자는 차례로 정권을 이어받아 삼국에서 가장 오래가는 나라로 발전시켰다. 주유와 노숙은 적벽대전에서 빛을 발했고, 여몽과 육손은 관우를 잡고 유비를 물리치는 데서 크게 빛났다.

이 세 그룹의 인물 구성을 보면 유비 진영 104명, 조조 진영 242명, 손권 진영 131명 등 총 477명이란 통계도 참고할 만하다. 각 세력의 규모를 보여주는 통계다. 이밖에 고려해야 할 부분은 아직 많다. 삼국성립 이전에는 동탁과 여포가 주요 인물이고 이간계를 추진한 왕윤과 초선의 이야기는 재미있는 에피소드다. 하북의 원소, 회남의 원술도 한말 난세를 휘저은 한때의 영웅이었다.

역사소설은 중요한 역사 인물을 핵심으로 묘사하면서 빠른 속도로 사건을 진행한다. 우물쭈물 소소한 인물의 작은 사건에 매달릴 수 없는 것은 대국적 변화와 미묘한 정세의 판단을 중요시하기 때문이다. 그러므로 동탁을 없애고자 하는 반간계의 기획자 사도 왕윤이나 이를 무대에서 공연한 초선은 그런 의미에서 중요한 것이고, 일체의 개인적이고 사적인 감정은 묘사하지 않는 것이다. 그래서 천여 명의 인물이 나온다고 하지만 중요한 인물에 집중되어 있고 소인물의 심리적 갈등 등에 대한 특별한 배려는 많지 않은 편이다.(**〈표 4〉 삼국 주요 인물 분류**(416쪽) 참고)

3) 수호전

『수호전』은 양산박을 핵심적인 공간으로 설정한다. 70회까지 양산박으로 모여든 인물은 석갈(石碣)에 순서에 맞추어 이름이 새겨졌다. 그렇다면 수호 영웅의 인물은 가장 명쾌하게 분류될 수 있을 것이다. 그러나 천강성과 지살성으로 분리된 양산 호걸에서 좀 더 특별하고 중요한 인물을 선정해야 할 것이고 그것은 소설의 사건 묘사의 분량이나 출현의 빈도와도 관계있을 것이다. 작가는 주인공 송강이 아직 드러나기 이전에 왕진이 고구의 핍박을 피해 연안부로 갔을 때 만난 사진으로부터 시작하여 노지심, 임충, 양지로 이어지게 하고 생신강을 탈취하는 조개와 오용 일당을 등장시킨다. 이들의 죄상이 밝혀져 체포될 위험에 처했을 때 비로소 그들을 의로운 마음으로 피신시키는 송강이 등장한다. 송강이 살인하고 시진의 장원으로 피신했을 때 무송을 만나고 무송타호 사건과 무대와 반금련으로 이어진다. 송강이 청풍채로 화영을 찾아가다가 산채에 잡혀 연순과 왕영 등을 만나고 관군과의 싸움에서 진명을 영입하여 모두 양산박으로 향하게 된다. 이때 송강은 집으로부터 편지를 받고 귀향했다가 자진하여 잡혀서 강주로 귀양을 가고 그곳에서 반역시로 인해 처형될 위기에 처하자 양산박 호걸들이 대거 형장을 습격하여 구출함으로써 마침내 양산박에 오른다. 이때 강주로부터 합류한 이규, 대종, 장순 등의 인물이 있다. 조개의 사후에 대명부에서 영입하게 되는 노준의와 그와 함께 온 연청 등까지 모두 송강을 정점으로하는 108명의 호걸 명단이 된다. 그러나 생신강 탈취이후 양산박 산채에 처음 자리를 잡고 대외적으로 위상을 드높인 조개는 먼저 사망했다는 이유로 108명의 이름에서 빠져있으니 따로 감안하여야 할 것이다. 또한 소설은 인물을 묘사하는 것이고 선한 인물뿐만 아니라 악한 인물을 여실하게 묘사하는 것도 또한 작가의 몫이다. 양산 호걸과 반대편에 서 있는 인물은 조정의 간신인물인 고구와 채경, 양전, 동관 등이고 송강이나 양산박에 대항한 황문병이나 사문공 등이다. 또한 조정에 귀순한 이후 정벌의 대상이었던 요나라 장수와 반란을 일으킨 전호, 왕경, 방랍 등도 당연히 송강과 대립각을 세웠던 인물이다. 『수호전』 인물 총 7백여 명 중에서 여성은 불과 10분의 1도 안 되는 60여명인데 그 중에서 108명 호걸 속에 포함된 3명의 여장부를 제외하고 음탕하기로 유명한 염파석, 반금련, 반교운 3명이 있으니 마땅히 중요한 인물에 포함해야 할 것이다. 『수호전』의 작가는 여자는 화근이라는 전통적인 관념에서 이들로 인해 강호의 남성들이 결국 범죄를 저지르고 어쩔 수 없이 양산에 오르게 되었다는 기조를 유지하고 있다. 특히 그중에는 『금병매』의 주인공으로 활약한 반금련이 있어서 이미 후대의 소설 작가가 유독 관심을 기울이고 있었음을 알 수 있다.(**〈표 5〉 수호전 인물의 구성**(417쪽) 참고)

4) 서유기

『서유기』도 인물이 천여 명이나 나온다고 하는데서 알 수 있듯이 중국소설의 대작임에 틀림없다. 더구나 행동반경은 「사대기서」중에서 가장 넓다. 사대부주를 휘젓고 다니고 또 용궁과 지옥, 천상과 불계를 순식간에 오고 간다. 도교와 불교의 신불이 무한정으로 많으며 그로 인해 만들어진 요마가 또한 부지기수이니 비록 취경단의 핵심 인물은 다섯에 불과하다고 하나 전체적으로 광범위한 인물군과 접촉하게 되는 것이다. 다만 특별한 경우를 제외하면 대부분은 유형화 되어 있어서 인물의 개성이 분명히 드러나는 경우는 몇몇 주인공에 그치고 있다.

그러므로 『서유기』의 인물구조는 더욱 명쾌하게 분류된다. 가장 핵심은 취경단의 5명이다. 훗날 오성(五聖)으로 불리게 되었으니 삼장, 손오공, 저팔계, 사오정, 용마는 이 소설을 이끌어가는 중심이다. 그리고 선계와 불계의 인물이 한 그룹이 되고 요마와 괴물이 또 다른 한 그룹이 된다. 그런데 그 사이가 완전히 갈라져 있지 않고 미묘하게 섞여있다. 사실 처음에 넣어야 하지만 마지막 한 그룹으로 추가되는 것은 역사상의 실존 인물군이다. 많지는 않지만 바로 당태종과 위징 그리고 현장법사 등이 포함된다. 또 소설 인물로 진광예와 은온교, 강물강도 유홍, 금산사 법명화상, 점쟁이 원수성 등도 있다.

불교계에서는 영취산의 석가여래, 남해 관음보살, 아미산의 보현보살, 동래불조라고 하는 미륵불, 서우하주 삼성동의 수보리조사 등이 있고, 신선계의 인물은 남해용왕, 염라대왕, 옥황상제, 왕모낭랑, 태상노군, 태백금성, 남극수성, 진원대선, 이랑진군, 탁탑천왕, 나타태자, 묘일성관, 항아

등이 있다.

그리고 요마의 그룹으로는 혼세마왕, 우마왕, 흑풍괴, 황풍괴, 흑수하타괴, 황미대왕, 육이미후, 통천하어괴, 홍해아, 호력대선, 녹력대선, 독각시, 백안마군, 백골정, 금각대왕, 은각대왕, 파산호, 의해룡, 구미호요정, 철선공주, 사마왕, 비파동 전갈요정 등이다.

이들 사이의 관계를 따라서 다시 분류하면 삼장은 본래 석가여래의 두 번째 제자였다가 동토에서 환생한 것이고, 강류화상의 난관을 거쳐 현장이 되고 당태종이 지옥을 다녀온 이후에 서천취경으로 파견된다. 탁탑천왕 이정의 세 아들은 각각 여래의 시중을 드는 금타와 관음의 시중을 드는 목타가 있다. 셋째 아들 나타는 반목하였다가 부처님이 황금보탑을 주어 화해하도록 했다. 이랑진군 양전은 옥황상제의 조카(생질)이다. 요마로 등장하는 인물 중에서도 신불의 인물과 깊은 관련이 있는 자도 있다. 황미대왕은 미륵불의 동자였고, 통천하 어괴는 관음보살이 있는 보타산 연못의 금붕어였으며, 독각시는 태상노군이 타는 검은 소의 변신이며, 사마왕은 문수보살이 타고 다니던 검은털 사자였고, 백록정은 남극수성이 타는 하얀 사슴이었다. 결국 신불과 요마도 이렇게 서로 얽혀있었던 것이다. 손오공은 본래 미후왕으로 화과산 수렴동의 원숭이 왕이었고 천궁에서 소동을 일으키고 돌아와 제천대성이 되었다. 이때 의형제를 맺은 요마들도 돌림자를 쓴다고 하여 평천대성, 혼천대성, 통풍대성, 구신대성 등의 이름으로 고친 바 있다. 이들이 한 그룹이 될 수 있다. 우마왕의 부인은 철선공주 즉 나찰녀이고, 그들의 아들은 바로 홍해아다. 요마도 가족을 꾸리고 첩을 두고 아들 사랑하는 마음을 갖는 인간과 다를 바 없는 모습으로 그려내려는 것이었다.(**〈표 6〉 서유기 인물의 구성**(418쪽) 참고)

5) 금병매

『금병매』는 서문경의 가정을 중심으로 펼쳐나간 형국으로 구성되어 있으니 우선 서문경을 중심으로 가족, 친척, 친구, 동료, 상사, 사업상 만나는 인물 등이 있다. 서문경의 집안 식구는 14명이다. 이름만 나오는 부친(서문달), 원부인(진씨), 셋째 첩(탁이저)를 제외하고 모두 11명이다. 서문경과 오월랑(정처), 이교아(이첩), 맹옥루(삼첩), 손설아(사첩), 반금련(오첩), 이병아(육첩)에 딸(서문대저)과 사위(진경제), 요절한 아들(관가)와 15세에 출가한 아들(효가)가 있다. 서문경 사후 양자로 들어온 서문안(본명 대안)을 넣으면 12명이 될 것이다. 서문경과 처첩의 친척인물은 33명이 된다. 여기에는 오월랑의 오라비나 남동생의 식구 등이 포함되고 맹옥루의 전남편네 식구들, 반금련의 친정어머니 등이 들어있다. 서문경 집안의 하인들은 37명이다. 시동과 시녀, 일꾼이 들어있다. 그중에는 오월랑의 시녀 소옥과 혼인하여 양자로서 가업을 계승한 대안도 있다. 서문경이 차린 상점의 판매인과 그 가족이 12명이다. 서문경과 교제하는 경성의 관원과 집사 등이 15명인데 대체로 채태사의 집사인 적씨네 인물이다. 서문경과 직접 교류하는 지방 관원이나 권속이 60명이다. 그중에는 훗날 춘매가 시집간 주수비네가 비교적 많다. 서문경과 교류하는 경성 관원과 환관이 10명이다. 서문경과 사통하는 외부의 인물이나 기생이 7명이다. 서문경 집에서 직접 교류하는 기생 인물과 가족은 43명이나 되는데 둘째 첩 이교아의 친정이기 때문에 평소 빈번하게 오갔다. 악공과 배우가 16명, 결의형제를 맺은 인물과 가족 13명, 서문경 집을 출입하는 승려와 도사, 무당, 지관 등 16명, 의원 7명, 중매쟁이 10명, 청렴한 관리 7명, 청하현의 건달이나 무뢰배 33명, 청하현의 기타인물 43명, 기타인물 37명, 그리고 직접 언급한 인물 145명에 이른다. 대개 이러한 인물 유형으로 분류되어 전체가 567명이라고 본 것이다.(**〈표 7〉 금병매 인물의 구성**(419쪽) 참고)

누가 소설의 주인공인가

그러나 소설 속의 인물이 아무리 많다고 하더라도 결국 주인공이 없으면 이야기를 끌어갈 수가 없고 시선을 집중시킬 수가 없다. 여기서 잠시 「사대기서」의 주인공 문제를 짚어보자. 주인공이란 대체 어떤 인물인가? 작자가 공력을 들여서 만들어내는 인물이며 작품에서 가장 많은 편폭을 들여서 묘사하는 인물이다. 소설에서 주인공이란 다음의 몇 가지 형태로 드러난다. 만약 주인공을 하나로 선정한다면, 작가가 가장 많은 편폭을 할애하여 묘사하며 작품의 처음에서 끝까지 계속 등장하도록 하는 경우다. 이렇게 본다면, 『서유기』의 손오공이 해당된다. 처음부터 주인공 손오공의 활약을 그리기 위해 8회나 할애하고 있다. 그리고 비로소 그를 서천취경의 호신 인물로 삼으려고 한다는 의도를 드러내고 있다. 『서유기』의 첫머리 몇 회를 읽는 독자들은 자연히 손오공이 하늘 무서운 줄을 모르고 천방지축으로 달려드는 모습에만 빠져서 읽다가 도대체 앞으로 어찌 되려나 하고 궁금하게 여겨질 수밖에 없게 된다.

『삼국지』의 경우에는 역사소설의 특성상 한 인물이 끝까지 이어질 수 없다. 관우, 조조가 먼저 죽고 삼국이 정립되고 머지않아 유비도 사라진다. 후반부에 제갈량의 활약이 드러나지만 그도 또한 강유에게 후계자의 자리를 넘겨줄 수밖에 없었다. 『수호전』은 송강이 주인공이라 할 수 있는데 제18회에야 가서야 공식적으로 나타난다. 만약 남을 도와주려는 형상만을 강조하려면 곧바로 생신강 탈취의 대목이 시작되었어도 좋았겠지만 강호의 여러 인물이 다양한 활약을 하고 있는 도중에 송강은 미미한 역할로 등장하여 독자들은 그의 등장에 크게 주목하지 않을 수 있다. 적어도 손오공과 비교하면 그 처리 방식은 하늘과 땅 차이이다. 『금병매』도 서문경이 주인공이라고 할 수 있는데 제79회에 죽었으니 후반 20회는 다른 인물이 이어가야 한다. 그래서 서문경과 진경제 모두를 주인공으로 보아야 한다는 말도 한다. 서문경 이후의 인물 이야기를 이어간 것이라고 할 수 있지만 전체의 5분의 1이라면 결코 짧지 않다. 이처럼 각각 주인공으로서 차지하는 역할과 위상이 차이가 난다.

『삼국지』의 내용은 위, 촉, 오의 세 나라를 창업하는 과정과 상호 대결 속에 창업하고 유지하고 쇠퇴하고 결국에는 몰락하여 멸망하는 전 과정을 다 포함하고 있다. 진수의 정사 『삼국지』를 보면 세 나라의 권수가 각각 달라 위나라는 30권, 촉한은 15권, 오나라는 20권에 그치고 있다. 이는 당시의 역사적 사건과 인물을 그려내는데 각국에서 필요한 내용을 기록하기 위해 역사가가 정교하게 안배한 편폭이라고 할 수 있을 것이다. 역사에서 위나라를 정통으로 삼고 있기에 위나라의 기록이 가장 많다. 촉한에 비하여 무려 2배, 동오에 비해 1.5배에 이르고 있다. 『삼국지』는 조조의 창업 과정을 함께 기록하였고 그는 후한의 황제를 옹위하고 승상의 자격으로 다른 제후들에게 어명을 내리며 국정을 운용하였기에 자연히 후한 말기의 다양한 정치 현상이 모두 위나라의 기록으로 수용되었을 것이다.

그러나 소설 『삼국지』에서는 이러한 역사적 사실을 별도로 치부하고 완전히 새로운 시각에서 삼국의 역사와 인물을 재조직하고 작자의 역사관을 줄기로 삼아 주인공의 인물을 부각시키고 있다. 그러므로 작가의 초점은 유비 집단에 집중되고 따라서 주인공 그룹에 올라있는 인물 중에서 유비 집단의 관우와 제갈량의 입지가 현저히 강화되었던 것이다. 『삼국지』에서 가장 잘 묘사된 인물 세 사람을 선별하여 삼절(三絶)로 표현하는데 조조와 관우와 제갈량이 당당히 이름을 올리게 된 것도 유비 집단을 중심으로 하는 소설관에서 관우와 제갈량을 특별히 의로움의 화신(의절), 지략의 화신(지절)으로 그려냈기 때문이다. 조조는 역사에서 말할 필요도 없이 삼국시대의 주인공이므로 아무리 소설이라고 하더라도 삼국의 전역사를 그려나가는데 뺄 수 없는 인물이다. 그러므로 작가는 조조의 긍정적인 면이나 우수한 점을 부각시키지 않고 간교하고 비열한 면을 가능한 부각시켜서 유비 집단의 대척점에서 비난받아 마땅할 인물로 그려냈기 때문에 간교한 영웅(간절)으로의 이미지를 굳혔던 것이다. 한 책에는 주인공이 너무 여러 명 나올 수 없다. 집중력이 흩어지기 때문이다. 그러므로 아쉽게도 오나라의 손권이나 주유, 노숙 등의 인물들은 여러 가지 특징이 있음에도 주인공 그룹의 가까이에 다가서지 못하고 『삼국지』의 엑스트라가 되었다.

2. 삼국을 뒤흔든 주요 인물

삼국의 핵심 인물은 비교적 선정하기가 쉽다. 일단 삼국의 최고 인물로 추대한 삼절, 세 명의 절대적인 영웅 인물이 있기 때문이고, 또 세 나라를 실질적으로 건국한 지도자가 있고 그의 뛰어난 장수와 참모가 때문이다. 그러므로 각 진영별로 본다면 위(魏)에서는 조조와 곽가와 순욱, 후반의 참모 사마의, 촉(蜀)에서 유비와 그의 의형제 관우와 장비, 그리고 참모 제갈량, 오(吳)에서 손권과 주유, 노숙 등을 포함할 수 있다. 만약 한 사람을 더 포함시킬 수 있다면 독자들이 가장 좋아하는 인물 조운이 선정될 수 있을 것이다.

『삼국지』의 주인공 중에서 가장 으뜸으로 치는 세 명을 고르라면 조조와 관우와 제갈량이다. 이에 대해서는 이미 전인들이 삼절(三絶)이라는 이름으로 지적한 바 있다. 의로운 인물의 최고로 치는 관우, 지혜로운 인물의 최고로 치는 제갈량 그리고 간사한 영웅의 대표로 치는 조조가 바로 그들이다. 『삼국지』는 촉한을 정통으로 그려나간 소설이고 촉한을 일으킨 핵심 인물은 유비를 중심으로 도원결의를 맺은 유관장(劉關張) 세 사람인데 그 삼형제 중에서는 관우가 대표로 꼽힌 것이다.

1) 관우의 정의로움 – 의절(義絶)

관우(關羽, 160-219) 는 과연 『삼국지』의 핵심 인물임에 틀림없다. 도입부인 제1회의 도원결의에서 나타나 제77회에서 그의 혼령이 옥천산에 나타나고 조조에 의해 그의 머리가 낙양에 묻히는 것으로 사라진다. 전체 120회에서 보면 전반 3분의 2에 이르기 직전 끝난 것이지만 그의 죽음에 이어 조조(제78회)가 죽고, 장비(제81회)와 유비(제85회)까지 죽음에 이르게 되니 『삼국지』의 핵심 인물로서 명승부를 펼치던 인물이 홀연히 모두 사라진 것이다.

『삼국지』의 시작과 끝은 시대적으로 한나라 말기로부터 위나라를 이어받은 진나라가 삼국의 하나인 오나라를 멸망시키는 것으로 끝이 나지만, 관우가 죽고 조조가 사라진 이후에 본격적인 삼국의 시대에 돌입했으나 곧이어 동오와의 전쟁에서 패하여 유비마저 죽어 유선에게 제위를 물려준 이후에는 흥미진진한 삼국의 쟁패가 조금은 싱거워진 듯한 느낌이 있다. 대를 이어 구전되고 사람들을 감동시킨 대목은 대부분 관우와 조조가 살아있을 때의 사건들이었다.

관우는 명실 공히 『삼국지』의 핵심인물이다. 그는 처음부터 유비와 만나 도원결의를 맺었고 첫 전투에 나가면서 조조의 눈에 띄어 주목을 받기 시작했으며 조조의 군대에 패하여 포로가 되었을 때도 조조로부터 극진한 대접을 받으며 지냈다. 하지만 끝내 조조의 회유에 넘어가지 않고 유비의 행방이 밝혀지자 곧바로 떠나면서 자신을 막아서는 오관의 장수를 죽이면서 달려나가니 과연 조조도 그 의리에 감동하여 마지막에는 오히려 전송까지 하였다. 그의 마지막 임무는 형주를 지키는 것이었다. 그의 직함은 유비가 익주를 차지한 이후 「독형주사(督荊州事)」였으며 유비가 한중왕이 되자 「전장군(前將軍)」으로 승진하였다. 형주는 삼국의 형성 초기에 뜨거운 감자였다. 한나라 종실 유표가 다스리고 있던 형주는 중원의 중앙에 자리 잡고 있으면서도 한말의 전란에 크게 피해를 보지 않은 지역으로 남아있었다. 적벽대전으로 조조의 군사를 물리치자 유비 일행은 제갈량의 계략으로 동오로부터 형주를 빌려 장악할 수 있었고, 유비가 서천으로 진출하고 제갈량, 장비, 조자룡까지 그쪽으로 간 후에 형주는 오로지 관우의 힘으로 지키도록 하였다. 관우는 이제 북으로 조조의 군대를, 남으로 손권의 군대를 직접 막아내야 하는 중차대한 임무를 짊어지게 되었던 것이다. 처음부터 관우가 무모하거나 고집스러웠던 것은 절대 아니다. 관우에게는 조조를 막아내야 한다는 절대적인 임무가 주어져 있었던 것이다. 동시에 강동의 손권이 호시탐탐 형주의 탈환을 위해 기회를 엿보고 있다는 점도 소홀히 하지 않아 장강의 연안에 봉화대를 세워 신속하게 변고를 알릴 수 있도록 정보 체계를 정비하였다.

동오에서는 여몽을 파견하였으나 관우에게 정면으로 맞붙어서는 이길 승산이 없음을 알고 병을 핑계로 진격하지 않고 있었다. 실제로 병이

났다면 여몽은 물러나야하는 것이었지만 사실 진퇴양난에 빠진 고민 때문이었고 이를 기회로 삼아 육손이 나서서 작전을 세웠다. 어쩌면 여몽이 그것까지 염두에 두고 멀리 내다봐서 육손에게 계책을 내도록 한 것인지 모른다. 여몽이라면 그럴 만하다. 좌우간 동오에서는 한차례 변화를 겪게 되었다. 여몽이 물러나고 그 자리에 육손이 들어와 앉고는 관우의 자만심에 가득한 고집스러운 성격을 최대한 이용하고자 하였다. 관우의 의리를 알아주는 조조와 맞대결을 했을 때 관우는 영광스러운 승리를 거둘 수가 있었지만 그것은 달리 말하면 조조의 대범하고 관대한 처분에 의해서 가능했던 승리였다. 만약 조조가 관우를 높이 평가하는 생각을 하지 않고 소인배처럼 관우를 대우하여 우선 조건부 투항을 받아주지 않았거나 관우를 푸대접하여 결국 이겨내지 못하게 했다면 더 이상의 멋진 의리의 모습은 나타날 수 없었을 것이다. 동오의 육손은 전혀 다른 방도를 사용하였다. 관우의 성질을 건드리기 위하여 얕은 수를 쓴 것이다. 관우가 좀 더 유연하게 상대의 이 얕은 수를 알아보고 역시 적절하게 대처했더라면 나중에 닥친 더 큰 화를 막을 수 있었을지 모른다. 손권의 아들과 관우의 딸을 혼인시키겠다는 제안도 엄밀한 의미에서 진정성이 있었다고는 할 수 없다. 동오에서는 이미 형주의 탈환이라는 지상 목표를 설정하고 이리저리 다양한 도전을 시작한 마당이었다. 조조와 관우 중에서 먼저 손을 내미는 자와 우선 연합하려는 것일 뿐이지 궁극적으로 형주를 포기하고 관우를 그냥 두겠다는 것은 아니었다. 관우는 좌고우면하지 않고 곧바로 내질렀다. "호랑이 자식을 어찌 개의 자식한테 보낼 수 있겠느냐"고 말이다. 자신이 호랑이고 상대는 개라는 것이었는데 손권이 형주를 치고 관우를 없애야겠다는 마음을 더욱 다잡게 할만한 거친 말이었다. 이때 관우는 형주에 있었고 제갈량은 성도에 있었지만 상의할 수 있는 시간은 충분했다. 그러나 둘은 이 결정적인 국가 대사를 앞에 두고 서로 의논하지 않았다. 관우는 애초부터 동오와 연합한다고 하는 제갈량의 전략이 맘에 들지 않았으므로 손권이 보내오는 어떤 사신과도 우호적으로 만나지 않았다. 동오로부터 제갈량의 친형인 제갈근이 사신으로 왔지만 체면치레라도 점잖게 대접할 생각이 없었다.

관우는 번성으로 나아가 조조의 군대를 막기 위해 애쓰고 있었다. 그러나 남쪽으로도 장강 연안에 봉화대를 만들어 철통같이 방비하고 있었다. 손권의 명을 받고 출전한 여몽은 가망이 없음을 알고 멈추었다. 그리고 병을 칭하여 사직하고 돌아갔다. 육손이 그 자리에 앉아서 이번에는 관우를 찾아가 공손히 인사하고 관우의 용기와 무예를 입에 침이 마르도록 칭찬하여 관우가 일시 우쭐하도록 만든다. 관우는 그들의 계략을 미처 깨닫지 못하고 육손의 능력을 과소평가하여 형주의 수비군을 대거 번성으로 옮겨버렸다. 육손이 정보를 알아내어 곧바로 손권에게 보고하니 즉각 여몽을 대도독으로 임명하여 강동의 군사를 동원하여 장강을 따라 쾌속선 팔십 여척을 파견하였다. 여몽은 여전히 관우를 조심하느라고 병사들에게 백의를 입혀서 상인으로 위장하고 배 속에 병사를 숨겨 장강의 북쪽 연안에 닿았다. 또 봉화대 수비군을 매수하여 배를 정박시킬 수 있게 하고 한밤중에 습격하여 봉화대를 점령하고 이튿날 수비병을 포섭하여 데려가서 거짓으로 성문을 열도록 하고 곧바로 형주성을 차지하고 말았다. 동오는 그야말로 전광석화처럼 형주성을 탈환하였던 것이다.

여몽은 일찍부터 형주성을 탈환하기 위해 노력한 인물이다. 노숙에게 일찍이 계책을 올린 적도 있었지만 받아들여지지 않았는데 이번에 노숙에 이어서 대도독에 임명된 이후 결국 소기의 목적을 달성한 것이었다. 사실 형주는 적벽대전 이후 애초부터 유비 집단에 잠시 빌려준 땅이었으므로 동오로서는 당연히 자신의 것으로 되찾은 것이었다. 진수의 『삼국지』에서도 여몽의 재주에 대해서 용감하고 작전의 결단이 뛰어났다고 칭찬했다. 형주를 탈환하고 관우를 생포한 것은 여몽의 가장 큰 공적으로 기록되었다. 육손의 작전도 사실은 여몽의 머리에서 애초부터 갖고 있었던 것이었다고 생각되지만 소설의 작가는 육손의 비범한 지혜를 강조하여 여몽의 공적을 조금은 낮추고자 하였다. 소설의 핵심적인 주인공 관우를 잡은 공로를 오로지 여몽에게 주려는 생각이 없었던 것이다. 여몽은 형주성을 점령하고 군사들에게 민간인에게 피해가 가지 않도록 군율을 엄하게 하고 군인 가족을 우대하였다. 관우의 수하 군인들은 전의를 상실하여 도망자와 투항자가 속출하고 여몽의 군대와 기를 쓰고 싸우려고 하지 않았다.

관우의 몰락 과정을 보면 그의 곧고 굳은 성격으로 인해 야기된 문제점이 하나씩 드러난다. 사실 철석같은 의리를 지키는 곧고 굳은 성격은 한편으로 장점이 될 수 있지만 다양하고 복잡한 인간관계에서 간혹 적을 만들어내는 수도 있다. 번성에 나가 북쪽의 적을 막으려다가 졸지에 형주성을 빼앗긴 관우는 그래도 여전히 주변의 여러 성에 수하 장수들이 지키는 아군이 있었다. 그런데 강릉(江陵)과 공안(公安)의 수비를 맡은 남부태수 미방(糜芳)과 장군 부사인(傅士仁)은 평소에 관우에게 불만을 가지고 있었기에 사태를 파악하고 곧바로 여몽에게 투항해 버리고 말았다. 이번에는 상용(上庸)에 있는 유봉(劉封)과 맹달(孟達)에 구원을 청했으나 오히려 거절당했다. 맹달의 부추김으로 유비의 양자인 유봉은 어영부영 하면서 숙부인 관우의 죽음을 방치하여 후에 유비에게 불려가서 죽임을 당하였다.

관우는 고립되었고 맥성으로 후퇴하였다. 남아있는 군사도 거의 부상병이라서 더 이상 버티기도 힘들었다. 이때 손권은 제갈근을 특사로 파견하였다. 제갈근은 제갈량의 친형이다. 전부터 형제는 각각 오와 촉에서 손권과 유비를 주공으로 모시면서 자신의 충성을 다하고 있었다. 제갈근은 관우를 설득하고자 하였다. "옛날부터 시세를 아는 자를 준걸이라고 했습니다"하면서 손권에 투항하면 그대로 형주와 양양 땅의 주인으로 살도록 보장하겠다고 제안했다.

이는 역대 정권이 바뀔 때 마다 숱하게 나온 전략이다. 어느 시대에나 인재는 필요하고 소중하다. 그의 지지만 받을 수 있다면 앞서 적이었더라도 관대하게 받아들일 수 있다는 것이다. 어차피 그가 반란을 일으키지만 않는다면 행정 능력을 가진 자가 그대로 지역의 통치를 맡고 다만 새로운 정권의 깃발만 바꾸어 달아주면 된다는 논리였다. 청나라 초기에 만주족이 중원으로 쳐들어갈 때 대부분 이러한 논리를 내세워서 많은 한족 관리들이 투항하였고 명에서 청으로 조복을 갈아입고 여전히 같은 곳에서 통치를 계속하기를 바랐다. 만주족으로서도 수많은 지방관을 새로 구할 도리가 없었으므로 반항하는 몇몇 사람을 본보기로 처형하고 그 지역을 철저히 응징하는 방법으로 대부분의 중원을 손쉽게 장악할 수 있었다.

그러나 관우가 어떤 사람인가. 그런 말에 넘어갈 정도라면 일찌감치 조조 밑에서 일하고 있었을 것이다. 그는 안색을 바꾸고 눈을 부라리며 소리쳤다.

> "주군을 배반하고 적에게 투항할 수는 없소이다. 성이 함락되면 죽음만이 있을 뿐이오……구슬은 부서져도 흰 빛을 잃지 않고(玉可碎而不可改其白), 대나무는 불에 타도 그 마디는 남는 법(竹可焚而不可毁其節)이오!"

제갈근은 다시 손권이 관우와 혼인의 인연을 맺어 함께 힘을 합쳐 조조를 무찌르자는 게 본뜻이라고 덧붙였다. 곁에 있던 관평이 칼을 빼어 죽이려고 달려들었으나 관우는 제갈량과의 정을 생각하여 살려 보내라고 하였다. 소식을 들은 손권은 관우가 진정한 충신이라고 칭송했다고 한다. 하지만 결국 생포되어 죽음을 면치 못하게 되었다. 고성에 고립된 관우에게 제갈근이 찾아가서 귀순을 권유하는 대목은 소설의 작가가 관우의 의리를 마지막까지 더욱 빛내도록 하기 위해 만들어낸 장치라고 할 수 있다. 관우의 경우에는 처음부터 끝까지 오로지 의리로 똘똘 뭉친 인물로 그려가고자 한 것이다. 특별히 자세한 설명이 없는데도 불구하고 관우가 밤이면 푸른 불빛 아래에서 춘추를 읽고 있다는 점을 묘사한 것도 역시 춘추대의를 강조하고자 하는 작가의 의도를 관우의 이미지에서 드러내고자 한 것이기 때문이다.

관우는 생포된 후에 마충 등에 의해 손권의 앞으로 끌려갔다. 손권은 관우의 면전에서 우선 장군의 뛰어난 명성을 흠모해 왔다고 언급하고 제갈근이 전해준 말과 같이 "혼인으로 맺어진 진진(秦晋)의 우호관계 어찌 마다 하시는가" 하면서 마지막으로 관우를 회유하였다. 하지만 예상대로 "푸른 눈깔의 어린 자식(碧眼小兒)이니, 붉은 수염 쥐새끼 같은 놈(紫髯鼠

輩)"이니 하는 모욕적인 말로 욕을 하면서 다시 한 번 유황숙(유비)과의 도원결의 맹세만 강조할 뿐이다. 어차피 죽을 몸인데 구차하게 여기에서 굽힐 관우가 아니었던 것이다.

손권이 좌우를 둘러보며 관우 같은 호걸을 깊이 아끼는 마음이라 예의로써 대접하여 귀순을 시켜봄이 어떠하냐고 했을 때 좌함(左咸)이 전날의 일을 들어서 반대한다. 좌함은 조조가 관우의 마음을 돌려보려고 했었던 갖은 노력이 수포로 돌아갔음을 상기시켰던 것이다.

> "아니 되옵니다. 전날 조조가 이 사람을 대접하여 수정후로 작위를 높여주고 사흘에 한 번 작은 잔치를 열고 닷새에 한 번 큰 잔치를 열어주었으며 금과 은을 하사하며 환대하였으나 결국 그를 잡아두지 못하였고 오관을 막는 장수 여섯을 죽이고 달아났다고 하옵니다. 그리하여 오늘날 오히려 조조를 핍박하는 지경에 이르러 조조가 허창을 버리고 천도할 걱정을 하는 것이 아니겠습니까. 지금 주공께서 그를 사로잡으셨는데 이때 곧바로 제거하지 않으신다면 끝내 후회하실 것이옵니다."

손권은 그 말을 듣고 한참을 생각하더니 "그 말이 옳구나"하고는 데리고 나가 처형하라고 했다.

이 대목은 마침 여포가 조조에게 잡혀서 생명을 구걸하니 조조가 유비에게 어떻게 생각하느냐고 물어보는 장면(제19회)이 연상된다. 여포는 조조와 함께 앉아있던 유비에게 은근히 자신을 도와줄 것을 요청하였다. 진궁을 처형장으로 보내고 돌아온 조조에게 여포가 자신을 부장으로 삼아 천하를 도모하자고 같잖은 조건을 제시하였을 때 조조는 유비를 돌아보며 "어찌 생각하시오(如何)"라고 물었다. 유비는 여포의 기대를 저버리고 "공은 정건양과 동탁의 일을 보지 못하셨습니까?"라고 말하고 말았다. 여포는 눈을 부라리며 신의 없는 유비에게 "원문의 사극을 기억하지 못하느냐!"고 발악하였지만 조금 전까지 여포로부터 골탕을 먹었던 유비로서는 더 이상 여포를 살려두어서는 안되겠다고 생각했던 것이다. 결국 여포는 처형되었다.

즉 직접적이고 노골적으로 밝히지 않고 당사자의 경력에 나타나는 부정적인 사건이나 위기에 대처한 일을 예로 들어서 깨우치도록 하는 방식이었다. 관우의 실패는 앞서 제갈량이 인수를 주는 것을 망설이는 대목에서 약간의 조짐을 보여준다. 유비가 자신을 서천으로 불러들일 때 형주를 관우에게 맡기라는 뜻으로 받아들였다. 하지만 관우가 공명심이 강하고 자만심이 넘쳐 거만하며 고집이 세어서 적을 깔보는 성격이 있음을 알고 있던 제갈량으로서는 관우에게 단단히 주의를 시키는 수밖에 없었다. 그것은 "북쪽으로 조조를 견제하고 동쪽으로는 손권과 화합한다"는 것이었다. 관우를 형주에 남겨 지키도록 하고 제갈량과 장비, 조운을 서천으로 불러들인 것은 유비의 전략이었다. 유비로서는 관우의 장점을 높이 생각하였을 뿐이며 객관적인 입장에서 바라본 단점을 알지 못했다. 혹은 알고 있었다고 하더라도 굳이 부각시키고 싶지 않았을 것이다. 제갈량처럼 냉정하게 바라보지 못한 것은 두 사람이 '결의형제'의 긴밀한 관계라는 점이 작용한 것이다. 결의형제는 오랫동안 서로에게 큰 도움이 되었지만 어느 순간에는 이처럼 부정적으로도 작용하였는데 이는 관우의 죽음이후 제갈량을 비롯한 신하들의 간언을 듣지 않고 무리하게 동오와의 전쟁을 일으킨 유비의 행동에서 가장 두드러지게 드러난다.

2) 제갈량의 융중대 – 지절(智絶)

제갈량(諸葛亮, 181-234)의 모습이 정식으로 출현한 것은 소설의 제38회다. 다른 주요 인물에 비하면 상당히 늦은 데뷔다. 이로부터 제103회 오장원에서 별이 지기까지 작가는 제갈량의 동선에 주목하며 긴밀하게 따라간다. 제갈량의 출현을 가장 극적으로 드러내기 위해서 작가는 사마휘, 서서 등을 통해 지속적으로 그의 별명과 이름을 각인시켜 나가고 또 유비가 직접 찾아가기로 결정한 이후에도 곧바로 만날 수 없도록 하기 위해 이른바 「삼고초려」의 명장면을 연출하고 있는 것이다. 남양 융중의 와룡강에 살고 있다는 지역적 특성을 따와서 와룡이라고 별명을 했다고는 하지만 와룡과 봉추는 그 이름부터 한 쌍을 이루는 최고의 콤비가 된다. 용과 봉은 전통적으로 중국의 제왕과 후비를 상징했다. 와룡은 아직 그 쓰임새를 찾지 못해 대기하는 용의 모습이다. 장차 용쟁호투의 삼국 대결에서 가히 기량을 최대한 드러낼 만한 인물로 벌써부터 사람들의 주목을 받을 수 있게 된 것이다.

유비는 도원결의에서 관우와 장비를 얻어서 영웅의 길을 나섰지만 삼고초려에서 제갈량을 얻음으로써 비로소 삼분천하의 하나를 차지한 일국의 황제로 등극할 수 있었다. 유비와 제갈량의 만남은 유비의 인생에서 새로운 전환점이었고 제갈량의 인생에서도 큰 전환점이며 한말 영웅의 판도에서도 결정적인 전환점이 되었다.

제갈량은 융중으로 찾아온 유비와 세 번 만에 만났다. 그가 그날 제시한 전략은 「초려대」 혹은 「융중대」라고도 하는데 이른바 향후의 대책이고 장기 전략이다. 유비의 입장을 충분히 감안하면서 천하의 대세를 꿰뚫어 보고 있었던 것이다. 이때 제갈량의 나이 27세, 유비는 그보다 스무 살이 많은 47세였다. 유비는 보물을 만난 듯이 제갈량의 「천하삼분지계」를 공손히 경청했다.

제갈량은 우선 동탁 이후 천하의 호걸들이 일어나 각지를 중심으로 군웅할거의 형세가 된 내력을 언급한다. "동탁이 권세를 장악한 이래 군웅이 일어나 각지를 할거하니 부지기수입니다." 이어서 조조와 손권의 현실적 힘과 형세를 분석하면서 현재의 힘으로 이들을 공략할 수는 없다고 단언한다. 조조에 대한 분석은 이렇다.

"조조는 원소에 비해 명성도 낮고 군사도 적었지만 그를 이겼으니 이는 천명뿐만 아니라 인재들의 책략에 의한 것입니다. 지금 조조는 백만의 군사로 천자를 끼고 제후에게 호령을 하고 있으니 그와 전쟁을 할 수는 없습니다." 조조의 군사가 막강해졌고 특히 황제의 명을 빙자하여 제후들을 통제하고 있으니 이러한 명분을 어기고 다투기는 어렵다는 현실적인 판단이었다. 손권에 대한 판단도 매우 현실적이다. "손권은 강동을 차지하고 부형에 이어 삼대에 걸쳐 다스리고 있는데다 백성들이 현명하고 유능한 자를 등용하고 있으니 그들과 대결하기는 어렵습니다." 그러므로 동오와는 연맹을 맺어서 후원을 받아야 한다는 판단이었다. 이러한 판단은 그대로 유비에게 채택되어 동오를 설득하여 적벽대전에 나서게 하도록 하였다. 제갈량의 현실 인식은 이미 조조와 손권을 그대로 둔 채 유비를 중심으로 또 하나의 세력으로 키워나가자는 것이었는데 그 전략은 결국 현재 위치한 형주와 서쪽의 익주를 차지하는 것이었다. 형주는 지리상 요충지로서 매우 유용하고 익주는 천혜의 보고로서 백성들도 지혜롭고 능력이 있는데 정작 이곳을 지배하는 지도자 유표나 유장은 이를 지킬 만한 능력이 못 된다는 판단이었다. 그러므로 향후 형주와 익주를 차지하면 서남쪽의 여러 민족과 화친하고 동쪽으로 손권과 연합하여 안으로 내실을 튼튼히 한 연후에 차츰 북벌을 감행할 수 있을 것이고 그리하면 한나라 왕실의 부흥이 가능할 것이라고 결론짓고 있다. 이 글은 제갈량이 남긴 글 중에서 가장 젊은 시기에 지은 글로 나온다. 진수의 『삼국지·촉서』의 「제갈량전」에 들어있다.

아직 20대의 젊은이가 이처럼 방대하고 정확한 시대 인식을 갖고 있기란 실로 쉽지 않다. 천하를 구하고자 난세에 뛰어들어 이미 20여년을 전장에서 보낸 유비가 전혀 생각지도 못했던 천하삼분의 계책이었던 것이다. 유비는 막연히 한나라 황실을 휘어잡고 있는 간신배를 몰아내고 황실을 튼튼히 하겠다는 생각만으로 동탁을 토벌하는 의군에 참여했고 이제는 황제를 타고 눌러앉아 세상을 호령하는 조조를 반대하고 몰아내겠다는 기개만 있을 뿐 막상 그를 제거할 수 있는 실질적인 능력이 없음은 간과했던 것이다. 더구나 동오의 세력에 대해서는 생각조차 못 했고 같은 종실인 유표와 유장의 근거지를 차지하겠다는 생각도 인의도덕과 겸양의 미덕만을 갖고 있는 그에게서는 선뜻 생각할 수 없는 문제였다. 실제로 유비의 이러한 성격은 형주와 익주를 차지하는 데 큰 방해가 되어 제갈량이 전략을 실행하는데 적지 않게 골탕을 먹었던 것이다.

제갈량이 등장한 그 순간부터 유비는 이미 조조로부터 쫓기는 몸이었다. 가진 것은 아무 것도 없는 인물이었다. 재주를 갖고 자신이 모셔야 할 주공을 찾는 입장에서 본다면 유비는 최악의 조건이었다. 그런데 그의 포부와 인품과 덕성은 이미 사람들의 입에 오르내리고 있었고 세상 정보에 밝았던 제갈량은 이미 들어서 알고 있었다. 제갈량은 내심 재고 있었을 것이다. 그가 과연 끈기 있게 자신을 찾을 것이며 인내심을 갖고 자신의 고의적인 외면(?)을 참아줄 것인가. 그가 과연 자신의 생각과 포부에 동의하고 자신의 전략을 전폭적으로 지지하고 따를 것인가. 조조 같은 인물이라면 전혀 불가능하다. 삼고초려에서 유비는 일심으로 참모를 구한다는 생각만으로 오로지 정성을 바쳐 찾아가는 일만 진행했지만, 제갈량으로서는 그 긴 시간동안 재고 또 재면서 유비를 시험하고 있었을 것이다.

제갈량은 유비를 맞이하는 그 순간에도 침착하게 대처했다. 낮잠을 자고 한참 만에 일어나서 동자에게 손님이 찾아오지 않았느냐고 묻고는 유황숙이 벌써부터 와서 서서 기다리고 하니 "왜 진작 알려주지 않았느냐"고 핀잔을 하면서도 별로 당황하거나 미안한 기색은 없었고 천천히 일어나 안으로 들어가 옷을 제대로 갖춰입고 나와서 비로소 인사치레를 시작했다. 제갈량의 태도는 찾아오는 인재를 맞이하려고 감던 머리를 움켜쥐고 달려 나가거나, 먹던 밥을 뱉고 뛰어 나간다는 주공의 태도와는 사뭇 다른 것이었다.[13] 지금 제갈량은 유비의 선택을 받은 것이며 주공처럼 해야 할 사람은 바로 유비였던 것이다.

일단 유비의 참모가 되자 곧바로 그를 시험대에 올리는 일이 연발하였다. 북으로부터 조조의 군사가 물밀 듯이 밀려오고 있었기 때문이었다. 유비는 한때 조조의 수하에 들어가 있기도 하였고 함께 술잔을 기울이며 세상을 경륜할 영웅이 누구인가 하는 대화를 나누기도 했다. 그때 조조가 자신을 주목하고 있다는 사실에 놀라움을 금치 못하고 젓가락을 떨어뜨

---

13 주공(周公)은 주나라의 기틀을 다진 인물로 훗날 공자(孔子)의 가장 존경하는 인물이 되었다. 그가 인재를 중시하는 태도는 일목삼착(一沐三捉)과 일반삼토(一飯三吐)'의 구절에서 잘 나타난다. "머리를 감다가 세 번이나 머리카락을 움켜쥐고 손님을 맞고, 밥을 먹다가 입안의 먹던 것을 세 번 뱉어내고 손님을 접대한다"는 뜻이다.

렸는데 다행이 마침 천둥소리가 나서 그것으로 호도했다. 그러나 조조는 사람 볼 줄 아는 인물이다. 유비와 관우에 대한 일견식이 왜 없었겠는가. 그러나 황제의 밀조에 유비의 이름이 나온 이후에는 이제 살려둘 수 없는 존재가 되었다. 유비는 일단 생존을 위해 도망쳐야 했고 제갈량은 이 집단에 가입하자마자 추격을 끊으면서 유비 일행을 무사히 구출하는 데 지략을 보여주어야 했다. 만약 이때 제대로 기량을 보여주지 못했다면 제갈량의 이름은 후세에 전해지지 못했을 것이다. 신야를 불바다로 만든 「화소신야(火燒新野)」는 제갈량의 첫 임무 성공의 지표였다. 제갈량은 이제 삼국의 운명을 가르는 적벽대전을 기획하고 추진해야 했다. 그가 앞서 이미 융중의 대책에서 유비로 하여금 형주를 차지하고 익주를 손에 넣어 천하를 삼분의 형세로 만들어가야 한다고 강조한 자신의 이상을 실현하기 위해 모든 지략과 기량을 쏟아 부어야 했던 것이다. 그리하여 적벽대전은 분명 동오의 주유가 성공적으로 조조의 남침을 막아낸 대 전쟁임에도 불구하고 소설의 작가는 제갈량의 동선을 한 순간에도 놓치지 않으려고 애쓰고 있는 것이다. 그리하여 제43부터 제50회까지 적벽대전의 전후 과정의 서사에는 제갈량이 중심이 되어 진행되는 「동오에서의 설전」, 「초선으로 화살 얻기」, 「칠성단에서 동풍 기원」, 「화용도의 사전 포석」 등의 장면을 연출하고 있다. 나머지 조조, 주유, 손권, 노숙, 장간, 황개, 감택, 방통 등의 인물도 나오지만 모두 제갈량을 위한 엑스트라가 되었던 것이다.

비판적 시각에서 보는 입장에서는 제갈량의 묘사가 너무 신격화되었음을 지적한다. 인간적인 면모를 보이기보다는 인간이 따를 수 없는 신선 같은 풍모와 지략을 보여준다는 것이다. 그의 작전이나 예견을 보면 과연 그렇게 생각할 만할 것이다. 칠성단에 올라서 음양사가 술법을 부리는 듯한 방식으로 천기를 마음대로 조정하여 동풍을 불러온다는 것이나 팔진도를 만들어서 십만 정병을 막아내고 육손이 공격해 올 곳을 예측한 것이나, 북벌에서 축지법을 써서 위나라 추격군을 따돌린다는 묘사 등은 분명 그러한 요소가 없지 않다. 주지하듯이 『삼국지』와 『수호전』은 거의 동시에 장편소설로 만들어졌다. 삼국의 이야기는 엄밀한 역사이기 때문에 조그만 비현실적인 묘사를 넣어서는 안 되고, 수호 이야기는 민간의 떠도는 이야기를 옮긴 것이니 처음부터 후반에 이르기까지 도사 공손승의 출현이 전혀 이상하지 않다고 보는 것은 편견이다. 당시 서유 이야기를 포함하여 모두가 민간의 이야기꾼들의 이야기다. 오히려 장편소설 『삼국지』에서는 앞서 들어있던 조금은 황당한 이야기들을 최대한 줄이고 빼낸 것이다. 강사화본 『삼국지평화』는 기본 구조를 인과응보와 윤회환생으로 만들었다. 민간에 널리 전하던 새로 만든 인물 화관색(花關索)도 없애고 깔끔하게 처리했다. 그래도 본래 친아들이었던 관평을 관우의 양자로 처리했다. 유비에게 양자 유봉이 있듯이 관우에게도 변화를 추구하기 위해 만들었다. 삼국의 인물 중에서 가장 신선처럼 만들 수 있는 인물은 제갈량 밖에 없다. 그렇다고 우길(于吉)같은 도사로 그려내는 건 아니다. 당시에도 부적이나 성수를 가지고 병을 고치며 영험한 일을 하고 다니는 민간의 술사는 늘 있었다. 당시 민간에서는 우길도 비바람을 부르는 능력이 있다고 했다. 손책은 일언지하에 무시하고 그를 척결했지만 후환이 있었다. 그러므로 굳이 제갈량을 묘사하면서 인간적 평범함만을 강조할 필요는 없었다. 그는 훨씬 더 큰 그림을 그릴 줄 아는 지략가였기 때문이다.

그는 처음부터 동오와 연합하고 서남을 평정하며 북벌을 감행하여 궁극적으로 한실의 정통을 이어가야 한다고 유비에게 강조하였다. 지리적 판도를 보면 그렇게 할 수밖에 없는 형세임은 분명하였다. '지피지기(知彼知己)면 백전불태(百戰不殆)'라고 했으니 자신의 능력과 위상을 정확히 아는 것이 중요하다. 사방에 적을 두고 살 수는 없다. 또 스스로 적보다 강하다고 자부할 수도 없고 인재가 많다고 할 수도 없다. 제갈량은 모든 짐을 혼자 떠안고 노심초사해야 하는 운명이 원망스러웠을 것이다. 하지만 그는 꿋꿋이 지켜나갔고 어느 정도는 성공했다.

하나의 세력을 형성하는 데는 도원결의와 같은 끈끈한 개인 간의 우정이 매우 중요하지만, 국가의 운영과 외교의 현장에서는 의리만으로 해결할 수 없는 게 있다. 제갈량이 처음 유비의 청을 받아들여 이 소규모의 그룹에 참여했을 때 아마도 가장 우려되는 인물은 관우와 장비였을 것이다.

형제의 논리를 군신의 체제 속에 용납하는 것은 언제나 갈등의 소지가 된다. 아니나 다를까, 관우는 의리의 이름으로 조조를 살려 보냈고, 형주에서 오나라와의 불화를 가속화시켰다. 장비는 아랫사람을 다루지 못하여 스스로 몰락했으며 유비는 아우들의 죽음에 대해 원수를 갚기 위해 오나라에 전쟁을 일으켰다. 제갈량으로서는 처음부터 걱정이었던 두 사람으로 인하여 결국 유비의 죽음에까지 이르게 되니 아무리 군사와 승상의 직위에 있다고 한들 속수무책이었다.

제갈량의 활약은 후주 유선에게 올린 두 번의 출사표를 통해 상징적으로 드러나며 남만 정벌과 북벌의 과정에서 평생의 힘을 다 기울였다. 그는 지략이 뛰어나지만 또한 노력형이기도 하다. 촉한의 정무를 직접 챙기면서 선제의 유지를 실현하기 위하여 여섯 번 기산에 출격하고 강력한 위나라 군사와 맞서 싸웠다. 당시 북방 전역을 장악하고 강력한 군사력을 가진 위나라가 수십 년간이나 촉한을 공략하지 못하고 줄곧 수세로 지키고만 있었다는 것은 결국 제갈량의 결정적인 공이라고 할 수 있다.

제갈씨의 형제들은 삼국의 각지에서 충성을 바치며 자신의 역할을 다한 충성스러운 인물들이었다. 제갈근은 손권의 절대적인 신임을 받는 신하로서 유비 측과의 협상에도 직접 나와서 자국의 이익을 위해 최대한 노력했다. 제갈근은 오나라의 대장군까지 이르렀으며 아들 제갈각은 위나라 군사를 막아내고 후에 손권의 유언으로 어린 황제를 보필하고 국권의 장악하였지만 독단적인 전횡에 불만을 품은 손준에게 살해되고 멸문의 화를 당했다. 제갈근의 친동생이었던 제갈량은 남양에서 유비의 삼고초려를 받아 발탁된 이래 오로지 촉한을 위해 충성을 다 바쳤다. 늦게 얻은 아들 제갈첨도 촉에서 중용되었다. 위의 군사가 공략해 올 때 제갈첨과 제갈상 부자는 후주 유선의 명으로 면죽의 방어전에 나갔다가 모두 순국했다. 제갈량의 친족 동생이었던 제갈탄은 위나라에 충성을 바쳐 관직은 대사마에 이르렀는데 후에 사마소의 전횡에 반대하여 군사를 일으켰다가 패하여 죽었다. 이들 제갈씨 가족은 비록 삼국으로 나뉘어 있었지만 모두 자신이 모시는 주공에게 충성을 다하여 목숨을 바쳤으니 명실상부

한 충의의 가문이라고 하겠다.(**〈표 8〉 제갈씨 가문 가계표**(420쪽) 참고)

3) 조조의 정치철학 – 간절(奸絶)

조조(曹操, 155-220)는 분명히 『삼국지』의 주인공이다. 조조가 없는 삼국의 이야기는 성립할 수 없다. 그러나 생각해보면 조조는 삼국의 인물이 아니다. 그는 한말의 영웅이었을 뿐이고 그가 죽으면서 비로소 삼국시대가 열리게 된다. 그러므로 조조는 생전에 승상에서 위왕(魏王)의 지위까지만 가졌고 죽은 이후에 아들이 위나라 황제가 되면서 무제(武帝)로 추증되었기 때문에 역사에서는 무제로 지칭하게 되는 것이다. 조조에게는 여러 가지 수식어가 따라 붙는다. 걸출한 정치가, 뛰어난 군사전략가, 호방한 문학가, 삼국 위나라의 기틀을 만든 창업의 영웅, 그리고 간사한 영웅과 같은 것이다. 그는 중앙의 정치 무대에서 잔뼈가 굵었다. 그는 환관 출신의 관료 가문에서 태어났다. 그의 부친 조숭은 순제 때 중상시를 지낸 환관 조등의 양자로 들어가서 고위직을 지냈다. 하지만 당시 귀족들은 환관의 후예라는 이유로 별로 높이 평가하지 않았다. 그러나 그는 기민한 성격과 과감한 결단력으로 혼란의 한말 난세에서 점차 두각을 나타내기 시작했다. 동탁이 정권을 장악하고 황제를 끼고 전횡을 할 때 이미 조조의 능력을 알아보고 발탁하고자 했다. 그러나 조조는 벌써 동탁의 본질을 알고 있었다. 그에게는 대의가 없었다. 조조는 자신의 길을 가기로 확정하고 동탁을 암살하려고 했지만 실패했다. 기민함과 임기응변은 생존의 필수적인 요소다. 착하기만 하든가 정의롭기만 하든가 울분만 터뜨릴 줄만 안다면 큰 그릇이 될 수 없다. 그는 누구보다도 마지막 순간의 생존을 가장 우선시하는 실용주의자다. 웅대한 기개도 중요하고 장기적인 안목도 중요하지만 무엇보다 이 순간에 살아남는 것이 가장 중요하다. 그는 탈출에 성공하여 스스로 군사를 모으고 반동탁의 의병을 창의했다. 그리고 자기 보다는 좀 더 세력이 있는 원소에게 총사령의 자리를 맡겼다.

소설 『삼국지』의 제1회에는 도원결의가 먼저 나오지만 바로 이어서 조조의 등장을 소개하고 있다. 유비, 관우, 조조가 소설의 주인공임을 천명하는 것이다. 그때 유명한 조조 평가의 첫 구절이 나온다. 여남의 허소가 조조를 만났을 때 "그대는 치세의 능신이요, 난세의 간웅이라!"고 갈파했다는 것이다. 그는 한말의 난세에서 이제 간웅이 되려고 한다. 그를 간웅으로 만들기 위해 진궁과의 만남, 여백사 가족의 몰살의 이야기가 삽입되었다. 설사 실제 역사상 그러한 일이 일어나지 않았다고 해도 조조는 충분히 그럴 만한 인물이었다. 소설은 바로 그런 것은 그려낸다. 소설가 스스로 언제 세상에 꼭 있었던 일을 써낸다고 했던가. 그걸 알려면 그냥 재미없는 역사책을 읽으면 되는 것이다. 그러나 세상에 일어났었던 모든 일을 글로 기록해 둘 수는 없다. 더구나 일어났을 만한 일을 어찌 다 알 수 있단 말인가. 그것을 기록하는 것이 바로 소설이다. 그것도 진실은 진실이다. 바로 소설적 진실이라는 것이다. 조조는 이제 서서히 자신의 모습을 만들어가고 있었다.

조조가 유비 일행을 만난 것은 동탁의 부하 장수 화웅과 대적하고 있을 때였다. 당시 유비 삼형제는 공손찬의 수하에 있었다. 화웅을 대적하지 못해 원소는 사람을 찾고 있었다. 안량과 문추가 아직 도착하지 못해서 그렇다고 토를 달기도 했다. 그때 나선 인물이 관우다. 공손찬이 소개했다. 유비의 마궁수라고 하자 얄미운 원술이 호통을 치지만 조조가 나서서 달랜다. 술 한 잔을 내어주자 관우는 그냥 달려 나가 화웅의 머리를 단숨에 베어 와서 아직 따뜻한 술잔을 들었다. 조조에게 강력한 인상을 남기는 순간이었다. 역사에서 화웅을 벤 인물은 손견이라고 하지만 그게 무슨 대수인가. 손견은 또 잠시 후에 전국옥새를 찾아내는 개가를 이루었으니 화웅의 목을 베는 일은 소설에서 관우에게 주어도 무방하다. 마치 독우에게 매질한 것이 유비였지만 장비에게 역할을 맡기는 것이 훨씬 소설적 합리성이다.

조조와 관우의 콤플렉스는 이렇게 시작되었고 조조와 유비의 경쟁도 역시 이때 시작되었다. 조조는 이미 상당한 위상과 지위를 가지고 있었지만 관우와 같은 믿음직한 장수를 수하에 두고 있는 유비가 조금은 부러웠다. 자신에게도 여러 장수가 있었지만 관우와 같은 기개와 의리를 가진 장수를 갖고 싶었다. 유비와의 싸움에서 승리한 조조는 관우를 포로로 잡으면서 무리할 만큼의 그의 요구를 다 들어주었다. 그것은 조금이라도 그의 뜻을 알아주어 그가 감동하도록 하고 싶었을 것이다. 그리고 언젠가 자신의 수하로 들어오기를 바랐던 것이다. 적어도 포로로 함부로 대하여 다시는 그의 마음을 살 기회를 잃어버릴까 걱정이었다. 장료가 나서서 토산에 포위된 관우를 찾아가 협상을 시작하였다. 당연히 관우의 태도는 단호하였다. 결코 항복할 생각이 없었다. 이 장면에서 만약 장료와의 밀당이 없었다면 훗날 손권에 사로잡혔을 때와 마찬가지로 그냥 처형되었을 것이다. 먼저 장료가 말을 돌려서 이끌었다. 여기서 그냥 죽는다면 그 죄가 셋이라는 것이다. 그리고 일시적 방편으로서 조조에게 항복한다면 좋은 도리가 또한 셋이라고 했다. 삼국 이야기는 계속 삼세번으로 이어진다. 그러자 관우도 그 말에 일리가 있음을 발견하고 과감하게 다음과 같이 요구 사항 셋을 제시했다.

> 첫째, 한나라 황제에게 항복하는 것이지 조조에게 항복하는 게 아니다.
> 둘째, 두 분 형수 앞으로 봉록을 내리고 누구든지 출입을 금하도록 한다.
> 셋째, 유황숙의 행방을 알면 즉시 불원천리 하고 달려갈 것이니 막지 말라.

전쟁에서 패하여 포로로 잡히는 상태에서 관우의 요구는 정말 무리였지만 조조는 우선 앞의 두 가지를 흔쾌히 받아주었다. 하지만 세 번째 조건에선 머리를 가로 저었다. 그러나 장료의 설득이 주효했다. 장료는 전국시대 예양의 「중인국사지론」의 전례를 끄집어냈다. 임금이 자신을 보통 사람(衆人)으로 대접하면 나도 그를 그처럼 천하게 대접할 것이고, 임금이 나를 나라의 소중한 선비(國士)로 대접하면 나도 그를 그처럼 중하게 대접할 것이라는 말이었다. 조조는 자신이 인재를 아낀다는 이름을 남기고 싶었을 것이지만 특히 관우에게만은 무슨 콤플렉스라도 있는 것처럼 더욱 꼼짝을 못했다. 더구나 유비가 관우에게 두터운 은덕을 베풀었기에 관우가 그러한 의리를 지키려는 것인데 조조가 유비보다 더한 은혜를 베풀어 관우의 마음을 살 수 있다면 앞으로 끌어들일 수가 있을 것이라는 장료의 말에 조조는 금새 수긍하고 바로 허락하였다. 관우는 하비성으로 들어가 감부인과 미부인을 만나서 허락을 받고 그렇게 진행하였다. 큰 곤욕을 치를 뻔 하였던 유비의 가족으로서는 관우의 이 같은 협상으로 안전하게 허창으로 이동하여 적절한 대접을 받았다.

조조의 성공은 관도대전이었다. 적은 군대로 많은 군대를 이긴 것은 관도대전과 적벽대전이 꼭 같았다. 그러나 전자에서는 조조가 승자였고, 후자에서는 조조가 패자였다. 조조는 스스로 문학가이기도 했지만 병법에도 정통했다. 어진 이를 중시하고 재주 있는 사람을 발탁했다. 일상적인 선입견에 사로잡히지 않고 보통 사람의 식견을 뛰어 넘었다. 한마디로 그 머리가 어디로 튀어나갈지 몰랐다. 가장 큰 장점은 옆에서 제안하는 참모의 말에 일리가 있으면 곧바로 받아들인다는 것이다. 이는 자신감의 표현이다. 유비와 손권의 연합군은 적벽대전에서 그의 이러한 성격을 역이용하여 방통으로 하여금 배들을 서로 쇠사슬로 엮도록 연환계를 제안하게 하였는데 북방군이 약한 배 멀미에 대한 대책으로 일리가 있다고 여긴 조조가 선뜻 받아들였다가 주유의 화공으로 낭패를 본 것이었다.

적벽대전에서 크게 패한 조조가 화용도를 통해 퇴각하면서도 낙천적인 성격을 드러내며 세 번 크게 웃는 대목은 소설에서 조조의 모습을 더욱 강하게 형상화하였다. 그가 크게 웃은 것은 도주하고 있는 자신의 긴박한 입장에서 벗어나 오로지 병법의 입장에서 보았을 때 매복이 필요한 곳을 적절히 지적한 것이다. 그러나 그가 알고 있던 병법은 곧 제갈량이 꿰뚫고 있음을 바로 보여주고 있다. 첫 번째 웃음에 조자룡이 나타나고, 두 번째 웃음에 장익덕이 나타나고, 세 번째 웃음에 관운장이 나타난다. 조조가 웃은 것은 제갈량의 지략을 비웃으며 바로 그곳에 매복을 했다면 자신들이 꼼짝없이 잡혔다고 마치 남의 말 하듯이 한 것인데 제갈량의 신기묘산이 바로 그대로 맞아떨어진 것이다. 하지만 달리 보면 제갈량의 생각은 이미 조조도 똑같이 생각하고 있을 정도라는 것이다. 조조의 기민한 생각과 과감한 돌파에 이러한 낙천적인 모습들이야말로 그를 가장 인간적 영웅으로, 살아있는 호걸로 인식할 수 있도록 하는 힘이 된다. 마지막 난관에서 조조는 일찍이 관우에게 투자했던 인간적 의리를 되돌려 받을 수 있었으니 세상에 결코 공짜는 없다는 것이다.

그는 한나라의 승상의 자격으로 황제의 명의를 앞세워 제후들에게 호령을 했다. 절대적으로 유리한 입장에 있었던 것이다. 그가 초년에 반대하였던 동탁의 행태는 그에게서 재현되었다. 이번에는 각지에서 조조 토벌의 기치를 내걸었다. 그러나 이미 세상은 그때와 많이 달라졌고 하북의 원소를 깨부수고 관도대전을 승리로 이끌면서 북방 전역을 통일하자 정세는 점차 안정적으로 바뀌었고 북쪽의 오환 정벌까지 마침으로서 기수를 남으로 돌려 통일을 향한 진군의 나팔을 불었다. 가장 약한 허를 찌르기 위해 형주로 향하였고 유표의 아들은 항복했다. 그곳에 기대에 있던 유비는 부랴부랴 남으로 퇴각했다. 그런데 뜻밖에도 그 사이에 유비는 제갈량이라는 걸출한 전략가를 수하에 모셔둔 상태였다. 그의 모략은 조조를 능가하는 것이었다. 용맹한 동오의 군사를 끌여 들여 조조의 대군을 그렇게 처절하게 패배시킬 줄은 몰랐다. 조조는 통일을 보지 못하고 죽었다. 그의 아들과 손자 대로 이어진 위나라도 통일은 보지 못했다.

적벽대전 때는 유비와 손권이 연합을 했는데, 손권은 본래 빌려준 형주를 유비로부터 되돌려 받으려다 관우가 버티고 내놓지 않자 마침내 힘으로 빼앗기로 하고 조조와 연합을 시도했다. 삼국의 묘미는 바로 이렇게 어느 쪽과 연합하느냐의 문제로 판도가 상이하게 바뀐다는 것이었다. 제갈량은 이를 미리 알고 결코 동오와 척을 지지 말라고 그렇게 강조했지만 관우에서는 마이동풍이었다. 관우의 쓸데없는 자부심과 융통성 없는 고집이었다. 손권이 승전하자 조조는 그에게 표기장군의 직을 내려주었다. 손권은 조공하면서 조조의 신하로 자칭하였고 조조에게 한나라를 대신하여 대위의 황제로 등극하라고 권하기도 했다. 그러나 조조는 아직 한나라 헌제를 폐하고 자신이 그 자리에 앉을 생각은 없었다. 그러나 "천명이 내게 있다면 나는 주 문왕이 되리라"고 한 것은 결국 정세의 흐름으로 보아 자손이 나라를 세우게 될 것을 알고 있었던 것이다. 앞서 4년 전에 그는 황제로부터 위왕으로 책봉 받았으며 명의상은 여전히 한의 신하였지만 실질적으로는 이미 황제나 다름없었다. 손권이 관우를 잡아 목을 베어 조조에게 보냈을 때 성대히 장례지내 주었다. 조조와 관우 사이에선 서로 충분히 주고받은 것이었다. 얼마 후 그 자신도 병사했다. 시호는 무왕이었다. 후에 무제로 추존되었고 고릉에 묻혔다. 그러나 그의 무덤은 도굴을 막기 위해 72개나 된다고 전해진다. 무슨 손오공 변신술만큼이나 많다. 그의 변화불측의 성격을 보여주는 전설이다. 그에 무덤에 얽힌 궁금증은 꾸준히 안양현 동한 시대의 능묘 지역을 발굴·조사하도록 하여 일찍이 명문이 있는 석패가 나왔고 최근에는 조조 본인과 부인 2명의 유해를 확인하여 그의 진짜 무덤을 찾았다고도 한다.[14]

진수의 『삼국지』에서 그에 관한 평가는 비교적 공평했다. 한말의 천하대란에서 군웅이 할거하는 가운데 그만한 기반을 마련하고 중원을 안정시키며 경제와 문화를 발전시킬 수 있었던 조조의 공적을 제대로 평가한 것이었다. 「위서」에서는 조조가 군사를 이끌고 있던 30여년 동안 병법의 책을 손에서 놓지 않고 밤이면 경전을 보았으며 높은 곳에 오르면 시를 짓고 새 시를 지으면 관현으로 연주하도록 하여 악보를 완성했다고 하여 군사 전문가에서 문화인의 모습까지를 보여주고 있다. 민간에서 촉한정통론에 의하여 조조의 위상이 한편으로 기울었지만 역사상 영웅으로서의 면모는 분명한 것이었다. 그에 얽힌 에피소드는 소설적 흥미를 더하는 수식이 되었던 것이다.(**〈표 9〉 조조 가문의 가계도**(420쪽) 참고)

14 조조의 무덤에 관한 이야기는 꾸준히 제기되어 왔다. 하남성의 문화재문물국은 2009년에 이미 '위무왕'의 글자가 들어있는 석패를 발굴하였고 지속적으로 안양현 안풍향 서고혈촌의 고릉(高陵)지역을 조사하여 최근에는 조조 본인과 부인 2명(유씨와 변씨)의 유해를 확인하였다고 발표했다. 『동아일보』 2018년3월 26일 자.

4) 유비의 인의정치 – 희망(希望)

유비(劉備, 161-223)는 삼국시대 정립의 한 축을 나타내는 인물이지만 소설『삼국지』에서는 그를 중심으로 하는「촉한정통론」의 주체가 되고 있다. 유비에게 이렇게 주목하게 된 것은 동진 이후 역대 중국에서 꾸준히 발생된 한나라의 복원에 대한 희망으로부터 시작되었다.

한나라는 진시황의 천하통일 이후 진정한 제국으로서 수백 년의 역사를 이어왔다. 춘추전국시대의 혼란을 겪고 난 중국인들은 한 왕조의 혼란으로 나라가 분열되는 것에 불안과 우려를 금치 못했다. 누구나 통일을 지상명제로 생각했고 한나라의 위대한 전통을 계승하기를 기대하였다. 한(漢)이라고 하는 글자는 이제 단순한 왕조의 이름이 아니었다. 종족의 이름이요, 문자의 이름이요, 문화의 이름으로 정착되었다. 한을 제외한 다른 이름이 대두되는 것에 대한 강렬한 반발이 있었다. 그러나 역사는 반드시 그렇게 움직이지 않았다. 한나라는 쇠약해지고 그 마지막 순간 정권을 휘어잡고 뒤흔든 것은 조조였다. 그리고 마침내 그의 아들 조비에 의해 황제의 자리는 위나라로 넘어갔다. 실질적인 정세의 변화는 그렇게 되었지만 여전히 일군의 사람들은 한나라 정통을 이어가려고 노력하고 있었다. 한나라 종실의 후손으로 삼국의 한 쪽을 차지한 유비였다. 그 자신도 황제가 되었지만 통일을 향한 꿈을 이루지는 못하였다. 그 유훈을 지키며 평생 완성해보려고 노력하다 끝내 오장원에서 떨어진 별 제갈량이 있었다. 역사를 읽는 사람들은 보기만 해도 안타까웠다. 위나라가 끝나고 진나라가 되었다. 조비가 헌제로부터 전국옥새를 받들어 선양 받았듯이 이번에는 사마염에게 조환이 옥새를 받들어 황제의 자리를 선양하였다. 누군가는 조씨가 업보의 죄를 받는 것이라고 했다. 그런데 거기까지였다. 그 진나라마저 쫓겨서 남으로 옮겨지고 중원은 북방의 이민족에게 빼앗겼다. 동진이 된 것이다. 생각하면 한나라의 정통을 이어간 촉한을 더욱 내세워야 그나마 자존감이 조금이라도 살아날 것 같았다. 위진으로 이어진다는 말도 싫었다. 전한과 후한에 이어서 촉한이 있었으니 삼국의 대표로 촉한을 내세우고 진나라로 이어지게 하고 싶었다. 그렇게 만들어진 역사책이 『한진춘추』였다. 남조의 송나라 때 배송지도 이 책에서 많은 에피소드를 채록하여 『삼국지주』에 담았다. 이제 삼국의 이야기는 훨씬 더 풍부해진 것이다. 유비의 이야기도 훨씬 더 확대되었다.

유비는 중산정왕의 후손이라고 했지만 이미 그의 시대에는 아무런 득이 없이 북경 아래 유주의 탁군(涿郡)에서 가난하게 태어났다. 어려서 유명한 학자 노식을 스승으로 모셨다고 하니 그나마 내세울 만 했지만 젊어서 돗자리 장사를 하는 등 힘들게 지내다 황건적의 반란을 진압하는 군대에 참가했다. 소설은 여기서 시작되었다. 산서 해주(解州)에서 죄를 짓고 흘러온 관우와 현지 사람인 장비를 만나 도원결의를 하면서 난세의 풍운아로 떠오르게 되었다. 그가 이들 두 사람을 만난 것은 일생의 행운이었다. 부자간과 형제간에도 갈등과 반목으로 고통 받는 사람이 많았는데 이들 의형제는 숱한 전장을 전전하면서 수족처럼 서로를 아꼈다. 그러다 겨우 자리를 잡고 잘 살아보려는 마당에 불과 수년 사이에 차례로 세상을 떠났다. 도원결의의 맹세처럼 같은 해 같은 달 같은 날에 죽지는 못했지만 마치 서로를 끌고 가듯이 그렇게 연이어 죽었다. 하나는 처형을 당했고 하나는 시해를 당했으며 하나는 패전하여 병으로 죽었으니 안타깝지만 그래도 조금은 맹세를 지켜낸 듯 하여 그나마 조금 안도가 된다.

유비가 제갈량을 만난 것은 고기가 물을 만난 격이었다. 제갈량은 유비에게 창업의 꿈을 실현시켜 줄 수 있는 전략을 제공하고 유비에게 변함없는 충성을 보여주었으며 그의 아들 유선(劉禪)의 수십 년 황제 자리를 탄탄히 지켜주었다.

유비 자신은 조조보다 지략이 부족했고 세력도 약했지만 사람을 대하는 태도만은 마음이 넓었고 진실하였으며 사람을 십분 신뢰했다. 때로는 어리숙할 정도로 인자하였고 무모할 정도로 신뢰하여 손해를 보는 경우도 있었지만 오래 지나고 보면 그것이 곧 인덕이 되었다. 그러면서 제업을 완성하겠다는 강한 의지를 끝까지 놓지 않았다. 그의 성격은 이와 같이 조조와는 반대였다. 그 자신도 말했지만 "조조와 반대로만 하면 일은 이룰 수 있다"고 했다. 소설에서는 그의 인자함을 위하여 독우를 매질한 사건을 장비에게 옮겼고, 조조의 군에 쫓겨 신야와 번성에서 피란할 때도 따르는 백성을 버리지 않고 끝까지 함께하였다. 그에게는 바로 그러한 장점이 있었다. 군사적 전략가로서 조금 부족하더라도 백성을 사랑하는 인의의 정치를 지향하는 그의 정치관은 결국 중국인의 이상이었던 것이다. 조조의 추격 군사들이 뒤를 쫓고 있을 때 장수들이 걸어서 따르는 백성들을 버려두고 어서 급히 피하자고 하였을 때 그는 오히려 울면서 말했다.

> "대사를 도모하는 자는 반드시 사람으로 근본을 삼는 법인데 이제 내게 모여든 사람을 어떻게 버리란 말이오!"

유비는 바로 그런 사람이었다. 그래서 그에게는 천시(天時)도, 지리(地利)도 주어지지 않았지만 인간의 따뜻한 마음, 인간관계의 단단한 결합이 있어 인화(人和)를 가졌다고 한 것이다. 사실 그의 마음 속에서는 대업을 향한 웅지와 인의도덕의 이상 그리고 현실에서의 난관 사이에 가로놓여 있는 모순과 갈등을 항상 느끼고 있었을 것이다. 당장의 승리를 위해, 눈앞의 이익을 위해 응변과 변통으로 막아보고 싶은 생각이 왜 없었겠는가. 하지만 그의 원칙은 바로 앞에 말한 인의정치, 도덕정치였다. 그것은 이미 중국의 오랜 유교적 덕목이 되었고 문인의 이상이 되었지만 누구도 실천하려고 해보지 않았던 것이다. 그냥 역대 모든 문인들이 탁상공론으로 제시하고 있었을 뿐이며 서당의 훈장님이 학동 앞에서 가르치는 교재에만 나오는 구절이었던 것이다. 이것을 유비는 실천하고자 하였고 제갈량은 이에 적극 찬동하고 온몸으로 도와준 것이었다. 소설은 그래서 만고의 유생들이 이상으로 삼았던 정치적 덕목을 실천하고자 했던 유비를 기리고자 했다.

유비와 손권의 연합으로 적벽대전을 성공리에 승전하고 유비는 형주를 얻었다. 완전하게 얻은 것이 아니라 동오로부터 빌린 것이었다. 관우에게 형주를 맡아 단단히 지키도록 하고 유비와 제갈량은 새로 장악한 익주로 들어갔다. 익주를 얻은 것을 알고 손권은 형주의 반환을 요구했다.

유비는 서량을 얻으면 그때 돌려주겠노라 했다. 손권은 대로하여 무력으로 형주를 취하고자 작전 개시에 들어갔다. 조조와 연합하여 남북 협공의 기세를 취하였지만 관우가 북벌에 골몰하는 사이 은밀히 도강하여 형주를 취하고 관우를 추격했다. 조조군에 승승장구하던 관우는 지원군이 끊어진 상태에서 맥성에서 패하여 사로잡히고 끝내 항복을 거절하다가 처형당했다. 지난번 조조에게 포로가 될 때 같은 조건은 없었다. 손권은 살려줄 뜻이 있었지만 전에 조조도 살려주었지만 무슨 소용이 있었느냐는 부하의 반문에 그냥 처형했다.

유비는 소식을 듣고 경악했다. 기절하여 쓰러진 것이다. 그리고 복수를 결심했다. 마침 조비가 위나라의 건국을 선포하자 유비는 즉각 한(漢)의 건국을 선포하고 황제에 올라 연호를 장무라고 했다. 전한과 후한에 이어서 다시 한이 되었으니 역사서에서 촉한이라고 칭하는 것이다. 그리고 황제의 이름으로 오나라와의 전쟁을 선언하고 이릉전쟁에 돌입했다. 사실 이때 촉한은 아직 대외전쟁을 벌일 때가 아니었다. 특히 오나라와의 전쟁은 결국 모두를 적으로 만드는 악수를 둔 것이었다. 제갈량은 당연히 반대했다. 그래도 이때만은 유비도 제갈량의 말을 듣지 않았다. 결국 뭔가 씌인 것이었다. 도원결의의 맹세에 너무 집착하고 있었던 것이 아닐까. 어렵사리 새로 일으킨 나라의 주인이고 황제라는 자리마저 잠시 잊었던 것은 아닐까. 남들은 의형제보다 더한 찰떡궁합으로 함께 전장을 누비며 나라를 창업하고서도 하나는 황제이고 하나는 신하라는 이유만으로 어떻게든 개국공신들을 모함하여 죽여버리는 일이 비일비재하지 않았던가. 한고조 유방이 그러했고 명태조 주원장도 그러했다. 그런데 관우와 장비가 죽었으니 속으로야 화가 나고 마음이 쓰리겠지만 대국을 보고 냉정해야 할 순간이었는데 글쎄 후세 사람들에게 감동의 물결이라도 전하려고 하였는지 너무나 감정에 흘렀다. 제갈량은 성도에 남아 있었고 유비는 대군을 끌고 장강을 따라 동진하여 공격했다. 처음에는 승승장구했다. 오나라는 두려워하면서 일체 응전하지 않고 시간을 끌었다. 유비의 군대는 장강 칠백 리에 군영을 늘려 배치했다. 선비 출신 육손은 끈기 있게 기회를 기다리다 역시 화공으로 승부수를 띄웠다. 백제성으로 물러난 유비는 끝내 절명하면서 제갈량을 불러 탁고를 했다. 이때 유비는 63세였으나 아들 유선은 불과 17세였다. 늦게 둔 자식이었지만 부친의 덕으로 40여 년간이나 제위에 있다가 위에 항복하여 낙양에서 안락공으로 8년을 더 살다 죽은 인물이다[15]. 어렵사리 창업한 나라를 당대에서 마치게 되었으니 안타깝지만 그 자신으로 본다면 아버지 유비보다는 평안한 삶을 살았던 사람이었다.

유비의 인물 됨됨이에 대해 당시 조조는 벌써 영웅의 기질을 간파하고 있었고 참모 정욱도 유비에게 백성들이 따르고 남의 아래에 있을 사람이 아니니 일찌감치 도모함이 좋겠다고 건의한 바 있다. 현대에 이르러 모택동은 여러 차례 유비의 장단점을 논한 바 있었는데 인재를 잘 쓰고 각 분야의 인재를 단결하도록 하는 힘은 있으나 국가대사에 감정이 개입되었고 일의 핵심과 부차적인 일의 구분을 못하는 것이 단점이라고 했다. 그러나 소설 『삼국지』에서 유비는 확실히 정치가의 모범으로 제시된 것이다. 이것은 비단 소설의 작가뿐만 아니라 모든 문인과 역사가의 희망이었다고 할 수 있다.(**〈표 10〉 유비 가문의 가계도**(420쪽) 참고)

3. 양산박을 움직인 핵심 인물

수호의 인물은 양산박 내의 영웅인물과 이에 바깥의 인물로 대별할 수 있으며, 석갈에 기록된 인물도 천강성 36명과 지살성 72명으로 구분된다. 『수호전』은 양산박 영웅들의 기개와 활약을 그려낸 소설이므로 양산에 들어가지 않은 다른 인물을 핵심 인물로 소개하기는 어려울 것이나, 일찍

15 정사 『삼국지』에서 유비를 선주, 유선을 후주라고 하였다. 이후 역사에서는 마지막 황제로 남의 포로가 되었던 인물을 대부분 후주로 표현했다. 북제후주(高緯), 남진후주(陳叔寶), 남당후주(李煜) 등이 있다. 이욱은 망국의 한을 담은 사(詞)를 많이 남겨 문학사에서 유명하다.

이 양산박의 기초를 닦으며 활약했지만 석갈의 108영웅의 명단에서는 빠진 조개를 빼고는 말하기 어려울 것이다.

수호의 양산박 인물은 석갈에서 이미 석차를 매겨 놓았으므로 소개하기가 좋을 것 같지만 그것은 양산박 내에서의 중요도를 생각한 인물의 석차이지, 독자들의 안목에서 바라본 소설속의 중요한 인물의 순서는 아닌 듯하다. 물론 중요한 인물은 석갈의 앞면에 적힌 36명의 천강성에 들어 있다. 그러나 정작 소설의 구성이나 사건을 구성하는 결정적인 재미를 제공하는 인물이 순서에 의해 나열된 것은 아니었다.

따라서 여기서는 필자의 주관적인 판단에 따라, 혹은 작품의 열독 과정에서 깊은 인상을 받았던 인물을 중심으로 소개하고자 한다. 그리하여 선발된 영광의 얼굴은 다음과 같다. 우선 전체 인물의 구도를 살펴보고 핵심 인물을 살펴보겠다.

1) 운성현의 조개와 송강

조개(晁蓋)에 대한 소개는 책에 따라서 넣기도 하고 혹은 부차 인물로 치부하기도 하지만 단순히 송강을 양산박으로 끌어들이는 견인차의 역할만 했다고 보기보다는 더욱 중요하게 생각된다. 우선 처음의 등장하는 순간부터 남다르게 주목을 받았고 탁탑천왕이라는 별호는 좌중을 장악하기에 충분히 권위적인 것이었다. 생신강 탈취를 그가 기획한 것은 아니었지만 그는 분명 이 기획을 처음 듣고 확실하게 주도한 사람이었다. 다른 사람들과 달리 그는 집안에서 충분히 살만한 항산(恒産)을 갖춘 인물이었지만 강호의 떠돌이 인물이 제안하는 이 위험한 사업을 주저 없이 받아들이고 즉각적인 추진에 들어갔다. 유당을 조카라고 둘러대면서 구해주는 대목부터 그에게 믿을 만한 지도자로서의 위상과 신뢰를 부여한 셈이 되었다. 송강으로부터 그 긴박한 순간에 내밀한 연락을 받을 수 있었던 것은 송강의 인품에서 의로움을 중시하고 어려움에 빠져있는 사람을 제때 도와주어야 한다는 「산동급시우」의 성품도 작용한 것이지만 조개에게서 풍기는 대인으로서의 풍모와 만인을 품에 안는 관대함이 송강으로 하여금 그러한 위험한 행동을 감행하도록 한 것이라고도 여길 수 있다. 양산박에 이르러 왕륜이 그들의 영입에 미온적일 때 임충이 나서서 왕륜을 처단하고 선뜻 조개를 두령의 자리에 앉힐 수 있었던 것은 역시 탁탑천왕 조개의 대외신인도가 그만큼 강하고 높았음을 의미한다. 그는 꾸준히 강호의 호걸들을 불러 모았고 그의 기치 아래 이미 많은 사람들이 모여들었다. 송강을 구출하여 영입하면서 조금씩 판도가 바뀌기 시작했지만 조개의 지도력은 여전히 공고했다.

송강(宋江)은 『수호전』의 실질적인 주인공이다. 그러나 처음에는 송강의 위상이 매우 미미하게 시작되었다. 조개의 일당이 대명부 양중서가 채태사에게 보내는 생일선물 호송단의 보물을 탈취한 사건이 경내에서 일어나는 바람에 송강의 존재가 부각되기 시작하였다. 그는 당시 운성현 압사의 직책을 갖고 있었는데, 바로 범인을 잡는 현청의 아전이었다. 그러나 소식을 접한 그는 범인에게 몰래 소식을 전하고 대피할 것을 권하고 돌아와서는 태연히 제주부에서 파견 나온 하도를 대접하면서 시간을 끈다. 그는 이들을 양산박으로 무사히 가도록 도왔다는 점에서 훗날 양산박 인물들로부터 극도의 존경을 받게 된다. 조개가 장악하고 있던 양산박은 그의 사후 송강에게 이어지고 마침내 전권을 장악하고 석차를 정하게 되는데 따라서 108명의 석차 중에는 조개의 자리는 없게 된다.

송강은 아전에 불과했지만 결국은 양산박 호걸의 총두령이 되었다. 양산박에 영웅호걸이 모두 모인 이후 나타난 석갈에 적힌 108명의 호걸 중에서 첫 번째 두령의 이름으로 오른 그는 그러나 처음부터 반역자의 형상을 하고 있었던 것은 아니다. 그 자신이 반역자이기를 원치 않았고 나라와 민족의 현실을 타개하고 앞날을 걱정하는 애국충정의 충의의 인물이 되기를 바랐다. 그가 양산박의 두령에 올랐을 때 가장 먼저 생각한 것은 '취의청'의 현판을 '충의당'으로 바꿔 다는 일이었다.

송강은 사실 양산박과는 어울리지 않는 인물이었다. 우락부락한 모습도 아니고 거칠고 과격한 성격도 아니었다. 현청의 아전으로 있을 때 관내에서 대명부 양중서가 개봉부 채태사에게 보내는 생신강의 탈취사건이 발생하였고 사건을 맡은 하도가 단서를 잡고 운성현으로 와서 조개 일당을 잡고자 하였을 때 정보가 처음 송강에게 알려졌다. 송강은 망설임없이 조개를 구해야겠다고 생각했다. 그의 직책은 바로 범인을 잡는 압사의 직책을 맡고 있었는데 어찌 나라를 떠들썩하게 만드는 대사건의 혐의를 받고 있는 범인을 놓아줄 생각을 하였는가. 그에게도 당시 많은 정의로운 인물과 마찬가지로 탐관오리에 대한 강력한 거부감과 반항심이 가득 차 있었던 것이다. 포도대장 하도가 압사인 송강을 찻집으로 불러서 이 긴급한 사안을 즉시 현 사또 나리께 알리도록 하였지만, 송강은 이 놀라운 정보를 듣자마자 한 치의 망설임도 없이 조개를 구할 생각을 하게 된다. 그와 조개는 결의형제로 간담상조의 형제나 마찬가지였던 것이다. 송강이 공무를 앞에 두고 사사로운 마음을 먹은 것은 공무원으로서 불량한 것이었지만 이미 양중서의 생신 선물 보따리가 백성의 고혈을 뽑아서 만든 부정한 보물이라고 인식하고 있었으므로 한 치의 유예나 고뇌도 없이 조개의 위태로운 생명을 구하기로 마음먹었던 것이다.

그는 하급 관리에 불과하였지만 집에서는 홀아버지에게 극진한 효도를 하고 관에서는 청렴결백하게 정무를 처리했으며 사회적으로는 어렵고 힘든 사람을 적극 도와주고 위태로운 사람을 도탄에서 구출해주는 인물로 정평이 나 있었다. 그래서 그의 명성은 이미 산동과 하북 일대에 자자하게 퍼져있는 상태였다. 그의 별명도 '효의흑삼랑', '산동급시우', '호보의송공명' 등으로 불리고 있었으므로 그를 만나보지 못한 사람들도 그의 이름만 들어도 다들 익숙하게 알고 있었던 것이다.

동계촌의 보정을 맡고 있던 조개의 장원을 급히 찾아가 위급한 정보를 알릴 때에도 7인의 멤버 중에서 완씨 삼형제는 빼앗은 보물을 나눠 받아서 석갈촌으로 돌아갔고 후원에 남아있던 오용, 공손승, 유당 등을 잠시 만나보는데, 송강이 부랴부랴 다녀간 이후에 그 긴박한 순간에도 오용 등은 송강의 이름을 전해 듣고 놀라며 아쉬워하고 있다.

송강의 명성이 산동과 하북 일대에 널리 퍼져 있어서 무릇 재야의 영웅호걸이라면 누구든지 들어보지 않은 사람이 없는 것처럼 지속적으로 묘사된다. 송강이 염파석을 죽이고 피신하여 시진의 장원에 잠시 머물 때 마침 이곳에 기거하고 있던 무송과 만났다. 무송은 송강의 이름을 듣자마자 곧바로 엎드려 절하고 형님으로 모신다. 송강이 화영을 만나러 청풍채로 가다가 산채의 산적인 연순 등에게 잡혀서 죽게 되었다. 칼로 죽임을 당하려는 순간 "송강이 이곳에서 죽는구나!"라고 마지막 말을 뱉어냈을 때 산적이 알아듣고 곧바로 포박을 풀고 상석으로 옮겨 받들어 모신다. 그만큼 그의 이름은 듣는 이들이 모두 경배해 마지 않는 그런 유명인사였던 것이다.

2) 선비 출신의 강호 영웅

중국의 문무 신하 중에서 문관을 우대하는 전통은 오래되었다. 역사상 모든 정권은 무력에서 나오지만 이를 이어받아서 오랫동안 유지하기 위해서는 언제나 문관의 도움을 받지 않으면 안 된다. 또한 실제 개국 과정에서도 문과를 공부한 참모의 역할이 지대하기 때문에 특별히 삼고초려를 해서라도 뛰어난 참모를 구하려고 하는 것이다. 북경 근처에서 도원의 결의로 관우와 장비라는 최고의 장수를 아우로 삼고 또 더할 수 없이 날랜 장수 조자룡을 수하에 두었던 유비도 비전을 제시하고 정세를 파악하고 통찰할 줄 아는 뛰어난 선비를 구하는데 목말라하였다.

형주에서 유비는 잠시 서서를 기용하여 조조의 군대를 기막히게 막아내는 승리의 체험을 하였고 그가 모친을 위해 조조 진영으로 떠나면서 추천한 제갈량을 얻기 위해 세 번이나 초막으로 찾아간 이야기는 천고에 전하고 있다.

명나라 개국 황제 주원장은 스스로 배우지 못한 비천한 농민 출신으로서 일시 홍건적에 가담하여 세력을 얻었지만 막상 원나라가 기울고 난세가 시작된 세상의 판도를 읽고 나서 온주에 묻혀 사는 유기(劉基)를 참모로 모시기 위하여 온갖 노력을 다 기울인다. 앞서 스승으로 맞아들인 이선장과 후에 중용된 유기 사이에 적잖은 알력이 있었지만 주원장은 이들 문과 출신의 참모를 기용하여 대국의 기틀을 쌓게 되는 것이다.

『수호전』은 민중의 봉기 사건을 형상화한 이야기다. 민중 봉기에 등장하는 직업군은 다양하다. 낮은 군관이나 지방 관료로부터 지주와 지방 토호에 이르기까지 스펙트럼이 무척 넓다. 그중에서 선비 출신의 가담이 또한 눈에 띄는 대목이다.

우선 임충(林沖)의 이야기부터 살펴보자. 그는 고태위의 핍박을 이기지 못하고 몸을 피해 다니다가 소선풍 시진(柴進)의 추천으로 산동의 양산박에 이른다. 이때 양산박에는 이미 상당수의 재야 반항 세력이 진을 치고 있었다. 양산박 호수 근처에 살고 있던 완씨 형제의 말을 빌리면 이미 관군이 직접 소탕할 수 없을 만큼의 세력을 갖추고 진지를 구축한 상태였다. 임충이 찾아갔을 때 양산박의 두령은 백의수사 왕륜(王倫)이었다. 그의 별명으로 금방 짐작이 되겠지만 그는 선비출신이었다. 이름까지 윤리의 윤(倫)자를 쓰는 것으로 그의 선비적 풍모를 더욱 드러낸다. 그런데 그의 선비적 특징으로 나타난 것은 대범하기보다는 속 좁고 옹졸한 모습이었고 고답적인 문인의 풍모보다는 골목대장 같은 조무래기의 인상이었다. 그는 과거에 떨어지고 양산박에 자리를 잡고 살게 되었다. 그러나 시험에 실패했다고 해서 당장 집을 떠나서 강호를 떠돌다가 산중호걸로 전락하는 경우는 적을 것이다. 분명 그에게도 피치 못할 사연이 있었을 것이다. 아마도 누군가로부터 속임을 당했거나, 실수로 사람을 죽였거나 좌우지간 고향으로 돌아가서 조용히 과거 시험의 재수 준비에 응할 수 없었던 무언가 있었을 것이다. 그 왕윤이 속 좁은 선비답게 임충의 영웅적인 면모를 보고는 그냥 선뜻 받아들이지 않고 입산을 위해 투명장을 가져오라고 조건을 제시한다. 대체로 무인들의 입장에서 보면 문인들의 행태는 쓸데없는 경전의 자구에만 매달려서 제 힘을 스스로 드러내지 못하고 세상을 통찰하지 못하는 어리석음이 보이기 때문에 고루한 선비, 책상물림, 책벌레 등으로 폄하되는 것이다.

임충은 다시 길목에 나가 지나는 행인을 잡아서 목을 베어가려고 하지만 아무도 걸리지 않는다. 마침내 만난 사람은 또 한 가닥 하는 청면수 양지(楊志)다. 용호상박의 영웅이 맞부딪쳐 두 사람의 승부가 나지 않자 마침내 왕륜은 두 사람 모두를 불러들어 그들끼리의 견제를 유도하려고 하였지만 죄를 사면 받으러 경성으로 가던 양지가 까닭 없이 양산박에 머물러 있을 리가 없었다. 그러저러한 과정을 거쳐 임충은 양산박에 남게 되었지만 왕륜에 대한 인상은 이미 한껏 구겨진 뒤였다.

머지않아 조개 일당이 양중서가 채태사에게 보내는 생신강(生辰綱)을 탈취하여 금은보화를 가득 싣고 양산박으로 들어오고자 하였을 때 왕륜은 사태 파악을 제대로 못하고 여전히 옹졸한 행태를 드러냈다. 옆에 있던 임충이 이번에는 그대로 넘어갈 리가 없었다. 한때 양산박을 차지한 두령으로서, 그리고 초창기 양산박의 개척자로서의 왕륜은 선비 출신으로서의 한계를 벗어나지 못하고 속 좁은 선비의 진면목을 나타내다가 마침내 공도 없이 이름도 남기지 못하고 쓸쓸하게 사라졌다. 아무도 그의 죽음을 아쉬워하지 않았고 아무도 임충의 반역적인 행동에 시비를 걸지 않았다. 무과로 전과한 문과 선비의 최후가 그러했다.

생신강의 탈취를 준비할 때 조개 일당의 참모는 훈장출신의 오용(吳用)이었다. 그는 자신의 수하로 다시 완씨(阮氏) 삼형제를 추가시켰다. 선비로서 그의 문과 실력은 검증받은 바가 없었지만 당시 나름대로 이름이 있었다고 했다. 오용은 별명부터 제갈량보다 한수 낫다고 하는 가량(加亮)선생이었으니 이미 작자는 그러한 이미지를 심어놓고 있었던 것이다. 오용의 작전에 의해 생신강 탈취는 성공하였고 이어서 양산박에서의 장기간 세력 유지의 기본 전략도 대부분 그의 공이었다. 조개의 사망 이후에 송강을 두령으로 모시게 되었고 대명부의 원외인 노준의(盧俊義)를 끌어들이는 작전과 실행도 오용의 머리에서 진행된 것이었다. 오용은 강호의 반란 모드에서 성공한 선비의 전형으로 보이지만 결코 최고위의 두령을 탐하지 않은 군사로서의 위상이기 때문일 것이다.

촉한의 유비가 오나라와의 전쟁에서 패배하고 백제성에서 운명하면서 아들 유선을 보좌하여 나라를 잘 다스려 달라고 제갈량에게 부탁을 한다. 그리고 끝으로 만약 아들이 제왕의 그릇이 되지 못하면 스스로 나라를 맡아서 이끌어 달라고까지 말한다. 그렇다고 그 말을 액면대로 믿었다면 제갈량은 왕위 찬탈자가 될 것이다. 참모는 참모의 역할까지를 잘하면 성공이다.

그러면 송강은 무엇인가. 낮은 관리였다. 중앙에서 파견된 관직이 아니라 지방에서 직접 발탁하는 아전이다. 관(官)과 리(吏) 중에서 리에 해당하는 아전이다. 운성현에서 죄인을 잡아서 압송하는 압사의 직책을 맡고 있다. 그런데 그의 평소 이미지는 때 맞춰 남을 돕고, 의로움을 보증하며, 의롭고 효성스러운 셋째 아들이라는 것이다. 급시우(及時雨), 호보의(呼保義) 그리고 효의흑삼랑(孝義黑三郎)의 별명이 모두 그런 것을 드러낸다. 의로운 사람을 돕는다고 하니까 자신이 잡아들여야 하는 범법자까지도 몰래 살려서 내보내는 소설의 구조는 아무리 접어두고 이해하려고 해도 어색하기는 하다. 어쩌면 가장 의로운 일을 하는 것을 이처럼 극명하게 보여주려는 것인지도 모르겠다. 그러다가 양산박에 안전하게 도착한 조개 일행이 보내온 금덩이와 편지로 인해 그의 인생마저 꼬이게 되었다. 그건 자업자득이란 얘기다. 그리고 의로운 일을 하다보면 그만한 위험이 뒤따른다는 점을 강조하는 것이기도 하다. 하지만 그 자신은 하필이면 한갓 여자의 일로 일이 꼬이고 또 염파석이라는 첩의 앙탈을 참지 못해 죽이고 귀양을 가게 되는 과정이 점잖고 고상한 송강의 이미지에는 고의적인 풍자와 코믹함이 들어있는 듯하다.

그런데 송강이 어디서 열심히 글공부를 했다는 기록은 없다. 그러나 좌우간 아전이라도 할 수 있는 것은 글공부를 좀 했다는 것을 의미하고 훗날 시를 짓고 붓을 휘갈겨 쓰는 대목이 나오고 있으므로 문인의 풍모를 약간 지니고 있다고 할 수도 있을 것이다. 강주에 귀양 중에 호탕하게 술마시고 강변의 누각에 일필휘지로 반역시를 적은 것은 그의 글재주를 단적으로 보여주는 대목이다. 그는 이 한 번의 끄적거림으로 자신을 급전직하 지옥의 나락으로 떨어뜨리게 한다. 우여곡절을 겪고 나서 그는 마침내 사형선고를 받았고 형장의 이슬로 사라질 위기에 처했다. 이때 양산박의 대규모 공략이 시작되었다. 지난번 양산박을 지날 때는 결코 그곳에 남으려고 하지 않았던 송강은 이제 하릴없이 양산박으로 들어가게 된다. 그에 대한 양산박 요원들의 환호와 추대는 상상 밖이었다.

그는 아전 출신이었지만 음으로 양으로 그와 관계를 맺었던 인물이 적지 않았다. 그것은 그의 우군들이 많았다는 얘기가 된다. 그는 끝없이 유교적 예양의 정신으로 스스로 낮추고 윗자리로 나서려고 하지 않았지만 주변에서는 그를 자꾸자꾸 높이 추대하였다. 조개는 증두시와의 싸움에서 화살을 맞아 죽어가면서 하필이면 결정적인 한마디를 남기지 않았다. 송강이 제2인자로서 많은 형제들의 굳건한 신뢰를 한 몸에 받으며 군림하고 있음을 알고 있었지만 그에게 두령의 자리를 넘겨준다고 하는 말 한마디를 끝내 남기지 않았던 것이다. 송강의 마음속에 담겨 있던 조정에의 귀순(초안)이란 향후 노선에 찬동하지 않았기 때문이었을 것이다.

조개의 유언에 따라 송강은 대명부의 노준의를 양산박으로 끌어들이는 작전에 돌입하는데 오용이 나서서 작전을 수행한다. 노준의는 북경 대명부의 부유한 원외다. 문무가 겸비된 인물이다. 오용은 점쟁이로 변장하고 그를 방문하여 은밀하게 반역의 시를 남기고 돌아온다. 그로 인해 분란이 시작되고 노준의의 멀쩡한 인생이 처참하게 무너진다.

그러나 최후에 양산박에 자리 잡은 노준의는 송강에 이어서 제2인자가 되고 오용은 제3위의 자리를 차지한다. 『삼국지』에서는 국가의 체제였으므로 군신이 있고 군사(軍師)와 오호장군이 안배되어 있지만 『수호전』에서는 모두 형제라는 개념이다. 의형제는 도원결의가 가장 유명하지만, 수호의 양산박 인물은 모두가 의형제다. 그런데 상하관계가 모호하고 역할분담이 애매하게 되면 분란의 씨앗이 된다. 그래서 더욱 번호로 매겨진 석차 순이 필요했는지도 모른다. 사전에 짜서 맞춘 것이긴 하지만 송강은 석갈에 적힌 108명의 영웅 명단이 땅에서 나오도록 한다. 그 36명의 천강성, 72명의 지살성은 용호산에서 홍태위가 잘못 건드려서 날려 보낸 복마전의 마귀들이었지만 이 시점에서의 양산박 인물일 뿐이라는 한계가 있다. 이 명단에는 양산 밖의 인물이 전혀 나오지 않고, 이 시점 이전의 인물이 나오지 않는다. 당연히 왕륜과 조개의 이름도 없다. 조정의 대신으로서 사대 간신으로 불리는 채경, 고구, 양전, 동관이 나올 리 없다. 황제인 휘종도 들어있지 않다. 소설 전체의 주요 인물이라는 면에서 보면 석갈의 영웅 명단은 일부에 한정된 감도 없지 않다.

『수호전』은 국가의 전복을 꾀하는 반란의 책이 아니다. 황제를 그대로 유지하고 그 아래 간신을 제거하자는 사회 개혁이 목표다. 그래서 송강의 뜻이 황제에게 제대로 전달될 수 있도록 유명한 기생 이사사(李師師)를 통하는 장면을 안배하였다. 노준의의 하인 출신으로 의로움으로 뭉쳐진 연청(燕青)을 엉뚱하게도 이사사와 의남매를 맺도록 하는 기발한 작전도 편다. 연청은 멋쟁이라서 곧 이사사의 환심을 사고 그곳에서 도군(道君) 황제와의 비밀 접속을 시도한다. 당시 휘종은 도교에 심취하여 도군 황제의 칭호를 얻었다. 반란의 핵심으로서 양산박 두령인 송강이 구중궁궐 속의 황제에게 직접 소통하는 방법을 모색한 것은 결국 중간에 농간을 부리는 간신들을 우회하기 위해서지만 황제가 총애하는 도성의 기생이 송강의 무리와 어떤 상황에서든 엮이게 된다는 설정이 재미있다. 하기야 이때 송강이 여자를 좋아한다고 생각한 이규는 크게 반발하고 난동을 부리기까지 한다. 동경에서 난동이 시작되었고 송태공의 딸을 납치해간 가짜 송강 때문에 더 큰 분란을 일으킨다. 체천행도(替天行道)의 거룩한 깃발을 찢어버리는 행위는 내부의 반역이나 마찬가지였지만 송강의 이규에 대한 관용은 끝이 없다. 후에 이규가 직접 부형청죄(負荊請罪)를 하는 행위로서 마무리된다.

그리고 보면 결국 지도자는 문과 출신으로 마무리되었다. 문무의 대결에서 문이 무를 이긴 격이 된 것이다. 펜은 칼보다 강하다는 믿음이 있었던 것이다. 나라를 세울 때는 무력으로 성공하지만 나라를 지켜갈 때는 문화와 제도의 힘으로 유지하는 것이다. 그런데 『수호전』에서 최후의 두령이 송강으로 자리매김 되고 끝내 그의 주장에 따라서 초안이 성공하여 조정에 귀순하고 다시 관군에 편입되어 다른 반란군을 소탕하는 일에 나서는 일은 무엇인가. 글쓴이는 문인이므로 선비의 성공을 그려내려는 것일까. 실제 역사에서는 드문 일이지만 문인의 이상, 선비의 꿈을 그려내려는 것이 글을 쓰는 목적일 수도 있다. 송나라는 무장인 조광윤이 나라를 열었지만 그의 주장에 의해 역사상 가장 강력한 문치(文治)의 나라였음을 간과할 수 없다. 문이 너무 강하여 결국 문약으로 흘러 망국으로 치닫게 된다.

양산박의 참모 역할을 하는 군사 오용의 호가 가량(加亮)선생이라고 하는 것만 보아도 제갈량의 영향이 적지 않음을 단박에 알 수 있다. 오용이 제갈량보다 낫다고 하여 가량이라고 하였지만 유비가 스무 살이나 젊은 제갈량을 모시기 위해 융중으로 세 번이나 찾아가 눈물겹게 만나고자 노력한 삼고초려에 비하면 오용의 경우에는 별다른 감동 없이 조개의 생신강 탈취 모의에 가담하였고 이후 양산박에서 조개에 이어 송강을 모시면서도 정책이 크게 달라진 것도 없으며 또한 제갈량만큼의 신출귀몰한 재주를 보여주는 것도 적은 듯 하니 그 호가 조금 과장됨이 아닌가 한다. 그러나 어찌 되었든 양산박의 송강 일당을 성공적으로 이끌었던 것은 처음부터 끝까지 그의 계략이 주효한 것이니 『수호전』의 작가로서야 가량선생이라고 일렀던 것이다.

4. 서천 취경단의 스승과 제자

『서유기』의 주인공은 손오공이다. 『서유기』에서는 인간과 동물, 부처와 보살, 신선과 요마를 구분하지 않고 모두 등장인물로 본다. 심지어 말 못하는 용마도 전생이 용왕의 아들이었으므로 주요 등장인물로서 이른바 「서천취경(西天取經)」의 위업을 이룩한 오성(五聖)의 한 사람이 된다. 넓혀서 말하면 취경단의 일원인 삼장법사, 손오공, 저팔계, 사오정과 용마라고 하겠다. 이들의 취경단을 기획하고 추진한 여래불과 관음보살도 중요한 인물이고, 이들의 취경길을 막아서는 요괴들도 수많이 등장하지만 역시 가장 중요한 인물은 손오공이다. 본래 천신만고 끝에 불교 경전을 서역으로부터 가져온 현장법사의 이야기가 실려있는 『대당서역기』로부터 이야기가 유래하였지만 오승은의 『서유기』에 이르러서는 이미 주인공은 더 이상 삼장법사가 아니라 손오공이었다. 따라서 이 책의 첫머리부터 제7회에 이르기까지 모두 손오공의 탄생과 천궁대소동의 과정을 세밀하게 보여주고 있는 것이다. 소설의 중심은 이미 손오공에 와 있는 것이고 그가 옥황상제에게도 도전하며 난동을 부리자 마침내 특별히 초빙되어 온 서방 여래부처님의 손바닥에서 벗어나지 못하고 그의 다섯 손가락의 모양이 변화하여 만들어진 오행산 바위아래 오백 년 동안이나 갇히게 되었던 것이다.

『서유기』의 첫 부분에서 손오공의 활약을 묘사하고 있는 것은 취경단의 유능한 호송담당관을 선발하기 위한 장치로 안배된 것이다. 손오공의 천궁 소동이 여래부처님의 손바닥에서 끝이 나고 오행산에 가두어졌다가 오백 년이 지난 뒤에 삼장법사에 의해 구출되어 제자가 된다. 소설의 대부분 내용은 취경단의 서행 과정에서 나타나는 요괴와의 싸움과 난관 극복의 과정이라고 할 수 있다. 따라서 『서유기』의 인물을 유형별로 구분하면 신불과 요마, 그리고 취경단에 속한 다섯 인물인 오성이라고 할 수 있다. 그러나 처음부터 끝까지 줄곧 이어지는 핵심적인 초점은 취경단으로 부터 벗어나지 않고 있기 때문에 역시 삼장법사와 그의 제자들을 중심으로 살펴보아야 한다. 그러나 취경단이 가는 길에 방해를 하는 요마와 도와주는 신불에 대한 전반적인 소개도 곁들이지 않을 수 없다.

1) 손오공과 삼장법사 사제

손오공의 인생(?)은 크게 두 가지로 나뉜다. 화과산에서 천지의 기운을 받아 돌알에서 태어나 남다른 용기와 뛰어난 능력으로 원숭이 무리의 왕이 된 이후 용궁에서 여의봉을 빼앗고 염라대왕의 생사부에서 이름을 지우며 천궁의 장수들과 맞싸우고는 끝내 천궁에 올라가 있다가 신선의 세계를 난장판으로 만들어 놓고 스스로 제천대성으로 떠받들며 천상천하에 무서울 게 없었던 것이 바로 그의 전반부의 인생이었다. 손오공의 기고만장한 출현의 서막은 『서유기』 첫 회에서 제7회까지 이어진다. 그리고 마침내 여래불의 손바닥에서 벗어나지 못하고 오행산 바위 아래 갇혔 다가 구출되어 삼장법사의 제자가 되어 머리에 조임테를 쓰고 꼼짝없이 여든한 가지 난관을 겪으며 서방 영산의 뇌음사를 찾아가 부처님의 진경을 구해오는 전과정을 완수하고 마침내 투전승불(鬪戰勝佛)로 부처가 되는 것이 손오공의 후반부 인생이다. 『서유기』 제14회에서 양계산(兩界山)으로 이름이 바뀐 오행산 바위 아래의 손오공이 구출되는 장면부터 이 책의 마지막 제100회까지의 내용은 바로 그가 스승인 삼장법사를 모시고 저팔계와 사오정의 도움을 받으며 취경의 전 과정을 수행하는 81난의 극복 과정이다.

손오공의 이름은 수보리조사로부터 받았다. 삼장법사의 제자로서 훗날 합류한 저오능(저팔계)나 사오정(사화상)도 돌림자로서 오(悟)자를 쓰고 있지만 손오공의 이름은 삼장법사로부터 받은 게 아니다. 수보리조사의 제자들이 열 두 글자를 가지고 돌림자를 사용하였는데 광(廣), 대(大), 지(智), 혜(慧), 진(眞), 여(如), 성(性), 해(海), 영(穎), 오(悟), 원(圓), 각(覺) 등의 글자다. 모두 불교 사상을 잘 드러내는 글자들이다. 원숭이 왕이었던 그에게는 오공이란 이름이 주어졌던 것이다. 공(空)이란 산스크리트어에서 의역한 것으로 세상의 모든 사물의 실체가 존재하지 않고 헛되고 환상일 뿐이라는 것이다. 그것을 깨닫는 것은 곧 불교의 핵심적인 요체가 된다. 「색즉시공(色卽是空), 공즉시색(空卽是色)」을 깨달아야 한다는 것이다.

손오공은 처음에 돌 원숭이로 태어나 수렴동에서 놀라운 용기와 능력을 보여준 이후 곧바로 원숭이 무리의 왕이 되었다. 잘 생긴 얼굴에 멋진 모습을 자랑스럽게 생각하여 아름다운 원숭이 왕이라는 뜻으로 미후왕(美猴王)이라고 했다. 그러다가 옥황상제의 부름으로 천궁에서 필마온의 직책을 얻어 일을 보다가 자신이 무시당했음을 깨달은 뒤 다 때려치우고 화과산으로 돌아와서 자칭 「제천대성(齊天大聖)」이 되었다. 하늘과 똑같은 위상의 위대한 성인이라는 의미다. 당연히 천제의 노여움을 사지 않을 수 없어서 다시 대판 싸움이 일어날 일이었지만 처음부터 유독 손오공에 대해 우호적이고 관대하였던 태백금성(太白金星)의 간곡한 제안으로 또 다시 제천대성의 호칭을 인정하고 심지어 천궁에 저택을 지어 살도록 하는 등 특별히 달래기를 시도한다. 손오공은 이때 왕모낭랑의 반도(蟠桃)와 태상노군의 금단(金丹)을 잔뜩 먹고 더욱 기고만장해졌는데 반도대회에 자신을 초청하지 않았다는 이유로 신선들의 성대한 모임을 완전히 엉망진창으로 만들어 버리고 자신은 다시 지상으로 돌아와 버린다. 그러나 천궁의 입장에서도 체면상 그냥 가만히 있을 수가 없었다. 마침내 관음보살의 제안으로 옥황상제의 조카인 이랑신(二郎神)이 동원되어 여러 장수의 협력하에 결국 손오공을 사로잡게 되었는데 이제부터는 그를 도저히 처형할 수 없다는 황당한 경우에 부딪치게 된다. 그도 그럴 것이 이에 앞서 손오공은 이미 생사부에서 이름을 지웠고 신선만이 먹는 온갖 불로장생의 신비로운 약이나 귀중한 먹을거리를 모두 먹었기 때문이다. 태상노군의 팔괘로에서도 바람을 뜻하는 손(巽)자 귀퉁이에 달라붙어서 죽음을 면한 오공은 49일이 지나고 뚜껑이 열리자 튀어나와 그대로 도망쳐 나왔는데 두 손과 두 발을 모두 든 옥황상제는 서방 여래부처님께 부탁을 하였고 결국 부처님의 손바닥에서 빠져나오지 못하게 되었다. 여래불은 손오공을 잘 달래면서 자신과의 내기에서 이기면 옥황상제의 자리를 넘겨주도록 중재하겠다고 했다. 내기란 자신의 손바닥을 벗어나는 일이었다. 그것쯤은 식은 죽 먹기로 생각한 손오공은 근두운을 타고 십만 팔천 리를 날아가서 다섯 손가락 산의 아래에 도착하여 글자를 써놓고 오줌까지 갈기고는 돌아왔다. 하지만 그것은 결국 부처님의 손바닥이었다. 다시 도망치려는 순간 부처님은 그를 손안에 잡아서 오행산 바위아래 가두었다. 천상계의 수많은 신령과 신선이 있다고 해도 결국 부처님의 공력을 이기지 못한다는 불교우위론을 보여주고 있는 대목이기도 한데 좌우간 손오공이 삼장법사를 모시고 서천취경에 참여하지 않을 수 없도록 장치한 것이다.

오행산 바위 아래에 갇혀있던 손오공은 삼장법사에 의해 구출되어 불법을 따르겠노라고 철석같이 약속을 하고 취경단에 참여하게 되었다. 하지만 손오공이 끝내 요괴로서의 본성을 버리지 못하고 인간의 능력으로 그를 통제할 수 없을 것이란 우려를 한 관음보살은 은밀히 삼장법사에게 머리 조임테(긴고아)를 건네주었고 삼장법사는 적당한 기회에 제자인 손오공을 속이고 이를 머리에 씌우는데 성공하고 머리 조임테 주문(긴고주)까지 실험하여 완전한 통제의 방법을 확보하게 된다. 손오공은 불같이 화를 내고 제자에게 믿음을 주지 않는 스승을 원망하면서 난리법석을 쳤지만 스승은 담담하게 대응하면서 이 거칠고 고약한 요괴의 본성을 순화시키는 방법은 오로지 그 뿐이라고 철석같이 믿고 있었다.

손오공은 차츰 서천취경의 막대한 책임감을 스스로 느끼며 스승을 배반하거나 이탈하려고 하지 않고 정말 온몸의 정성을 다하여 삼장법사를 보호하고 요괴를 물리쳤다. 하지만 그 자신도 어쩔 수 없이 요괴의 본 모습을 간파하자마자 곧바로 잔인하게 죽여 버리는 급한 성격 때문에 스승의 꾸지람을 듣고 취경단으로부터 내침을 당했을 때 하릴없이 화과산으로 돌아와야 했다. 또한 자신의 72가지 둔갑술이나 수많은 재주를 가지고도 요괴의 능력을 이겨내지 못했을 때 그도 어쩔 수 없이 관음보살이나 태상노군 등의 신불을 찾아가 구원을 요청하지 않을 수 없었다. 그는 스스로 제천대성으로서 결코 남에게 진다는 생각을 한 적이 없었지만 지금 범인의 나약한 몸과 마음을 지닌 삼장법사를 제대로 보호하고 취경의 임무를 완수하기 위해서는 스스로 자존심을 버리고 남에게 도움을 요청하는 따위의 번거로움은 아무 것도 아니었던 것이다. 그는 취경 도중에 상당부분 불교의 심오한 이치를 깨닫기도 하여서 간혹 『반야심경』만 외우며 세상사를 깨우치지 못한 스승을 뛰어넘는 기발한 생각도 갖고 있기도 하였다. 어리숙한 주인을 모시고 험난한 여행길을 떠난 똑똑한 하인의 모습과도 유사한 손오공의 역할이 『서유기』에는 매우 적절하게 그려지고 있다고 하겠다.

『서유기』에서는 따로 참모랄 것이 없다. 모든 전략이 손오공의 머리에서 나오기 때문이다. 손오공을 삼장법사의 참모라고 친다면 그럴 법도 하지만 여래의 손아귀를 벗어나지 못하여 오행산 바위 아래 깔려 있다가 관음보살의 지시를 받은 삼장법사가 이곳을 지나다가 구해주어서 어쩔 수 없이 삼장의 호위군사(수호천사)역할을 하면서 서천으로 간다. 단순히 의리로만 따르는 것은 아니지만 이미 상당히 깊은 불교적 신심을 구비한 상태였다. 하지만 단 한 가지 살생의 문제에서 만큼은 삼장과 손오공이 갈등을 빚었다. 손오공은 화안금정을 가지고 변신한 요괴의 본모습을 본다. 그는 삼장법사에게 미리 통지하고 상의할 사이도 없이 한달음에 달려가 여의봉을 휘둘러 연약한 노파나 여자로 변신한 요괴를 그 자리에서 때려 죽인다. 삼장은 기절초풍을 하고 놀라서 손오공을 야단친다. 번번이 그러다가 아예 긴고아의 주문을 외워 손오공을 괴롭힌다. 손오공은 이중으로 고통을 겪지만 어쩔 수가 없다. 가짜 손오공 파동 때는 정말 못 견뎌서 그냥 화과산으로 돌아오고야 말았다. 어찌어찌 해결되었지만 그냥 연약한 인간의 모습을 하고 있는 삼장법사의 한계인데 그가 긴고아라는 통제 수단을 가지고 손오공의 기고만장한 능력과 통쾌한 활동을 견제하고 있으니 어쩔 수가 없다.

『서유기』는 서천에 이르러 불경을 가져와 동토에 불법을 전하고 불국토를 이룩하고자 하는 염원에서 취경단을 꾸려서 험난한 서역길을 헤쳐 나가는 이야기로 되어 있다. 당연히 취경단의 인솔자는 삼장법사이며 그는 곧 장안을 출발하기 직전에 당태종과 의형제를 맺고 어제(御弟) 성승으로 명명된 진현장이다. 본명은 진위(陳禕)인데 장원급제한 진광예와 재상 은개산의 딸 온교와의 사이에서 유복자로 태어난 아들이었다. 불행하게도 아버지는 강물 도적에 의해 해침을 당하고 어머니는 억지로 그의 아내가 되어 부임지에 가게 된 운명이라서 낳자마자 어머니에 의해 강물에 띄워 내려 보내지게 되었다. 천만다행으로 금산사 스님에게 구출되어 어려서 강류화상으로 불리기도 했지만 법명은 현장(玄奘)이다. 나이가 들어서 모친을 만나 사연을 듣고 외조부의 후원으로 원수를 갚고 또 강물 속 용왕의 배려로 아버지가 되살아나서 가족의 단원이 이루어지긴 했지만 불법을 수호하고 전하려는 의지가 강하여 당태종의 수륙대회에서 서천 취경의 책임을 받게 된다. 『서유기』에서는 당승(唐僧)이라고 쓰지만 우리말 번역에서는 모두 삼장법사(三藏法師)로 불린다. 본서에서도 삼장법사의 이름으로 소개한다. 삼장법사는 분명 취경단의 인솔자이고 스승이면서 인간적 면모를 모두 갖추고 있지만 취경의 의지만은 누구 못지않게 강하여 끝끝내 요괴의 방해와 유혹을 물리치고 서천취경의 목표를 완수하게 된다.

『서유기』의 실질적인 주인공을 하나만 든다고 하면 손오공이라고 할 수 있지만, 삼장법사를 빼놓고는 역시 『서유기』를 말할 수 없다. 그의 전생은 여래부처님의 제자인 금선자(金蟬子)다. 그런데 제대로 정신 차리고 불법을 듣지 않는다는 이유로 쫓아내서 동토 당나라에 환생하도록 하였다. 한마디로 학업 태도가 불량하니 정신을 바짝 차리고 다시 태어나 불법을 제대로 배우라는 의미였다. 불교의 거창한 이론에 비하면 조금은 우스꽝스러운 전생이라고 할 수 있다. 사실 서유인물은 대개 그러한 전생을 가지고 있다. 저팔계나 사오정도 모두 조금씩 못된 짓이나 어리석은 짓을 하다가 환생한 경우이다. 화과산에서 돌 원숭이로 태어난 손오공만이 정정당당하고 자랑스러운 탄생이라고 할 수 있다. 천궁에서의 소란 행위로 오행산에 잡혔다가 구출되어 환생한 것만을 가지고 보더라도 그다지 불명예스러울 것은 아니고 오히려 나름대로 자부심을 가질 만한 것이었다.

삼장법사는 대당(大唐)의 성승이 되어 불법에 정통했지만 또한 마음이 여린 시인적 기질을 가졌고 또 자비심이 넘쳐나서 독특한 성격을 이루게 되었다. 요괴나 악인에게도 무한한 자비의 마음을 베풀고자 하는 그의 마음은 곳곳에서 악착같이 요괴를 무참히 처단하는 손오공의 행위와 부딪치게 된다. 그가 그나마 거칠고 무지막지한 손오공을 제압하는 방법은 관음보살로부터 넘겨받고 가르침을 받은 긴고아를 조여 주는 주문밖에는 없다.

『서유기』에서의 삼장법사는 『삼국지』의 유비나, 『수호전』의 송강과 같은 위상을 가지고 있다. 모두 이상화된 종교적, 도덕적, 윤리적 인물이다. 이들에게 공통적으로 나타나는 인의와 자비는 간혹 나약함이나 어리석음과 일맥상통할 때가 있다. 생각에 따라서는 결점으로 볼 수도 있고 장점으로 볼 수도 있게 한다. 어쩌면 인간 본연의 모순된 모습을 오히려 그렇게 하여 잘 드러낸다고도 할 수 있다. 그의 시인적인 기질은 실제로 천축국의 가짜 공주와의 만남에서 유감없이 보여준다. 천축국 한림의 춘하추동 사경(四景)의 시에 화운하여 춘경시, 하경시, 추경시, 동경시 등 네 수의 시를 즉석에서 지어내어 시인으로서의 자질도 유감없이 발휘하였다.

2) 천차만별의 신불과 요마

『서유기』에는 서천취경단의 일원을 제외하고 천상천하의 수많은 신선과 요괴가 등장한다. 신마소설답게 신불과 요마가 필연적이기 때문이다. 취경단의 앞길을 도와주는 신불과 이들의 앞길을 막고 방해하는 요마들은 『서유기』의 이야기를 구성하는 중요한 인물군이다. 천상의 신으로 옥황상제와 탁탑천왕, 태상노군, 태백금성, 불교계의 인물로는 여래불과 관음보살, 오소선사 등이 중요한 역할을 한다. 요마의 대표적인 인물로는 우마왕, 육이미후, 황포괴, 백골정 등이 거론되지만 요마들은 어쨌든 한 번씩 드나들고 있을 뿐 지속적으로 등장하지는 않는다.

그중에서 천상의 신선으로 태백금성은 손오공에게 특별히 우호적인 인물이다. 손오공이 용궁에서 보물을 빼앗고 염라전에서 생사부의 이름을 지우는 등 난동을 부리자 각각 천궁에 고소를 하였다. 천궁에서는 유사 이래 전례를 찾아보기 힘든 이 불손하고 건방지기 짝이 없는 손오공을 징벌하기 위하여 천왕의 지휘 아래 천병을 내려 보내 잡아오도록 한다. 하지만 싸움이 길어지고 쉽사리 잡을 수 없게 되자 태백금성은 오히려 그를 초안(招安)하여 천궁에서의 작은 직책이나마 내려주어 지상의 혼란을 진정시키는 게 좋겠다고 상주하여 허락을 받는다. 이렇게 시작된 태백금성과 손오공의 친밀하고 우호적인 관계는 뒷날 취경 도중에 일어나는 갖가지 어렵고 힘든 난관에서도 꾸준히 도움을 주고받는 관계로 이어진다.

제19회에 손오공이 저팔계와의 싸움을 통해 결국 그를 귀의시키고 받아들이는 장면에 저팔계 자신이 소개하는 짧지 않은 시구의 진술이 있는데, 「태백이금성에 큰 덕을 보았네(多虧太白李金星)」란 구절이 나온다. 태백금성은 성관이다. 별의 신이라는 뜻이다. 성관은 별자리를 관장하는 하늘의 신이다. 그런데 「태백이금성」이라고 하는 호칭에서 알 수 있듯이 태백금성은 이씨라는 것이다. 그렇다면 자연스럽게 우리는 이태백을 연상하게 된다. 즉 당나라의 유명한 시인 이백이다. 그의 별명은 적선(謫仙)이다. 귀양 온 신선이라는 말이 아닌가. 그렇다면 이백도 신선으로서 태백금성과 같은 급이다. 그러므로 곧 태백금성이 이백일 수 있다는 말이다. 이씨를 굳이 넣은 것은 이태백과 태백금성을 이어주는 고리가 된다.

사오정이 권렴대장으로서 반도연에서 실수로 유리잔을 깨뜨렸을 때 본래는 사형장으로 끌려가 처형되어야 할 것이었으나 적각대선(赤脚大仙)이 사정하여 곤장 팔백 대를 맞고 유사하로 귀양 보내졌다. 천상의 신중에는 어려운 사정을 잘 알아주는 신선이 종종 있었던 것이다. 하늘이나 땅이나 힘들고 괴로운 사람을 잘 도와주는 사람이 가장 고마운 법이다.

5. 서문경이 사랑한 여인들

『금병매』의 책 제목은 기존의 다른 작품들과 달리 세 명의 여자 주인공의 이름자를 따서 만들었으므로 이 책의 핵심적인 인물은 당연히 주인공 서문경과 이들 세 명의 여성들이다. 그러나 후반 80회의 실질적인 묘사의 초점이 되고 있는 진경제(陳經濟)도 중요하게 다루어야 할 인물이 될 것이다.

1) 서사의 중심 반금련과 이병아

『금병매』의 인물 구성에 대해 살펴보면 주인공 서문경을 중심으로 부채살 모양으로 펼쳐짐을 쉽게 알 수 있다. 그의 가문 안에서는 처와 첩을 포함한 6명의 아내들과 그들의 시녀들이 있고 집안의 일을 보는 집사와 자신을 따라다니는 시동들이 있다. 바깥으로는 서문경과 의형제를 맺은 패거리들이 있고, 또 그와 정경유착 등의 관계로 얽히고설킨 중앙과 지방의 관리들이 있다. 이들의 구성을 한눈에 알 수 있도록 살펴본다.

『금병매』의 주인공을 말하려면 서명에 등장하는 반금련과 이병아와 춘매를 빼놓을 수 없지만, 물론 그들과 직접 관계되는 서문경이 가장 중심적인 주인공이다. 『금병매』는 처음부터 서문경과 반금련의 이야기로 시작하여 이병아의 출현에서 죽음을 거쳐 제79회에 서문경이 죽고 제80회부터는 오월랑에 의한 후속처리가 이어진다. 반금련은 머지않아 왕파에게 팔려나가 귀양에서 돌아온 무송에 의해 살해되지만 방춘매와 진경제의 인연은 계속 이어진다. 그리고 보면 80회에서 100회까지의 이야기 중심은 춘매와 진경제에 있으니 진경제도 주인공의 한사람으로 내세워야 할 것이다. 마지막 회에 이르러 오월랑이 아들 효가를 출가시키면서 서문경의 전생 업보를 갚으려는 것을 통해 역시 이 소설의 주인공은 시종일관 서문경임은 분명한 것이지만 제이의 서문경 역할을 하면서 깨우침이 없이 처절하게 몰락한 진경제의 일생도 독자들에게 시사하는 바가 적지 않을 것이다.

서문경(西門慶)은 『수호전』에서 일시적으로 나온 엑스트라 인물이었지만 『금병매』의 작가는 그를 생생하게 살아있는 장편소설의 주인공으로 형상화시켰다. 서문경의 세 가지 능력은 여성을 쉽게 장악하고, 재산을 확실하게 모았으며 이를 통해 작지만 꽤 쓸 만한 지방 현청의 권력까지도 장악하고 있다는 것이다. 보통의 장사꾼이면 이 정도는 할 수 있는 거 아니냐고 할지도 모르지만, 그는 정말 부지런히 이 세 가지 일에 매달렸다. 그는 총명한 머리를 쓰면서, 여자를 얻을 때나 돈을 모을 때나 권세를 장악할 때도 일단 최선을 다하는 모습이다. 그래야 그나마 얻을 수 있다는 이치를 깨우친 인물이다. 그러나 그의 사악함은 일단 자신의 이익에 관계되었을 때 전혀 양보하거나 마음 약해지지 않고 해서는 안 되는 못된 행동을 과감하게 추진한다는 것이다. 반금련을 얻기 위해 그 남편인 무대를 죽이는데 쓰는 극약인 비상을 제공하고, 무대가 죽은 이후 장례사에게 뇌물을 써서 무마한다. 맹옥루를 얻기 위해서도 그 고모에게 뇌물을 써서 호감을 얻어내고 성공적으로 이 돈 좀 있는 과부를 영입한다. 이병아를 얻기 위해서는 남편인 화자허가 화병으로 죽도록 만들었고 이미 재물을 모두 담 너머로 받아두었으며, 이병아가 중간에 참지 못하고 장죽산에게 시집간 것을 알고 불량배에게 사주하여 그를 찾아가 박살을 내도록 한다. 그는 또한 정치적 풍파 앞에서는 사태의 심각함을 인지하고 동물적 감각으로 몸을 숨기고 숨소리조차 나지 않게 납작 엎드렸지만 자신의 여자를 빼앗긴 데 대한 질투는 누구 못지않게 강렬했다. 결국 이병아를 여섯째 첩으로 맞이했지만 사흘 밤이나 소박을 맞히고 끝내는 옷을 벗겨 채찍질을 가하는 만행을 저지르고서야 꽁한 속을 풀었다.

그러나 서문경은 처첩이 여럿이라 하더라도 본처인 오월랑에 대해서는 나름대로 존중과 인정을 하고 있음을 보여준다. 그가 아무리 망나니 같은 장사꾼이지만 이미 세상의 룰과 같이 정해진 본처에 대한 존중이라는 유교적 덕목은 어느 정도 인지하고 있었을 것이다. 오월랑을 아내로서 높여주고 간혹 그녀의 충고를 귀담아 들으려한다. 물론 제 맘에 들지 않으면 결코 통제받을 생각은 없는 것이 서문경이다. 그러나 그는 여자를 잘 호리기도 하였지만 여자의 말도 잘 들어주는 편에 속했다. 특히 새로운 여자에게는 반드시 무슨 대가를 했고 여자의 요청에 별로 거절하는 법이 없었다. 돈이란 바로 그런 곳에 쓴다는 것을 그는 잘 알고 있었다. 자신의 여자로 만든 이후에 서문경은 여자의 투정을 가능하면 잘 들어준다. 반금련이 그렇게 못된 짓을 하였지만 끝까지 임종에서조차도 감싸고 돌았으니 참으로 여자에 빠진 남자는 그냥 바보가 되는 모양이다. 의형제를 맺은 친구들은 사실 공정한 의미의 평행적 교류가 아니었고 모두들 서문경으로부터 시혜를 받는 사람들이었고 모두 서문경의 자문에 응했으며 필요한 일을 거들어주는 입장이었다. 그러나 명목상 여전히 친구이기 때문에 이들 패거리 친구들의 농담이라도 편안하게 잘 들어준다.

서문경의 사업번창과 정경유착의 줄타기에 성공한 내력은 오로지 그 자신이 보유하고 있는 원대한 꿈을 바라보는 시각과 상황에 대처하는 민감한 촉각에 있었다. 서문경이 만약 반금련의 일시적인 욕구불만 때문에 사용한 과도한 음약이 아니었다면 아마도 상당기간 그의 사업은 계속 번창하였고 적어도 금나라에게 나라가 망하는 그 시점까지는 그 자신의 잘못으로 인해 망하는 일은 없었을 것이다. 그는 의외로 자신의 일에 꼼꼼하고 철저하게 대처하는 진정한 사업가였기 때문이다.

이병아는 반금련이 들어온 직후부터 곧 출현하기 시작하여 뒤를 이어 들어와 여섯째 첩이 되었다. 그러나 자신의 재산이 많이 있었고 이미 이 집의 재산 증식에 상당한 공로가 있었으므로 매번 당당했다. 반금련은 처음에 서문경의 마음을 사려고 담넘어 오가는 그를 이해하고 도와주었지만 점차 질투의 눈총을 쏟아내고 있었다. 그러다 제30회에 첫아들 관가가 태어났다. 관가는 제59회에 죽었고 그 영향으로 이병아도 제62회에 죽었다. 이병아는 아들 관가로 인해 서문경의 총애를 받게 되었지만 반금련은 더욱 괴로워서 무슨 수를 쓰지 않으면 안 되었다. 그 사이에 집안에서는 수많은 사건들이 일어났고 서문경의 권세와 돈에 대한 탐욕의 사업도 진행되었다. 반금련은 관가를 놀라게 하기 위해 기르던 고양이에게 붉은 보자기를 씌워 고깃덩이를 던져주곤 했다. 관가는 기가 약하여 바깥에 나갈 때도 몇 번이나 놀라는 일이 있었는데 고양이가 달려드는 바람에 결정적으로 병이 들고 말았다. 그러나 서문경은 외적으로 승승장구하였다. 동경의 채태사를 찾아가 생일 선물을 바치고 양아들이 되었다. 청하현에 돌아와서 더욱 기세등등해졌음은 물론이다. 관가가 죽고 나니 이병아는 견딜 수가 없었다. 불과 얼마 지나지 않아서 아들 곁으로 갔다. 『금병매』의 구조에서 보면 이병아는 제10회에서 제62회까지 그 이름을 화려하게 날리고 떠난 인물이다. 서문경의 사후 험악한 꼴을 보지 않았고 살아생전에 서문경의 사랑을 가장 많이 받았고 서문경에 의해 가장 성대한 장례가 치러졌다는 점에서 보면 가장 행복한 여자일지도 모른다. 하지만 양중서의 첩에서 취운루의 화재 때 탈출하여 화태감에 의해 사들여서 화자허의 아내였다가 그를 화병으로 죽게 하고 또 장죽산을 맞아들였다가 쫓아내고 스스로 찾아들어온 서문경의 집이었는데 반금련이란 천적이 있어 어쩌지 못하고 떠난 인물이었으니 원만한 인생은 아니다.

『금병매』에는 주인공의 인생 행로를 개척하기 위하여 전략을 짜는데 도움을 주는 진정한 참모라고 할 만한 인물이 보이지 않는다. 서문경의 집안에는 오로지 처첩과 시녀와 시동이 있을 뿐이었고 바깥으로 가게를 운영하는 나이든 하인들이 있었지만 서문경과 돈을 벌기 위한 사업의 방향 설정이나 정경유착을 위한 묘안을 짜내기 위해 머리를 맞대고 상의한 사람은 없다. 그런 점에서 본다면 서문경은 외로운 존재다. 그 숱한 여자와 친구들이 있다고 하더라도 모두 자신들의 이익을 탐하기 위하여 서문경에게 조금이라도 잘 보이려고만 하였지 진정으로 서문경의 인생에 도움을 주려고 하지는 않았다.

그나마 본처인 오월랑에게는 부부간의 의리로서 한마디씩 정보를 건네준다. 오월랑은 남편이 워낙 제멋대로 하니까 가만히 두고 보지만 간혹 제 의견을 낼 때로 있다. 서문경이 듣다가 일리가 있어 보이면 대꾸하지 않고 나간다. 이병아를 데려올 때 오월랑은 여러 가지를 고려했다. 우선 담 하나 사이로 옆집에 사는 친구의 아내라는 점, 그 친구인 화자허는 화병으로 죽었다는 점, 지금 남편의 백일상도 지나지 않았다는 점 등을 고려했다. 만약 사람들이 돈 많은 친구 부인을 유혹하여 남편을 죽음에 이르도록 하고 돈과 여자를 모두 차지했다고 욕을 하면 어떻게 할 것인지를 걱정했다. 반금련을 데려올 때의 끔찍한 사건이 떠올랐을 것이다. 자칫하면 남편의 목숨을 무송의 주먹 아래 날려버릴 뻔 하지 않았던가. 서문경은 자신과 더불어 의형제를 맺은 친구가 아홉 명이나 되었지만 모두 방한(幫閑, 심심풀이로 노는 데만 함께하는 친구)으로서 알랑방귀만 뀌고 돈이나 우려먹으려고 할 뿐, 진정한 친구로서 도움을 주는 조언을 하는 사람은 없었다.

2) 서문경이 사귄 여인들과 친구

『금병매』에는 서사를 풍부하게 만든 생생하게 살아있는 인물들이 의외로 많다. 앞서 「삼대기서」에 비하면 『금병매』는 줄거리 진행형의 소설이 아니다. 이 소설의 서사 대상은 다양한 인간들의 삶의 모습이다. 서문경 자신의 짧은 벼락부자 과정을 따라 동선을 움직이지만 반금련과 이병아 이외의 수많은 인물의 언행과 속셈을 줄기차게 따라간다. 춘매는 전반에서 부차적인 인물처럼 묘사되지만 후반 끝에 이르러 핵심 인물인 서문경과 반금련이 사라진 이후에 중심적인 묘사가 진행된다. 그녀의 일생은 또 하나의 반금련이었고, 진경제의 일생은 또 하나의 서문경이었다.

처첩 중에서 오월랑과 맹옥루의 묘사는 비교적 정중했다. 오월랑은 안방마님으로서 남편의 숱한 바람기와 첩들의 은근한 암투와 시녀와 하인들의 온갖 다툼을 지켜봐야 했다. 보고도 못 본 척하고 들어도 못 들은 척하며 큰 일은 작게, 작은 일은 없게 만들며 풍파 없는 집안을 만들어보려고 애썼다. 하지만 이는 그녀 혼자 애쓴다고 되는 일이 아니었다. 반금련이 시동과 불미스러운 일이 있다거나 사위 진경제와 이상한 관계라는 말에도 들은 척을 안했다. 사건은 벌어지고 있었지만 그는 그런 엄청난 일을 곧이들으려고 하지 않았던 것이다. 서문경 사후 그는 마음을 다 잡고 집안을 꾸려나간다. 이미 자신에게는 유복자 효가가 있기 때문에 그것은 단순히 희망의 문제가 아니라 그녀에게 주어진 의무이며 사명이었다.

맹옥루는 과부로 절개를 지키지 못하고 서문경에게 재가를 왔으나 이 바람 잘 날 없는 대갓집에서 가능한 한 더러운 물이 자신에게 튀지 않도록 언행을 조심하면서 진정으로 속이 꽉 찬 여인으로서 위상을 지킨 여자였다. 그녀는 오월랑의 든든한 조언자가 되었지만 또한 반금련의 또 다른 후원자이기도 하였다. 남편에게도 기회가 닿을 때 조언을 아끼지 않았으며 특히 자신의 시동인 금동이와 문제를 일으킨 반금련을 적극 변호하여 구해주었다. 그녀의 인생은 훗날 이아내에게 다시 재가하여 의좋게 사는 것으로 끝을 맺고 있어서 거의 유일하게 해피엔딩으로 마무리되는 인물이 되었다.

송혜련의 자살 사건은 소설의 전반부에 나오는 삽입고사처럼 되어 있다. 내왕의 처인 송혜련은 가난한 집 딸이었지만 예쁘고 똑똑하고 활달했으며 열정적이었다. 누구라도 가릴 것이 없었던 서문경의 여성 편력 대상의 물색에 쉽게 걸려들었다. 그러나 그녀는 자신의 남편을 모해하여 위험에 빠뜨리는 것을 보고 실망했고 손설아와 한바탕 싸움을 하고는 조용히 목을 매어 죽었다. 아직도 양심이 남아있던 송혜련은 그때 나이 스물다섯이었다. 소식을 들은 서문경은 그년은 어리석고 복도 없다고 한마디 하고는 말았다.

이계저는 기생이다. 서문경의 둘째 첩인 이교아의 조카다. 그녀에 끌려 서문경은 숱한 날을 그 집에 가서 머물고 있어 집에서 기다리던 반금련을 애태우게 한다. 응백작이나 사희대 같은 친구들도 함께 달려가 이계저의 기원에서 술 마시고 떠들고 즐기며 밤을 새운다. 서문경은 거금을 들여 이계저를 독차지하여 기둥서방이 되었는데 한번은 불쑥 찾아갔더니 다른 손님을 받고 있었다. 질투심이 불타오른 서문경이 기원을 들부수며 난동을 부렸다. 소설에서는 대소동이 없으면 이야기를 진행하기 어렵다. 그래서 소설의 묘사는 더욱 풍부해지는 것이다.

서문경의 일상생활에 여인들을 제외하고 가장 가까이 교류하는 인물은 이른바 방한(幫閑)이라고 하는 응백작, 사희대 등의 패거리 친구들이다. 응백작은 본래 몰락한 가문의 자제 출신이다. 있는 재산이란 모두 기생집에 갖다 바쳤고 이제는 부잣집 자제에게 빌붙어서 얻어먹는 신세다. 그러나 그는 잡학에 있어서 괜찮은 실력자이기도 했다. 바람 공을 잘 차는 선수이기도 하였고, 바둑과 쌍륙의 고수이며 골동품 감정의 능력을 지녔고 속곡의 창에도 한 가닥 재주가 있었고 특히 좌중을 웃음바다로 만드는 우스갯소리의 명수였다. 무엇보다 그는 사람의 눈치를 재빨리 파악하고 기분을 맞추어 영합하는 천부적인 재주를 가져서 웬만한 울적한 일은 날려버리고 순식간에 즐거운 자리로 만드는 분위기 메이커였다. 그는 서문경의 도움이 필요하여 매일 나타나 곁에서 이것저것 참견하고 거들며 밥 얻어먹고 술 마시지만 서문경 또한 그가 며칠이라도 보이지 않으면 아쉬워했다. 이러한 인물은 분명 『금병매』의 서사를 풍부하고 화려하게 만드는 빼놓을 수 없는 엑스트라이며 그들을 통해 인물 백태를 보여주어 이 소설을 진정한 세정소설로 자리매김 하도록 한다.

제5장 사대기서의 주제론

1. 다시 생각하는 역사의 정통

모든 역사는 당대(當代)의 역사라는 말이 있지만, 특히 삼국의 역사를 다시 보려는 시도는 삼국시대가 지나고 나서 곧바로 시작되었고 매번 시기가 무르익었을 때마다 다시 강조되었다. 그것은 중원의 판도가 전혀 다른 방식으로 변하였기 때문이다. 진(晉)나라가 북쪽의 이민족에게 북방지역의 땅을 내주고 남으로 내려와 동진을 이어가고 있을 때부터 영토와 혈통의 문제는 민감한 고려 대상이 되었다. 위정자들은 따뜻하고 살기 좋은 남쪽에서 안주하였고 귀족들은 정권을 바꿔가면서 부귀영화를 누리고 있었기 때문에 실지(失地)회복의 꿈은 아득히 멀어져만 갔다. 역사에 관심이 있는 일반 문인들은 춘추전국시대의 역사에서 화이(華夷)의 정통관을 찾아내어 이를 삼국시대에 적용하고자 하였다.

국가에서 공식으로 기록하는 정통의 역사서에서는 삼국의 역사를 위나라를 중심으로 기술하였다. 진수의 『삼국지』가 그러하였고, 송나라 사마광의 『자치통감』도 그러하였다. 그러나 재야의 민간 문인의 입장에서는 아무래도 마음이 불편하였고 자신의 입장을 고려하여 삼국의 역사를 달리 보려는 의도가 진행되었다.

역사는 진실을 말하고 소설은 허구를 말한다. 그러나 역사라고 하더라도 일단 말로 전해지고 글로 기록되는 순간 진실에서 조금씩 멀어지게 된다. 누가 어떤 시각에서 역사적 사실을 전달하는가 하는데서 말이 달라지고 글도 달라진다. 역사적 진실을 오롯이 되살려볼 수 있는 것은 아마도 오래전에 저 우주 공간으로 사라져간 빛을 따라가 살펴보는 수밖에 없을 듯싶다.

중국에서 역사를 기록하는 사람들은 일찍부터 포폄의 입장을 그려내고자 했다. 『춘추』를 포폄의 역사로 해석하여 이른바 춘추필법이 나왔다. 『춘추』를 읽고 춘추대의를 논하는 것은 유교사상의 핵심이 되었다. 그러나 엄밀히 말하면 그 포폄의 평가조차도 상대적일 수 있다.

정사 『삼국지』와 소설 『삼국지연의』를 말할 때 항상 말하게 되는 입장은 작자인 진수와 나관중의 입장 차이다. 진수(陳壽)는 촉한 지역의 출신이었지만 위나라가 망하고 진(晉)나라에서 사관이 되었다. 그는 자신의 입장에 서서 삼국의 역사를 기록하였다. 진수는 촉한에서 주부와 비서랑, 황문시랑 등을 지냈지만 당시 권력을 장악한 환관 황호(黃皓)에 굴종하지 않다가 쫓겨났다. 촉은 위에 망하고 위는 곧 진에 망했다. 진에서 저작랑과 태수 등이 되었으나 만년에 여러 차례 폄적되기도 했다. 삼국 중에서 가장 오래 버티던 오나라가 마침내 진에 망하여 삼국의 형세가 종지부를 찍었을 때 진수는 역사를 쓰기 시작하여 10년의 노력 끝에 기전체의 『삼국지』를 저술하였다. 한나라 말부터 서진의 통일에 이르기까지 근 백 년의 역사를 기록한 것이다. 이 책은 마침내 사마천의 『사기』, 반고의 『한서』, 범엽의 『후한서』와 더불어 이른바 「전사사(前四史)」의 하나로 불리게 되었다. 사실 『삼국지』가 『후한서』보다 먼저 쓰여졌다. 25사 중에서 가장 중요한 초기의 네 가지 역사라는 의미다.

그는 촉에서 태어나고 촉한의 위장군 강유(姜維)의 주부를 지내기도 하였고 『제갈량집』을 편찬하기도 하였지만 그는 이미 끝난 삼국의 역사에서 좀 더 공평한 입장을 취하고자 하였다. 역사의 기록은 치우치지 않는 공평무사함을 원칙으로 삼아야 하기 때문이다. 비록 삼국이라고 하나 중심과 주변으로 나눠야 하고 중심의 연호를 시간의 축으로 삼아야 하였기에 위나라를 중심으로 기술하였던 것이다. 비록 역사적 중정을 유지하고자 하였다고 하지만 후세의 사가들은 그가 조조나 조비, 사마의 등을 비호하고 좋은 말로 수식하고 있다고 비판하고 있다.

당시 역사를 쓰고자 하는 사람은 많았다. 진수가 『삼국지』를 쓰고 있을 때 하후담(夏侯湛)이 『위서』를 썼지만 진수의 책을 보고는 자신의 책을 폐기했다고 한다. 당시 저명한 장화(張華)는 특히 진수의 재주를 알아보았고 뛰어난 역사가(良史)라고 일컬었다. 하지만 역사에 오점이 없는 인물은 없을 것이다. 그에게도 다음과 같은 뒷이야기가 전해온다. 위나라 때의 정의(丁儀)와 정눌(丁訥)이란 인물이 상당히 이름난 사람들이었는데, 『삼국지』를 편찬하고 있던 진수가 그 아들들에게 이렇게 제안을 했다고 한다. "나한테 쌀 천 곡(千斛-천 가마)을 보내주면 춘부장들을 역사책에 잘 기록해 드리겠습니다." 하지만 정씨의 반응이 없자 진수는 『삼국지』에서 그들을 입전하지 않았다는 것이다. 또 한 가지 에피소드는 「제갈량전」의 기록에 대한 뒷얘기다. 본래 진수의 아버지는 마속(馬謖)의 참군(부관)이었는데 패전의 책임을 물어 마속이 참수되고 진수의 부친도 이에 연루되었다. 또 제갈량의 아들인 제갈첨(諸葛瞻)이 진수를 무시하는 행동을 하자 진수는 이를 마음에 두었다가 「제갈량전」을 지을 때 제갈량의 군사전략이 뛰어나지 못하고 임기응변이 부족하다고 기록하였으며 제갈첨에 대해서는 서예에만 능할 뿐이라고 하였다. 이러한 내용은 당나라 때 방현령이 지은 『진서(晉書)』의 「진수전」에 적힌 것인데 서진 이후 위진남북조를 거치면서 형성된 다양한 설법들이 옮겨진 것이라고 할 수 있다. 당나라 유지기(劉知幾) 같은 사람은 이러한 전설을 믿는 듯 하였지만 청대 반미(潘眉)의 「삼국지고증」에서는 이러한 설을 믿으려고 하지 않았다. 역사를 좋게 써준다는 조건으로 재물을 요구한다는 것은 역사가로서 기본 정신을 잃은 것이 분명한 것이니 믿을 수가 없었을 것이다.

진수의 인품에 대해서 믿을 수 없다는 설은 『화양국지(華陽國志)』에서도 나온다. 재동 사람 이양(李驤)은 당대 저명한 인물로서 진수와 더불어 이름을 날렸고 두 사람 사이도 아주 좋았다. 하지만 훗날 두 사람 사이가 갈라져 서로 비난하는 사태에 이르게 되자 사람들은 그들의 인품을 무시하게 되었다고 한다.

중원의 무대를 잃고 남방의 동남쪽으로 자리를 옮긴 동진에서부터 삼국을 새롭게 바라보는 「촉한정통론」은 시작되었다. 습착치(習鑿齒)의 『한진춘추』는 아예 역사 발전에서 「위진」으로 이어지는 정통관을 부정하고 후한에서 촉한으로 이어지는 유비의 한(漢)나라를 그대로 삼국의 대표로 삼았다. 삼국이 끝나고 진(晋)으로 이어지기 때문에 「한진춘추」가 된 것이다. 남조의 송나라에서는 배송지에게 수많은 문헌의 자료와 민간의 전설을 모아서 『삼국지주』를 만들도록 했다. 본연의 의도는 역시 촉한 정통의 뜻을 좀 더 확실히 하여두려는 것일 게다. 배송지는 습착치의 책에서도 많은 부분을 인용하였다. 배송지의 이러한 작업은 훗날 촉한 정통론의 기반을 제공하였고 수많은 삼국 이야기, 설화의 「삼분고사」에 살을 만들 수 있는 뼈대를 제공했다. 남북조가 마무리되고 수나라, 당나라의 통일 제국이 되었을 때 삼국의 이야기는 아련히 지난 역사일 뿐이었다. 무대 위의 공연 제목이 되었고 아이들을 즐겁게 하는 고담(古談)으로만 전해졌다. 그러나 역사는 다시 반복되는가. 송나라는 문약하였고 마침내 다시 중원을 빼앗기고 남으로 내려와 동남방에 자리를 잡았다. 이제 삼국의 역사를 그냥 이야기로 치부할 수는 없게 되었다. 역사는 현실이 되었고 바로 이 순간 자신을 지탱하게 하는 철학이 되었다. 주자는 『자치통감강목』을 쓰면서 위나라의 정통을 촉한으로 바꾸었다. 그것은 순전히 유비만을 위한 것이 아니라 유비의 촉한을 통해 바로 남송 자신의 정통을 바로 세우려는 것이었다. 그래도 나라는 망했다. 아예 이민족 천지가 되었다. 몽골족의 원나라 치하에서 한족 문인들의 위상은 최하위였다. 어디에서도 자부심을 찾을 수 있는 곳은 없었다. 그들은 삼국의 역사에서 땅을 차지하지 못했지만 혈통을 이어가고 있는 촉한에 주목했다. 자신들이 바로 그러한 입장이었던 것이다. 원말에 만들어진 책은 청나라 초기 만주족 치하에서 평점비평을 달고 있던 모종강 부자에게 똑같은 감회를 주었다. 소설 『삼국지』의 다시 보는 역사의 정통은 그렇게 시대의 분위기 속에서 자연발생적으로 탄생하여 면면히 이어오고 있었다. 어찌되었던 역사의 기록이 완벽한 역사적 진실을 담고 있다고 보기 어렵다는 점을 생각한다면 역사 다시 보기는 지금 이 순간에도 계속되고 있을 것이다.

2. 민중 봉기는 혁신 위한 충정

북송의 몰락은 한족의 문인들에게 커다란 충격이었다. 비록 곧이어 남송이 만들어져 한족의 정통 왕조를 이어가기는 했지만 조정의 간신들과 부패하고 무능한 관리들에게 나라를 맡기는 것이 얼마나 위험천만한가를 뼈저리게 느끼게 했던 것이 정강(靖康)의 변이었던 것이다. 휘종과 흠종, 두 사람의 황제 부자가 함께 동토의 땅인 동북의 변방 오국성(五國城, 지금의 흑룡강성 依蘭)으로 잡혀가서 끝내 돌아오지 못하고 모욕을 받으며 고통 속에 죽었다는 것은 그것을 생각하는 것만으로도 한족 지식인의 울분을 자아내는 일이었다. 북송 말기에 무능한 조정에 반기를 들고 궐기하였던 일부 재야의 영웅들이 더욱 돋보였다. 금나라의 무리한 요구와 침략에 대항하기 위해 태항산을 중심으로 활약하던 항거 집단의 활동이 좋은 선례가 되어 마침내 양산박을 중심으로 하는 수호 이야기가 형성되었다.

『수호전』의 주제는 한마디로 민중의 힘을 보여주자는 것이고 관의 핍박에 굴하지 않고 끝까지 항거한다는 「관핍민반(官逼民反)」이라는 것이다. 그러나 황제를 갈아치우고 정권을 뒤집자고 하는 혁명을 고취하는 것은 아니었다. 조정의 간신을 몰아내고 올바른 정치를 할 수 있도록 혁신을 하자는 데 있는 것이다. 양산박 영웅 사이에서도 많은 논란과 갈등이 야기되었지만 송강이 추진한 조정에의 귀순은 결국 양산박의 봉기 목표가 단순한 반란과 재야 영웅들의 결의형제가 아니라 나라에 충성하고 형제간에 의로움을 지키라는 충의를 강조하기 위한 것이었다.

이러한 책의 성립과 존속 및 전파의 입장에서 본다면 바로 그러한 정도의 목표를 가지고 있었으므로 그나마 『수호전』이 살아남았다고 할 수 있을 것이다.

송강이 무송을 처음 만난 것은 염파석을 죽이고 살인자가 되어 피신하는 과정에서 시대관인(柴進)의 장원에 잠시 머물고 있을 때(제22회) 였다. 이때가 무송의 첫 등장이다. 이로부터 약 10회 분량이 거의 무송의 이야기로 이어진다. 무송은 청하현의 형을 만나러 갔다가 호랑이를 때려잡은 일로 유명해지기 시작하는데 형을 모살한 형수와 간부를 죽임으로서 살인자의 길을 걸어 이후 어쩔 수 없이 숱한 살인과 방화를 저지르는 중죄인이 되었다. 제32회 공태공의 집에서 무송을 다시 만난 송강은 그간의 사연을 다 듣고 이룡산으로 들어가 산적이 되겠다고 하는 무송과 대화를 한다.

무송이 이룡산으로 들어가겠다고 하면서 "죽지 않고 살아서 조정의 초안을 받는다면 그때 형님을 찾아뵙도록 하지요!" 이 말에 고무된 송강이 대답한다. "아우가 기왕 조정에 귀순할 마음이 있다면 천지신명도 반드시 도울 것이네."

이때 처음 초안을 말한 송강은 제58회 삼산(도화산, 이룡산, 양산)이 합동으로 청주성을 공략하여 호연작을 생포했을 때도 나타난다. 우선 송강은 호연작의 포승을 풀고 마음을 얻기 위해 예의를 갖춰 말한다.

> "제가 어찌 감히 조정을 배신하겠습니까. 다만 탐관오리들의 포악한 짓으로 어쩔 수 없이 죄를 짓고 잠시 양산박에 피난하면서 조정이 사면을 내리고 초안해주기만을 기다릴 따름이지요."

호연작이 그러면 내가 동경에게 가서 초안을 청하여 양산의 죄를 사면하도록 해달라는 말씀이냐고 되물으니 송강은 지금 고태위 같이 속 좁은 간신배가 있는데 장군이 가신들 죄를 뒤집어쓸 수밖에 없을 것이니 어찌 가실 수 있겠느냐고 하면서 우선 산채로 함께 올라 지내다가 앞으로 조정에서 초안을 내리면 그때 나라를 위해 진충보국해도 늦지 않을 것이라고 설득하고 있다. 이는 관군의 주장인 호연작을 설득하여 양산박의 장수로 영입하기 위한 일종의 달래는 말이라고도 할 수 있지만 실제로 송강의 조정에 대한 일관된 태도를 보여주는 일면이라고도 할 수 있다.

송강 자신은 관청의 아전을 지낸 사람으로서 애초부터 황제에 반역의 뜻이 없었고 조정 내부의 간신과 탐관오리에 의한 폭정으로 무고한 백성들이 속속 도적이나 강도의 길로 전락한다(落草)는 관점이었다. 송강이 피신 중에 화영과 함께 목숨을 부지하기 위해 청풍산의 산채에 들어가 있을 때 조정의 토벌 계획이 알려지자 다같이 양산박으로 들어갈 것으로 결정하고 연순과 함께 먼저 출발한 송강은 중도에 아우인 송청의 가서를 받고 급히 집으로 돌아온다. 병사한 것으로 전했던 부친은 자신이 보낸 거짓 편지라면서 양산박 산적으로 전락하면 불충불효를 범하는 것이니 결코 그렇게 하지 말라고 훈계를 한다. 송강의 생각은 이로부터 바뀌어 관군이 잡으러 왔을 때 스스로 잡혀 강주로 귀양을 가게 된다. 양산박의 조개 일당은 송강을 대은인으로 생각하고 있었는데다가 송강의 인품에 매료된 인물이 많았으므로 그를 억지로라도 모셔야한다고 주장했으나 송강은 끝까지 완곡하게 거절하고 다만 오용으로부터 강주의 옥리인 대종을 소개받아서 떠난다. 청풍채의 화영을 찾아갔다가 새로 알게 된 연순과 왕영, 진명 등의 인물은 후에 양산박으로 들어가게 되었지만, 송강은 강주의 감옥에 있으면서 훨씬 더 많은 호걸들과 교제하게 된다. 이규와 대종 등의 인물은 끝까지 송강의 곁을 지키는 심복이 되었다. 송강은 불충과 불효의 길을 걷지 않기 위해 자원하여 귀양을 간 것인데 결국 악랄하게 송강의 죄를 끄집어내는 황문병과 채태사의 아홉째 아들 채구 지부의 폭정에 깊은 원한을 갖게 된다. 강주의 주루에서 취중에 쓴 반시를 보면 또한 송강의 입장이 상당히 노골적으로 혁명적이었음을 보여준다.

> 어려서 경사를 읽었고, 자라서는 권모지략 있었으니
> 발톱과 이빨을 감추고, 언덕에 엎드린 호랑이 되었네
> 불행히 얼굴 낙인찍히고, 강주에 귀양 오니 어찌하랴

언젠가 원수 갚는 날에는, 심양강 핏빛으로 물들이리![16]

마음은 산동에 가 있어도, 이 몸은 오 땅에 잡혀 있네
정처없이 강호에 떠돌면서, 오로지 장탄식만 하고 있어
언젠가 장한 뜻을 이루면, 황소도 대장부 아니라 웃으리![17]

그는 양산박 호걸들의 형장 습격으로 가까스로 목숨을 건져 살아나면서 곧이어 「무위군」을 공략하고 황문병을 잡아서 처형하는 복수를 거행한 다음 양산박에 올랐다. 또 고향의 부친이 걱정되어 모시러 갔다가 관군에 쫓겨 환도촌으로 피신하고 구천현녀 사당에 숨어 있다가 구천현녀로부터 「천서」 세 권을 받는다. 이로써 마침내 송강의 의적 행위가 하늘의 부름에 의한 충효의 일환임을 증명하고자 하였다. 이규에 의해 구출되고 송태공도 무사히 모셔오게 되지만 이제 소설의 초점은 완전히 송강에게 비쳐지게 된 것이다.

송강이 조정의 초안을 받아들이고자 하는 입장은 조개가 죽고 양산박의 실질적 두령이 되는 제70회 이후에 더욱 노골적으로 드러난다. 하늘에서 떨어진 불덩이에서 나온 석갈의 천서 글자에는 108명의 명단에 앞서 「제천행도」와 「충의쌍전」의 구절이 쓰여 있었다. 조개의 양산박에서 「취의청」이었던 현판은 송강이 장악하면서 「충의당」의 이름이 되었다. 나라와 조정에 충성을 다하고 강호의 호걸 사이에 의를 지키는 주된 목적임을 분명히 한 것이다.

송강은 이규 등과 같은 여러 두령의 반대를 무릅쓰고 조정의 초안을 받아들이고자 노력하는데 이러한 노력은 내부 갈등을 불러일으키고 결국 오용의 작전대로 먼저 관군과 싸움에서 승리한 후에 이러한 유리한 고지에서 초안을 협상하자는 방안을 따르게 된다.

---

16 自幼曾攻经史, 长成亦有权谋. 恰如猛虎卧荒丘, 潜伏爪牙忍受. 不幸刺文双颊, 那堪配在江州. 他年若得报冤仇, 血染浔阳江口!(제39회)

17 心在山东身在吴, 飘蓬江海谩嗟吁. 他时若遂凌云志, 敢笑黄巢不丈夫!(제39회)

처음에 황제는 어사대부 최정(崔靖)의 상주를 받아들여 태위 진종선(陳宗善)을 양산으로 보내 초안의 뜻을 전달하는데 아직 양산 호걸의 내부 합의 결정이 안된 상태라 물가를 지키고 있던 완소칠은 어주를 훔쳐내 맹물로 바꿔치기 하고, 이규는 대들보에 숨어있다가 뛰어내려와 태위의 멱살을 잡고 조서를 찢어버리는 등 내부 반발이 심하게 나타났던 것이다.

결국 조정으로부터 동관이 토벌군을 이끌고 양산에 왔다가 패전하였으나 송강은 그를 다치지 않게 하고 돌아가 자신의 순수한 초안의 희망을 전해줄 것으로 요청하였다. 송강은 대종과 유당을 동경에 파견하여 조정의 뜻을 탐문하도록 하였는데 고구는 송강이 초안을 바란다는 뜻을 황제에게 전하지 않고 대군을 이끌고 토벌하러 왔다. 세 차례에 걸친 싸움에서 고구는 결국 생포되었지만 송강은 고구를 잘 대접하면서 역시 황제를 반대하는 뜻이 없고 초안을 받고 싶다는 뜻을 간곡히 말했다. 오용 등은 고구를 믿을 수 없으므로 더 이상 초안의 희망이 없다고 여겼다.

하지만 송강은 끈질지게 초안의 화두를 물고 늘어졌으므로 이번에는 대종과 연청을 숙태위에게 보내 서신을 전하도록 했다. 연청은 황제와 직접 대면할 수 있는 기회를 찾고자 이사사의 집에 머물면서 기회를 기다렸다. 어렵사리 얻은 황제와의 대면 기회에 마침내 송강의 진정을 전했다. 도군황제(휘종)는 비로소 동관과 고구가 모두 자신을 속이고 송강의 진정을 전해주지 않았음을 깨달았다. 제82회에 비로소 송강 이하 양산박의 영웅들은 조정의 초안을 받아 관군으로 편입되었다. 마침내 송강의 오랜 꿈이 실현된 것이었다. 그들이 송나라 서울인 변경(동경)으로 향하는 대열에는 「순천(順天)」, 「호국(護國)」의 깃발이 나부끼고 있었다.

3. 서천취경은 마음 찾아가는 길

손오공의 등장으로 화려하게 시작된 서유고사는 서천취경의 목표를 실현하기 위해 멀고먼 서천의 영취산을 향해 숱한 요괴와의 싸움을 치르며

81난을 극복하고 마침내 정과를 이루면서 끝을 맺게 된다. 때로는 해학적으로 때로는 심각하게 진행되는 서천취경의 이야기는 도대체 독자들에게 무엇을 깨우치게 하고 무엇을 전달하고자 하였던 것일까. 『서유기』의 주제에 대해서 살펴보도록 한다.

손오공의 삼계소동은 천상과 용궁과 염라전까지 통틀어서 모두 한바탕 난동을 피운 것을 지칭한다. 좀 더 간략하고 직접적으로는 용궁과 염라전에서 난동으로 인해 천제에게 고소당한 상태에서 천병과의 싸움과 천궁에서의 소동이 이어지는 것이다. 이를 통해 작가는 일단 봉건 지배자에 대한 철저한 풍자와 비판을 드러내고 이어서 서천취경의 과정에서 요마와의 싸움을 통해 각 지역을 장악하고 온갖 못된 짓을 일삼고 있는 악당세력에 대한 노골적인 비난을 내쏟고 있다. 손오공은 치열한 개척정신과 강인한 투쟁 의식 및 천재적인 총명함을 무기로 이들과 싸워서 난관을 극복해 나간다. 그러나 좀 더 나아가면 요괴의 일부 세력은 실제로 신불의 수하에 있던 인물이거나 혹은 신불 스스로 직접 출연하는 경우도 있는 만큼 신불과 요마가 다르지 않음을 강조하고 있다. 관음보살이 일찍이 밝힌 말과 같이 '보살이나 요괴나 다 일념의 차이일 따름'인 것이었다. 손오공과 싸운 요괴 중에는 손오공 자신과 똑같이 닮은 가짜 손오공 육이미후(六耳獼猴)가 있다. 그 모습과 능력이 모두 똑같아서 스승인 삼장법사도 구분하지 못하고 저팔계나 사오정도 구분하지 못하고 심지어 관음보살도 그들의 참모습을 알아내지 못하여 결국 최고의 권위자 여래불에게 찾아가서 비로소 밝혀진다. 진실과 거짓을 구분하기가 그렇게 어렵다는 것이다. 그것도 내 마음속에 숨겨진 참된 마음과 거짓의 마음을 밝혀내는 일은 자기 자신도 여간 노력하지 않으면 알 수 없다는 것이다. 참된 자아, 진아(眞我)를 찾아가는 서천취경의 길은 결국 『서유기』의 진정한 주제라고도 할 만할 것이다.

삼장법사는 취경도중 오소(烏巢)선사로부터 「심경(心經)」을 전해 받는다. 「심경」이란 바로 「마하바라반야밀다심경」이다. 그것은 '위대한 지혜, 깨달음의 언덕'이란 뜻이다. 소설에서는 끝의 세 글자를 따서 「다심경」이라고도 하지만 우리에게는 「반야심경」으로 통한다. 이 경전은 바로 역사상 현장법사가 번역한 『대반야경』에서 나온 것이다. 그 속에 있는 「학품관(學品觀)」이 바로 「심경」과 똑같다. 「심경」에는 54구, 270자가 들어있지만 글자마다 보배다. 삼장법사는 서천취경의 길에서 어려움에 부딪칠 때마다 바로 이 「심경」을 외우는 것으로 일체의 요마와 역경을 이겨내려고 한다. 「심경」을 제대로 이해하는 것은 그들이 왜 그토록 힘든 과정을 겪으면서 진경을 구하겠다고 서역을 넘어 천축국으로 가는가를 알 수 있는 첩경이 될 것이다. 「심경」은 단순히 외적 난관을 이겨내는 도구로 쓰인 것이 아니다. 내적 난관, 마음의 난관은 즉 번뇌와 의심과 공포심이다. 마음의 평정을 찾기 위하여 취경단에서는 「심경」을 최고의 경문으로 다루고 있다. 흑수하를 넘어갈 때 두려운 마음을 이기지 못하고 있는 삼장에게 손오공은 「심경」을 외워서 두려움과 우려감을 씻어내도록 한다. 내 마음의 평정을 이루고 세상 모든 사람의 마음을 고요하게 만들 수 있는 것이 「심경」의 최고 영험한 기능이다.

인생의 지혜를 깨우쳐서 온갖 고난과 역경을 견뎌내고 마침내 영산에 이르러 진경을 취하는 과정이 곧 정과를 이룩한 취경단의 팔십일난 극복기라고 할 수 있다. 『서유기』에는 또 질서정연한 신선과 불타의 세계를 그려내고 있다. 사실 이것은 현실 세계를 명징하게 대응하도록 만든 것이다. 최고의 권위와 위엄을 갖춘 하늘 세계의 옥황상제와 태상노군은 도교의 신선 세계이고 석가여래와 가섭과 아난존자, 관음보살과 보현보살 등은 모두 불타의 초월 세계이다. 그러나 인간세계의 모든 위계와 인정세태를 그들에게서도 거의 그대로 그려낸다. 요지의 반도연에 초청자들은 한정된 상위층의 신선들이었고, 영취산 대뇌음사에서 진경을 건네받을 때 인사치레를 요구하기도 하였다. 삼장 일행이 경전을 가지고 나오다 글자 없는 경임을 발견하고 다시 찾아가서 여래부처님에게 항의를 했더니 오히려 어찌 빈손으로 와서 진경을 받아가려 하느냐는 핀잔만 듣는다. 현세속 인간들의 위계질서나 인정세태와 다를 바 없는 모습이었다.

손오공은 처음 자유자재를 마음껏 누릴 수 있었던 인물이었다. 여의봉이 그것을 상징한다. 관음보살로부터 전해 받아 삼장이 직접 머리에 씌워 준 조임테는 그의 야성(野性)과 수성(獸性)을 통제하는 기구였다. 자유와 구속이 동시에 주어진 것이었다. 손오공은 서천취경의 과정에서 여러 차례 삼장과 갈등을 일으키며 그때마다 연약한 삼장은 긴고주를 외워 손오공을 제압할 수밖에 없었다. 흔들리는 마음을 지키듯이 마음을 다잡아 가는 것이 곧 취경의 길이다. 심원의마(心猿意馬)처럼 밖으로 내달리는 마음을 안으로 끌어들이고 참된 자아를 찾아가는 길이 취경의 길이라고 할 수 있는 것이다.

손오공의 상대는 요마들이다. 요마는 그들의 앞길을 막고 삼장을 잡아먹으려고 한다. 신불로부터 변신한 요마들도 취경단을 시험하기 위한 것이다. 손오공이 투전승불이 된 것은 참선에서 달려드는 악마와의 싸움을 이겨내는 것을 상징하기도 한다. 삼장법사는 오히려 순수한 인간의 능력만 있을 뿐이다. 인간의 취약하고 편협된 마음까지도 갖고 있다. 술수의 능력이나 통찰의 능력은 모두 제자들보다 부족하다. 그는 오히려 종교적 교조주의에 빠져 봉건예교에 집착하고 어리석고 완고하며 시비를 분별하지 못하는 약한 모습까지 보여준다. 소설에서 그는 오히려 조소의 대상이 되고 불합리하고 무능력한 지도자의 형상까지 보여준다. 하지만 그에게서 가장 중요한 것은 언제나 변함없는 취경의 목표였다. 일구월심 취경만 생각하고 그 무엇에도 변하지 않는다. 여인국의 여왕이 유혹해도, 요마가 겁박을 해도 그는 묵묵히 죽음을 무릅쓰고 앞으로 전진할 뿐이었다. 저팔계는 순박하고 저돌적이며 무거운 짐을 지고 요마와의 싸움에서 물러날 줄 모르는 충실한 제자이지만, 식탐과 호색이라고 하는 인간의 가장 근본적인 본능에 충실한 인물이다. 일체의 가식적인 예의범절을 따지지 않고 본능대로 먹고 마시며 여자를 찾는다. 누구든 저팔계를 비웃고 희롱할 수 있지만 진정으로 비판할 수는 없다. 손오공과 저팔계의 갈등과 대결 속에서 사오정의 역할이 드러난다. 그는 남보다 잘났다고 나서는 법이 없지만 문제가 생겼을 때 이를 불만없이 해결하기 위해 노력한다. 화해를 주도하는 인물이다. 삶의 현장에서 어디서든지 이러한 세 가지 유형의 인물은 반드시 있다.

『서유기』는 낭만소설이고 환상소설이고 해학소설이다. 불경을 구하러 가는 신성하고 장엄한 일을 기이한 탐험과 경쾌한 호기심의 길로 만들어 남녀노소 누구나 즐길 수 있는 문학으로 형상화시켰다. 명나라에 이르면 중국에서는 이미 유불도의 삼교가 합일되는 과정에 있었다. 특히 중국 도교의 많은 요소를 넣어 서천취경의 사업에 적용한 것은 도교 집단의 의도적 참여라는 주장에도 귀를 기울이게 한다. 동화같은 즐거움과 함께 또한 깊은 철학적 화두를 담고 있는 작품으로 볼 수도 있다.

4. 인정세태를 보는 비판과 풍자

『금병매』에는 작가의 목소리가 최대한 감춰져 있다. 지극히 냉정하게 객관적인 사실만을, 등장인물의 입장에서, 어떠한 설교나 풀이도 없이 담담하게 그려내고 있다는 것이다. 서문경의 삶을 그려내면서 이 주인공에 대해서 변호도 비난도 하지 않고 냉정한 평상심을 찾아 담담하게 사건의 전모를 기록하고 사연의 전후 맥락을 밝힌다는 것은 보통 사람으로서는 쉽지 않은 일이다. 일반적으로 작가는 자신이 만들어내는 주인공을 자신의 분신으로 여기며 특별한 애정을 쏟아낸다. 『홍루몽』의 작가는 수많은 인물을 입체적으로 창조하였으면서도 유독 자신의 분신같은 가보옥을 그려낼 때 간혹 외부인의 시각으로 비난과 풍자의 목소리를 담아내지만 은연중 자신의 따뜻한 시선을 감추지 않는다.

『금병매』는 악인을 주인공으로 하는 소설이다. 『수호전』이 바로 그러한 형이라고 할 수 있지만 수호의 영웅들에게는 분명히 민중의 입장에서 찬사를 보내고 존경의 뜻을 담고 칭송하는 구절을 적지 않게 담고 있다. 『금병매』의 작가 소소생은 서문경의 부정한 돈벌이나 부패한 강압이나 윤리 도덕적으로 비난받아 마땅한 일탈 행위에 대해서 간략한 작가의 말을 삽입하고 있기는 하지만 본문에서는 놀라운 참을성으로 객관적 시각을 유지하며 서사를 진행한다. 보는 사람들이 스스로 깨달으라는 것이다. 동오농주객의 서문에서도 그대로 따라 하면 금수라고 했다.

현대소설에서도 있는 그대로를 보여주는 것, 작가가 무리하게 끼어들어서 미주알고주알 풀어주고 설교하는 행태는 없어졌다. 그것은 이미 낡은 수법인 것임을 잘 알고 있기 때문이다. 그렇다면 『금병매』야 말로 진정한 근대소설의 단초를 연 중국의 장편소설의 시작이 되는 것이다. 16세기에 나온 본격적인 소설다운 소설이 바로 『금병매』라고 하는 것은 서양의 연구자들이 일찍부터 주장하던 바이기도 하다.

「사화본」의 흔흔자(欣欣子) 서문에서는 이 책의 창작 동기나 의도에 대하여 언급했다. "이 책은 백회의 소설로서 그 말이 신선하고 기이하여 인구에 회자되었으나 그 내용은 대개 삼강오륜을 밝히고 음란을 경계하며 정숙함과 사특함을 구분하고 선악을 확실히 하고 흥망성쇠의 기미를 알고 인과응보와 윤회환생의 일을 보여주는 것"이라고 개괄하였다. 서문의 작가가 분명히 본 것이다.

『금병매』에는 과연 삼강오륜을 저버리는 서문경의 불륜이 적지 않고 처첩 중에서도 오월랑의 정숙함과 반금련 등의 사특함을 비교하여 서술하고 있다. 그와 동시에 서문씨 가문의 흥망 과정을 보여주고 권말에는 인과에 따른 윤회의 환생까지 보여주고 있어 여기 서문에서 언급한 점을 대체 포함시키고 있다.

『금병매사화』의 첫머리에는 또 「사탐사(四貪詞)」가 들어있다. 사탐사의 내용은 「주색재기(酒色財氣)」다. 술과 여자와 재물과 성냄을 인생에서 가장 조심해야하는 네 가지로 제시한 것이다. 이전부터 중국에선 「주색재」의 경고를 많이 했다. 불교에서는 「탐진치」로부터 벗어나기를 특별히 강조한다. 탐욕과 성냄과 어리석음이다. 불교에서의 남다른 특징은 어리석음도 큰 죄라는 것이다. 그래서 지혜를 갈고 닦아야 한다는 것이다. 불교의 지혜는 곧 반야다. 위대한 지혜는 마하반야다. 「주색재기」가 많이 쓰이기 시작한 것은 원곡에서부터였지만 명대 풍몽룡의 화본소설에서도 매우 정교하게 활용되고 있다.

주색의 폐단은 서문경의 행동에서 그대로 보여준다. 그의 과격한 언행은 주색과 더불어 나타난다. 그의 음락은 멈출 수 없는 욕망의 전차와도 같아서 끝내 그로 인해 몸을 해치게 되고 집안을 망치게 된다. 그에게 있어서 재물은 주색을 위한 기본 조건이었으므로 장사꾼의 기민함으로 돈벌이를 계속해 나가며 여자를 끌어들이면서도 재물을 함께 영입하는 방식을 써서 집안의 재물을 늘려갔다. 또한 재물을 통해 작은 권력을 받아내고 그 권력을 이용하여 다시 재물을 취하는 연동된 행위도 거듭한다. 하지만 그의 돌연한 죽음은 친구와 하인과 첩들이 곧바로 재산을 빼돌리고 흩어지게 한다.

『금병매』의 화자허와 이병아는 모두 화병으로 죽었다. 기(氣)에 대한 경고는 다른 곳에 별로 보이지 않지만 여기서는 이 두 인물을 통해 특별히 강조하고 있다.

제6장 사대기서의 구성론

1. 난세를 마감하는 건국의 영웅

소설에서 인물과 사건은 가장 핵심적인 요소다. 사건의 구성은 소설의 작가가 가장 심혈을 기울이는 부분이다. 중국의 유구한 역사와 문화는 역대 수많은 사건을 만들고 이를 다양하게 기록하거나 또는 가공하여 문학화하였다. 소설의 작가는 이러한 사건을 재활용하거나 또는 이를 패러디하여 사건을 만들거나 혹은 아예 신선하고 참신한 새로운 사건을 창조한다.

소설 『삼국지연의』의 구성은 당연한 얘기지만 역사 『삼국지』와는 다르다. 기전체의 정사에서는 제왕의 본기, 중요한 인물의 열전으로 이어지고 있고, 편년체에서는 연도별로 일어난 사건을 시간의 추이에 따라 진행한다. 기사본말체의 역사서에는 하나의 사건별로 핵심을 그려나간다. 원나라 때 나온 『삼국지평화』에서는 등장인물의 전생과 인과응보를 바탕으로 깔고 있어서 다르기는 하지만 기본적으로 삼국시대의 역사를 역사적 변천의 추이에 따라 그려가고 있다.

『삼국지연의』를 중심으로 소설적 구성에 대해 살펴보도록 하자. 우선 크게 살펴보면 소설 속의 묘사 시대는 삼국 이전의 배경이 되는 한나라 말기인 서기 184년 황건적의 난에 의군 모집을 계기로 만난 유비와 관우,

장비가 도원결의를 하는 것으로 시작하여 280년 오나라가 끝으로 진나라에 멸망당하는 것으로 맺고 있다. 소설의 전후 맥락이 매우 완전한 틀을 이루고 있음을 보여준다. 유비 집단의 핵심 인물은 촉한의 중심 멤버다. 이들의 첫 만남은 그 자체로서도 의미가 있지만 또한 삼국의 역사에서 무시할 수 없는 관건이 된다. 그들의 개인적인 만남이 역사에 남아있는 것은 아니지만 의형제와 같이 돈독한 관계를 평생 유지하면서 끈끈한 정을 나누고 의리를 지키기 위해 위험을 무릅쓴 세 사람의 이야기는 그것만으로도 훌륭한 소설의 소재가 된다. 역사 이야기가 아니라 소설이라는 점을 충분히 인식할 수 있도록 하는 이러한 시작은 훌륭한 안배라고 본다. 오나라는 삼국에서 빼놓을 수 없는 구성 요소이지만 또한 작가의 초점에서는 약간 비껴서 있다. 실제 역사에서도 조조와 유비의 대결은 대의명분이 명확하여 일단 갈라진 다음에는 철천지원수로 끝까지 정벌의 대상으로 삼았지만 오나라의 위상은 조금 어정쩡한 상태였다. 유비 집단과 연합하여 조조의 대군을 물리친 적벽대전의 승전이 있었지만 형주를 장악하고 있는 관우를 치기 위해서 이번에는 조조군과 공조를 취하기도 하였다. 딱히 대의명분이랄 것이 없었고 자신의 안위를 확보하고 이득을 위한 조치로 일관하였다. 위나라 조비가 후한의 헌제를 강압으로 선양하도록 하고 양위를 받아서 위나라 건국을 선포했을 때 유비는 즉각 반응하여 스스로 한(漢)의 황제로 즉위하였다. 역사서에서 촉나라 혹은 촉한이라고 했지만 위나라가 멸망시킨 한나라를 이어간다는 의미였으므로 나라 이름도 그냥 한이었다. 역사와 소설에서 굳이 구분하여 전한, 후한, 촉한이라고 하여 달리 표현하는 것일 뿐이다. 그러므로 『명심보감』의 첫머리에서 「한소열(漢昭烈)이 장종(將終)에 칙후주왈(勅後主曰)」하고 표현한 것은 곧 촉한의 선주 유비를 말하는 것이다. 위나라 조비가 황제가 되었을 때 오나라 손권은 처음에 조비로부터 오왕으로 책봉을 받았으므로 당연히 위의 연호를 써야했지만 여전히 건안27년으로 쓴 죽간이 나왔다. 건안은 25년까지만 있으니 이는 이미 망한 후한의 연호를 계속 쓴 결과다. 오나라에서 만든 거울에 황초의 연호가 자주 보이는데 이는 바깥으로 나가는 물건에는 위나라의 연호를 썼다는 얘기가 된다. 그리고 223년부터 오왕이면서 황무의 연호를 썼고 8년 뒤에 정식으로 황제에 즉위하면서 황룡으로 바꾸어 쓰게 된다. 사태를 관망하고 있다가 수년이 지난 후에 비로소 위나라의 위력이 그다지 강력하지 못함을 보고 자신들도 황제로 등극하고 연호를 사용했던 것이다. 그리고 그동안 내부에서만 써오던 연호를 비로소 대외적으로도 공표하여 사용하기 시작했다. 어찌 보면 약자의 비극이었다.

조선 후기 청나라의 침공에 인조가 남한산성에서 항복하고 머지않아 명나라가 망하고 청나라가 중원을 차지하게 되면서 조선의 대외 문서에는 청나라의 연호를 쓰지 않을 수 없었지만 국내용으로 건립된 비석이나 출판된 개인문집 등에서는 줄곧 명나라 마지막 연호 숭정(崇禎)을 사용하는 예가 많았다. 조선 말기 화서학파에서 만든 『화동강목』 등에서는 심지어 남명의 연호인 영력(永曆)을 이어가기도 하였으니 그 정통의 맥을 놓고 싶지 않았던 것이다.

오나라는 가장 늦게 삼국의 하나가 되었지만 촉한이 위나라에 망하고, 위가 사마염의 진나라에 선양한 후에도 오나라는 지리적 이로움에 기대어 버티고 있었다. 무려 14년이나 견디고 있었지만 이미 대대로 지도자의 인물은 시원찮아지고 있었으므로 마침내 손호(孫皓)는 석두성의 성문을 열고 진나라 병사가 들어오자 항복했다. 본래 자결하려고 했지만 앞서 항복한 이후 잘 살다가 죽은 촉한의 후주 유선을 본받으라는 신하의 말에 두말없이 항복하였다.

이렇게 소설 『삼국지』의 처음과 끝을 가늠해보면 시간적으로 북경 근처의 유비에서 시작하여 남경의 손호에까지 이르고, 공간적으로는 중원의 전 지역에 동서남북의 이민족 지역에까지 걸친 백년간의 혼란과 격정의 세월을 그리고 있는 것이다. 정확한 연도로는 96년간의 시간을 대상으로 하고 있고, 중심 지역은 장안에서 낙양 그리고 허창에 이르는 중원 지역, 형주와 익주를 중심으로 하는 서남 지역, 강주에서 건강(남경) 그리고 오군의 동쪽에 이르는 동남 지역이 삼국 정권의 중심이 되었고 서북으로 서량, 동북으로 유주와 요동, 서남으로 운남 지역까지 나오고 있다.

『삼국지』 120회본으로 살펴보면 삼국이 정립되기 이전의 혼란의 난세가 제79회까지 이어지고, 제80회에서 비로소 조비가 위나라를, 유비가 촉한을 세우게 된다. 전체의 3분의 1에 해당하는 내용이 진정한 삼국시대의 이야기가 되는 것이다. 진수의 정사 『삼국지』에서 묘사된 내용은 바로 소설 『삼국지』의 후반 3분의 1에 불과했던 것이다. 실제로 삼국이 정립이기 직전에 관우와 조조가 죽었고 그 직후에는 장비와 유비가 연이어 죽게 되니 중요한 인물이 사라져 삼국의 이야기도 맥이 빠진 형국이 되고 말았다. 하지만 역사소설은 시간의 흐름을 따라 변천하는 것이고, 앞 세대의 인물이 지나면 다음 세대의 새로운 인물로 장강의 물결처럼 꾸준히 나타나는 것이라는 점을 간과할 수는 없다.

시간의 비율과 소설 서사의 비율을 살펴보면, 소설의 전반 3분의 2분량에 안배된 역사적 시간은 38년이고 후반후 3분의 1분량에 안배된 시간이 나머지 58년이다. 현저히 불균형을 이루고 있는 것으로 확인되지만 이것이 바로 소설적 구성이다. 중요한 인물과 많은 사연이 있다면 짧은 시간 안에서도 길게 서술할 수 있는 것이고, 별로 의미 없는 시간과 인물에는 듬성듬성 묘사하며 넘어갈 수 있는 것이기 때문이다. 사실 소설에만 그러한 것이 아니고 역사 기록 자체가 그렇다. 정사 『삼국지』에서 위, 촉, 오의 역사를 묘사함에 있어서 각 나라별 권수가 위나라 30권, 촉한 15권, 오나라 20권과 같이 차이를 보이는 것은 비록 동일한 시간을 장악하고 있었다고 하더라도 인물이나 사건의 질량에 있어서 차이가 있기 때문이다.

첫 회에서 한말 황건적의 난을 시작으로 난세를 시작하는 배경을 설명하고 유비 등 세 사람의 도원결의를 드러낸 것은 이 소설이 장차 유, 관, 장을 중심으로 서술될 것임을 천명한 것이다. 그래서 이어서 장비가 독우를 매질하는 대목을 그리고 있지만 곧이어 역사의 본류에 진입하여 동탁과 여포의 이야기에 집중한다. 동탁이 소제를 폐위시키고 헌제를 세운 후에 횡포를 자행하니 조조가 암살을 도모하다 칼을 바치고 도주한다(4). 이때 진궁의 도움으로 살아나서 여백사 일가를 몰살시키는 유명한 에피소드가 삽입된다. 조조는 제후들에 격문을 돌려 동탁 토벌의 기치를 올리고 원소가 맹주가 된다. 공손찬의 추천으로 백의종군하게 된 유, 관, 장은 원소의 멸시를 받지만 조조의 격려로 관우는 술잔을 받아놓고 화웅을 참하는 전과를 보여준다(5). 이때부터 조조의 관우에 대한 이루어질 수 없는 연모가 시작되었다. 원소 수하의 조운이 공손찬에 투신했지만 중용되지 못하고 유, 관, 장과 만나 의기투합하여 한 팀이 된다. 유비 집단은 한번 모이면 끈끈한 의리와 정으로 뭉쳐지는 특징이 있는데 남양에서 제갈량을 얻기 이전에는 이렇게 네 명이 기본 구성원이었다.

동오의 창업자는 본래 장사 태수 손견이다. 그는 동탁 토벌군에 참여했다가 낙양의 궁중 우물에서 옥새를 얻은 후에 남으로 돌아가다가 유표와 싸워 죽임을 당하고 그 아들 손책이 강동의 본거지로 돌아가 기사회생을 준비한다(7).

궁중에서는 왕사도가 초선을 이용한 연환계를 써서 여포로 하여금 동탁을 제거하게 하였지만 이곽의 난으로 더욱 혼란에 빠지고, 도겸이 맡고 있던 서주는 조조와 유비와 여포에 휘말리면서 복잡하게 얽혀든다(12). 배은망덕한 여포는 유비의 은혜를 배신하였다가 후에 조조에게 잡혀서 유비에게 도움을 청했지만 결국 백문루에서 처형되었다(19). 유비는 잠시 조조의 수하에 머물고 있으면서도 원대한 포부를 감추고 있는데 조조는 은근히 영웅론을 내세워 속사정을 떠보기도 하였다(21). 유비는 황제의 먼 숙부뻘에 해당된다고 하여 유황숙이라고 불렸다. 조조를 모살하려는 계획에 참여하였다가 발각되기 직전에 도주하였으나 결국 조조의 공격으로 완전히 근거지를 잃고 와해되었다. 유비는 원소진영으로 탈출하였고 장비는 단독으로 산중으로 도망쳤는데 관우는 유비의 두 부인을 모시고 있던 터라 조조와 협상하여 조건을 걸고 항복하여 허창으로 들어갔다(25). 이때부터 관우의 의리는 더욱 빛나게 묘사되었다. 조조 진영에 있으면서 원소군과 싸움이 벌어졌을 때 조조를 위해 원소 수하의 장수 문추를 죽였지만, 유비의 행방이 밝혀진 후에는 오관을 지나면서 자신을 막아서는 여섯 장수를 베면서까지 두 부인을 모시고 유비가 있는 원소 진영으로 달려간다(27). 고지식하면서도 의리를 지키는 모습이 만고의 의절(義絶)로서 손색이 없다. 허창에서 관우와 조조의 이상한 줄다리기는 독자들에게 깊은 인상을 남긴 사나이간의 의리였다. 잠시 동오의 손책과 손권을 언급한(29) 이후에, 원소와 조조의 대결을 보여주며 관도대전에서 승리한 조조가 하북을 장악하자(33) 유비는 형주의 유표에게 의탁하여 힘겹게 버티다가 제갈량을 삼고초려하여(37) 규모를 갖추지만 조조의 추격에 밀려 남으로 도주하고 동오와의 협상을 통해 적벽대전을 준비한다. 오나라 조정 대신들을 설득하고 주유와 머리싸움을 펼치는 제갈량의 활약이 이어지고(44), 화살을 얻어내고 동남풍을 불러오는 기이한 재주를 보여주어 소설적 재미를 한층 높여준다(49). 그러나 적벽대전에서 대패하여 화용도로 도망치는 조조를 살려보내는 관우의 이른바 의로움 앞에서 독자는 한숨짓고(53) 주유를 연거푸 세 번이나 화나게 하는 제갈량의 신출귀몰함에 환호한다(56). 마침내 유비 집단은 제갈량의 계략으로 형주를 손에 넣었고 이어서 방통의 건의로 익주를 차지하고자 준비한다(60). 이때 소설『삼국지』의 흐름은 절반에 이르렀다. 제갈량이 융중에서 내놓은 장기포석은 바로 「삼분지계」였다. 이제 「삼분」의 대략적인 모습이 보이기 시작한 것이다. 황하 이북의 중원 땅을 조조가, 양자강 중부 이동의 동남 지역을 손권이, 형주와 익주를 중심으로 하는 서남을 유비가 차지하여 솥의 세발처럼 정립하는 삼국의 형세로 가게 되는 전단계가 된 것이다.

동오와 촉한은 상황에 따라 우호와 적대 관계를 바꿔가면서 대치하고 있었다. 손부인이 데려가는 아두(유선)를 조자룡이 빼앗아오고 낙봉파에서 방통이 목숨을 잃는다. 방통은 제갈량과 함께 수경선생 사마휘의 제자였다. 두 사람은 와룡과 봉추라고 불렸는데 뛰어난 재주가 있으나 오만한 자신감으로 적을 낮춰보다가 화를 당하여 제갈량이 통곡했다(63). 유비는 마침내 익주목이 되고, 관우는 대담하게 칼 한자루 들고 손권의 연회에 나아가 간담을 서늘하게 했다(66). 조조가 평정한 한중을 제갈량이 지략으로 취하여 유비가 한중왕에 오르도록 하였고(73), 관우는 양양을 공략하고 조조의 군사를 수몰시키는 전과를 올리고 독화살을 맞았지만 뼈를 깎는 수술 중에도 웃으며 바둑을 두는 여유를 보인다(74). 이때가 관우의 최전성기라고 할 수 있다. 그러나 "달도 차면 기울고, 즐거움이 극에 달하면 슬픔이 생긴다"는 말처럼 관우의 불행한 운명은 이때부터 싹트기 시작한다. 손권은 이전부터 빌려준 형주를 돌려달라고 했지만 유비는 말을 듣지 않았다. 관우를 찾아가서 친교를 맺고자 하였으나 고집불통으로 전혀 들으려고 하지 않았다. 제갈량의 장기 계략에서는 동오와 연합하여 중원의 조조를 치자는 것이었는데, 어쩐 일인지 관우는 항상 동오를 시답잖게 생각하고 있었다. 자신을 무시하는 태도에 참을 수 없었던 손권은 마침내 조조와 은밀히 협력하여 관우를 협공하기로 한다. 조조도 관우가 지키고 있는 형주를 그대로 놔둘 수 없는 입장이었기 때문이다. 여몽은 야간에 도강하여 습격하고 관우는 맥성으로 도주할 수밖에 없게 된다(76). 고립무원으로 생포된 관우는 손권의 회유를 뿌리쳐 결국 관평과 함께 처형된다. 수급을 조조에게 보내니 낙양에서 성대하게 장례 지낸다. 이와 같이 놀라운 소식을 전해들은 유비는 기절하고 만다. 관우는 유비와 도원결의를 맺은 이후 의로움을 지키기 위해 전력 분투하였던 천고의 명장이었지만, 또한 조조에게 일방적인 흠모를 한 몸에 받은 인물이기도 하였다. 조조에 의해 성대한 장례가 이뤄지고 형왕으로 추증된 것도 모두 조조의 손에 의한 것이었다. 관우는 삼국의 지도자와 이렇게 깊은 인연을 맺은 인물이었다. 관우의 혼령이 옥천산에 나타난 이야기가 소설에 묘사된 것은(77) 민간에서 관우 신앙이 폭넓게 펴져있는 현상을 반영한다고 할 수 있다. 관우는 무장으로서 전쟁의 신으로 추앙받았고 후에는 산서상인에 의해 촉발되어 재물의 신으로까지 확장되었다.

조조는 두통을 치료하려다가 관우를 치료한 명의 화타를 죽이고 자신도 마침내 죽게 된다. 조비와 조식 형제는 모두 총명하고 지략이 있어 후계자 계승에 경쟁을 했지만 조조가 죽으면서 조비를 내세웠다. 원소가 후계자를 잘못 세워 형제의 난이 일어난 일을 경계삼은 것이었다. 조조 삼부자는 건안문학의 핵심이었고 중국문학사에서도 상당한 위상을 차지하는 인물이었다. 조비는 조식의 시재를 시험하였고 조식은 즉석에서 칠보시를 지어 위기를 모면했다. 조비가 마침내 헌제의 선양을 받아서 위나라 황제로 즉위했고(문제) 이 소식을 들은 유비도 곧바로 즉위(소열제)하였다(80). 이제 소설은 3분의 2의 지점에 이르렀다. 지금부터 본격적인 삼국의 시대로 돌입하게 된 것이다. 건국의 시기는 위촉오의 순서였으며 후에 망하는 순서는 촉위오의 순서가 되지만 시기로 본다면 불과 수년 이내로 거의 같은 시기라는 점에서 「삼분」의 시작과 종점이 일목요연하게 된 것이다. 유비는 관우의 원수를 갚기 위해 오나라에 선전포고를 하였고 손권은 위급한 순간을 모면하기 위하여 조비로부터 오왕의 책봉을 받아 우호관계를 유지한 채 촉한과 일전을 벌이게 되었다. 조비는 강 건너 불구경 하듯 두 나라의 싸움을 관망하였다(82). 애초 승상과 대신들이 오나라와의 전쟁을 반대하였지만 유비는 의형제의 맹세를 지키기 위해 무리하게 전쟁을 일으켰다. 이릉전투에는 유비의 수하에 관우의 아들 관흥(關興)과 장비의 아들 장포(張苞)등이 참가하여 각각 제 부친의 원수를 갚는 등 맹활약을 보여주었으나, 유비의 도전에 육손은 전혀 응전하지 않고 기회만 기다렸다. 결국 전후 칠백 리에 걸친 진영은 육손의 화공 계략으로 패전하고 유비는 조자룡에 의해 구출되어 백제성으로 피신한다. 조급하고 무모한 유비의 도전을 서른아홉 살 서생 출신의 육손이 계략으로 막아낸 것이었다. 원대한 포부를 실현하기 위해 평생을 달려온 63세의 유비는 황제로 등극한지 불과 2년 만에 백제성에서 제갈량에게 어린 유선을 부탁하면서 눈을 감는다(85). 제갈량은 다시 손권과 우호 관계를 맺고 안정적 국정을 운영하며 남정과 북벌을 착실하게 수행하기 시작했다. 우선 남방의 맹획을 칠종칠금하여 오늘날의 운남, 귀주지역을 확보하였고(90), 후주에게 출사표를 내고 본격적으로 북벌에 나섰다. 제갈량은 천수태수의 수하 장수 강유를 얻어(93) 훗날 후계자로 삼게 되었고 마속이 가정을 잃자 눈물을 뿌리며 마속을 참하였다(96). 재차 출사표를 내고 북벌에 나선 제갈량은 사마의와 밀고 당기는 지루한 싸움을 이어갔다. 사마의는 조조의 모사였지만 역할을 많이 하지 못했고 조비가 등극하자 신임을 받아 적극 활동하기 시작했다. 이때가 바로 제갈량의 북벌 추진 때였으므로 제갈공명과 사마중달의 숙명적인 대결이 펼쳐지게 된 것이다. 그러나 아쉽게도 제갈량은 오장원에서 최후를 맞이하였고 사마의 추격병이 이르렀을 때 강유가 제갈량의 목상을 세워 쫓아내게 하였으므로 "죽은 공명이 산 중달을 쫓았다"는 말을 남기게 되었다(104). 제갈량은 임종 때 강유에게 병서를 전해주었고 위연의 배신을 예견하여 금낭묘계를 마련했으며 후에 사마사와의 싸움에서 쓰게 될 연노(連弩)의 사용법도 가르쳐주었다(107). 제갈량의 지략이나 미래의 예측 능력을 보여주는 이러한 에피소드를 그의 사후에 이르도록 출현시키는 이유는 소설의 핵심적인 초점이 제갈량에 있었음을 다시 한번 보여주는 것이다. 사마의가 병사하고 둘째 아들 사마소는 손권이 죽은 직후 혼란에 빠져있는 동오를 공략하지만 제갈각은 정봉을 내세워 위군을 대파시킨다. 하지만 제갈각의 권력에 위험을 느낀 손준이 제갈각을 죽이고 군권을 장악하면서 오나라는 더욱 혼란에 빠진다(108). 제갈근의 아들 제갈각은 손권으로부터 어린 손량의 후견인으로 부탁받은 조정 대신이었지만 이렇게 무참히 살해되었다.

위나라에서는 황제가 된 조방이 사마사, 사마소 형제의 권력을 통제하려다가 오히려 폐위되고 이어서 조모가 황제로 옹위되었다. 신하의 권력이 군권을 뛰어넘은 것이었다. 위나라의 진동대장군 제갈탄은 아들을 오나라에 인질로 보내고 공동으로 위나라 권력을 장악하고 있는 사마소를 토벌하자고 맹약하였지만 곧이어 사마소와의 싸움에서 패전하여 죽고 말았다(112). 삼국에서 제갈씨 가문의 몰락이 이렇게 진행되었던 것이다.

오나라의 군권을 장악한 손림(孫綝)은 손량(孫亮)을 폐위시키고 새로 손휴(孫休)를 황제의 자리에 앉혔다. 손휴는 노장 정원과 상의하여 손림을 모살하였다. 촉한의 후주는 사람을 보내 축하하였고 오주는 답례를 했다. 그러나 이러한 혼란은 위와 오의 국운을 점점 쇠퇴하게 하였다. 사마소는 조모를 시해하고 조황을 세웠는데 이름을 바꾸어 조환이라고 했다(114). 위나라 마지막 임금이었다.

촉한의 강유는 6차 북벌에 나서서 기산(祁山)에서 위나라 등애와 소소한 승패가 이어지는 전투를 계속했다. 촉한 후주는 소인의 참언을 듣고 강유를 성도로 소환했다. 사마소는 촉의 내정이 부패한 기회에 정벌하고자 종회와 등애를 파견했다. 후주는 제갈량의 아들 제갈첨에게 위나라 군사를 막으라고 명했다. 제갈첨과 선봉을 맡은 아들 제갈상은 면죽의 전투에서 모두 전사했다(117). 촉한의 제갈량 후손들도 이렇게 막이 내렸다. 마침내 후주 유선은 항복 문서를 바치기로 결정했다. 아들 유심(劉諶)은 부황의 이러한 조치에 반발하여 처와 아들 셋의 목을 베어 조부인 소열제(유비)의 사당에 가서 통곡한 후 눈에서 피를 토하며 자결하였다. 강유는 거짓 항복하고 종회와 등애 등과 함께 사마소에 반역하였으나 모두 죽고 후주 유선은 안락공으로 봉해져 낙양으로 옮겨져 살았다. 진왕의 세자가 된 사마 염은 부친 사후에 마침내 한나라의 복수를 한다는 이유를 내세워 조환에게 전국의 옥새를 바치도록 하고 자신이 진나라 무제로 등극하였다(119). 그때 오나라 황제가 된 손호는 극악무도하고 흉포하여 충신을 수십 명 살해하자 민심이 떠나고 있었는데 진나라가 군사를 일으켜 석두성 아래 이르자 항복하였다. 이로써 삼분의 형세가 끝나고 일통 천하가 되었다.

『삼국지』의 서사적 특징은 역사소설이라는 점과 궤도를 같이 한다. 즉 시간의 추이에 따라 흘러가는 것이라는 점이다. 소설의 주인공은 처음부터 끝까지 일맥상통한 이미지와 관점으로 이어져야 하는 것이지만 역사소설은 그러할 수 없다. 그나마 삼국의 역사는 전후 백년에 미치지 못하므로 그중에 주요 인물의 활약이 길게는 수십년, 짧게는 수년에 불과할 수 있지만 독자들에게 확실한 이미지를 남길 수 있다면 그의 인물 묘사는 성공적인 것이다. 다만 기본적으로 문언의 문체를 보유하고 있는 『삼국지』의 경우에는 수많은 인물이 출현하고 있어서 핵심이 분산된다는 단점과 더불어 인물별 묘사의 유형화가 심화되어 분명한 개성이 좀 더 약하다는 것이 후에 나오는 장편소설과의 차이점이라고 할 수 있다.(**〈표 11〉 삼국지의 사건 연표**(420쪽) 참고)

2. 양산에 모여드는 강호의 호걸

『수호전』의 구성은 재야의 영웅호걸들의 개인적인 전기를 모아놓은 옴니버스 형식을 갖추고 있지만 또한 이들을 모아들여 하나의 중심을 이루며 그중에서 송강을 특히 핵심 인물로 삼고 있기 때문에 주인공으로서의 역할을 하고 있는 것이다. 양산박으로 재야의 영웅들이 서서히 모여드는 과정에서는 딱히 주인공이라고 할 만한 인물이 없지만, 일단 석갈에 적힌 천강성, 지살성 108명의 명단이 드러난 이후에는 공동으로 단체 활동을 하며 송강이 뜻을 관철시켜 황제의 초안을 받아 관군으로서 외적에 대항하고 반군과 격전을 벌이게 되므로 역시 주인공은 송강으로 압축될 수 밖에 없다.

『수호전』 120회를 기준으로 두 단계로 나누었을 때 전반은 중원의 각지에서 발생하는 다양한 사건 속에 강호의 호걸들이 부상하는 과정을 그리고 있고 후반은 양산박에 모인 108명의 호걸들이 석갈에 적힌 천문의 기록에 의해 석차가 매겨지고 이후 송강의 뜻에 따라 조정의 초안을 받아들여 정규 군사로서 요나라의 침략을 격퇴하고 방랍의 반란을 진압하는 과정으로 이어진다. 이러한 구분법은 매우 단순하지만 명확하다. 전반부는 『수호전』의 영웅호걸이 활약하는 모습이 가장 잘 묘사되고 있는 부분이고 후반부는 이들이 조정에 귀순한 이후에 나라를 위해 공을 세우기는 하지만 그 과정에서 상당부분 죽거나 떠나게 되는 모습을 담고 있다. 청초의 김성탄은 후반부 내용을 마땅치 않게 여기고 제71회에 석갈의 명단이 나오는 대목에서 그치도록 하여 새로운 판본을 유통시켰다. 청나라 독자들은 대부분 후반 50회 가량의 내용을 보기가 어려웠을 것이다.

오늘날 『수호전』의 구성을 세 단계로 나누는 방법도 나오고 있다. 전반부에서 제40회의 「양산박호한겁법장(梁山泊好漢劫法場)」을 전후하여 한 번 더 나누는 방법이다. 이 대목에서 사형에 처하게 되는 송강을 구출하기 위하여 조개를 위시한 양산박의 호걸들이 대거 강주의 형장을 습격하여 송강과 대종을 구출하는데 성공한 이후 백룡묘에 호걸들이 모이는 장면을 보여준다. 이때 양산박의 주요 인물과 강주 현지에서 송강을 따르는 이규 등의 인물이 모두 참여했다. 회목의 하련에서도 나오다시피 「백룡묘영웅소취의(白龍廟英雄小聚義)」의 장면이다. 양산박에 108명의 영웅호걸이 모여들어 본격적인 대오를 이루기 전 단계의 시작이라고 볼 수 있는 것이다.

따라서 『수호전』의 전체 구성을 크게 나누면 제1단계의 취의(聚義), 제2단계의 확장(擴張), 제3단계의 초안(招安)으로 나눠볼 수 있을 것이다. 이를 다시 설명해보면 제1단계에서는 제1회의 서두에 이어서 제40회까지로 개별적인 영웅들의 활약상이다. 처음에는 사진과 노지심 그리고 임충의 이야기로 연결되다가 양지의 이야기로부터 조개 일당의 생신강 탈취로 이어진다. 또 이로 인해 송강이 처음 등장하고 조개와 오용 등은 양산박으로 들어간다. 그리고 앞서 들어간 임충의 도움으로 양산박의 주인이 된다. 탈출에 도움을 준 송강에게 감사 표시를 하면서 송강을 사건 속으로 끌어들이는데 이때가 제20회다. 제1단계의 절반에 이른 것이다. 송강의 사건은 무슨 호호탕탕한 장부의 일로부터 시작되는 것이 아니며, 엉뚱하게도 동거하던 염파석이란 젊은 여인에 의해 불거진다. 양산박과의 내통을 고발하겠다고 발악하는 염파석을 죽여 살인자가 된 송강은 피신 과정에서 시진의 장원에서 무송을 만난다. 이후 무송의 이야기가 화려하게 펼쳐져서 훗날 『금병매』의 소재가 된다. 무송의 이야기가 마무리될 무렵 공태공의 장원에서 다시 송강과 만났지만(제32회), 무송은 이룡산의 노지심을 찾아가고 송강은 청풍채 화영을 찾아간다. 송강은 중도에 산적에 잡혀 죽을 뻔 하다가 살아나고 그곳에서 유지채의 처를 구해주었다가 나중에 원소절 공연 구경 때 오히려 산적으로 몰려 잡히게 된다. 우여곡절 끝에 구출되고 조정의 산적 소탕이 시작되려 하자 다 같이 양산박으로 투신하기로 하지만, 거짓 서신을 받고 집으로 돌아간 송강은 결국 체포되어 강주로 유배된다. 송강의 동선을 따라가다 보면 많은 강호의 호걸과 만나게 된다. 제1단계 강호의 호걸 중에서 송강과 직간접적으로 인연을 맺은 인물이 상당수 됨을 알 수 있다. 이러한 인적 자산은 뒤에 송강이 양산박의 지도자로 자리매김하는데 큰 역할을 한다. 처음부터 송강의 출현에 이르는 과정을 회수로 보면 이러한 흐름이 전개된다.

제2단계는 제41회에서 제70회까지로 송강이 양산박에 합류하고 지도자로 활약을 시작하는 과정이라고 할 수 있는데, 여전히 조개의 수하로서 「취의청」 체제하에서 능력을 발휘하는 과정이다. 이때 송강은 이미 자신의 심복으로 볼 수 있는 여러 명의 형제(부하)를 두고 있으므로 실질적으로 대외 행동에서 활약할 수 있었다. 그중에서 축가장, 고당주, 청주성을 공략하는 개가를 올린다. 조개가 화살을 맞고 절명하자 대명부의 노준의를 끌어들이기 위해 애쓰고 마침내 증두시를 공략하고 사문공을 잡아 조개의 영전에 제사를 지낸다. 송강은 스스로 양산두령에 오르지 않고 노준의를 내세웠지만 오용과 이규, 무송, 노지심 등이 강력하게 반발한다. 그러나 송강은 뜻을 굽히지 않고 천의를 묻겠다며 양군으로 나누어 동평부와 동창부를 공략하여 먼저 승리하는 자가 두령이 되도록 한다고 결정해 버린다. 동창부와 동평부를 치고 돌아와 대소 장수를 점검하니 꼭 108명이었다. 하늘에 감사하고 또 천지신명의 보우를 기원하는 도교식 제사를 지내는데 한밤중에 하늘에서 떨어진 불덩이 속에서 석갈이 나왔다. 하도사가 과두문자로 쓰인 글자를 살펴보니 「체천행도」와 「충의쌍전」 글자가 적히고 108명의 인물이 천강성 36인, 지살성 72인으로 나뉘어 별명과 함께 적혀있었다. 이로써 이들의 자리 순위가 하늘의 뜻에 의해 저절로 밝혀졌다. 다시 이들을 완전한 독립체의 군사 체제로 갖추도록 각각 인물에게 직책을 주고 업무를 부여하면서 양산박은 온전한 독립 왕국으로서 위상을 갖추게 되었다. 다만 이들은 모두 의형제의 관계를 가지고 있으므로 여전히 형님(哥哥)와 아우(兄弟)로 서로 호칭하고 있었다.

제3단계는 제71회에서 제120회까지로 나눌 수 있다. 송강이 천지신명에게 제사를 지낼 때 석갈이 나오면서 호걸의 석차가 정해진다. 매우 비현실적이면서 황당한 처리이지만 작가는 수많은 인물이 뒤죽박죽으로 섞여서 상하도 없이 지내게 할 수는 없었으므로 결국 유교적 질서를 세워준 것이었다. 이렇게 단숨에 처리하는 것만이 쓸데없는 필묵을 상당히 절감할 수 있기 때문이다.

그러나 강호의 호걸들이 양산박으로 모여드는 과정은 비교적 기운차고 활달하게 전개되었지만, 정작 모든 호걸이 모여든 양산박에서 계속해서 일어나는 일은 그다지 통쾌한 일로 이어지진 않았다. 오히려 내부 갈등이 서서히 표면에 드러나는 형국을 보여주고 있다. 우선 황제의 초안을 받아들이자고 강력히 주장하는 송강의 뜻에 대한 반발을 가장 큰 갈등요인으로 들 수 있다. 사건은 송강을 가장 헌신적으로 따르던 흑선풍 이규에게서 일어난다. 유태공의 딸이 납치되었는데 송강이란 도적이 잡아갔다는 말만 듣고 다짜고짜 돌아와서는 충의당의 「체천행도」 행황기를 찢은 것이다. 이것은 내부 반역과도 같은 행위였다. 그만큼 믿었던 송강에게 실망했다는 반응이기도 했지만 또한 이규의 성급하고 과격한 성격을 보여주는 예증도 되었다. 가짜 송강의 거짓임을 확인한 후에 이규가 등에 가시나무를 지고 와서 죄를 청하는 「부형청죄(負荊請罪)」의 사과를 하는 것으로 마무리된다. 이런 방식으로 감히 송강에게 그렇게 달려들 수 있었던 이규의 우직함이나 그래도 끝내는 이규를 감싸는 송강의 인품을 보여주지만 송강의 지도력에도 큰 상처가 되었음은 물론이다. 바로 이어서 첫 번째 초안의 조서를 지닌 진태위가 오는데 물가에서 그를 맞이한 완소칠이 어주를 훔쳐내 맹물로 바꿔치기하는 사건 또한 송강의 위상을 매우 흔들리게 하였다. 더구나 대들보에 숨어있던 이규마저 뛰어내려와 태위의 멱살을 잡고 조서를 찢는 바람에 결국 송강마저 이번 초안이 실패로 돌아감을 인정하지 않을 수 없었다. 급기야 조정에서 토벌대가 두 번이나 파견되어 이를 격파한 뒤에야 다시 초안의 논의를 하게 되었다. 송강은 그때마다 양산군에 대파하여 잡혀온 동관과 고구에게 자신의 진심을 전하여 조정의 초안이 이루어질 수 있도록 해달라고 간청하였다. 송강의 말대로 이는 궁극적으로 충의를 지키려는 목표와 더불어 양산 호걸의 앞날에 대한 실질적인 걱정 때문이었다. 그리하여 연청으로 하여금 도군 황제를 이사사의 집에서 대면할 수 있도록 한 연후에 비로소 초안이 이루어지게 되었으니 석갈 출현 이후 이미 10회가 지난 뒤였다. 제83회부터 마침내 관군으로서 이른바 정사구(征四寇)의 과정이 전개된다. 사구는 외적인 대요(大遼)와 전호(田虎), 왕경(王慶) 그리고 방랍(方臘)이었다. 요나라와의 싸움은 제89회까지 계속되는데 마지막 부분에서는 일찍이 제42회에 나타났던 구천현녀가 다시 송강에게 나타나 상생상극의 이치로 요나라를 격파할 전술을 가르쳐준다. 요나라와의 전투에서 승전한 송강군은 제대로 된 보상이나 직위도 못 받고 곧바로 이어서 전호의 반란을 진압하러 개주(蓋州)로 출전하였다. 전호와의 싸움은 제90회부터 제100회까지 이어지고 다시 왕경을 토벌하러 일행은 완주(宛州)로 떠난다. 왕경이 생포되어 동경에 포로를 헌납한 이후, 제110회부터는 마침내 마지막 반란군 방랍의 토벌이 시작되는데 이때 내부 갈등은 더욱 심각해진다. 이규가 나서서 때려치우고 양산박으로 다시 올라가자고 했지만 송강으로부터 제지를 당한다. 황제는 송강 일행을 입성하지 못하도록 하였고 이에 많은 장수들이 반발하면서 다시 반역을 부추겼지만 송강은 끝까지 충성을 보이기 위해 결코 이에 응하지 않았다. 나머지 10회에서 송강의 수하 장수들은 방랍의 반란을 토벌하면서 크게 상하여 많은 인물이 죽거나 떠나게 되었다.

노지심은 방랍의 토벌이 끝난 후에 항주의 육화사에서 입적하였고 무송은 그대로 절에 남아 스님이 되었다가 선종하였다. 노준의는 독주를 마시고 혼미한 상태에서 실족사로 죽었고 송강은 독주가 된 어주를 받고 이규를 불러 함께 마시고 죽어갔으며 후에 오용도 그들이 묻힌 곳에 이르러 죽었다. 양산박의 호걸들은 그렇게 해체가 되었다.

『수호전』의 인물 구성에서 항상 의아하게 생각하는 것은 이미 송강에 의해 양산박의 실질적인 새 주인이 확정적이었는데 돌연 노준의라는 새로운 인물이 나타나게 되었을까 하는 점이다. 앞서 양산박 두령이 되었던 조개는 증두시를 공략하다가 사문공의 화살을 맞고 결국 숨을 거두게 되는데 이때 애매모호한 태도를 취하고 있다. 임종을 지켜보는 송강에게 양산박의 앞날을 당부하면서 절명한다. 마치 유비가 제갈량을 앞에 두고 촉한의 장래를 부탁하는 장면처럼 비장한 모습이다. 그러나 특이한 것은 그냥 송강에게 모든 것을 맡기고 훌훌 떠난다는 게 아니라, 앞으로 사문공을 잡아 원수를 갚는 자에게 양산박의 두령 자리를 넘겨주라는 이상한(?) 유언을 남기고 있는 것이다.

나라에도 왕이 죽으면 슬픈 애도의 순간에도 지체 없이 다음 국왕의 즉위 절차가 진행된다. 잠시라도 나라에 주인이 없을 수 없다는 논리였다. 최고 통수권자가 누군인가 하는 것은 결정적인 명령을 하달할 때 대단히 중요하다. 그러므로 이러한 긴박한 순간이 바로 정권 탈취의 결정적인 찬스로 활용되는 것이다. 그런데 지금 양산박 두령 조개가 죽었는데 새로운 두령으로 나설 사람이 없게 되었다. 아직 사문공을 잡아 죽이지 못했기 때문이다. 수하의 두령들은 모두 송강이 두령임을 공식 선포하기를 바랐지만 송강은 전혀 듣지 않고 조개의 뜻을 따르겠노라고 한다. 송강의 양보 정신은 그의 일관된 성품이다. 유교적 예의와 겸양의 미덕인 것인데 때로는 성질 급한 이규와 같은 양산의 호걸들의 불만을 일으킨다. 송강은 부두령의 신분으로 장례를 마치고 본격적으로 새로운 인물 찾기에 나선다. 그리고 북경 대명부의 원외 노준의를 지목하여 영입할 것을 결정한다. 그의 장점은 송강이 지적했다시피 신체가 건장하고 죄를 지은 바 없으며 문무를 겸비한 인재라는 것이다. 이 세 가지를 내세워 송강은 노준의가 양산박의 두령으로서 손색이 없다고 강조하였다. 그를 양산박으로 끌어들이는 일이 또한 『수호전』 중반의 중요한 사건이 되었으니 이는 「관핍민반」이라고 보기는 어렵고 오히려 무단히 생트집을 만들어내는 그야말로 세상을 어지럽히는 혼세마왕과 같은 짓이었다. 그가 시를 지을 줄 안다는 것을 핑계로 송강과 마찬가지로 반역시를 대신 지어 벽에 적어두었는데 오용의 작전이었다. 이로 보면 확실히 시문에도 능했음을 증명한다. 감옥에 갇힌 그를 구출하기 위해 양산의 인마가 대거 동원되어 북경성을 침공하니 과연 양산의 세력이 그만큼 자신감있게 커졌음을 의미한다. 양산에 합류한 이후 증두시를 공략하고 마침 노준의가 사문공을 사로 잡아오자 송강은 배를 갈라 간을 꺼내 조개의 영전에 제사를 지냈다. 마침내 원수를 갚은 것이다. 그리고 조개의 유언대로 송강은 노준의에게 총두령 자리를 양보하지만 그는 이를 수용하지 못한다. 그가 철면피가 아닐진대 그냥 냉큼 받아먹을 수 있는 게 아니다. 만약 못이기는 체 그러했다면 이규나 무송은 물론 오용 등의 많은 인물들이 당장 들고 일어나 양산박 자체를 쪼개버리고 말았을 것이다.

노준의도 받지 않고 다른 두령들도 반발하자 송강은 새로운 제안을 내놓았다. 두 팀으로 나누어 각각 동평부와 동창부를 공략하여 먼저 성공하는 쪽에서 맡기로 한 것이었다. 송강 측이 먼저 제압을 하고 고전을 하던 노준의 측을 도와주어 모두 개선하였다. 이때 들어온 새로운 장수들이 108명을 채우게 되는 마지막 인물들이다. 그리하여 마침내 하늘에 감사의 제사를 지내고 모두들 자리를 정돈할 때 석갈이 나타난 것이었다. 석갈의 천서문자 출현으로 108명의 석차가 결정되어 송강과 노준의는 각각 천괴성 제일위와 천강성 제이위를 차지했다[18]. 석차에서 첫째와 둘째로 되었을 뿐이지만 실제로는 양대 대표를 상징하고 있다. 양산박 충의당 안에 정면에는 조개의 위패를 두고, 동쪽 방에 송강 등, 서쪽 방에 노준의 등이 배치되었으며 깃발도 양산의 정상에는 「체천행도」를 썼지만, 충의당 앞에는 홍기 둘을 만들었는데 하나는 「산동호보의」, 다른 하나는 「하북옥기린」으로 썼으니 분명 상하 구분이 없는 평등 관계의 양대 대표라고 할 수 있을 것이다. 이는 또한 『수호전』의 탄생 배경이 산동과 하북의 두 지역을 대표하고 있다는 점도 드러내는 것은 아닌가 생각된다.(**〈표 12〉 수호전 사건의 전개**(421쪽) 참고)

3. 손오공과 서천취경의 팔십일난

『서유기』의 전체 구성을 보면 눈에 띄게 전후 불균형을 보여주고 있다.

---

18 양산박 108명은 천강성 36명, 지살성 72명으로 나뉘는데 막상 각 인물의 별이름 지위의 명칭에서는 제2위가 각각 천강성, 지살성을 차지하고 있는 것은 흥미롭다. 첫째는 각각 천괴성 송강과 지괴성 주무로 배치되었고 둘째에 천강성 노준의, 지살성 황신으로 되어있다.

「서천취경」의 주인공으로서 손오공의 출신과 삼장법사의 출신 유래를 먼저 밝힌다는 것인데 그 두 인물의 활약상도 그리 균형적인 것은 아니다. 첫째 손오공의 출신과 활약상은 전 7회에 걸쳐서 흥미진진하게 전개된다. 제8회부터는 부처님의 안배에 의하여 동토에서 탄생하게 되는 삼장법사의 유래담으로 강류화상에서 현장법사가 되는 과정, 경하의 용왕으로 인해 지옥을 다녀온 당태종이 장안에서 수륙대회를 여는 현장을 어제로 삼아 삼장법사로 봉하고 서천취경을 명하는 대목이다. 그리고 마침내 제14회부터 99회까지의 취경 과정과 제100회에 진경을 구하여 동토로 돌아오고 취경단의 스승과 제자 모두 오성이 성불하는 것으로 마무리한다. 이러한 구성에서 알 수 있듯이 손오공 활약의 부분은 소설에서 단순히 설자 역할을 하는 게 아니고 단독으로 얼마든지 「손오공 전기」라고 할 수도 있는 대목이다. 저팔계나 사오정의 경우에는 삼장법사와 손오공이 서행하는 과정에서 나타나고 그때 가서 약간의 출신 유래를 설명하고 있을 뿐이므로 전혀 다른 방식의 접근이라고 하겠다.

손오공과 저팔계, 사오정이 삼장법사를 모시고 서천취경의 험난한 길을 가면서 온갖 요괴와 마귀를 만나며 헤쳐 나가는데 그 난관이 너무나 많아서 이를 숫자를 세었더니 81난이라고 하였다. 그러나 『서유기』에서 실제로 81난의 묘사가 모두 일정하게 체계적으로 묘사된 것은 아니다. 81이라는 숫자가 9×9=81이라는 곱셈에서 유래한 것인데 양의 수에서 가장 높은 9를 다시 아홉 번이나 곱하여 가장 많다는 최고의 숫자를 의미하는 것으로 만들어낸 것이다. 그런데 실제 소설에서 어든 한가지의 난관이 과연 어느 것인가를 구체적으로 셈하다보면 상당히 막연하게 셈을 친 것도 있음을 발견하게 된다. 이 중에는 분명히 중요하게 셈에 넣어야 하는 난관도 있지만 어떤 것은 그저 명목뿐인 것도 있다. 소설 제99회에는 관음보살 앞에 삼장법사 일행이 겪은 곤경을 순서대로 기록한 것을 보여주는데 앞에는 「금선자가 쫓겨나서 환생한 일」, 「출생 직전 살해될 뻔한 일」, 「달밤에 강물에 버려진 일」, 「양친을 찾고 원수를 갚은 일」 등의 네 가지 난은 취경 이전의 것들이었고, 중간에는 한 요괴를 만나 여러 차례 난관을 겪는 것으로 셈하고 있어 억지로 숫자를 채워간다는 느낌도 없지 않다. 심지어 관음보살이 난관의 숫자를 세다보니 여든 번째에서 마쳤기에 불교에서는 구구팔십일에 「귀진」한다고 했으니 한번 더 난관을 만들어서 그들을 힘들게 하라고 하였다. 여든 번째에 아난과 가섭에게 인사치레를 하지 않았다고 동토로부터 그리 고생하면서 온 그들에게 백지 경전을 준 것도 이미 우스꽝스러운 장면이지만 숫자를 못 채웠으니 억지로 고생한번 더해 보라고 물에 빠뜨려 경전을 젖게 하는 마지막의 난관은 허탈한 웃음을 자아내기까지 한다. 중간에 요마를 만나는 대목에서는 한 곳에서 몇 차례의 난관으로 셈하기도 하였고 또 요마 중에는 신불이 직접 변신하여 시험하러 나타났거나 신불의 아래 것들이 따로 나와서 취경단을 괴롭힌 것도 적지 않으니 이 같은 난관이란 그야말로 부처님이 중생을 시험하려는 뜻으로 마련한 의도적인 고통이라고 할 수 있다.

손오공은 화안금정을 가지고 있으므로 상대가 요괴임을 금새 알아차린다. 손오공은 저팔계와 같은 식탐이나 호색의 취미는 없다. 그의 취미는 굳이 말하자면 싸움이다. 조금만 불의한 것을 보기만 하면 결코 참지 않는다. 어쩌면 자신의 뛰어난 능력을 발휘하는 것은 바로 변신과 싸움밖에 없기 때문일 것이다. 저팔계에게는 보통의 인간이 가지고 있는 「식색(食色)은 곧 본성」이라는 의미를 그대로 담고 있다. 식탐과 색욕에 대한 저팔계의 에피소드는 그칠 줄을 모르고 이어진다. 삼장법사도 취경의 목적 하나를 위해 꿋꿋이 앞으로 나아가고 사오정도 특별히 문제를 일으키는 인물이 아니고 오히려 문제가 생겼을 때 해결하기 위해 노력하는 인물이다. 특히 취경단의 내부 모순이 생겼을 때 이를 화해하고 조정하는 역할을 하는 인물은 바로 사오정이다. 「화해가 가장 소중하다(和爲貴)」는 말을 실천한다.

그렇다면 취경 과정에서 문제가 일어나는 원인은 안으로는 손오공과 저팔계 때문이고 밖으로는 요괴들의 도전 때문이다. 손오공으로 인해 일어나는 문제는 우선 요괴나 정령을 만나면 무조건 무자비하게 때려죽이는 행위로 인한 것이다.

손오공은 화안금정을 구비하고 있기에 요마를 금새 알아보아 먼저 선제공격을 가하는 경우가 많고 삼장법사는 미처 요마의 본질을 알아채지 못하고 연약하고 순수한 모습의 아이나 여자를 때려죽인다고 화를 내곤 하였다. 삼장법사의 동정심과 자비로운 연민의 정은 극심하여 요괴들은 이를 최대한 이용하려고 한다. 손오공은 일단 요괴로부터 공격을 받지 않도록 먼저 요괴를 때려죽이곤 하는데 이를 참지 못한 삼장법사는 손오공을 심하게 욕하거나 긴고주를 외워 괴롭히고 심지어 사제의 연을 끊어 내쫓기까지 한다. 손오공은 두 번이나 내침을 당하였는데 특히 두 번째는 가짜 손오공의 출현으로 누구도 구분할 수 없어서 곤욕을 치르게 된다. 결국 여래부처님을 찾아가 육이미후를 판별하고 때려죽이게 되는데 이는 결국은 손오공의 거짓된 속마음이었음을 은연중 상징하고 있다.

손오공과 저팔계가 함께 문제를 일으킨 것은 진원대선의 오장관에서 인삼과를 훔쳐 먹고 인삼과 밭을 엉망으로 만들었을 때였다. 그로인해 잡혀간 삼장법사를 구출하기 위하여 관음보살을 청하여 감로수로 인삼과 나무를 되살려서 놓음으로써 사태를 진정시킬 수 있었다. 이는 손오공이 두 번째 초안을 받아 천궁에 있을 때 왕모낭랑의 반도 복숭아를 몰래 따먹고 반도대회를 엉망으로 만든 일을 연상케 한다. 인삼과 사건은 지상에서 일으킨 손오공의 난동에 속한다고 하겠다. 그러나 손오공은 나머지 사건에서 대부분 요괴의 도전을 받아 이에 대응하고 삼장법사 등이 잡혀갔을 때 이들을 구하고자 최선을 다해 싸웠으며 끝내 이겨내지 못하였을 때 훨씬 더 능력이 높은 신불에게 도움을 청하여 해결하였다. 그러하였기에 그가 마지막 얻은 정과는 「투전승불」이라는 것이다. 싸우면 언제나 이기는 부처라는 뜻이었다. 서천취경의 길이 진정한 마음을 찾는 길이라면, 손오공의 싸움은 심원의마처럼 흔들리며 방황하는 제 마음과의 싸움일 것이다. 그 마음속에는 인간의 본능이 들어있다. 바로 식탐과 호색이다.

서천귀경의 길에서 문제를 일으키는 내부 인물은 저팔계였다. 그의 문제는 모두 먹는 문제와 여색과 관련이 있다. 인간의 성품을 그대로 담고 있는 저팔계였기에 언제나 가장 현실적인 이 두 가지의 난관을 이겨내지 못했다. 81난의 과정에서 살펴보면 천상에서 본래 옥황상제부에서 있을 때 은하수부를 지키는 천봉원수였는데 반도대회에서 술을 마시고 월궁에 들어가 항아를 희롱한 죄를 입고 지상으로 환생하였던 인물이다. 환생할 때 돼지의 탈을 쓰게 된 것도 그의 성품을 최대한 노골적으로 보여주기 위한 장치였을 것이다. 지상에서도 두 번 혼인하여 전후로 난이저(卵二姐)와 고취란(高翠蘭)을 아내로 삼아 살면서 처자식과 더불어 따뜻한 가정을 지키고 사는 것을 최대의 행복으로 여기고 있었다. 그의 법명은 저오능이었지만 팔계로 불렸다. 팔계는 즉 불문에서 지켜야 하는 여덟 가지 계율이고 그중에는 살생을 금하고 도둑질을 하지 않고 음욕을 채우지 않고 술을 마시지 않는 등의 계율이 들어있었다. 하지만 저팔계는 바로 이러한 계율을 지속적으로 범하면서 서천으로 갔다. 취경단을 시험하고자 여산노모와 관음, 문수, 보현보살이 변신한 모녀 네 사람이 유혹을 하였을 때 저팔계만은 이들과 결혼하여 살고 싶어 하였다가 결박당해서 나무에 매달려지고 후에 손오공에 의해 구출되었다. 또한 반사동에서 거미요정에 걸려들어 곤욕을 치르기도 하였다.

물론 이러한 내부 인물의 원인보다는 실제로 신불의 시험이나 요마의 도전 등에 의한 재난이 훨씬 더 많이 출현하고 있다. 우선 제1난으로 마지막 제100회에서 확인된 삼장법사의 전생을 보면 본래 여래부처님의 두 번째 제자 금선자였지만 설법을 듣는데 게으름을 피운다는 이유로 쫓겨나 동쪽나라 대당국에 환생하도록 하였다는 것이다. 어린 시절의 현장은 이미 태중에서 강상의 강도에 의해 살해의 위험에 처하였고 태어나서 곧 강물에 띄워져 금산사에서 자라 강류화상이 되었으며 후에 모친을 만나 부모의 원수를 갚고 장안에서 불법에 전심하게 되고 관음보살의 점지를 받아 서천취경의 길에 나서게 된다.

요괴가 삼장법사 일행을 지속적으로 괴롭히며 달려드는 이유는 삼장법사를 잡아 그 살을 먹으면 불로장생한다는 것과 여인으로 변신한 요괴가 삼장법사와 성혼하여 순양(純陽)의 정기를 빨아들이면 태을금선으로 신선이 될 수 있다는 희망 때문이었다. 물론 그러한 설정이 없이 호랑이

굴처럼 야수의 모습으로 나타난 경우도 있고 우마왕과 철선공주, 홍해아의 집안처럼 얽히고설킨 요마 가족과의 은원 관계에 따른 보복성 공격 등도 있다. 이밖에도 보살들이 합동으로 취경단을 시험하는 대목이나 신선의 수하 인물이 요괴로 변하여 취경단의 앞을 가로막고 괴롭히는 경우도 여러 번 나와서 손오공을 힘들고 바쁘게 만들기도 한다. 태상노군이 타던 청우괴가 금강탁을 훔쳐나와 요괴가 되어 손오공 일행을 괴롭히다가 결국 태상노군을 청하여 항복시켰고, 소뇌음사에서 취경단을 잡아가둔 황미괴는 주인인 미륵불이 와서 거둔 후에 비로소 삼장법사 일행이 구출되었다. 심지어 사타령의 삼마두의 세 요괴는 여래와 보살들이 나와서 항복을 시키고야 재난을 해결했다. 구령원성은 그 주인인 태을천존이 직접 나서서 데려갔으며 가짜 공주로 변신하여 삼장법사와 성친하겠다고 달려든 옥토끼의 정령은 태음성군이 달려와서 월궁으로 데려갔다. 마지막에도 구구팔십일의 숫자가 부족하다고 하면서 억지로 재난 하나를 덧붙이는 관음보살의 행태를 보면 취경단에게 의미있는 난관의 극복을 보여 준다기 보다는 일부러 골탕을 먹이려고 한다는 느낌도 지울 수가 없다. 아마도 해학소설로서의 『서유기』를 감안하고 있었을 것이다. 천신만고 끝에 영산에 올라 아난과 가섭으로부터 선물을 요청받고 먼 길을 오느라고 제대로 준비한 것이 없다고 하자 글자가 없는 무자불경을 주는 대목에 이르면 한편으로 실소를 금할 수 없으면서 또 한편으로는 성속(聖俗)이 다르지 않음을 보여주는 더 깊은 의미를 보여주는 것 같기도 하여 깊은 상념에 잠기게 된다.

어찌 불경을 구하고자 하는 서천취경 길에만 여든 한 번의 난관이 있을 것인가. 우리네 인생길에는 무수한 난관이 도처에 도사리고 있으며, 내 마음 하나만 다스리는 데도 억만 번의 되새김과 추스름을 통해서 마침내 고요한 평정을 얻게 되는 것이 세상의 이치임을 어찌 모를 수 있을까.(**〈표 13〉 서유기 서천취경의 내용**(422쪽) 참고)

4. 서문경의 벼락출세와 여성 편력

『금병매』는 누구나 서문경을 주인공으로 하는 이야기로 인정하지만 엄밀하게 말하면 서문경과 진경제 두 인물을 그려나간 것이다. 다만 서문경의 그림자로서 보여주는 진경제가 서문경의 사후 20회를 끌고 가고 있기 때문에 전체를 서문경의 일대기라고도 말하지만 서문경보다 더 타락하고 더 음란한 인물, 그러나 덜 똑똑하고 재주도 없는 진경제 만으로도 하나의 독립적인 이야기는 될 수 있을 것이다.

서문경은 제1회에 등장하여 제79회에서 병사하였고 진경제는 제17회에 등장하여 제99회에 살해되었다. 두 사람이 소설 속에서 존속한 시간을 회수로 보면 거의 비슷하지만 진경제가 약간 많은 편이다. 그러나 서문경의 생존 시에는 오로지 서문경을 중심으로 진행되었고 서문경 사후에는 핵심이 여러 인물로 흩어지므로 실제로 진경제에게 주어진 공간은 많지 않았다.

그러나 단순히 남녀 주인공이라는 면에서 보면 진경제도 당당히 후반의 주인공으로 들어갈 수 있다는 것이다. 여자 주인공은 말할 것도 없이 소설의 제목에서 보이는 대로 반금련과 이병아와 춘매다. 모두 서문경의 여자지만 또한 서문경만의 여자는 아니다. 서문경의 처첩 중에서 다섯째와 여섯째 그리고 다섯째의 시녀가 주인공을 차지한 것은 단순히 서문경만을 고려한 것으로 보이지는 않는다. 서문경에게는 죽은 본부인 진씨가 있었고, 속현으로 맞이한 지금의 정처 오월랑이 있고, 기생 출신 이교아, 과부 맹옥루, 하녀 출신 손설아를 더 받아놓고 다시 반금련과 이병아다. 처첩 여섯 중에서 끝의 두 명을 주인공으로 삼은 것은 그들과의 사연이 많기도 하겠지만 서문경 사후의 후반을 끌어가는 진경제와의 관계도 고려한 것으로 보인다. 이병아는 서문경 생존 중에 죽었으니 어쩔 수 없었지만 서문경의 여자로서 남은 사람 중에 반금련과 춘매가 바로 진경제와도 사사로운 관계를 맺고 있기 때문일 것이다. 즉 그 두 여자는 서문경의 여자이면서 동시에 그의 사위인 진경제의 여자이기도 했던 것이다. 이러한 구도를 이해하고 전체적인 줄거리를 따라 작가의 판짜기를 살펴본다.

「금병매사화」의 제1회 회목의 앞 구절은 「경양강에서 무송이 호랑이를 때려잡고(景陽岡武松打虎)」이고 뒤의 구절은 「반금련은 남편을 싫어하여 바람을 피우다(潘金蓮嫌夫賣風月)」이다. 본래 회목은 전후 대구가 맞아야 하는데 한 글자가 차이가 남에도 불구하고 그대로 썼다. 『수호전』 구절을 그대로 가져오다보니 그렇게 된 것이다. 첫 회에 나오는 것은 반금련이지 서문경이 아니다. 그는 다음 회에야 나온다. 그런데 이를 이상히 여긴 「수상비평금병매」에서는 남자 주인공을 전면에 내세우기 위해 「서문경이 뜨겁게 열 명과 결의형제를 맺고(西門慶熱結十兄弟), 무송은 차갑게 친 형수를 대한다(武二郎冷遇親哥嫂)」로 바꾸었다. 어찌되었든 반금련은 『금병매』의 주인공이었다. 왕파의 도움으로 두 사람이 사통을 하고 반금련은 서문경에게 푹 빠진다. 남편 무대를 독살하고 뒤처리를 끝냈으니 어서 빨리 데려가기만을 고대한다.

그때 중매로부터 돈 있는 과부 맹옥루의 말을 들은 서문경은 곧바로 거기에 집중한다. 잠시 어려움이 있었지만 무난히 해결하고 영입하여 셋째 첩이 된다(제7회). 사실 그에 앞서 탁이저가 셋째로 있었는데 금방 병으로 죽었으므로 셋째 자리를 맹옥루에게 주었던 것이다. 탁이저는 이름을 주아(丟兒)라고 했는데 버리다, 사라지다의 뜻이니 금방 끝낼 인물로 잠시 덧붙인 것에 불과한 것이다. 마치 열 명의 의형제 중에서 금방 사라진 복지도(卜志道, 不知道의 뜻)와 같은 삽입이라고 하겠다. 하녀 출신의 손설아를 넷째로 영입하고 나서 반금련은 다섯째가 되었다(제9회). 반금련은 집안에서 여섯째 딸이었으므로 육저(六姐)라고도 불렀고 이 집에서는 다섯째가 되었으니 오랑(五娘)으로 불린다는 점을 기억해야 한다. 근데 또 서문경이 가장 좋아했던 이병아가 여섯째 부인으로 들어왔고, 또 몰래 관계를 가졌던 왕육아의 이름도 있으니 작가는 이 여섯이란 숫자에 상당히 애착을 보이고 있는 것 같다.

제1회에서 9회까지는 반금련의 영입 과정이다. 왕파를 통해 찻집에서 만나고 무대를 죽인 이후에 처리하는 과정에 시간이 들었다. 그리고 그 사이에 맹옥루, 손설아의 영입이 먼저 있었다. 무송이 잡혀서 귀양을 가고나니 비로소 안심이 되었기에 서문경의 집안에서는 처첩들을 모두 부용정에 모아놓고 잔치를 열었다. 이때야 비로소 반금련까지 다섯 부인의 체제가 완성된 것이었다. 이날 밤 반금련은 서문경의 요구를 받아들여 자신의 시녀인 춘매와 관계하는 것도 허락하였다. 이병아가 거론된 것도 바로 이 무렵이었다. 패거리 열 명 중에 새로 끼어든 화자허의 처가 바로 이병아다. 그러니 여자 주인공 세 사람은 불과 몇 회를 사이에 두고 거의 동시에 출현한 것이다.

제13회부터 19회까지는 이병아의 영입 장면이다. 그러나 그 사이에는 천당과 지옥을 오가는 단절이 있었다. 처음에는 화자허를 기생집에 보내고 담을 넘어서 왕래했다. 마침 화자허 형제들이 그를 고소하여 동경으로 잡혀간 사이에 남편의 구명 운동을 하면서 더욱 가까워지고 돈과 보물을 옮겨놓았다. 화자허가 화병으로 죽고 나서 이병아는 더욱 몸이 달아서 서둘렀다. 집안에서 집을 짓는 공사를 시작하였고 혼인 날짜도 잡아놓고 두 사람이 뻔질나게 오가면서 한창 열을 내고 있는 중에 사건이 터졌다. 동경의 사돈집 진홍이 큰 사건에 연루되어 사위 진경제와 딸 서문대저가 짐을 싸서 피란을 왔다. 서문경은 즉각 비상사태에 돌입하여 일체의 외부 활동을 중단했다. 공사도 멈추고 거금으로 동경의 요로를 찾아가서 무마하도록 조치했다. 그 사이에 이병아는 영문을 모르고 애타게 기다리다 의원 장죽산의 말을 듣고는 서문경을 포기하고 그에게 시집갔다. 그냥 남편으로 집에 들어와 살게 한 것이다. 몇 달 후 풍파가 가라앉자 서문경은 우선 장죽산을 박살내고 이병아를 영입했지만 사흘간 냉대했다. 자살 소동을 치르고 한바탕 매질도 가하고 겨우 진정되어 마침내 좋은 사이가 되었다.

제22회부터 26회까지, 내왕의 처인 송혜련과 관계하다가 내왕을 도둑으로 몰아 관가에 잡혀가게 하니 송혜련은 수치심을 이기지 못하고 목매어 자살하였다. 서문경으로서는 하인의 처와 관계를 하는 바람에 체면이 서지 않게 되었지만 전혀 개의치 않았다. 이후로도 이러한 일은 수시로 일어났다. 서문경의 사후에 충심으로 서문경의 재산을 지켜주려는 하인은 없었다.

제30회에 첫아들 관가가 태어났다. 관가는 제59회에 죽었고 그 영향으로 이병아도 제62회에 죽었다. 이병아는 아들 관가로 인해 서문경의 총애를 받게 되었지만 반금련은 더욱 괴로워서 무슨 수를 쓰지 않으면 안 되었다. 그 사이에 집안에서는 수많은 사건들이 일어났고 서문경의 권세와 돈에 대한 탐욕의 사업도 진행되었다. 반금련은 관가를 놀라게 하기 위해 기르던 고양이에게 붉은 보자기를 씌워 고기 덩이를 던져주곤 했다. 관가는 기가 약하여 바깥에 나갈 때도 몇 번이나 놀라는 일이 있었는데 고양이가 달려드는 바람에 결정적으로 병이 들고 말았다. 그러나 서문경은 외적으로 승승장구하였다. 동경의 채태사를 찾아가 생일 선물을 바치고 양아들이 되었다. 청하현에 돌아와서 더욱 기세등등해 졌음은 물론이다. 관가가 죽고 나니 이병아는 견딜 수가 없었다. 불과 얼마 지나지 않아서 아들 곁으로 갔다. 『금병매』의 구조에서 보면 제10회에서 제62회까지 그 이름을 화려하게 날리고 떠났다. 서문경의 사후 험악한 꼴을 보지 않았고 살아생전에 서문경의 사랑을 가장 많이 받았고 서문경에 의해 가장 성대한 장례가 치러졌다는 점에서 보면 여주인공 세 사람 중에서 가장 행복한 여자일지도 모른다. 하지만 양중서의 첩에서 취운루의 화재 때 탈출하여 화태감에 의해 사들여서 화자허의 아내였다가 그를 화병으로 죽게 하고 또 장죽산을 맞아들였다가 쫓아내고 스스로 찾아들어온 서문경의 집이었는데 반금련이란 천적이 있어 자식 잃고 속으로 화를 담고 끙끙대고 앓다가 떠났으니 그 또한 불행한 인물이었다.

반금련은 서문경을 독차지하기 위해 늘 애쓰면서도 또 틈만 나면 진경제와 희롱하기를 멈추지 않았다. 반금련은 제1회에서부터 거의 줄곧 주인공의 자리를 지켰으며 쉬지 않고 사건을 만들어냈다. 서문경의 다섯째 첩으로 들어온 직후 넷째 첩이었던 손설아와 대판 싸움을 벌이며 본모습을 보여주기 시작했고 서문경이 기생에게 빠져서 돌아오지 않는다고 애타게 기다리다 엉뚱하게 금동이를 꼬드겨서 욕정을 채우기도 하였으니 파렴치한 인물임에 틀림없다. 한동안 조용하다가 대낮에 포도나무 가지에 매달려 희한한 모습을 보였고(제27회), 진경제의 은근한 희롱을 받아주기 시작하여 끝내 파멸로 가는 단서를 만들고 있다. 서문경의 총애를 독차지하려고 애쓰면서 춘매와는 한통속으로 붙어있지만 또 다른 시녀인 추국에게는 특별히 모질게 하여 역시 훗날 반금련이 쫓겨 가는데 결정적 증인이 되도록 만든다. 눈오는 날 밤에 서문경이 이병아의 방에서 술을 마시고 있을 때 반금련은 독수공방으로 쓸쓸한 마음을 비파를 타며 풀다가 두 사람이 찾아와 억지로 끌고 가서 함께 술을 마셨지만 질투의 마음은 풀어지지 않았다(제38회). 반금련의 질투심은 더욱 노골적으로 드러나 관가가 누구 종자인줄을 아느냐고 빈정거리기도 하고 추국을 때리면서도 이병아를 욕하여 이병아는 분을 참느라고 밤새 울었다. 서문경의 일생에서 호승으로부터 음약을 얻은 것은(제49회) 어찌 보면 결정적인 잘못이었다. 당장은 최고의 즐거움을 누리는 첩경이었지만 결국 그를 죽음으로 몰아간 근본이었기 때문이다. 그것은 결국 반금련의 인생도 바꾸어 놓았다. 반금련의 질투는 관가를 미워하게 되고 자신이 데리고 있는 덜떨어진 시녀도 미워하게 되었다. 문을 닫아걸고 강아지를 때려 그 소리에 관가가 놀라고 다시 추국을 잡아 족치는 소리에 관가가 더 놀라서 급기야 관가를 죽음으로 몰아가 이병아를 통곡하게 했다(제59회). 그리고 마침내 이병아도 시름시름 앓다가 죽었다(제62회). 이병아를 제거하였으니 반금련으로서는 이제 서문경을 온전히 차지할 줄 알았지만 그는 계속 새로운 상대를 찾아냈다. 왕초선부의 임씨 부인은 지위가 있고 나이도 들었으나 과부로서의 적적함을 풀길 없다가 서문경과 한번 맺어지며 더욱 색기를 부렸다(제69회). 드디어 서문경의 마지막 순간이 임박했다. 그러나 그는 분사의 처와 관계하고 임씨 부인을 만나고 여의아와 놀고 내작의 처와도 사통을 했다. 서문경의 몸이 전과 같지 않았지만 그는 무리해서 그렇게 순례하듯이 여러 사람과 관계하고 왕육아의 집에서 진탕 즐기고 술이 취하여 삼경에 돌아왔다. 그러나 너무 굶주려 있었던 반금련은 그냥 놔두지 않았다. 호승의 미약을 과도하게 먹이고 욕정을 채우기는 했지만 그것이 서문경으로서는 여자와 마지막 관계였다. 백약이 무효하고 의원도 점쟁이도 모두 방법이 없다고 했다. 그렇게 서문경은 죽었다(제79회). 그가 죽을 때 극적으로 유복자 효가가 태어났다.

제80회부터의 남자 주인공은 진경제다. 작가는 주수비네 집에서 하인에게 맞아죽는 제99회까지 그를 추적한다. 반금련은 서문경이 죽은 직후 장례도 끝나지 않은 복잡한 와중에서도 그동안 달라붙으며 칭얼대던 진경제를 속 시원히 끌어들여 소원을 들어주었다. 한 남자를 망쳐서 끝장을 내고 나더니 곧이어 또 한 남자를 망치는 시작이었다. 처음에 서문경에게 춘매를 허락하여 함께 놀더니, 이번에도 곧바로 춘매를 진경제와 어울리게 하여 비밀을 지키도록 했다. 그래서 춘매는 이제부터 본격적인 주인공이 된다. 반금련과 진경제와 춘매 사이의 비밀이 오월랑에게 폭로되었다. 먼저 시녀인 춘매를 팔았다. 재수 좋게도 주수비에게 팔려가서 잘 살게 된다. 왕파를 불러서 반금련도 팔아버린다. 사랑에 눈먼 진경제는 백냥의 돈을 구하러 동경으로 가고 춘매도 돈을 보내 옛 주인을 구하려고 했지만 왕파는 백 냥을 고집한다. 귀양에서 돌아온 무송이 백 냥을 선뜻 내놓고 데려가겠다고 하자 반금련은 혹시나 하는 설레는 마음까지 생긴다. 무송은 왕파까지 불러다 함께 죽여서 형의 영전에 제사를 지내고 다시 돈을 챙겨서 양산박으로 올라갔다.

반금련이 죽고 나서는 춘매와 진경제의 인생이 남았다. 춘매는 인간관계에서는 그래도 크게 인심을 잃지 않아서 옛 주인 반금련을 구하려고 애를 썼고 죽은 다음에는 시신을 수습하여 장례를 지내주었다. 자신을 쫓아내긴 했지만 오월랑과 만났을 때 여전히 마님으로 대접하고 서문경 제사 때 따로 찾아가기도 하였다. 그런데 유독 손설아에게만은 야박하게 대했다. 예전에 맺힌 바가 있었던 것이긴 하지만 다 같이 시녀 출신이었는데 손설아가 첩이 되어 시녀였던 춘매에게 잘난 체를 했기 때문이다. 손설아는 내왕에게 속아서 팔려나와 주수비네 집의 하녀가 되었다. 춘매는 위치가 바뀐 상태에서 손설아를 호되게 부렸다. 춘매는 아들을 낳고 본부인이 죽은 이후 정실부인이 되었다. 춘매가 손설아를 다시 팔아버리니 이번에는 아예 창녀로 전락했다. 진경제는 장모인 오월랑이 자신과 정에 흠뻑 빠져있었던 반금련과 춘매를 쫓아내고 나니 기운을 잃고 그나마 금련을 구하지도 못하여 실망하고 있었다. 아내인 서문대저와 한바탕 싸우고 오월랑을 음해하는 말도 서슴지 않았다. 장인이 죽은 뒤에 진경제는 막가파 같은 망나니가 되어가고 있었다. 장사에도 손을 대고 술집도 해보았지만 경영 능력은 장인의 발치도 못 따라 갔다. 하는 일마다 정성을 바치지 않고 음란한 놀이에만 골몰하고 있으니 잘 될 리도 만무하였다. 결국 춘매와 외사촌 간이라고 속이고 주수비네 집에 들어가 함께 있었다. 그러다 춘매와 사통하면서 하인을 훔보았는데 곧바로 하인 장승에게 들켜서 그 자리에서 맞아 죽었다(제99회). 춘매는 마침 자리를 피하여 모면했지만 제 복을 걷어차고 못된 버릇을 개주지 못하여 이번에는 하인의 아들과 사통하다가 29세에 복상사로 죽었다(제100회). 그렇게 여자 주인공 세 사람과 남자 주인공 두 사람의 인생이 끝났다.

작가는 그냥 바로 끝낼 수가 없어서 금나라 군대가 침략했다는 이유로 오월랑이 열다섯 살 된 효가를 데리고 피란을 가다가 스님을 만나 죽은 사람들의 전생과 윤회환생의 모습으로 깨우침을 받고 예전에 약속한 대로 효가를 출가시켜 그 아버지의 업보를 갚도록 하였다. 소설의 상투적인 수법이기는 하지만 그냥 끝내기에는 아무래도 미진하였던 것이다.(**〈표 14〉 금병매 사건 진행의 연표**(423쪽) 참고)

제7장 사대기서의 명장면

여기에 「사대기서」의 명장면이라고 제목을 단 것은 실제로는 구체적인 작품의 한 단락을 상세히 다루면서 전후 과정과 인물, 주제, 구성에 있어서 가장 인상적인 장면을 함께 감상하고자 하는 뜻이다. 작품마다 명장면이 너무나 많고 인상적인 대목이 독자마다 각양각색으로 떠오르겠지만 필자는 여기서 사대기서에서 각각 2개의 대목을 골라서 함께 풀어가 보려고 한다. 그것은 각각 이 작품의 줄거리에서 핵심적인 연결고리가 될 뿐만 아니라 중요한 인물과 사건을 함께 담고 있으며 작품 전체의 주제와 의도에도 관련성이 있다고 생각되는 장면이다.

그래서 『삼국지』에서는 「삼고초려」와 「적벽대전」, 『수호전』에서는 「생신강탈취」와 「처형장습격」, 『서유기』에서는 「천궁대소동」과 「취경단파견」, 『금병매』에서는 「이병아의 영입」과 「서문경의 죽음」을 선정하게 되었다.

1. 삼국지—인재와 영입의 전쟁

『삼국지』에서 작가의 의도는 역사의 정통성 확보에 있으며 촉한의 인물을 집중적으로 보여주고자 하였으므로 자연히 유비와 관련된 명장면을 선정하게 되는데 소설의 시작 단계에서 보여주는 「도원결의」도 의미가 크지만 아직은 전후 과정에서 걸리는 인물이나 사건이 부족하고 겨우 작은 불씨의 역할을 하고 있기에 단 2개의 장면을 선정하는 데에는 포함되지 못했다. 중원의 호걸들이 함께 각축을 벌이는 과정에서 유비는 서서히 두각을 나타내지만 잠시의 성공과 많은 실패가 이어지며 형주에 이르러 잠시 유표에게 의지하고 있을 때 결정적인 위기가 닥친다. 이때 유비의 구세주로 나타난 인물이 바로 제갈량이다. 제갈량의 합류는 유비의 인생에 전환기를 마련해주었고 촉한을 건국하는 데 기초를 마련했다. 그리하여 「삼고초려」의 장면을 먼저 선정했다. 『삼국지』 전체를 보면 중원의 영웅들이 각축전을 계속하는 가운데 결정적으로 천하삼분의 계기를 마련한 것은 「적벽대전」이다. 삼국시대 삼대 전쟁으로 불리면서 역사상 가장 유명한 전쟁이기도 하다. 양자강 중류에서 벌어진 북방 세력과 남방 세력의 최대 결전이자 조조의 기세를 약화시키고, 손권의 위상을 공고히 하였으며 유비의 세력에게 기댈 언덕을 마련하였고 제갈량의 기량을 최고로 발휘하도록 하였던 것이 바로 「적벽대전」이다. 세 나라의 핵심인물이 모두 관여하였고 삼국의 분할이라는 구도에서 중요한 계기가 되었으며 「삼절」 인물의 특징을 고스란히 보여준 「적벽대전」의 전말을 살펴본다.

1) 삼고초려

유비의 인생은 제갈량을 만난 이전과 그를 만난 이후의 두 단계로 크게 대별된다. 그만큼 제갈량은 유비의 후반 인생에 결정적인 인물이었다. 유비가 관우와 장비를 아우로 맞아 탁군에서 「도원결의」를 하였을 때는 23살이었다. 황건적을 몰아내고 나라의 안정을 찾겠다는 포부로 시작한 일이었다. 곧이어 동탁 토벌을 위한 의군의 모임에 공손찬 부대의 일원으로 참가하면서 세상의 영웅들을 직접 만나게 되었다. 조조와 원소를 그때 알게 된 것이다. 수년 후에는 예주자사, 서주목 등도 지냈다. 조조와 잠시 좋은 관계도 되었고 의탁하기도 했지만 황제의 밀지가 탄로나면서 결국 다시는 화해하기 어려운 상태로 조조와 갈라졌다. 그가 진정 조조에게 대응하기 위해서는 참모의 영입이 급선무였다. 관우와 장비는 그러한 그를 이해하지 못하고 세 번씩이나 융중으로 제갈량을 찾아가는 유비에게 불만을 토로했다. 유비는 꿋꿋이 제 뜻을 굽히지 않고 최대한의 예의를 갖춰 제갈량을 맞이할 준비를 하였다. 그가 그렇게 한 것은 이미 그 명성을 들은 바가 있었기 때문이다.

제35회에서 수경선생은 유비에게 복룡과 봉추를 추천했다. 주인공이 난관에 봉착했을 때 돌파구를 마련하는 인물이 나오게 마련인데, 제갈량이 이때 등장한 것은 그러한 의미와 상통한다. 『수호전』에서도 송강이 위급한 도주의 순간에 구천현녀를 만나 천서를 받는 내용이 들어있고 송강의 새로운 도약이 시작된다. 하지만 그것은 순전한 허구라고 할 수 있고, 『삼국지』는 거의 역사적 연도를 맞춰가고 있기 때문에 이러한 역사적 우연이 정말 소설적 안배와 관계있는지는 더 따져볼 일이다. 수경선생은 바로 사마휘다. 유비가 패전하여 도주 중에 도저히 불가능할 것 같은 단계(檀溪)를 뛰어넘어 겨우 한숨을 돌리고 있는데 목동을 만나 수경선생의 거처로 안내된다. 유비를 보좌할 인물이 부족함을 지적하고 관우과 장비는 만인을 대적할 수 있는 장군이지만 모략을 함께 준비할 수 있는 인물은 아니라고 하면서 복룡과 봉추를 추천한 것이었다. 하지만 막상 그들이 누구를 말하는지는 발설하지 않고 그저 「좋아좋아(好好)」만 연발한다. 그야말로 「웃으면서 대답 않는(笑而不答)」 이태백 시구같은 인물인 것이다. 유비의 머릿속에서는 「복룡과 봉추」의 화두를 끌어안게 되었다.

제36회에서 서서(徐庶)는 조조의 진영인 허창에 있는 어머니의 거짓 편지를 받고 유비를 떠나 모친의 곁으로 가려고 했다. 사실은 조조가 서서를 끌어들이려고 그 모친을 협박했지만 말을 듣지 않자 위조한 편지를 보낸 것이었다. 서서는 떠나면서 그쪽에 가더라도 조조에게는 계책을 헌납하지 않겠다고 약조하고 또 복룡에 해당하는 제갈량을 구체적으로 추천했다. 그 이름이 드러난 것이었다. 봉추는 방통이라고 했다. 바로 유비가 목동을 만났을 때 방덕공의 조카라고 했던 방통이다. 서서는 제갈량을 비교적 상세히 소개했다. 제갈량은 낭야의 양도 사람인데 조상은 한나라 사예교위 제갈풍이고 부친은 제갈규인데 일찍 죽어 숙부인 제갈현을 따라 형주에 왔다는 것이다. 숙부 사후에 동생인 제갈균과 함께 남양에서 밭을 갈고 「양보음」을 읊으며 은거 생활을 하는데 살고 있는 곳의 언덕이름이 와룡강이어서 스스로 와룡선생이라고 한다는 거였다. 제갈량의 이력이 한꺼번에 나온 것이었다. 유비로서는 아직 만나지도 못했는데 이런 인물임을 알게 되었으니 몸이 달지 않을 수 없었다.

제37회에서 서서의 모친은 아들이 거짓 편지에 속아 허창으로 돌아온 것을 보고 충효는 본래 양립할 수 없는 것이라고 그 어리석음을 야단치고 스스로 목숨을 끊었다. 수경선생 사마휘도 마침 유비를 찾아와서 서서가 아직 남아있으면 그 모친이 살고, 돌아갔으면 그 모친은 죽게 된다고 정확하게 예언했다. 유비가 서서로부터 이미 제갈량의 이름을 들었다고 하자, 그제야 사마휘는 제갈량이 스스로 관중이나 악의에 비유했다고 하지만 자신이 보면 강태공이나 장자방에 비할 인물이라고 더욱 추켜세웠다. 제갈량의 재주에 대해 아직은 의심스럽게 바라본 관우는 더욱 놀랐다. 이때 제갈량의 가까운 친구들도 소개되었다. 최주평과 석광원, 맹공위 그리고 서원직(서서) 등이었다. 이제 본 인물이 나타나기 이전에 그에 관한 주변 상황은 완전히 파악된 셈이었다. 본인은 스스로 과연 어떤 모습으로 나타날지 독자들은 궁금한 일이었다. 마침내 유비의 삼고초려가 시작되었다. 회목은 「삼고모려(三顧茅廬)」다. 우리말로는 삼고초려다. 모초(茅草)는 띠 풀인데 지붕을 엮는데 쓴다. 우리는 볏짚으로 주로 지붕을 만든다. 볏짚이 없는 중국의 산지에서는 띠 풀을 쓰지 않을 수 없을 것이다.

첫 방문에서 와룡강의 모습을 시로 담아냈다. 그리고 친구 최주평을 등장시켰다. 마음이 바쁜 유비는 비슷한 인물만 나와도 "이 분이 바로 와룡선생이구나!"라고 헛다리를 짚었다. 유비의 조급한 마음을 드러내는 묘사다. 그럴수록 작가는 더욱 뜸을 들인다. 마침내 관우와 장비도 짜증을 낸다. 하지만 유비의 인내심과 공경심을 보여주는 것이 목적이었으니 기회는 계속 다음으로 미루어진다. 최주평을 만나서도 유비는 난세와 치세의 이치를 말하며 인재를 구하려는 간절한 속마음을 보여준다.

두 번째 찾아갔을 때는 다른 친구인 석광원과 맹공위도 만난다. 앞서서 이미 서원직은 알고 있었던 것이니 주변 인물을 모두 만나고 나서야 본 인물을 드러내려는 전략인 것이다. 심지어 동생인 제갈균도 보게 되는데 순전히 동자의 착각으로 엉뚱한 대화를 나누게 된다. "선생께서 오늘은 장원에 계시는가?" 이렇게 물었으면 당연히 제갈량을 말하는 것임이 분명한데도 동자는 집안에 있는 것이 동생인 제갈균임에도 불구하고 "네 지금 당상에서 책을 보고 계십니다"라고 대답한 것이다. 당상으로 오르는데 유명한 대련이 걸려있다. 「마음이 담담하면 뜻이 분명해지고(澹泊以明志)」, 「마음이 고요하면 멀리 생각하게 된다(寧靜以致遠)」. 이것은 본래 제갈량이 아들에게 경계하라는 글로 준 「계자서」에 나오는 말인데 구절도 약간 바꾸어서 여기에 걸어놓고 있다. 유비가 초당에 오르니 무릎을 감싸고 난로를 쬐고 있던 소년의 노래 소리가 먼저 들린다. 유비는 여전히 제갈량으로 착각하고 끝까지 공손하게 인사를 마친다. 그제야 제갈균은 둘째 형님은 최주평을 만나러 나가서 돌아오지 않았다고 하면서 자기네 삼형제를 소개하고 첫째 형이 손권의 막료로 있는 제갈근이라고 밝힌다. 제갈량 자신만 나타나지 않았을 뿐 이제 모든 주변 상황은 유리알처럼 환해진 것이다. 이러한 안배는 세 번째의 방문에서 유비가 제갈량을 만났을 때 다짜고짜 「천하삼분」의 계책을 논의하기 위한 조치라고도 하겠고 또 향후 급박하게 돌아가는 정세 속에서 다시 제갈량의 주변 이야기를 소개할 겨를이 없게 되기 때문이기도 할 것이다. 유비는 제갈균에게 여러 가지를 물어보고자 하나 장비가 옆에서 보챈다. 유비는 지필묵을 달라고 하여 간곡한 필치로 편지를 남긴다. 구절에는 사마휘가 비유한 강태공(여망)과 장자방의 이름까지 넣었다. 이쯤 되면 만날 사람은 다 만나본 것으로 알았는데 또 남았나보다. 제갈균의 배웅을 받으며 대문을 나서는데 동자의 목소리가 크게 들려온다. "노선생께서 오시나이까!" 시를 읊으면서 호로술병을 들고 노새를 타고 눈을 밟고 오는 모습은 영락없는 은자의 자태였다. 유비가 또 "이분이야 말로 진짜 와룡선생이다!"라고 외친 것도 무리는 아니었다. 그런데 알고 보니 제갈량의 장인인 황승언이었다. 그의 딸인 황부인은 나타나지 않았다. 조선에서 따로 「황부인전」을 만들어 제갈량의 온갖 신비로운 도술을 속으로 가르쳐 준 주인공 말이다.

그리하여 마침내 제38회에서 「진룡(眞龍)」의 등장으로 이어지는 것이다. 세 번째 찾아갈 때 관우와 장비의 항의가 정식으로 접수되었다. 유비는 결국 주문왕이 강태공을 모시는 전례를 비유로 들면서 두 사람을 억지로 설득한다. 융중으로 가면서 중도에 제갈균으로 부터 제갈량이 집에 돌아와 있다는 사실을 확인한다. 초당에 도착했을 때 공명은 낮잠을 자고 있었다. 유비는 그를 깨우지 못하게 했다. 극도의 조심스런 접근이었다. 그리고 계단 아래서 시립하고 기다리고 있었다. 장비가 화가나서 투덜대며 집 뒤에 불이라도 내겠다고 난리쳤지만 관우가 말렸다. 일어나는가 싶더니 벽의 안쪽을 향해 돌아누워 한참을 더 자고나서야 부스스 일어난다.

> "속객이 오시진 않으셨느냐?"
> "네 유황숙이 여기 계시는데 서서 기다리시는지 오래 되었습니다"
> "왜 빨리 알리지 않고 무엇을 했느냐! 내 잠시 옷을 갈아입고!"

하면서 후당으로 들어가 또 다시 한참을 지나서야 옷을 갖춰 입고 나타난다. 그리고 현덕이 바라본 제갈량의 모습이 묘사되고 유비는 간곡하게 가르침을 청한다. 처음에 약간 상투적으로 뒤로 빼던 제갈량도 급기야 「천하삼분」의 계책을 도도한 강물처럼 펼쳐내고 나아가 지도를 보여주면서 향후 형주와 익주를 차지하여 일대의 기틀을 마련할 것을 주문하였다. 이것이 바로 「초려대」혹은 「융중대」라는 것이다. 이때 제갈량 나이 27세, 유비는 47세였다. 그 글은 진수의 『삼국지』「촉지」의 「제갈량전」에 고스란히 전하고 있으니 역으로 말하면 이를 바탕으로 소설 『삼국지』를 이렇게 꾸며낸 것이다. 참으로 길고긴 시간을 기다려서 마침내 유비와 만나는 것은 바로 이 「대책」을 제대로 보여주기 위한 것이고 소설 속의 유비는 물론이고 독자들도 그 경중을 잘 파악하라는 의도일 것이다.

2) 적벽대전

『삼국지』는 한나라 말의 난세를 당하여 영웅호걸들이 한바탕 재주와 기량을 겨룬 일대의 대결장이었다. 세상의 뛰어난 인재들은 영웅의 깃발 아래 모여들었고 전쟁의 방식으로 이합집산이 이루어졌다. 그 사이에 일어난 숱한 전쟁 중에서 대세를 뒤바꿔 놓은 세 차례의 중요한 전쟁으로 불리는 것은 관도대전, 적벽대전, 이릉대전이었다. 한말 조정이 혼란에 빠지고 동탁이 권력을 장악하여 전횡을 저지르자, 조조를 비롯한 반동탁의 의군이 조직되었지만 별무효과였고 오히려 각지의 제후들이 각자 욕심을 채우려는 방향으로 흘러갔다. 유비의 소그룹은 이때 처음으로 역사에 등장했다. 동탁이 죽고 우여곡절 끝에 조조가 황제를 끼고 조정의 명을 대신하면서 하북의 원소와 관도대전에서 승리하자 북방지역은 조조의 기치 아래 거의 통일이 되었다. 조조의 손아귀를 벗어나 형주에 의탁하던 유비는 이제 정면으로 조조의 위협을 받아내야 했다. 유표가 죽고 아들은 조조에게 투항하였으니 더 이상 기댈 곳도 없었다. 유비는 이 무렵 다행히도 제갈량을 얻었다. 그들은 의기투합하여 동오의 손권을 설득하여 함께 조조를 막아내기로 했다. 사실 유비 집단에서는 아무런 군사력이 없었으므로 동오와의 연합이라고 해도 별다른 도움은 되지 못했다. 그러나 제갈량의 뛰어난 재주는 동오의 군사와 맞먹는 위력을 발휘하고 있었다. 적벽대전에서 동오의 주공은 손권이고 사령관은 주유였지만 소설 속의 주인공은 제갈량이었다. 제갈량은 등장한 지 불과 얼마 안 되는 사이에 일약 천하의 주인공으로 부각되고 영원히 뛰어난 전략가이면서 정치가로 자리매김한 것이었다. 그에게는 「지절(智絶)」의 영광스런 칭호가 주어지고 삼국인물 최고의 영예를 차지하게 되었다. 그것은 바로 적벽대전을 승리로 이끌어낸 인물이었기 때문이다. 앞서 제갈량은 「융중대」에서 유비에게 천자를 끼고 제후에게 호령하는 조조에게는 직접 싸울 수 없다고 하였다. 또한 강동에 삼대의 기반을 다져온 손권과도 다툴 수는 없고 다만 연합하여 조조에 대항하여야 한다고 하면서, 무능하고 포악한 지도자가 차지하고 있는 형주와 익주를 차지하여 천하를 셋으로 나누어 나라를 세운 후에 차츰 북벌을 감행하면 한나라의 부흥을 기약할 수 있을 것이라고 강조했다. 지금 제갈량은 바로 그러한 전략의 첫 번째 수순으로 동오와의 연합에 나선 것이다.

사실 삼국의 형세에서 적벽대전과 같은 남북의 대결은 거의 필연적이었다. 조조가 북방을 통일하고 나면 자연히 남방으로 돌릴 것이고 그 첫 번째 길목이 가장 취약한 형주가 될 것이기 때문이다. 유표가 죽자 나약했던 그 아들은 당장 조조에게 항복했고 형주에 의탁하고 있었던 유비는 남쪽으로 도주해야 했지만 무턱대고 어디까지 달아날 수도 없는 문제였다. 유비 집단의 생존이 당장 문제가 되었다. 동오에서는 조조의 대군이 쳐들어온다는 소식이 전해지자 조정 대신의 대부분은 버틸 수 없다고 판단하고 투항을 결정하려고 했다. 동오가 투항하면 유비로서는 그야말로 갈 곳이 없었다. 제갈량의 「천하삼분지계」도 물거품이 되는 것이고 동오와 연맹을 맺어 조조에 대항한다는 전략도 소용없는 일이 되고 만다. 제갈량은 세치 혀로 동오의 문신들을 설득하기로 하였다. 그리하여 본격적인 「적벽대전」의 서막은 제43회의 「제갈량설전군유」로부터 시작되는 것이다. 전쟁을 할 것인가 말 것인가의 결정은 주군인 손권이 하는 것이지만, 실제로 전쟁에 나서서 대결하는 사람은 장군인 주유다. 그의 싸움 의지는 무엇보다도 중요하다. 이른바 투지(鬪志)라는 것이다. 동오의 장소는 조조군과의 싸움에서 승산이 서지 않자 투항하자고 주장하였다. 노숙은 주전파의 편에 서서 장소를 설득하려고 했지만 어려웠다. 손권은 일단 노숙의 생각에 기울어 있었지만 신료들의 의견을 다 같이 듣고자 했다. 노숙은 제갈량을 손권에게 데리고 갔다. 제갈량은 조조 군사의 약점을 일일이 거론하여 충분히 조조를 막아낼 수 있다고 주장하였고 장소는 유비의 속임수에 넘어가지 말라고 권고하여 손권은 최종 결정을 못하고 있었다. 이어서 파양호로부터 돌아온 주유가 논의에 끼어들었다. 제갈량은 주유의 전쟁에 대한 투지를 확고하게 만들기 위해 조조가 동작대를 세운 것은 강동으로부터 이교를 차지하겠다는 야욕이라고 말하여 주유를 격분시켰다. 이것은 제갈량의 작전으로써 조식이 지은 「동작대부」를 공교롭게 이용한 것이었다. 본래 제34회에서 나오는 동작대의 부(賦)에 조식이 덧붙인 구름다리 둘을 표현하는 이교(二橋)를 이교(二喬)로 탈바꿈한 것은 제갈량이 대교와 소교의 신분을 미리 알고 교묘하게 활용한 것이다. 대교는 손책의 부인이고 소교는 주유의 부인이었다. 제갈량의 놀라운 지혜와 주유의 참을 수 없는 격분을 보여주기 위한 작가의 교묘한 장치였다. 주유의 말을 들은 손권은 마침내 전쟁을 감행하기로 결정하고 정면대결의 의지를 확고히 한다.

주유는 동오의 제갈근이 제갈량의 형임을 내세워 형제의 정 때문에 일을 그르칠 수 있다고 했으나 제갈량은 형제의 정으로 인해 일을 더욱 완벽하게 끝낼 수 있다고 반론을 제기했다. 이어서 제갈량을 시험하는 주유의 작전이 계속되지만 제갈량은 더욱 뛰어난 재주를 보이며 주유를 놀라게 한다. 짚을 잔뜩 실은 작은 배로 화살 10만 개를 구하고(초선차전草船借箭), 칠성단을 세워 동남풍을 불어오게도 한다(차동풍借東風). 제갈량으로서는 스스로 가진 것이 없으므로 모두 빌려온다는 작전이었던 것이다. 주유의 쪽에서도 조조 진영과의 머리싸움이 계속되어 속고 속이는 정보전이 치열하게 전개된다. 이때 장간과 황개의 역할이 멋지게 묘사되었고 덧붙여서 감택의 항복문서와 방통의 연환계까지 이어져 조조 진영은 배를 묶어놓고 멀미를 예방하며 갑판 위로 말을 타고 오가며 진두지휘를 하게 만들었다.

주유에게 찾아온 어린 시절의 친구인 장간으로 인해 적벽대전의 발발에 앞서 치열한 정보전이 펼쳐진다. 주유는 장간과 술을 마신 후에 일부러 밤중에 비밀문서를 엿볼 수 있도록 하는데 바로 조조군의 수군대장 채모의 투항서였다. 채모는 본래 유표의 아래서 양자강의 수군을 관장해온 전문가였는데 조조에 항복하여 수군의 책임을 맡았다. 가짜 투항서 때문에 채모를 죽인 직후 후회한 조조는 채모의 족제를 주유에게 보내 거짓 투항을 시켰으나 이미 눈치를 챈 주유는 장계취계(將計就計, 즉 상대의 계략을 역이용)하기로 하고 황개의 고육지책을 연출한다. 조조는 동오의 참모 감택이 보내온 황개의 거짓 항복을 받아들인다. 방통은 조조에게 연환계를 올리고 조조는 배 위에서 술을 차리고 연회를 연다. 깃발이 부러져 불길한 예언을 한 유복을 죽이고 정욱과 순유가 화공을 경고하였지만 조조는 한겨울에 서북풍이 불 뿐이라고 호언장담하였다. 만반의 준비가 끝났으므로 이제 동남풍만 불어온다면 화공은 성공하게 되는 것이다. 그것은 제갈량의 몫이었다. 제갈량은 칠성단에 올라 동남풍을 빌었다. 주유는 제갈량을 제거하지 않으면 후환이 있을 것으로 여겨 사람을 보내 죽이도록 했지만 제갈량은 이를 미리 알고 조자룡이 달려와 구출하도록 하였다. 동오와 연합하여 공동으로 조조를 막는 중이었지만 또한 상호 간의 치열한 경쟁과 견제가 진행되고 있었던 것이다. 황개의 투항선이 다가오자 문득 수상함을 느끼고 정욱이 경고하고 문빙이 달려들어 막으려고 했지만 벌써 불타는 배가 달라붙어 불은 조조의 선단에 옮겨붙고 있었다. 적벽대전의 이 대목이 제49회 회목에서는 「주유종화(周瑜縱火)」라고 되어 있지만 일반적으로 「화소적벽(火燒赤壁)」으로 묘사된다. '불타는 적벽' 혹은 '적벽을 불태우다'라고 옮길 수 있을 것이다. 『삼국지』의 삼대 전쟁은 모두 화공의 승전이었다. 조조는 원소의 식량 창고 오소를 불태웠고(30), 주유는 조조의 적벽선단을 불태웠으며(49), 육손은 유비의 칠백 리 진영을 불태웠다(84). 그중에서 불타는 적벽은 가장 상징적이었다. 선단이 불붙었다고 전쟁이 바로 끝난 것이 아니었다. 조조를 잡아야 끝나는 전쟁이었다. 처음 거짓 투항한 황개가 조조에게 달려들었지만 장료의 화살을 맞고 물에 빠졌다. 조조는 도주로를 화용도로 잡았고 제갈량은 정확하게 예상하고 조자룡과 장비와 관우를 차례대로 배치했다. 조조는 도망치면서도 가는 곳 마다 한바탕 웃음을 터뜨렸다. 세 번째 웃음이 끝나기 무섭게 또 하나의 장수와 맞닥뜨렸다. 바로 관운장이 청룡언월도를 치켜들고 적토마에 높이 올라앉아 길을 가로막고 있었다. 패주하던 무리들은 이제는 죽었다고 모두 말에서 내려 엎드렸다. 정욱이 속삭였다. "운장은 평소에 약한 자에게는 관대하고, 은혜와 원수를 분명히 가리며, 특히 신의가 높다고 했으니 승상께서 직접 사정해보시는 게 어떠신지요."

관우는 조조에게 항복하여 대접받던 일을 잊지 않고 있었다. 딱히 이런 일이 있을 것을 미리 알고 관우에게 잘해 준 것은 아니었지만 확실히 조조는 관우를 달리 대접했었다. 소설의 처음부터 관우에게 특별한 관심을 보인 것은 조조였다. 유비에게가 아니라 자신에게 왜 그러한 인물이 들어오지 않았는지 유비가 미웠고, 천리길을 멀다 않고 오관을 지나 장수 여섯을 죽이면서까지 두 형수를 모시고 단기로 내달리던 관우를 보면서 조조는 관우의 사랑을 받지 못하는 것에 너무 가슴이 아파했다. 금은보화를 주고 미녀를 구해주고 조정에 품하여 한수정후의 작위까지 내려주었건만 오직 적토마를 주었을 때만 지극히 기뻐하며 "이제 형님이 계시는 곳을 알게 되면 한시바삐 달려갈 수 있게 되었다" 하였다니 조조로서는 그야말로 할 만큼 최선을 다했다고 하겠다. 이제 관우의 차례가 된 것이다. 관우는 의로움을 목숨처럼 여기는 사람이다. 밤마다 등불 아래 춘추를 읽고 있는 모습은 훗날 그의 소상에도 그려지는 이미지다. 조조는 이제 지난 일을 들추어가며 관우의 감성에 호소를 한다. 춘추의 의리까지 들먹인다. 당시 포위된 관우의 항복 요구조건에 협상을 맡았던 옛친구 장료까지 나타나자 관우는 장탄식을 하면서 그들을 풀어준다. 인생은 그야말로 「무가내하(無可奈何)」가 아니던가. 제50회에서 관우가 조조를 살려 보내면서 적벽대전은 공식적으로 끝이 나고 천하삼분의 단계로 접어든다. 총 8회에 걸친 긴 이야기가 마무리된 것이다. 의로움을 생각하여 놓아주는 「의석」의 키워드는 『삼국지』나 『수호전』에서 이제 상투적인 수법이 되었다.

『삼국지』의 명장면에 선정된 「삼고초려」와 「적벽대전」은 여러 가지 면에서 전체의 균형을 보여주며 상호 간의 정교한 대비가 되는 장면이라고 할 수 있다.

전자는 개인적 사건이었고, 후자는 국가 대사였으며 전자는 재야에 숨어있는 은사의 집을 연거푸 찾아간 것이고 후자는 남북의 세력이 강물 위에서 정면으로 충돌하여 전체의 판도를 뒤흔든 일이다. 다만 위촉오의 세 나라로 정식 건국한 이후의 사건 장면을 함께 볼 수 있는 기회가 없어서 안타깝지만 소설 『삼국지』의 핵심은 전반부에 있다고 보고 많은 독자들이 전반부의 내용에 깊은 감동을 받고 있다는 점을 감안하면 이상 두 편의 장면 소개가 헛되지 않을 것으로 여겨진다.

2. 수호전—호걸의 결집과 대항

『수호전』의 명장면을 선정할 때 필자는 역시 몇 가지 내용을 고려했다. 작품 전체의 핵심적인 주인공 인물과 작가의 의도를 보여주는 주제와 서사구조에 있어서의 결정적인 기능을 할 수 있는 대목인가를 보자는 것이었다. 『수호전』의 구성은 처음에 옴니버스형식을 취하여 강호의 영웅인물이 하나씩 나타나 자신의 성격을 보여주는 사건을 만들고 새로운 인물을 만나 또 다른 사건으로 이어진다. 사진에서 노지심, 노지심에서 임충, 임충에서 양지로 이어지는 초반부 이야기가 그렇다. 양지에서 이어지는 조개와 그의 일당에 의한 「생신강탈취」는 여러 가지 면에서 주목되는 장면이다. 「생신강탈취」로 인해 이 책의 주인공 송강을 이끌어내고 또 부정부패한 고관대작의 보물을 탈취하는 행위는 곧 의로운 행위라는 작가의 관점을 드러내며 이 책의 주인공들이 모여드는 중심의 장소인 양산박을 등장시키고 있다는 점이다. 「생신강탈취」는 개인이 아니라 집단이라는 면에서, 또 우발적인 사건이 아니라 정교하게 기획된 강탈 사건이라는 점에서 민중의 조직인 항거를 의미하고 관군을 추격을 피해 양산박으로 올라갔다는 점에서 핍상양산(逼上梁山)의 실체를 보여준다. 양산박의 취의청 핵심 인물은 결국 「생신강탈취」에 관련된 인물들이 중심이 되어 확대 구성된 것이었다. 이들이 명장면 2개를 골라야 하는 어려움 속에 「생신강탈취」의 장면이 포함된 이유다. 그리고 조개 이후 진정한 양산박의 총두령이 된 송강의 영입 장면은 「처형장습격」이다. 이곳에서 비로소 양산박의 이름으로 송강을 구출하였으며 양산박 입산을 거부하던 송강은 먼저 원수를 갚고 만부득이 양산으로 오르게 된다. 이는 진정한 송강의 시대를 여는 단초가 되었으므로 이를 또 하나의 명장면으로 선정하여 구체적으로 살펴본다.

송강은 양산박의 주인이 된 조개 일당에게 있어서 생명의 은인이다. 그냥 고마울 뿐만 아니라 그의 어질고 효성스런 심성과 남을 돕고 의로운 행위는 산동의 전 지역에 자자하게 명성을 날리고 있었으니 양산박의 얼굴을 번듯하게 바꾸어야 하는 조개 일당으로서는 송강을 양산박으로 모셔오려고 갖은 노력을 다 기울였다. 그러나 송강은 양산박행을 주저하였다. 그가 살인을 저지른 것도 양산박의 정보를 드러내지 않으려는 것이었지만 그것은 의리를 지키려는 것이었을 뿐이지 그 자신이 낙초(落草, 초야의 도적으로 전락함)의 뜻을 가진 것은 아니었다. 애초부터 조개와는 달랐다. 그는 마을의 유지로서 보정 자리를 지키며 명망도 있었지만 「생신강탈취」의 제안을 선뜩 받아들였다. 명예와 부귀를 모두 포기하고 강호에 떠도는 호걸로 되겠다는 생각이 없지 않았던 것이다. 물론 양산박에 오르자 곧 두령이 되었고 죽을 때 까지 두령의 자리를 지키고 있었으니 강호를 떠도는 비참한 생활을 한 것은 아니었다. 그에 비하면, 송강은 오히려 낙초를 거부하면서 스스로 강호의 유랑객이 되었다. 수호의 이야기는 구성상으로 볼 때 그가 산에 오르는 순간 본격적인 양산박의 중심시대가 열릴 것을 예견하고 있었다. 그런 의미에서 송강이 굳이 양산박의 입산을 사양하고 스스로 결박당해 강주로 귀양을 갔다가 우여곡절 끝에 사형장에 끌려나오게 된 것은 그의 구출을 더욱 극적으로 만들기 위한 장치로 보인다. 양산박의 영웅들은 누구하나 반대하지 않고 강주로 달려가 형장을 급습하여 그를 구출하였다. 본격적으로 국가의 공권력에 반기를 든 것이었다. 대규모 관군과 대항하면서 한 도시를 쑥대밭으로 만들어 놓았으니 「처형장습격」의 성공적인 수행은 양산박의 위상을 만천하에 공표한 것이었으며 송나라 조정에 정식으로 도전장을 낸 것이었다. 송강이 바로 그 핵심에 있었고 그로 인하여 기존에 산동과 하북 지역의 인물 이외에 양자강을 중심으로 하는 강남의 인재들이 대거 송강을 따라 입산하게 되었다. 강주에서 음으로 양으로 송강과 인연을 맺은 인물들은 후에 양산박에서 송강의 수하로서 적극적인 역할을 하였다. 따라서 「처형장습격」은 비단 송강의 구출이라는 직접적인 목적 이외에 양산박의 인물 확충과 향후 양산박의 비약적인 발전에 기초가 된 사건이었으므로 명장면으로 선정되었다.

1) 생신강 탈취

『수호전』에서 「생신강탈취」의 이야기는 양지(楊志)로부터 시작된다. 이 이야기는 세 가닥으로 나뉘어진다. 하나는 생신강(生辰綱)을 안전하게 이끌고 가려는 양지의 피나는 노력이고 또 하나는 생신강의 정보를 구하여 이를 탈취하려고 준비하는 조개(晁蓋)일당의 계획이며 사건이 벌어지고 난 이후 이들을 잡으려는 자들과 이들을 놓아주려는 자들의 숨바꼭질의 과정이다.

양지는 대명부에 귀양 갔다가 실력을 인정받아서 양중서가 장인 채태사에게 보내는 생신 선물을 호송하는 책임을 맡게 된다. 제13회의 후반 생신강 호송의 문제로 시작된 이야기는 제14회에서 홀연 운성현 동계촌에 적발귀 유당이 나타나는 이야기로 뛰어넘는다. 알고 보니 그는 바로 이 비밀 정보를 알아내고 이 마을의 보정을 지내는 조개를 찾아온 것이었다. 생면부지의 인물이었지만 자신을 찾아왔다기에 얼렁뚱땅 외삼촌과 생질 사이라고 둘러대고 유당을 받아들였다. 그는 십만 관 생신강이 탐관오리가 백성의 고혈을 빨아서 모아들인 불의의 재물이니 이를 빼앗은 들 어떠하냐고 했고, 조개는 즉석에서 응했다. 재야의 선비 오용이 여기에 가담하고 그는 다시 완씨 삼형제를 끌어들인다. 그때 도사 공손승이 별도의 경로로 정보를 입수하고 이곳에 찾아들어 결국 7인의 의적단이 만들어졌다. 사실 떼강도라고 해도 좋겠지만 그들은 철석 같이 의적이라고 믿고 있었다. 유당이 어떻게 정보를 알게 되었는지, 조개는 또 마을에서 존중을 받고 있는 이장으로서 이 엉뚱한 사건에 어찌 그리도 쉽게 동참하게 되었는지, 조용한 선비가 언제부터 기회를 노리다가 아무 고민도 없이 즉각 참여하게 되었는지 등은 별로 중요하지 않다. 아마 세상의 불평불만을 품은 자들은 고금을 통하여 언제 어디서나 존재하는 것이고 그 기회가 왔을 때 곧바로 용기를 낼 수 있는가의 문제일 뿐이다. 완씨 삼형제를 설득하는 과정에서 탐관오리를 비판하고 엿 같은 세상을 욕하는 그들의 진솔한 속마음이 드러난다. 완씨 삼형제가 사는 곳은 바로 양산박 석갈촌이다. 그들은 물가에서 살면서 물을 귀신같이 다루고 이 주변의 지리를 훤히 알고 있다. 그들이 양산박을 도주처로 선택한 것은 바로 이러한 이점이 있기 때문이었다.

그들 중에서 「생신강탈취」 전략을 짠 것은 오용일 것이지만 각자 대추장수 연극의 훌륭한 배우 역할을 충실히 수행하였다. 그들은 황니강에서 생신강의 호송단을 기다렸다. 제16회의 전반에 호송단의 책임을 맡은 양지는 자신의 판단을 철석 같이 믿으며 객상으로 분장한 군사들에게 무거운 짐을 지우고 한낮의 더위를 무릅쓰고 강하게 밀어붙이며 행군을 강행했다. 내부 갈등이 일어나는 것은 당연한 일이었다. 늙은 도관과 두 사람의 우후는 그에게 주어진 강력한 권한에 어쩔 수는 없었지만 불만은 점점 높아지고 있었다. 오뉴월 한낮의 더운 날씨에 쉬지 못하고 고갯길을 넘어야 하는 그들은 양지의 속셈이 무엇인지조차 가늠하지 못하고 억지로 끌려가듯 했다. 양지는 그 전년도에도 강탈당한 바가 있었던지라 절대로 노상강도들이 나타나지 않을 만한 장소와 시간을 택한 것이었다. 그러나 양지가 간과한 것은 보통의 노상강도다. 그들은 그냥 이 객상들의 물건이 보통 심상한 장사꾼 물건일 때의 경우다. 십만 관의 생신강이라면 강도들도 더욱 철저한 준비가 있을 테고 추위와 더위를 가리지 않을 것이다. 정보가 샜다는 사실, 적어도 비밀 정보가 샜을 경우에 대해서는 전혀 예상하지 못한 것이 양지의 어리숙함이다.

대추 장사들이 건네는 술잔을 받아먹은 군관들은 모두 쓰러지고 절반만 마신 양지는 잠시 후에 깨어나지만 이미 대추 장수로 위장한 강도단이 모든 보물을 휩쓸어간 뒤였다. 양지는 끝끝내 군관들의 요구를 막아내지 못한 회한이 일었지만 이미 엎질러진 물이었다. 그는 몸을 털고 일어나 여전히 몽혼약에 취하여 쓰러져 있는 나머지 사람들을 남겨두고 어디론가 사라질 수밖에 없었다. 양지의 인생은 실패의 연속이었다. 화석강의 운송에 실패하여 죄를 받은 것이었는데 이번에 겨우 기사회생할 수 있는 천재일우의 기회를 잡아서 생신강의 호송을 맡아 성공적으로 이끌고자 하였지만 또 실패하였으니 그냥 산적으로 전락하여 목숨을 부지하는 수밖에 없었다. 그는 노지심을 만나서 함께 이룡산을 점거하고 산적이 되었다.

도관과 우후는 군관들을 이끌고 돌아가 양지에게 죄를 덮어씌웠고 대명부에서는 제남부에 불호령이 떨어졌다. 이때부터 범인 검거 활동이 시작된 것이고 동시에 의로운 마음으로 조개 일당에게 도망가라고 알려준 인물로서 송강이 정식으로 등장하게 된 것이다. 범인을 잡는 하도는 노름꾼 동생인 하청으로부터 결정적인 단서를 확보하였다. 같은 노름꾼 백승이 어쩐지 돈이 풍족해졌다는 것이다. 그를 잡아 족치고 방안을 수색하니 구들장 바닥에서 장물이 나왔다. 백승은 끝내 불지 않으려고 했지만 여관에 잘 때 조개의 얼굴을 알아보는 사람이 있었다. 이름난 동계촌의 탁탑천왕이라고 했으니 당연히 누군가 알만 했다. 하도는 곧장 운성현에 와서 범인 체포의 담당관인 압사 송강을 은밀히 만났다. 누군가가 알아채고 범인들이 도망칠까 걱정해서 그런 것이지만 실제로는 그 은밀한 행동으로 인해 역으로 송강은 더욱 은밀하게 비밀을 누설하여 조개 일당을 도망치게 했다. 완씨 삼형제는 석갈촌으로 돌아가고 조개의 후원에는 네 명이 있었는데 이들은 곧이어 파견된 도두 주동과 뇌횡에게 잡혔지만 역시 의로운 인물답게 그들을 교묘하게 놓아주었다. 조개 일당을 잡지 못한 하도는 곧바로 완씨 삼형제를 잡으러 석갈촌으로 달려갔지만 물가에서 자란 완씨 삼형제로부터 농락만 당한 채 귀가 잘려 돌아와야 했다. 조개 일당은 어쩔 수 없이 양산박으로 들어간다. 산채 주인 왕륜은 지난번 임충이 들어올 때도 꺼려하여 갖은 조건을 다 내걸었는데 이번에는 일곱 명의 호걸이 한꺼번에 들어오자 아주 난색을 표했다. 그때 길목에 나가 양지와 한바탕 결투를 벌이고 나서 어렵사리 입산한 임충은 갈 곳 없는 강호의 호걸을 박대하는 왕륜을 더 이상 두고 볼 수가 없었다. 그는 무도한 왕륜의 목을 날려 보내고 조개를 새로운 두령으로 옹립했다. 그리하여 새로운 양산박의 시대를 문 열게 되었다.

2) 처형장 습격

송강은 고향으로 돌아갔다가 부친의 가르침을 받고 불충불효한 사람이 되지 않겠다는 의지를 가지고 자진하여 관에 잡혀 강주로 귀양을 가게 된다. 도중에 유당이 길을 막고 양산박에 데려가 대접을 한다. 양산박 두령들은 호송관을 죽이고 그대로 남아있을 것을 바랐지만 송강은 기어코 귀양길로 떠난다. 가는 도중 역시 많은 일이 일어난다. 게양령에서 몽혼약에 취했지만 양자강 뱃사공 이준이 살려내었고 양자강에서는 장횡, 목홍, 목춘 등과 만난다. 강주에 이르러 감옥을 관리하는 신행태보 대종을 만나 오용이 써준 소개장을 준다. 송강의 강주 귀양생활은 그리하여 별 어려움 없이 잘 지내게 되었다. 적어도 심양루 술집에서 반역의 시를 휘갈겨 놓지만 않았다면 아무 문제없이 지내다가 형기를 마쳤을 것이다. 특히 대종 수하의 이규는 송강을 지극한 형님으로 여기고 심복처럼 따른다. 송강에게 좋은 잉어를 구해주려다가 장순과 한바탕 싸움에서 물에 빠져 곤욕을 치르지만 송강에 대한 진솔한 존경의 마음에서 일어난 일이었다. 송강은 이처럼 스스로 나선 강주 귀양길에서 많은 호걸을 새로운 형제로 확보하였다. 이들은 그가 양산박에서 행동을 개시할 때 결정적인 후원자들이 되었다. 제39회는 송강의 일생에 또 하나의 전기가 되었다. 비록 죄수로 귀양 와 있던 처지였으나 대종이나 이규의 특별한 배려로 늘 주점을 들락거렸던 송강은 이날 혼자서 심양루에 올라 혼자 잔을 기울이다 문득 어지러운 세상의 불합리한 일들에 대한 감회를 심각한 수준의 시로 적었다. 자신도 관청의 아전을 했던 사람이었으니 그러한 일이 얼마나 위험천만한 것인가는 당연히 알고 있었겠지만 이때 송강은 취해 있었으니 그런 것을 고려하지 않았을 것이다. 그의 반역시에는 다음과 같은 구절이 들어있다.

"언젠가 복수를 할 수만 있다면, 심양강 물가를 핏빛으로 물들이리!"

"언젠가 내 꿈을 이룰 수 있다면, 황소가 대장부 못됨을 비웃어주리!"

황소(黃巢)는 당나라 말기에 봉기를 일으킨 인물이다. 우리에게도 익숙한 최치원의 「토황소격문」이 있다. 최치원은 황소를 토벌하자는 격문으로 일약 유명해졌다.

그런데 가만히 보면 송강이 언제 그리 억울한 일을 당한 적이 있었는지 궁금하다. 염파석을 죽인 것은 스스로 판단한 것이고 유고의 처로 인해 잡혔다가 곤욕을 치르기는 했지만 이미 복수를 하였던 것이고 뭐 그다지 억울할 만한 것이 눈에 띄지 않는다. 더구나 심양강의 물가를 핏빛으로 물들이려면 강주 사람을 죽여야 하는데 그가 강주에 온 뒤로 죄수임에도 불구하고 오히려 너무 황송한 대접만 받았던 것은 아닌가 생각된다. 오히려 이 반시로 인하여 야기되는 다음 사건들을 감안하면 내용이 맞아떨어진다. 자신을 억울하게 물고 늘어져서 사형수로 몰고 가는 강주 지부 채구나 그를 부추겨 자신의 없는 죄를 뒤집어씌우는 황문병에게 복수를 한다면 과연 심양강의 물가를 핏빛으로 물들일 만한 것이고 실제 그 다음에 일어난 일은 바로 그렇게 전개되었다. 하지만 우리는 지금 이 반역시에서 바로 그 대목을 보고 있는 것이다. 시간 순서상 잘못되어 가고 있음을 보고 있다. 두 번째 시의 마지막 구절은 더욱 한발 앞서 가고 있다. 부친의 신신당부도 있었거니와 그 자신도 불충불효한 일을 결코 하지 않겠다고 다짐하고 스스로 결박당하여 귀양을 온 것인데 벌써부터 당나라 황소의 난보다 더 큰 반역을 꿈꾸고 있는 것이다. 송강이 의식적으로 마음속에서 양산박으로 올라가 반역을 실행해야겠다는 생각을 한 적은 없다. 적어도 그 자신이 사형수로 확정되어 죽음의 문턱에 이르렀다가 구출된 이후에 자연스럽게 양산박으로 가게 되었을 때 아무런 반대 표시가 없었을 뿐이다. 앞서 유당에 의해 강제로 양산박에 가게 되었을 때만 해도 자신이 굳이 양산박을 선택해야할 이유는 없었던 것이다. 그런데 지금 심양강에서 잠시 술이 취했다고 해도 지금까지 어떤 억울하고 분해서 못 견딜 일이 있었단 말인가. 이 시가 임충의 것이었다면 단박 이해가 된다. 현시점의 송강에게서는 나오기 어려운 시란 것이다. 만약 송강의 것이 확실하다면 바로 다음 사건, 즉 사형수로 죽을 뻔하다가 살아난 직후의 느낌을 적은 것으로 보는 것이 더욱 합리적이다. 그때 황문병을 잡아 죽이는 과정에서 송강이 보여주는 흥분되고 과도한 행위는 송강의 평소 언행보다는 확실히 업그레이드된 상태였다.

『수호전』은 조정에 반역의 뜻을 품은 강호의 호걸들 이야기다. 세상에 대한 불평불만을 표시하는 반역의 시가 많이 나올 것 같지만 사실은 송강과 노준의 두 사람에게서만 보인다. 두 사람은 양산박의 대표 인물이다. 그런데 노준의 반시는 사실 그를 끌어들이기 위해 오용이 대신 써 놓은 것이다. 노준의 입장에서는 억울하기 짝이 없고 또 독자들이 객관적으로 보아도 양산박 인물들이 수단과 방법을 가리지 않고 막무가내로 사람을 끌어들이는 행태가 미워죽을 지경이다. 의로운 일이라고 하는 것도 자기들의 논리일 뿐이며 진정한 의리가 무엇인지도 불분명하다.

좌우간 송강의 반시는 황문병의 예리한 감각으로 발각되었다. 송강은 미친 척하면서 발뺌을 하려고 했다. 그나마 수호인물 중에서 충과 효를 실천하여 예의와 도덕에 가장 가까운 점잖은 송강의 거짓 미친 모습은 참으로 그냥 봐줄 수가 없을 지경이다. 작가는 일부러 송강에게 미친 행동을 연출하도록 안배하여 극단적인 모습을 보여주도록 했다. 강주 지부 채구는 송강을 사형수 옥사에 가두고 동경의 채태사에게 처분을 자문했다. 이때부터 대종과 양산박의 은밀한 거래가 시작되었다. 오용은 글씨 잘 쓰는 인물과 도장 잘 새기는 전각가까지 찾아내어 위조 편지를 만들었다. 그러나 원숭이도 나무에서 떨어지는 법이 있다고 오용도 실수를 했다. 부자지간에 쓰지 않아야 할 도장을 찍은 것이었다. 오용이 실수를 인지했다면 그걸 알아내는 사람도 있게 마련이다. 역시 황문병이 알아차리고 대종까지 잡히게 되었다. 이제 남은 일은 두 사람을 구출하는 일 뿐이다. 그래서 양산박 호걸들이 대거 강주 나들이를 하게 되는 것이다. 「처형장습격」은 반역자들의 가장 상징적인 행위다. 국가권력의 집행을 방해하는 것이지만 동시에 자신들의 동료를 구출하는 중요한 일이다. 상대의 힘을 약화시키고 자신의 세력을 확충하는 일임에 틀림없다. 법의 집행자들은 일벌백계의 원칙에서 남들이 보는 앞에서 공개처형을 집행한다. 법을 거부하는 사람들은 바로 이 점을 이용하여 백성들로 변장하여 형장에 모여든다. 그냥 실내에서 간단히 처형했으면 아무런 일도 일어날 수 없게 된다. 언제 처형하는지도 모르고 나중에 발표만 하면 된다. 송강이 그렇게 처형되었다면 『수호전』을 만들어낼 수가 없다. 양산박 두령들이 몰려들었을 때 이쪽에서도 독불장군으로 열심히 돕는 자가 있었다. 바로 흑선풍 이규다. 그는 세상에 불만이 가득한 인물이다. 호오가 너무 분명하여 쉽게 사귀기 어려운 사람이지만 그의 마음에 한번 들면 끝까지 도움을 받는다. 이규는 자신이 가장 존경하는 송강과 자신의 상관 대종이 잡혀서 사형이 집행되려는 순간 무슨 수라도 써보려고 했겠지만 마침 누군가 열심히 돕고 있는 것을 보고 힘을 내어 관군을 박살냈다. 그러나 그가 박살낸 것은 관군만이 아니다. 주변에서 조용히 구경하던 멀쩡한 백성들도 함께 박살냈다. 그의 쌍도끼에는 눈이 달려있지 않았다. 그는 군관민을 구분하는 눈이 없었고 또 그럴 생각조차 하지 않았다. 그의 성격적 특징으로 나오는 불문곡직은 곧 불분관민으로도 통하였다.

일단 송강과 대종을 구출하고 백룡묘에서 잠시 모임을 가진 승리팀은 송강의 요청으로 무위군을 치러간다. 황문병을 잡아 죽여 복수를 하려는 것이었다. 송강의 뒷 끝이 작열한 것이었다. 그의 반시로 인한 일대 풍파였지만 반시의 내용을 보면 오히려 이 풍파의 결말로 인해 나온 것 같은 인상을 준다.

이상 두 장면을 전체적으로 살펴보면 관군에 대항하는 민중의 주동적인 도전이라는 점이 같고 주인공 조개와 송강이 모두 관여되고 양산박이라는 핵심적인 장소 혹은 기관이 작용하고 있다는 점이다. 그러나 굳이 양자의 차이를 살펴본다면 전자가 백성의 고혈을 짜낸 부정한 재물을 탈취하는 것이라면 후자는 무고한 백성을 괴롭히고 살인을 저지르는 부패한 권력을 응징하려는 것이고, 전자에서 송강이 개인적 의로움을 앞세워 은밀히 조개 일당의 탈출을 도왔다면, 후자에서는 조개가 양산박의 군마를 동원하여 당당히 의로움을 앞세워 송강의 처형을 막아 구출하였고, 전자에서 관군에 쫓겨 다급한 김에 양산박으로 도주하여 들어갔다면 후자에서는 양산박을 차지하고 기지를 공고히 한 상태에서 양산박을 나와 형장을 습격하였다는 것이고, 또 전자가 조개의 위상을 장차 드높이게 되는 계기가 되었다면, 후자는 송강이 입산하게 됨으로써 차츰 송강의 입지가 높아지게 된다는 점 등이라고 하겠다.

비록 『수호전』의 명장면이 많지만 이상의 두 장면은 수호의 핵심 인물과 작품의 주제와 구성 등에서 모두 긴밀하게 연관되는 대목이라고 생각할 수 있다.

3. 서유기—권위에 도전과 취경

『서유기』의 구성은 조금 불균형을 이룬다. 처음과 끝에서 시간의 흐름이 뒤바뀌기도 하지만 창작의 의도가 서천취경이라고 한다면 기본적으로 전반부 취경의 준비 단계와 중후반부의 취경의 실행단계로 나눌 수 있다. 제1회부터 8회까지는 손오공의 출현하고 활약하는 단계, 그리고 이어서 제12회까지는 강류화상의 사연, 당태종의 지옥행과 환혼 그리고 삼장법사를 봉하여 서천으로 파견하는 일로 이어진다. 그 후에 비로소 삼장법사의 취경길이 시작되고 제자들과 만나 본격적인 취경단을 꾸려서 요마들과 싸우며 난관을 넘어 영취산 여래부처님으로부터 「진경」을 받아 돌아오는 것이다.

그런데 여기서 두 장면만을 선정한다고 하면 필자는 취경의 준비 단계가 되는 전반부에서 뽑아보고자 한다. 여기서 핵심 인물은 손오공과 삼장법사다. 후반부의 취경 실행 단계에서도 물론 손오공과 삼장법사다. 사실 후반의 취경길에서는 손오공과 삼장법사의 갈등 속에서 겨우겨우 요마를 제압하고 한걸음 한걸음씩 앞으로 전진하는 수행의 과정일 뿐이다. 이야기의 전개에서 보면 요마와의 싸움은 그 구체적인 형태가 다를 뿐이며 그 이치는 동일하기 때문에 여든 한 번의 난관이나 마흔 번의 요마 등장이 모두 하나의 단계로 볼 수도 있다. 그러나 앞부분의 손오공과 당태종 그리고 삼장법사는 하나가 아니다. 손오공의 활약에서 가장 극적인 장면은 「천궁대소동」이다. 어느 누구도 감히 범접할 수 없었고 생각조차 할 수 없었던 천궁에 올라 대소동을 일으키는 장면은 그 자체로서 통쾌한 이야기다. 서천취경의 과정에서 당연히 손오공을 빼놓을 수 없다. 또 그가 「천궁대소동」의 과정을 거치지 않았다면 요괴들이 그의 능력을 알아보지 못하였을 것이며 어려운 시기에 천궁의 수많은 신령들의 도움을 받아내기도 어려웠을 것이며 손오공이 그들의 수많은 역할이나 능력을 일일이 알고 도움을 청하고자 하지 못했을 것이다. 용궁이나 염라전은 물론 부처님과 보살님을 포함한 모든 신령계의 절대적인 존재들에게 감히 맞대고 따질 수 있는 손오공의 기개는 「천궁대소동」에서 비롯되었다. 이 장면이 포함되어야 함은 너무나 당연한 듯이 보이는 이유다.

두 번째 명장면의 선정에 필자는 많은 고민을 했다. 서유 이야기의 핵심이 81난을 헤쳐 나가는 고행 과정이라고 한다면 금각대왕, 은각대왕이나 백골미녀의 정령, 우마왕의 가족인 철선공주와 홍해아. 거미요정과 지네요정 등의 요마들과 한바탕 싸움의 과정과 묘사를 빗겨가기가 어렵지 않을까 생각했다. 그러나 그것은 모두 등장인물에서도 다룰 수 있다고 생각하고 「취경단파견」 대목을 논의하기로 정했다. 사실 이러한 제목은 본문 속의 여러 회를 합친 새로운 작명이다. 핵심 인물은 삼장법사가 된다. 취경단의 단장이기 때문이다. 그의 전생의 유래는 여래부처님의 제자였던 금선자였다. 벌써 취경 이야기의 기본 설정이 오래된 인연이었음을 짐작하게 한다. 그런데 동토에 태어나서도 또 겁난을 겪도록 안배하여 강류화상의 슬픈 사연을 만들어낸다. 그런 과정을 거쳐 장안에서 수륙법회를 여는 현장법사로 등장한다. 그런데 여기서 잠시 소설은 역사적 사실을 거스르고 새로운 역사를 구상한다. 그러려면 강력한 권위와 권력을 지닌 당태종을 동참하게 만들어야 한다. 이야기꾼은 강가의 어부와 산중의 나무꾼 초부가 만나 한가로운 시구를 주고받다가 헤어지면서 무심하게 던진 단 한마디 말로부터 단서를 끄집어낸다. 천부적인 이야기꾼이 아니면 정말 상상하기도 힘든 발상이다. 그래서 경하의 용왕은 철석같이 믿었던 당태종의 도움을 받지 못하고 위징의 칼날에 목이 달아났다. 그가 염라대왕에게 소송을 걸자 당태종이 잡혀갔다. 지옥까지 갔다 온 당태종은 고승을 서역으로 보내서 「진경」을 구해오고자 했다. 관음보살이 변신하고 나서서 현장을 추천하자 현장법사는 황제와 결의형제가 되어 어제가 되고 삼장법사로 봉해졌다. 이제 본격적으로 취경단장이 임명된 것이다. 복잡한 내용으로 이어지지만 흥미진진하고 의미있는 이 「취경단파견」의 대목이 결국은 『서유기』 명장면의 두 번째 대목이 되지 않을 수 없었다.

1) 천궁 대소동

「천궁대소동」을 원전에서는 「대료천궁(大鬧天宮)」이라고 하는데 우리말로 알기 쉽게 풀어본 것이다. 소설에서 「대소동」은 동서고금에 공히 쓰이는 창작 기법이다. 뭔가 한바탕 소동이 일어나면 마침내 사건이 표면화되는 것이다. 이 소동의 이전에 준비 단계가 있고 소동이 지나면 많은 변화를 초래하여 새로운 구조 조정이 이루어지며 이 소동의 뒤처리로 이어지게 된다. 물론 그러한 과정에서 다시 새로운 소동의 조짐을 잉태할 수도 있다.

『서유기』 제1회에 곧바로 등장하는 손오공은 명실공히 주인공이다. 주인공의 성장 과정과 능력 발휘의 모습을 설명하기 위하여 초반부 상당부분을 할애하고 있다. 확실히 수호 이야기와는 다른 구조다. 처음부터 주인공이 바로 출현한다는 점에서 유비 이야기나 서문경의 이야기와 닮아 있다. 손오공은 화과산에서 태어난 이후 처음에 원숭이 무리의 미후왕이 되었다. 일단 소그룹의 지도자가 되었으나 만족하지 않았다. 작은 능력을 타고 났지만 그는 더 배우고자 하여 멀고먼 길을 찾아가 서우하주의 수보리조사로부터 일흔 두 가지 술법을 익혔다. 손오공이란 이름도 거기서 얻었다. 돌아와서 북쪽의 혼세마왕을 처단하고 돌아왔다. 또 그것으로 만족하지 않고 동해의 용궁으로 가서 여의봉과 갑옷과 투구와 신발을 확보했다. 갑옷은 황금, 관은 황제의 빛인 자금관, 신발은 구름 위를 걸을 수 있는 보운리였다. 『홍루몽』의 가보옥도 관은 자금관이었고 그의 상징 꽃은 자금화였다. 자금화(紫金花)는 곧 우리말의 배롱나무다. 오랫 동안 꽃이 피는 나무라서 목백일홍이라 하는데 발음이 변한 것이다. 여의봉은 말 그대로 제 뜻대로 움직이는 거대한 몽둥이였다. 양쪽에 금테를 둘렀기 때문에 금고봉(金箍棒)이라고 했지만 우리말에서는 잘 안 쓰는 말인데다가 테가 있고 없고의 문제가 아니라 뜻대로 움직이느냐를 보여주는 여의봉이 훨씬 상징적이다. 그것은 곧 손오공의 자유를 상징한다. 그리고 오행산에 갇혔다가 삼장법사에게 구출되어 머리에 씌워지는 긴고아(緊箍兒)는 곧 구속을 상징한다. 단단한 조임테이기 때문이다. 처음의 손오공은 곧 자유로움 자체였지만 그것은 곧 누구도 어쩔 수 없는 방임이기도 했다. 서천취경의 길에 나선 손오공은 이 두 가지를 모두 가지고 있어 삼장법사의 통제를 받으면서 자신의 뜻에 따라 움직이는 여의봉으로 요마를 처단한다.

그만하면 될 줄 알았던 손오공은 이번에는 죽음의 문제에 직면했다. 아직 죽을 날은 많이 남아있었으나 그날이 언젠가 닥친다는 생각만으로도 그는 견딜 수가 없었다. 염라왕부에서 생사부의 이름을 지워버리는 속 시원한 행패를 저지른 뒤에 수렴동으로 돌아왔지만 세상이 그대로 조용히 넘어갈 수는 없었다. 그가 저지른 죄가 어마어마했기 때문이다. 용왕과 염라왕은 하늘의 옥황상제에게 상소를 올려 손오공의 죄를 다스려달라고 청했다. 천궁의 장수를 선정하여 파견하려는 순간 태백금성은 좋은 소리로 옥황상제를 달래며 오히려 손오공에게 작은 벼슬자리를 주어서 데려다놓으면 천하가 조용하지 않겠느냐고 했다. 태백금성은 이때부터 거의 끝까지 손오공을 두둔하고 옹호하는 인물이 되었다. 손오공이 온갖 잘못을 저질러도 손오공 편을 드는 천궁의 신선은 태백금성뿐이었다.

그리하여 필마온(弼馬溫)이 되었다. 천궁의 말을 관리하는 곳이었는데 손오공은 나름대로 열심히 맡은 직책을 수행하고자 했다. 만약 주변에서 손오공을 무시하는 말이 그의 귀에 들어가지 않게만 했다면 그는 그런대로 만족하며 천궁 생활에 적응하며 잘 지냈을 것이다. 비록 천지의 기운을 타고 나왔다고 하더라도 땅에서 태어나 하늘의 관직을 맡아서 수행한다는 것 자체가 영광스러운 일이었다. 손오공은 바로 그렇게 생각했던 것이다. 처음부터 건방진 생각을 한 것은 아니었다. 태백금성이 성지를 갖고 내려왔을 때 손오공은 연석을 준비하여 하늘의 칙사(天使)를 접대하려고도 했다. 태백금성은 손오공을 하계의 선인으로 소개하여 천궁의 문을 들어갔다. 손오공은 하늘에서 욕을 먹을 때 요마가 되고 대접을 받을 때는 선인이 되는 것이다. 그러나 태백금성이 옥황상제한테 직접 알현을 시킬 때는 요선(妖仙)이라고 지칭했다. 애매모호한 말이었다. 옥제를 알현하는 태도가 건방져 천궁의 선경들은 호되게 나무랐지만 옥제는 너그럽게 용서하고 어마감의 총집사 자리인 필마온의 벼슬을 주었다. 손오공은 열심히 일을 하다가 반달쯤 지나서 문득 제가 맡고 있는 필마온의 자리가 어떤 품계인지 수하 관원에게 물었다. 그리고 미관말직임을 알고는 불같이 화를 내며 마침내 술상을 뒤집어엎고 화과산으로 돌아왔다. 이때는 그냥 그 자리를 박차고 나왔을 뿐이었다. 천상에서의 반달은 지상의 10여 년이었다. 그리고 제천대성의 이름을 내걸고 원숭이 무리를 이끌고 조용히 살고자 했다. 만약 이때 하늘에서 굳이 천병을 파견하여 잡으려고 하지만 않았다면 손오공의 천궁대소동은 일어나지 않았을 것이다. 평양감사도 제 싫으면 그만인 것이니 필마온 자리 내놓고 술상하나 뒤집고 나왔을 뿐인데 굳이 천궁의 장수와 병사를 보내서 잡으러 보내야했을까. 그것은 권위에 대한 도전을 용납할 수 없는 제왕으로서의 필연적인 조치다. 옥황상제는 보고를 받자마자 "그 요괴는 천병을 보내 잡아들이겠다"고 하고 곧 탑탁천왕과 나타태자를 내려 보내 대대적인 싸움을 일으켰다. 천궁과 화과산 사이의 싸움은 이렇게 분명히 옥황상제의 선제공격이었다. 손오공은 생존 차원에서 방어적인 전쟁을 수행하지 않을 수 없었다. 천궁에는 다양한 재능을 가진 많은 장수들이 있었지만 화과산에는 오직 손오공 하나였다. 졸개들이 있다고 해도 그냥 뒤를 따를 뿐이었다. 얼핏 보기에도 불공정한 싸움이다.

그러나 탁탑 이천왕이나 나타 삼태자가 호락호락 손오공을 이길 수는 없었다. 손오공이 천병을 물리치자 앞서 의형제를 맺은 마왕들이 축하를 하러왔다. 우마왕, 붕마왕, 교마왕, 사타왕, 미후왕, 우융왕 등도 손오공의 제천대성을 따라 각각 평천대성, 복해대성, 혼천대성, 이산대성, 통풍대성, 구신대성이라고 부르게 되었다. 천궁의 옥황상제는 참으로 체면이 말이 아니게 되었다. 이때 또 태백금성이 나섰다.

> "폐하! 그놈은 어리석게 큰 소리만 치고 있지 실속은 없는 놈입니다. 군사들만 부질없이 고생하게 되니 빈이름만 걸어주어 '제천대성'의 벼슬을 내리시는 게 좋겠습니다."

그리하여 손오공은 두 번째 초안을 받아 천궁으로 갔다. 이번에는 반도원의 곁에 제천대성부를 짓고 선관을 배속하여 시중도 들게 했다. 이때부터 손오공은 스스로 제천대성으로 자칭하기를 좋아했다. 천상의 신선들과 스스럼없이 왕래하며 사귀었고 하는 일없이 세월을 보내다보니 방자해졌다. 옥제는 그에게 반도원을 관리하도록 했다. 그러나 고양이에게 생선가게를 맡긴 격이 되었다. 그는 토지신으로 부터 반도원의 상황과 반도의 효능을 알아본 후에 사흘이 멀다 하고 반도를 따먹었다. 서왕모가 요지에서 신선들의 반도대회를 열고자 칠선녀를 보내 반도를 따도록 했다. 손오공은 반도회에 자신이 초빙되지 않았다는 사실을 알고 구름을 타고 요지로 날아가다 적각대선을 만나 그를 다른 곳으로 보내고 그 모습으로 변신하여 요지의 보각에 들어가 선주를 마음껏 훔쳐 마시고 길을 잘못 들어 도솔궁의 태상노군의 거처에서 금단을 모조리 훔쳐 먹고는 줄행랑을 쳤다. 구전금단은 옥황상제를 모시고 단원대회를 열기 위해 준비 중인 것이었다. 이렇게 천궁의 반도대회와 단원대회를 모두 망쳐버리고 화과산으로 도망쳐온 손오공은 원숭이 무리들에게 신이 나서 떠벌렸지만 옥제는 단단히 화가 나서 천병 10만 명을 동원하여 내려 보냈다. 손오공은 천하태평으로 놀고 있었다. 이번 싸움은 판이 훨씬 커져 있었다. 마침 남해관음이 반도대회에 갔다가 이런 상황을 알고 이랑신을 추천하여 동원되었다. 이랑진군이라고도 불리는 그는 옥황상제 조카다. 즉 누이동생의 아들이었다. 마침내 그가 손오공과 맞붙게 되었을 때 하늘에서 관전하던 태상노군이 금강탁을 던져 그의 정수리를 맞추었고, 쓰러진 그의 뒷다리를 이랑신의 개가 물고 늘어졌다. 견원지간(犬猿之間)이라고 했으니 개가 원숭이를 보고 가만히 있을 리 없었다. 손오공은 마침내 잡혀서 천궁으로 올라갔다. 그를 처형하려고 하자 칼날이 들지 않았고 불에도 타지 않고 벼락으로 쳐도 소용이 없었다. 태상노군의 팔괘로에 넣어 49일 만에 꺼내보니 바람을 뜻하는 손(巽)자의 귀퉁이에 살짝 붙어서 살아서 튀어나왔다. 눈알만 화안금정(火眼金睛)이 되어 빨갛게 익었는데 요마를 알아내는 유용한 눈으로 변하였다. 마침내 손오공의 「천궁대소동」의 클라이맥스에 이르렀다. 그는 이제 더 이상 봐주지 않았다. 자신을 죽이려고 했던 곳이었으니 봐줄 필요가 없었다. 도솔궁을 빠져나오자 여의봉을 꺼내어 천궁을 때려 부수기 시작했다. 사대천왕도 겁을 먹었고 구요성도 숨어서 나오지 않았다. 여의봉을 휘두르며 통명전과 영소보전으로 쳐들어갔다. 진군과 영관도 꼼짝 못하고 뇌신도 당해내지 못했다. 옥황상제는 어쩔 수가 없어서 여래부처님에게 긴급 요청을 보냈다. 드디어 여래부처님이 아난과 가섭을 데리고 영소보전으로 달려왔다. 손오공과의 내기가 시작되었다. 여래는 원숭이 요괴 주제에 어찌 옥황상제의 자리를 탐내느냐고 힐난했다. 손오공은 황제노릇이란 번갈아 가면서 하는 것이지 어찌 혼자서만 독차지하고 있는 것이냐고 항변한다. 여래가 제안했다. "만약 내 손바닥에서 빠져나간다면 옥제한테 여쭈어 그 자리를 너한테 내주도록 하겠다." 손오공은 은근히 기뻤다. 어느 누구도 자신을 당해내지 못했는데 그까짓 여래의 손바닥이랴 싶었다. 그리고 여래불의 손바닥에서 힘껏 날아올라 십만 팔천 리를 날아갔다. 다섯 개의 기둥 앞에 이르러 제천대성이 다녀간다고 글까지 써놓고 기둥 밑에 오줌까지 갈기고는 돌아왔다. 하지만 그것은 여전히 부처님의 손바닥 안이었다. 그렇게 해서 「천궁대소동」

은 끝이 난다. 손오공의 자유도 끝이 나고 『서유기』 이야기도 다음 단계로 접어들게 된다. 제7회의 마지막에서 그는 오행산 바위 아래 갇혀 오백 년 뒤 서천취경에 나서는 삼장법사를 기다린다.

2) 취경단 파견

「취경단파견」이란 이름은 너무 현대적이지만 알기 쉽게 표현하고자 그렇게 작명했다. 현실 세계에서는 당태종에 의해 취경단의 공식적인 파견이 이루어지지만 사실 부처님이 제자의 게으름을 이유로 금선자(金蟬子)를 윤회환생으로 동토에 태어나게 했을 때 이미 진경을 가지러 고행길을 나서도록 안배한 것이었다. 부처님은 관음보살과 함께 훨씬 앞서서 취경단의 단원으로 손오공과 저팔계, 사오정을 안배하여 놓고 기다리고 있었던 것이다. 그래서 우선 삼장법사의 탄생과 난관극복의 과정이 필요하게 된다. 나머지 용마와 저팔계, 사오정의 전생과 환생의 이야기는 그때그때 덧붙이면 될 것이라고 보았다. 이것이 작가의 기본적인 구도다.

『서유기』의 가장 이른 온전한 판본은 명대 만력연간 금릉(남경)의 세덕당(世德堂)에서 간행된 「신각출상관판대자서유기」인데 우리나라에서 임란이 일어난 임진년에 나왔다. 그런데 이 책에는 삼장법사의 출생설화인 강류화상(江流和尙)의 이야기가 없다. 약 백 년이 지난 후 청대 강희연간(1696)에 나온 「서유진전(西遊眞詮)」이하 대부분의 청대간본에서는 제9회의 회목을 달리하여 「진광예는 부임도중 뜻밖의 재난 만나고(陳光蕊赴任逢災), 강류스님 원수 죽여 부모 은혜 갚았네(江流僧復讎報本)」로 붙이고 있다. 이 대목은 삼장의 유래를 밝히는데 핵심적이기 때문이기 때문에 현대본에서는 제8회와 제9회 사이에 「부록」으로 덧붙이고 있고 한글번역에서도 이를 따르고 있다.

삼장법사의 본명은 현장인데 부모를 진광예와 은온교로 설정한 것은 순전히 소설적 허구다. 『서유기』에는 현장을 비롯하여 당태종과 위징 등의 당나라 역사 인물이 나오지만 결코 역사적 사실을 그대로 쓰는 법이 없다. 중국소설 중에서 가장 환상적이고 기괴한 이야기를 꾸며나가는 데 필요한 인물일 뿐이므로 그냥 이름만으로 족했다. 해주 땅 진광예가 장원급제를 했다. 재상 은개산은 온교라는 딸이 있었다. 당나라 전기소설의 분위기와 마찬가지로 재상은 장원급제한 젊은이를 사위로 삼아 가문의 영광을 이어간다. 지방의 수재로서 장원하게 된 급제자도 재상을 장인으로 두게 되면 장차 출세 길에 걱정이 없어진다. 많은 소설에서 이렇게 인연이 이루어진다. 명청 재자가인 소설에 오면 장원 급제자를 부마로 삼는 이야기도 늘어난다. 다락방에서 규수가 남자를 고르는 방식은 중국에서 그래도 여성의 권한을 많이 인정하는 경우다. 조선에는 다락방도 적었거니와 털실 공을 던져서 남자를 맞추는 장난 같은 행위는 거의 없었다. 얼굴도 못 보고 중매의 말에 따를 뿐이었다. 온교는 다락방 밑을 지나가는 진광예가 새로 급제한 인물임을 알아보고 공을 던져 맞추었다. 요란한 북소리와 함께 시녀들이 달려 나와 진광예를 재상집 안으로 끌고 들어갔다. 집안에는 혼례 준비까지 되어 있는 마당이니 다 준비되었는데 신랑감만 하나 모자란 형국이었다.

황제 당태종은 진광예를 강주 총관으로 임명했다. 그는 아내와 함께 고향에 가서 인사를 올리고 홀어머니를 모시고 강주로 향했다. 그의 고향 해주(海州)는 즉 지금의 강소성 연운항(連雲港)이다. 손오공의 고향이라고 할 수 있다. 그가 부임하는 강주(江州)는 즉 강서성 구강(九江)이다. 바로 수호인물 송강이 귀양 갔던 그곳이다. 그의 부임노선은 지도에서 보면 상당히 우회하는 길이다. 장안에서 동쪽 끝까지 왔다가 남으로 가서 다시 양자강 중류까지 가는 길이다. 그러나 『서유기』의 지리는 실질적 의미가 적다. 생각나는 대로 종횡무진으로 이동한다. 좌우간 등장인물의 특징적인 사건과 그에 얽힌 상징과 비유가 남을 뿐이다. 강을 건너다가 강 가운데서 강도를 만나고 강물에 던져져 강 속의 용왕에게 도움을 받았으니 강주로 가던 중이라고 하였고, 또 강주에서 태어나서 강에 흘려보내고 강가의 절 스님에게 구출되어 강류화상의 이름으로 자랐으니 역시 강주의 이름이 자연스럽다고 하겠다.

진광예는 어머니에게 잉어 한 마리를 사서 대접해 드리려다 두 눈을 껌

벅거리는 잉어를 홍강에 도로 넣어주었다. 어머니에게 그 얘기를 하니 역시 기뻐하였다. 어머니의 몸이 불편하여 여관에 잠시 머물게 하고 부부 두 사람이 먼저 출발했다. 홍주의 홍강을 건네주는 뱃사공 유홍은 이름도 홍강의 홍자인데 못된 마음을 먹고 한 밤중에 남자를 죽이고 여자를 데리고 강주로 부임했다. 어리숙한 시절이었으니 그런 황당한 일도 가능했을 것이다. 소설이 황당하고 기괴함을 추구하다보니 이야기도 황당하게 흘러간다. 은온교가 남편 따라 죽지 못하고 구차한 목숨을 부지하는 이유는 뱃속의 아이 때문이었다. 아이가 태어나자 위기에서 구하고자 발가락을 물어뜯어 흠집을 내고 보자기에 싸서 무작정 강물에 띄워 보냈다. 금산사 주지스님이 구출하였고 강류라고 불렀으나 정식 법명은 현장(玄奘)이었다. 나이 들어 부모의 존재를 궁금히 여기자 주지는 보자기에 함께 싸서 보낸 어머니의 혈서를 보여주었다. 강류는 몰래 찾아가서 어머니와 해후하고 외가로 가는 중에 할머니를 구출하고 외조부에게 사실을 알렸다. 황제는 대로하여 은개산에게 어림군을 주어 도적 유홍을 토벌하도록 했다. 홍강의 나루터에서 유홍을 죽여서 죽은 진광예의 영혼을 위로하니 이때 홍강의 용왕은 진광예의 시신과 영혼을 돌려보냈다. 당시 살아 돌아간 금빛 잉어는 용왕이었으며 진광예가 살해당하자 입에 정안주를 물리고 영혼을 되찾아와 언제든 돌려보낼 준비를 하고 있었던 것이다. 가족이 다시 모여 장안으로 돌아가 진광예는 한림학사가 되고 현장은 홍복사에 가서 불법 수도에 전념하겠다고 했다. 다만 은온교는 남편과 아들을 찾았음에도 불구하고 마음의 괴로움을 벗어나지 못하고 결국 자진하고 말았다. 이러한 처리는 송명이래의 유교적 정절 관념이 강하게 반영되었다고 생각된다. 현장이 불법에 전념하게 된 사연은 이러한 비극적 가족사와 관계있었던 것이다.

이어서 당태종이 어떻게 지옥을 가게 되고 또 환혼하여 어떻게 불법의 부흥을 추구하고 서천취경의 책임질 고승을 선정하여 파견하게 되는지를 보여주는 흥미진진한 이야기가 이어진다. 시작은 엉뚱하게도 한 어부와 나무꾼이 강가에서 만나 주고받던 대화에서 비롯된다. 그야말로 세상의 어떤 이야기도 어초(漁樵)의 한가로운 우스개(笑談) 속에서 시작하기 마련인 것이다. 처음에 어부와 초부는 서로의 자랑을 늘어놓는다. 물에서 고기 잡는 즐거움과 산에서 나무하는 즐거움이다. 그렇게 한참을 시를 주고받다가 막상 헤어지는데 쓸데없는 한마디를 덧붙였다. 어부가 나무꾼에게 한 말이다. "고갯길에서 호랑이를 조심하게나! 옛말에도 있듯이 '내일은 거리에서 옛 친구 하나를 못 보게 되리라' 하면 어찌 되겠나." 초부도 지지 않았다. "예끼 이 사람, 내가 호랑이 밥이 되면 자네는 배가 뒤집혀 고기밥이 되겠지." 보통의 대화라면 여기서 끝난다. "알았네, 알았어! 그냥 조심하라는데 뭘 그리 발끈하시나!"하고 손을 들어 흔들면서 헤어질 것이다. 그러나 바로 이 순간, 어부는 결정적인 비밀 정보 하나를 발설한다. 자기는 절대로 배가 뒤집힐 일이 없다는 것이다. 그러면서 장안성 서대문 거리에 점치는 원수성(袁守誠)에게 매일 좋은 잉어 한 마리 씩 보내주기만 하면 좋은 낚시터를 한 곳씩 점지해주기 때문에 백발백중으로 고기를 잡을 수 있다는 것이었다. 이 놀라운 정보는 나무꾼에게는 별로 큰 흥미가 없는 것이었지만 낚시꾼이나 어부라면 정말 요긴한 소식이었다. 더구나 잡혀 먹히는 물고기의 입장에서 보면 더더욱 생존이 걸린 중차대한 문제였다. 낮말은 새가 듣고 밤말은 쥐가 듣는 법이다. 이런 정보가 새나가지 않는다면 그게 문제다. 모든 금기는 바로 그것에 도전하고 그것을 깨부수라고 존재하는 것이다. 특히 소설의 작가는 공연히 금기를 말하지 않는다. 어디선가 그것에 대한 도전이 싹트도록 안배한다. 수부의 물길을 돌고 있던 야차는 물고기가 모이는 곳을 백발백중 점치고 잡아낸다는 말에 기겁을 하고 경하의 용왕에게 보고했다. 경하의 용왕도 놀라서 다음날 백의수사 차림으로 원수성을 찾아갔다. 왜 원수성인가. 당시 당나라 흠천감의 책임자가 바로 원천강(袁天綱)이다. 하늘의 천기를 보는 전문가다. 천문담당관인데 그보다 훨씬 더 많이 알 것 같은 숙부로 원수성을 설정한 것이다. 그의 이름은 이미 고본『서유기』에서부터 나오는 오래된 이름이다. 원수성은 귀신같은 점쟁이다. 한눈에 변신하고 나타난 용왕을 알아보았지만 태연히 그와 내기를 건다. 내일 내리는 비의 시간과 양에 대해서다.

> "진시에 구름 끼고 사시에 천둥이 치며 오시에 비 내리고 미시에 멈추게 되는데 석자 세치 마흔 여덟 방울일 것이오."

용왕은 점쟁이의 자신감을 무시했다. 비 내리게 하는 것은 자신의 소관이었기 때문이다. 용왕은 돌아와서 신하들과 만나 똑같은 말을 반복하면서 내일 조금이라도 틀리면 그놈의 집을 박살내겠다고 의지를 불태웠다. 그러나 잠시 후 옥황상제의 칙명이 내려왔다. 강우량과 강우 시간은 점쟁이의 말과 똑같았다. 용왕은 일단 용한 점쟁이에게 졌다고 인정했다. 왜 그 점쟁이가 자신도 방금 전달받은 천제의 칙명을 미리 알고 있었는지에 대해서는 따로 의심하지 않았다. 그리되면 이야기를 더 이상 끌고 나가기 어려웠기 때문이다. 천제와 흠천관, 흠천관과 그 숙부 사이에 어떤 커넥션이라도 있는지를 캐내게 된다면 그것은 새로운 공안소설이 된다. 용왕이 내기에 졌다고 실의에 빠져있으니 준치군사가 계책을 올린다. 썩어도 준치라니 알량한 계략을 내놓는데 결국 용왕의 목숨을 내놓게 되는 최악의 훈수였다. 강우량과 강우 시간을 살짝 틀리게 하자는 제안이었다. 그러면 점쟁이네 간판을 들부수고 그 놈을 내쫓을 수 있다고 한 것이다. 천제의 명을 받들어 그대로 실행해야하는 용왕의 입장을 무시한 악수였다. 용왕은 당장 내기에서 이긴다는 생각에 들떠서 뒷감당도 못할 일을 하고 말았다. 그리고 원수성을 찾아가서 문짝을 부수고 간판을 박살내면서 기세 좋게 먼저 기선을 제압했다. 말끝에는 그나마 너그러움까지 보였다. "목숨만은 살려 줄 테니 당장 여기서 물러가거라!" 그러나 원수성은 이미 사태파악이 끝난 상태였다. 조금도 놀라는 기색이 없이 차갑게 웃었다. 상대가 이렇게 나오면 허풍이 아니라 무언가 든든하게 믿는 구석이 있다는 것이다. "너는 옥제의 명령을 어기고 강수 시간과 강수량을 바꾸어 죄를 졌으니 과룡대의 칼 맛을 면하기 어려울 것이다." 용왕은 화들짝 놀라 모골이 송연해졌다. 당장 그 자리에 엎드려 살길을 애걸했다. 원수성은 직접 살려줄 길은 없고 내일 오시 삼각에 위징의 손에 처단하도록 되었으니 태종 황제를 찾아가 부탁하면 혹시 살길이 있을지도 모르겠다고만 일렀다. 용왕은 밤까지 기다렸다가 자시가 되어 구름을 거두고 황궁으로 들어가 사람의 모습으로 고쳐 꿈길에 나선 황제를 화원에서 만나 통사정을 시작했다. 처음부터 당태종을 지극히 떠받드는 말로 시작했다. "폐하는 진룡이고 저는 죄를 진 업룡이옵니다. 폐하의 신하인 재상 위징에 의해 처형되기로 되어 폐하께서 살려주실 것을 간청하옵니다." 당태종은 앞뒤 상황도 모르면서 일단 경하의 용왕을 살려주겠다고 선선히 대답했다. 황제는 꿈을 깬 후에도 그 일을 단단히 기억하고 있었다. 아침의 조회에 위징은 나타나지 않았다. 위징은 간밤의 꿈에 천사가 옥제의 명을 가지고 와서 오시 삼각에 꿈속에서 경하의 용왕을 베라는 명을 내렸다. 위징은 목욕재계하고 기다리는 중이었다. 위징이 나타나지 않자 태종은 위징을 불러 바둑을 두면서 시간을 끌었다. 위징을 궁 밖으로 못나가게 하면 용왕을 살릴 수 있다고 생각한 것이었다. 어느덧 오시 삼각이 되었는데 바둑은 한 판이 아직 끝나지도 않았지만 갑자기 위징이 바둑판에 엎드려 코를 골며 잠이 들었다. 황제는 신하가 국사에 바빠서 노곤하여 그러는 줄로 알고 가만히 두었다. 위징은 그 사이에 경하의 용왕을 베고 돌아왔던 것이다. 그날 밤 용왕은 피가 떨어지는 목을 들고 와서 제 목숨을 돌려내라고 소란을 피웠다.

> "어제는 나를 구해준다고 대답을 해놓고 오늘은 인조관을 시켜 내 목을 베게 했으니 어서 나와 함께 염라대왕을 찾아가 시비를 따져보자!"

관음보살이 겨우 떼어내어 태종은 깨어날 수 있었다. 죽은 용왕은 과연 염라전에 가서 당태종을 고소했다. 태종이 죽음에 임박했을 때 위징이 풍도판관 최각을 소개하는 편지를 써주었다. 당태종은 저승에서 최판관의 안내를 받아서 지옥 여행을 하게 된다. 최판관은 편지를 받아 읽고 나서 태종의 편에서 도와주려고 했다. 심지어 생사부에서 수명을 20년이나 늘리기도 하였다. 본래 정관 13년으로 쓰인 것을 33년으로 바꾸어 놓았던 것이다. 역사상 정관은 23년까지만 있으니 소설가의 허허실실법이 이와 같다. 태종은 저승에서 제 아버지 이연과 형 이건성, 동생 이원길 등을 만났다. "세민이가 왔다!" 하면서 달려들어 죽이려고 했다. 당태종 이세민은 권력을 장악하기 위해 태자로 있던 형과 제왕이었던 동생을 현무문에서 죽이고 두 달 후에 부황 이연으로부터 권력을 억지로 이양 받았다. 그들이 지옥에 온 이세민에게 달려든 것이다. 다행히 최판관이 귀졸을 시켜 쫓아버렸지만 이세민으로서는 등골에 식은땀이 흐르는 순간이었다. 그는 지옥에서 염라왕에게 이승에 돌아오면 호박을 보내 주겠다고 하였고 또 저승에서 한 곳간의 돈을 빌려서 아귀들에게 고루 나누어주고 이승에 돌아오면 수륙대회를 열어서 환생할 수 있도록 하겠다는 약속도 했다.

이와 같이 당태종은 뜻하지 않게 용왕의 일에 연루되어 지옥 여행을 하게 되었고 이승과 저승을 비교하여 보게 되었으며 특히 이승에 돌아와 불법을 부흥시키고 수륙대회를 열겠다는 약속도 하였기에 이를 맡을 만한 적당한 고승을 찾고자 했다. 당태종이 죽은 뒤로 관 뚜껑을 닫고 장례를 치르고자 했지만 위징은 조금 더 기다리자고 우겼다. 위징은 최판관에게 편지를 써서 보낸 터라 그대로 죽을 리는 없다고 믿고 있었다. 그러나 이것은 소설이고, 당시 허경종이 한 말이 참된 진리다.

> "한번 쏟은 물은 주워 담을 수 없고 한번 죽은 사람은 살아날 수 없습니다!"

지옥에서 환생한 태종은 대사령을 내리고 궁녀 삼천을 내보내 짝을 지어주었으며 저승으로 호박을 가져갈 사람을 찾는 한편 울지경덕을 시켜서 하남 개봉부의 상량이란 사람을 찾아가 저승의 곳간에서 빌린 돈을 갚도록 했다. 그러나 그 사람은 자신의 돈이 아니라고 하여 받지 않았다. 그래서 생사당을 지어 독경을 하도록 했다. 생사당은 아직 살아있는 사람의 공덕을 기리는 사당이다. 이름은 '상국사'라고 했는데 지금도 개봉(開封)

시내에 있는 유명한 대상국사(大相國寺)가 바로 그것이다. 수호인물 노지심이 오대산 문수원에서 옮겨와 이곳의 채마 밭에 일하다가 임충과 만나게 된다. 「사대기서」의 작가들이 다양한 화소를 서로 이리저리 얽혀서 조금씩 활용하고 있었음을 알 수 있다. 사실은 제대로 된 장편소설로 형성되기 이전부터 설화인들이 그렇게 한 것이었다. 청중들은 이미 각각의 이야기에 대해 상당히 많이 듣고 있었으므로 이러한 상식을 최대한 활용한 것이라고 하겠다.

그리고 태종은 고승을 불러 불사를 열 것을 명하였다. 진현장은 화생사에서 법사를 열고 태종은 문무백관을 거느리고 와서 삼재를 올린 후에 황궁으로 돌아갔다. 이때 남해관음은 부처님의 뜻을 받들어 서천취경의 적임자를 찾기 위해 장안에 와서 머물고 있던 차에 태종이 고승들을 불러 법사를 연고 강류화상을 단주로 선발했다는 말을 전해 듣고 세 가지 보배를 들고 거리로 나섰다. 하나는 금란가사이고, 하나는 구환석장이며 또 하나는 조임테였다. 다만 조임테 세 개는 품안에 넣고 있었다. 관음은 거지 중의 행색으로 제자를 데리고 가사를 오천 냥에, 석장을 이천 냥에 판다고 소리치며 다녔다. 마침 재상의 행차를 만나 가사와 석장에 대해 설명했다. 좋은 점과 나쁜 점, 그리고 값을 받을 경우와 받지 말아야 할 경우를 나누어 일목요연하게 설명하니 재상은 이 스님이 예사로운 인물이 아님을 알고 황제에게 데리고 갔다. 가사와 석장을 보고 황제는 이것이 예사 물건이 아님을 알고 솔직하게 말했다. "지금 화생사에 고승들을 모아 놓고 불경을 설하고 있는데 그중에 덕행이 높은 현장스님에게 이 보물을 선물하고자 하는데 얼마나 값을 받으실 것이요?"

관음보살은 즉석에서 그냥 드리겠다고 했다. 태종이 의아하여 제왕의 권세로 억지로 빼앗으려는 게 아니니 값을 부르는 대로 치르겠다고 하였지만 관음은 삼보를 공경하고 선행을 즐기며 불문에 귀의하는 자에게는 앞서 말한 대로 그냥 준다고 하면서 사라졌다. 당태종은 현장에게 가사와 석장을 하사하고 법사를 진행하도록 했다. 관음과 혜안은 사람들 틈에 끼어 경전의 설법을 들었다. 그리고 그가 설법하는 것이 소승불교의 것임을 알고 다보대를 두드리며 외쳤다. 현장은 보살에게 대승교법을 물었다. 황제도 달려와서 현장의 설법을 중단시킨 스님을 만났다. 그들이 가사와 석장을 주고 간 스님임을 알았다. 대승불법은 영취산 대뇌음사의 여래부처님께 가서 구해야 한다고 일러주었다. 대승불법만이 맺힌 원한을 풀고 다가오는 재난을 막을 수 있다고 설파하였다. 그리고 마침내 손에 정병과 버들가지를 든 관음보살의 본 모습을 보여주었다. 황제와 법회의 모든 사람들이 관음보살을 향해 우러르며 경배했다. 오도자를 불러서 관음보살의 참모습을 그려서 남기도록 했다. 관음보살은 하늘 높이 날아가면서도 서천취경을 통해 대승불법을 반드시 구하기를 기원하였다.

황제는 이에 법사를 중단시키고 대승불법을 가져온 후에 불사를 계속하겠다고 선언했다. 태종은 현장을 어제(御弟) 성승이라고 칭하고 또 호가 있느냐고 묻고는 없다고 하니까 삼장(三藏)이라고 정해주었다. 이렇게 삼장법사가 탄생한 것이다. 흠천감이 길일을 정하니 정관 13년 9월 12일에 황제와 대신들의 전송을 받으며 장안을 떠났다. 삼장법사는 이리하여 멀고 먼 서천취경의 장도에 오른 것이다.

역사상 현장은 조정의 출국 불허로 인해 정관 3년(629)에 몰래 출국하여 서천에서 불경을 구하여 전후 17년 만에 돌아왔다. 정관 19년(645) 귀국길에는 대대적인 환영 행사가 열렸다.

『서유기』의 구조상 이 두 장면은 모두 취경을 준비하는 단계에 속하지만 핵심적인 인물 손오공과 삼장법사를 모두 담고 있으며 그들의 유래와 변천 과정을 잘 보여주고 있어서 무엇보다 서천취경의 전 과정을 이해하는데 상당한 도움이 된다. 두 장면을 잠시 비교하면, 전자는 물론 손오공의 활약상이다. 그것도 아주 가장 잘 나가는 순간의 연출이다. 세상에 무엇 하나 겁나고 두려워할 것이 없는 순간이다. 삼장법사의 탄생 직전은 겁난의 연속이다. 하마터면 태중에서 살해될 뻔 하다가 겨우 태어나 강물에 버려져 또 죽음에 직면했다. 구출되어 강류화상이 되어 부모의 원수를 갚으면서 죽음과 죽임의 문제를 보았다. 전자는 황제에 대한 도전이었고 후자는 황제로부터의 은혜였다. 손오공은 옥황상제에게 이제 황제 자리도 돌아가면서 하자고 달려들었고 그 권위를 여지없이 무너뜨렸지만 삼장법사는 황제의 어제가 되어 영광스럽게 선택되어 취경길에 나서게 되었다. 전자에서 손오공은 천상에 가서 난동을 치지만, 후자에서 당태종은 염라왕전에 끌려가서 삼생을 보고 깨우침을 얻는다. 후에 삼장법사는 당태종의 특별한 명을 받아 취경단을 이끌게 되고, 부처님 손에 잡혀 오행산에 갇힌 손오공이 삼장법사에게 구출되어 취경단의 일원으로 활약을 하게 되는 것이다. 이 두 장면은 서유 이야기의 핵심적인 장면이라고 할 만하다.

4. 금병매—전생의 인연과 집착

『금병매』의 구조도 전후로 나눠진다. 그러나 전반이 길고 후반이 짧다. 전반과 중반까지 서문경을 중심으로 진행되는데, 그의 처첩 중에서는 반금련과 이병아의 복잡하고 미묘한 관계가 핵심을 이룬다. 서문경 사후의 제80회부터 가문 내에서는 오월랑이 전면에 나서서 인적 청산과 가풍 추스르기를 하지만 그래도 이야기의 핵심은 쫓겨나간 진경제와 방춘매의 여전히 황음무도한 행동에 있다. 『금병매』는 앞서 「삼대기서」와는 달리 인정세태의 소소한 사연을 그리고 있으므로 거창한 사건이란 것도 그저 개인적인 일에 불과한 경우가 많다. 전통시대에서 개인의 역사라고 하는 것은 생로병사를 경유하며 어려서 부모를 모시고 효도하며 서당에 나가 경전을 공부하고 아내를 맞아 혼인하며 과거에 응시하여 합격하고 벼슬을 받아 훌륭한 치적을 쌓고 안으로 재상에 이르고 바깥에서 장수로 위엄을 갖추며 나이 들어 사직하고 편안하게 여생을 즐기다 선종을 맞이하는 일이다. 이러한 일을 원하는 대로 이룰 수 있다면 가장 큰 행복이 될 것이다. 서문경은 상인으로서 돈과 여자를 함께 끌어들이기 위해 머리를 썼으며 수완을 발휘하여 많은 돈을 벌었고 예쁜 여자는 수단 방법을 가리지 않고 차지하려고 했다. 반금련은 돈이 없었으나 뿌리칠 수 없이 매혹적이었으므로 한번 빠져들고 나서 다시는 헤어나지 못했다. 결국 그녀에게 제 목숨까지 내놓았다. 반금련도 『금병매』의 작자가 창조한 새로운 인물형이라고는 하지만 그러나 역시 『수호전』에서 넘어온 인물이었다. 순수하게 창조된 인물은 이병아와 방춘매였다. 그들이 핵심적으로 들어가는 대목이 『금병매』의 대표적인 장면으로 선정되어야 할 것으로 생각된다. 그렇다면 우선 서문경이 이병아 집의 담을 넘어 다니며 사통하는 것에서부터 화자허를 화병으로 죽게 하고 서문경을 기다리다 못해 장죽산과 결혼했다가 결국 서문경의 첩으로 들어와 사흘간 소박을 맞고 자살 소동을 벌인 이후 혹독한 매질을 견디며 서문경을 감동시켜 결국 그에게 최고의 여자로 남게 되는 「이병아의 영입」 대목이 『금병매』를 대표하는 명장면의 하나가 될 것이다.

이병아가 집안에 들어오고 머지않아 아들을 낳자 이를 가장 큰 시련으로 생각하고 더욱 악착같이 서문경을 끌어들이며 거세게 발악하는 여자는 반금련이다. 결국 제자신도 이성을 잃고 성애의 환락을 탐닉하다가 서문경을 죽음으로 몰아가는데 이 대목은 『금병매』의 클라이맥스다. 서문경의 죽음은 그 자신만의 문제가 아니라 남아있던 그의 처첩들에게는 진퇴의 운명이 걸린 문제였다. 호시탐탐 반금련을 희롱하던 진경제는 마침내 가문이 기울어가는 그 순간에 전체적인 상황의 변화조차 제대로 파악하지 못하고 애욕의 늪으로 빠져들고 자신의 남은 인생을 나락으로 떨어뜨린다. 반금련의 운명은 『수호전』 작가가 본래 안배한 바와 같이 귀양에서 돌아온 무송의 칼날 아래 떨어지고, 춘매는 비록 잠시의 행운이 이어지고 있었으나 제 복을 제대로 간수하지 못하고 문란한 음욕으로 죽게 된다. 모두 「서문경의 죽음」 대목에서 시작된 격변의 결과였다. 이 두 장면은 핵심 주인공을 포함하고 있고, 부귀영화의 허망함을 보여주며 그럼에도 불구하고 깨달음에 이르지 못하는 색정에 빠진 어리석은 군상을 보여주는 결정적인 장면이다.

1) 이병아의 영입

『금병매』는 서문경의 처첩들 사이에서 보면 반금련과 이병아의 대결구도다. 반금련도 이미 다섯 번째로 들어왔기는 하지만 그녀를 휘어잡을 사람은 없었다. 오히려 맹옥루는 반금련에게 잘 해주려고 한다. 자기가 먼저 들어와 세 번째가 되기는 했지만 서문경이 반금련과 한창 열을 내고 사귀고 있던 상황에 자기와 혼담이 나오자 부랴부랴 자신을 놓치지 않으려고 먼저 영입한 것을 알고 있기 때문이다. 그래서 반금련은 총 여섯 명의 처첩 중에서 다섯째가 되는데도 서문경의 밤 시간을 거의 독점하고자 하며 낮에도 거의 휩쓸고 다닌다. 돈도 없고 친정도 변변치 않았으니 더 이상 물러설 곳도 없는 반금련으로서는 그냥 무작정 내지르고 볼일이다. 남의 사정 봐주거나 예의범절 차려가면서 기다리면 제 밥상 차례 돌아오지 않을 거란 걸 너무 잘 알기 때문이다. 만약 반금련이 마지막 첩이었다면 그런대로 잘 지냈을 것이다. 다들 반금련과는 직접 머리채 잡고 싸우고 싶어 하지 않았을 것이니 웬만하면 양보했을 것이다. 그런데 이병아가 들어왔다. 돈도 많고 예쁘기도 하거니와 아들까지 낳았다. 처첩들이 모두 시샘하게 되어 있는 구조이지만 특히 반금련으로선 생존의 문제가 걸렸다. 그냥 알아서 조금 양보해주겠지 해서는 이길 수 없다는 걸 안다. 그냥 돌아가면서 오늘 밤에는 내 방에 오시겠지 하고 막연히 기대해서도 안 된다는 걸 안다. 반금련은 그런 여자다. 악착같은 여자다. 버들가지 같은 이병아가 혼자서 상대하기에는 버거운 상대다.

서문경이 반금련을 집안으로 영입한 것은 제9회의 일이다. 그리하여 다섯째 첩까지 구도가 완성되었다. 추석날 온 식구가 부용정에 모여서 잔치를 여는데 옆집 화태감 댁에서 선물을 보내온다. 곧바로 여섯째 이병아의 영입 순서가 시작되었음을 알리는 것이다. 오월랑이 먼저 소개를 한다. 담을 마주하고 이웃집 화씨 부인은 얼굴도 곱고 성격도 좋은데 이렇게 선물을 보내오니 우리도 답례를 해야겠다고 한다. 서문경도 이미 그 집에 대해서 상세히 아는 바가 있었다.

"당신은 잘 모르는군. 그 여자는 본래 대명부 양중서의 첩이었다가 늦게야 화자허에게 시집왔는데 돈을 많이 갖고 있대."

이 대목에서 작가는 정식으로 이병아와 화자허를 따로 소개하고 있다. 서문경과 반금련은 『수호전』에서 직접 유래되는 이름인데, 작가는 이번에 새로 만들어낸 이병아 조차도 『수호전』의 대명부 양중서로부터 유래를 갖다붙이고 있다. 이병아는 정월 보름날 태어났는데 누군가 어병(魚瓶, 물고기를 그려 넣은 꽃병)을 선물로 주어서 병저라고 했다. 앞서 양중서의 첩이 되었는데 어느 해 원소절 날 양산박의 이규가 쳐들어와 취운루를 불태우고 온가족을 몰살할 때 양중서와 채부인은 각자 도망가고 첩 이씨는 서양 보석 백 알과 두 냥짜리 아청보석을 챙겨 유모와 함께 동경으로 달아났다. 이때 화태감이 돈을 들여 사들여서 조카 화자허의 정실로 맺어주었다. 화태감이 늙어 자리에서 물러난 후에 청하에 내려와 살게 된 것인데 지금 화태감은 죽었고 숨겨둔 재산이 모두 화자허 수중에 남게 되었다는 것이다.

작가는 이어서 서문경을 비롯한 열 명의 의형제를 소개하고 있는데 형제의 순서는 돈 많은 서문경이 가장 큰 형이고 둘째 응백작(應伯爵), 셋째 사희대(謝希大), 넷째 축일념(祝日念), 다섯째 손과취(孫寡嘴), 여섯째 오전은(吳典恩), 일곱째 운리수(雲離守), 여덟째 상시절(常時節), 아홉째 복지도(卜志道), 열 번째 백래창(白來搶)이다.[19] 그런데 아홉째 복지도가 죽어서 그 자리를 화자허(花子虛)에게 주었다. 화자허가 열 명의 의형제에 끼였으니 자연히 그들 사이의 사연은 쉽게 알 수 있게 된다. 또 화자허는 돈은 많고 할 일 없이 노는 사람이니 다들 함께 술 마시고 기생집 가는 것이 자연스러웠다. 아마 복지도에 비하여 훨씬 나은 패거리가 되었을 것이다. 복지도는 이름조차 '모르겠다(不知道와 동음)'고 하였으니 그냥 아무렇게나 붙인 이름이다. 여기 아홉 명의 이름이 모두 그러하다.

---

19 숭정본에서는 일부 이름을 수정하여 축실념(祝實念), 운리수(雲理守), 백뢰광(白賚光)이라고 고쳤다.

서문경이 기생 이계저에 빠져 보름이나 돌아오지 않았을 때 반금련은 사를 한 수 지어 대안을 시켜 기생집으로 보냈다. 이계저는 더욱 질투를 하고 성질을 부렸다. 공연히 대안만 발길질을 당했다. 그러다가 반금련은 맹옥루의 시동인 금동이와 몰래 재미를 보았다. 이교아와 손설아가 오월랑한테 고자질을 했지만 곧이듣지 않았다. 서문경에게 직접 고자질 하려는데 오월랑이 막았다. 결국 서문경은 바깥에서 돌아와서 소식을 들었다. 그래서 한바탕 소동이 났다. 금동이는 매를 맞고 쫓겨나갔지만 반금련은 끝까지 발뺌을 하였고 춘매가 아양을 떨며 그럴 리 없다고 보증을 서고 맹옥루까지 은근히 반금련 편을 들었다. 따지고 보면 모두가 장군 멍군이었다. 누가 누구를 탓할 수 있겠는가.

화자허에서 이병아로 이야기는 넘어간다. 이병아는 서문경과 눈이 맞았다. 서문경은 앞서 반금련과 사통하고 있으면서 영입을 준비하는 와중에 돈 있는 과부 맹옥루를 먼저 영입하여 셋째 첩을 만들었다. 그리고 자신은 그 사이에 또 기생집에 빠져 있었던 것인데 이번엔 옆집 친구의 처다. 친구라고 해도 술 마시는 패거리 친구이니 별다른 의리랄 것도 없었다.

서문경이 십 형제에 화자허를 끼워 넣어주었으니 그들을 청하여 감사표시라도 하라고 한 것은 이병아였다. 처음엔 술 취한 남편을 부축하여 집에까지 데려다 주었다고 고마워했다. 오월랑도 서문경에게 화자허로부터 술을 얻어먹었으니 마땅히 답례를 해야 한다고 말했다. 그렇게 몇 번을 오고가다 보니 점점 기회가 생겼다.

서문경과 다른 친구들도 모두 집으로 불러 술을 마시는데 이병아는 이미 서문경에게 귀뜸을 해놓고 따로 기다린다. 남편인 화자허에게는 술을 더 마시려면 친구들을 데리고 아예 기생집으로 나가서 밤새 먹으라고 내보내 버린다. 화자허와 친구들은 이게 웬 떡이냐고 좋아하며 정식 허락을 받았으니 밤새 통쾌하게 기생집에서 놀아난다. 그때 서문경은 취한 척하며 더는 못 마시겠다고 은근히 뒤로 빼서 집으로 돌아와 기다리니 옆집 담 위로 시녀가 신호를 보낸다. 그렇게 시작되어 담을 넘나들며 이병아와 밀회를 즐기는 서문경은 과연 타고난 난봉꾼이다.

담장 위에 사다리를 타고 오가다가 반금련에게 발각되었다. 반금련은 서문경의 마음을 얻을 요량으로 오히려 그 일을 도와준다. 그렇게 처음에는 이병아를 도와준 것이 반금련이었다. 이병아도 셋째 맹옥루와 다섯째 반금련이 가장 마음에 든다고 하면서 귀한 선물까지 보냈다. 이때 화자허가 화씨네 형제들로부터 고소를 당하였다. 왜 화태감의 재산을 독차지하였는가 하는 이유였다. 얼른 돈을 나눠주고 무마하면 될 것을 우물쭈물하다가 화자허는 아예 동경으로 잡혀갔다. 이병아는 서문경에게 거액을 맡기면서 구명 운동을 시작한다. 그러면서 두 사람의 밀회는 더욱 빈번해진다. 혹시 모를 재산 차압을 미연에 막기 위해 이병아는 화태감으로부터 받아 비밀로 보관하고 있던 재물 상자를 담 너머로 넘겨주어 서문경이 보관하도록 한다. 화자허가 겨우 몸을 빼 내어 돌아왔을 때 이미 집안에 남은 재산이라곤 거의 없었다. 화자허는 서문경이 구명 운동을 하다가 그래도 남은 돈이 있을 것으로 생각했다. 그러나 이병아는 제 목숨을 구해주느라고 얼마나 고생을 하였는데 오히려 그런 의심을 하느냐고 핀잔만 준다. 고소당하여 잡혀가고 돌아와서 재산 잃고 아내의 따뜻한 마음까지 얻지 못하고 한 푼도 받지 못하니 화자허는 그만 화병이 났다. 그리고 오래 살지 못하고 죽었다. 제14회의 일이다.

『금병매』 권두에는 「사탐사」가 있다. 네 가지를 탐하면 망한다는 것이니 「주색재기」가 그것이다. 그중에서 기(氣)는 바로 화병이다. 노골적으로 화병으로 죽은 사람은 바로 화자허다. 그리고 나중 일이지만 아들 관가를 잃고 반금련의 괴롭힘으로 속에 화가 치밀어 앓다가 죽는 사람은 이병아다. 그들 부부는 그렇게 결국 같은 이유로 죽는다. 아직 이병아는 그걸 모르고 남편을 먼저 화나서 죽게 만들고 있다.

이병아는 서문경의 집 사람들과 친해지고 싶어서 반금련 생일 잔치에 찾아와 축하를 한다. 식구들은 그녀를 하룻밤 묵어가게 한다. 이제 곧이어 영입하게 되더라도 스스럼없는 관계를 유지하도록 하려는 이유에서일 것이다.

이병아는 몸이 달았다. 어서 서문경에게 시집을 가고 싶어 한다. 하지만 서문경은 겉으로 아직 체면이 있다. 친구가 죽은 지 얼마 안 되니 남편의 상을 마치고 다시 논의하자고 미룬다. 아내인 오월랑의 점잖은 충고의 말도 한몫을 했다. 옆집의 친구가 죽었는데 그 아내를 차지하고 그 재물을 다 차지하게 되었으니 누군가는 욕하지 않겠는가라고 했다. 서문경은 그 말에 고개를 끄덕였다. 그는 이병아를 만나러 가는 것에는 열심이었지만 혼례를 치르는 일에는 차근차근 순서를 생각했다. 그녀를 위해 조성하고 있는 새집과 정원의 공사도 아직 끝나지 않았다. 그것을 핑계 대었더니 우선 다섯째 반금련과 함께 있으면서 공사가 끝나는 것을 기다리면 안 되겠느냐고도 했다. 사실 이병아는 그냥 몸만 달아오른 게 아니다. 남편이 자신의 구박으로 죽고 나서 덩그러니 빈집에 혼자 있자니 무서워서 병이 날 지경이었던 것이다. 어서 든든한 남자와 많은 식구가 있는 큰 집에 의탁하고 싶었다. 겨우겨우 백일이 지나고 화자허의 위패를 불태웠다. 이병아는 곧바로 데려가 달라고 애원했지만 서문경은 납폐일과 혼례의 날짜를 여유 있게 잡았다. 그렇게 좀 기다려달라는 것이었다. 그런데 세상일이란 호사다마라고 했던가. 서문경의 사돈인 진홍(陳洪)이 동경에서 중대한 사건에 걸려들었다. 정국을 뒤흔드는 대사건이 발생했다. 이병아와 나란히 누워서 즐거운 순간을 보내는 그 순간 하인이 다급하게 대문을 두드렸다. 서둘러 집에 돌아와 동경에서 짐을 싸서 들어온 딸과 사위를 보고 사태를 직감했다. 진경제로부터 사돈인 진홍의 편지를 보고 이튿날 새벽같이 현청에 내려온 공문서도 베껴 와서 확인하고 그는 동물적 감각으로 이 정치적 풍파를 벗어날 길을 모색했다. 즉각 대문을 닫아걸고 집안 공사를 중단하였으며 일체 외부 출입을 삼가고 누구와도 왕래하지 않았다. 그는 내보와 내왕에게 거금을 쥐어주며 동경으로 급파했다. 내보 등은 채태사 댁의 집사를 통해서 이방언(李邦彦)을 만났다. 그 사이에 사태는 조금 진정되어 있었다. 그러나 권력의 위세를 이용하여 백성을 괴롭히며 호가호위했던 인물에게는 여전히 큰 벌을 내려야 한다고 했다. 이방언이 펼쳐든 공문에는 진홍과 서문경의 이름이 떡하니 들어있었다. 내보 등은 서문경의 이름을 빼달라고 통사정했다. 뇌물 오백 냥이 앞에 놓여있었다. 이방언은 한 사람의 성씨를 두 글자에서 한 글자로 바꾸었다. 서문(西門)을 가(賈)자로 고친 것이었다.

비로소 풍파가 지난 것을 알게 된 서문경은 다시 공사를 시작했지만 그 사이에 이병아가 자신을 기다리다 못해 장죽산에게 시집간 일은 모르고 있었다. 이병아는 서문경이 다급하게 불려서 집으로 돌아간 다음부터 이제나 저제나 기다렸지만 종무소식이라 풍노파를 보내서 상황을 알아보도록 했다. 그러나 대문은 굳게 닫혔고 누구하나 응하려는 사람도 없었다. 이병아는 점점 병들어갔다. 후원에서는 여우가 나와 홀리려는 듯 하였고 혼자서 쓸쓸하게 견디기가 너무 버거웠다. 의원 장죽산을 불러왔다. 장죽산은 첫눈에 이병아의 미모에 홀딱 빠졌다. 남편이 죽고 혼자 사느니 어서 좋은 짝을 구하여 함께 살라고 충고도 했다. 이병아는 서문경과의 혼례 날짜까지 잡았다는 걸 말했다. 장죽산은 서문경이 얼마나 여자들한테 못되게 하고 매질을 가하는지 험담을 하고 더구나 지금 동경에서 큰 일이 벌어져 서문경네 집도 연루되었으니 과연 얼마나 버틸지 모른다고 은근한 협박까지 했다. 이병아는 착하게 보이는 장죽산이 제발 혼자 사는 남자이기를 바라면서 말을 주고받는데 마침 지난해 상처한 홀아비라고 하고 지금 서문경네 집이 희망이 없어진 마당에 아픈 몸을 이끌고 더 이상 버틸 수가 없었다. 이병아는 데릴사위처럼 장죽산을 집에 들이고 돈을 내어 약방까지 차려주었다. 서문경이 대문을 닫아걸고 방안에서 꼼짝 않고 있던 이 몇 달 동안 장죽산은 큰 출세를 했다.

그러다 동경에서 중대한 일을 처리하고 돌아온 내보의 보고가 있자 서문경은 마침내 마음을 놓으면서 다시 활동을 시작했다. 그리고 이병아가 그 사이를 못 참고 장죽산에게 시집갔다는 말을 듣고 불같이 화를 냈다. 정말 자존심이 상하는 것은 어디 갈 곳이 없어서 그런 놈한테 갈 수가 있느냐는 거였다. 풍노파를 만나 상황을 정확하게 파악한 서문경은 건달패 협잡꾼 둘을 부추겨 장죽산을 협박하고 주먹질을 하고 관에 고발까지 하여 결국 돈을 뜯어냈다. 마침 이병아도 기대를 저버린 장죽산을 미워하여 결국 내쫓았다. 서문경의 집으로 들어오는 날 아무도 나가보지 않아 한참을 대문 밖에서 기다리게 하더니 서문경은 잔치를 열고 당일부터 사흘저녁을 일부러 이병아의 방으로 들어가지 않았다. 수치심을 이기지 못하고 이병아는 목을 매고 자결하려다가 구출된다. 나흘째 저녁 서문경은 채찍을 소매에 넣고 찾아가서 윽박지르며 침상에서 끌어내려 발가벗기고 채찍을 휘두른다. 장죽산의 말대로 이 남자가 이렇게 여자에게 모질구나 하고 느꼈지만 장죽산과 자신을 비교해서 누가 더 좋으냐고 묻는 서문경에게 이병아는 솔직한 느낌대로 서문경이 훨씬 뛰어난 남자라고 단언한다. 장죽산과 비교했을 때 서문경은 과연 훨씬 멋지고 힘있고 핸썸한 남자임에는 틀림없었으니 이병아가 거짓 아부를 한 것도 아니었다. 마침내 서문경의 마음이 눈 녹듯이 녹아내렸다. 두 사람은 마침내 사랑으로 하나가 되었다.

2) 서문경의 죽음

『금병매』의 주인공은 서문경이다. 제목에 그 이름이 들어있지 않지만 엄연히 그 세 여자의 주인은 서문경이다. 어떤 영어 번역에서는 「금병매」의 서명을 「서문씨와 그의 여섯 아내들의 기이한 이야기(The Adventurous History of Hsi Men and His Six Wives)」라고 의역하여 제목을 달았다. 이 작품의 주인공 서문경을 제목에 등장시킨 것이지만 극히 예외의 하나다. 이제 서문경이 죽음에 이르는 대목에 이르렀으니 주인공이 사라지는 것이 된다. 『수호전』의 송강은 늦게야 나타났지만 끝까지 남아 있다가 죽고, 『서유기』도 손오공이나 삼장법사가 최종까지 출현하고 있으며 『홍루몽』의 가보옥도 마지막 회에서 출가 뒤의 이야기가 나온다. 다만 『삼국지』에서는 주인공 유비나 조조가 중도에 사라지는 것과 같지만 그것은 역사의 흐름으로 새 시대에 새 인물이 나타나는 구도이니 그런 것이다. 서문경을 제79회에 퇴장시키고 나머지 20회를 더 끌어가는 작가의 의도를 가늠하면 첫째 서문경 사후의 뒤처리가 여러 가지 궁금하기 때문이고 둘째는 결국 서문경의 죽음으로도 아무런 경고가 되지 못한 춘매의 음란과 진경제의 처참한 몰락 과정을 보여주기 위한 것이다.

서문경은 죽음에 임박한 얼마 전까지 전혀 죽음을 예상하지 못했다. 그는 아직 서른 세 살의 젊은 나이인데다가 돈과 권력을 장악하여 흥미진진하게 인생을 구가하고 있는 상태다. 그가 이병아를 영입할 무렵에 잠시 신변의 위협을 강하게 느끼고 대문을 닫아걸고 노심초사한 바가 있지만 그러한 외적인 풍파가 아니라면 설마 병으로 시름시름 죽어갈 것이라고는 상상도 못했다. 특별한 병도 없었고 상관이나 누구로부터 받는 괴로운 스트레스도 없었다. 그는 바깥에서나 안에서나 무엇이든 제 마음대로 할 수 있었고 처첩들에게 쩔쩔매는 공처가도 아니었다. 처첩이 여럿이라 갈등이 심각했고 귀하게 얻은 관가가 죽고 정말 아끼고 좋아했던 이병아가 그런 관계 속에서 죽었지만 심각하게 고민한 적은 없었다. 물론 어느 누구보다도 대성통곡을 하고 밥을 굶으면서 빈소를 지키고 있기도 했지만 그녀의 죽음으로 인해서 자신의 인생철학에 변화는 없었다. 고민은 커녕 유모 여의아와 여전히 사통하였고 나아가 바깥의 새로운 섹스 파트너도 찾아냈다.

제78회에서 서문경은 우선 분사의 처와 관계를 하고 이어서 왕초선부의 임씨 부인을 찾아가 두 번이나 관계를 하고 집에 와서는 여의아로 부터 진한 구강성교의 서비스를 받고는 뜸을 떠주고 나서 깊은 관계까지 했다. 그런데 사실 이즈음에 약간의 조짐이 보이고 있던 것은 사실이었다. 제78회에 이미 작가가 살짝 보여주고 있는데도 서문경은 물론 가족들이나 독자들 까지도 인식하지 못하고 있었던 것이다. 며칠 동안 팔다리 쑤시고 아파서 약을 먹으려고 하는데 연수단을 먹을 때 젖과 함께 먹으라고 하던 의원의 말이 생각났던 것이다. 그리고 보면 여의아를 찾아간 것은 젖을 구하기 위한 것이었다. 젖을 짜서 약을 개어 먹고 나서 다시 여의아를 보니 설 명절이라 조금 꾸며서 그랬는지 평소와 달라보였고 돌연 음심이 동하기 시작했다.

정월 열 이튿날에는 관원들의 부인을 초청하여 잔치를 열었는데 임씨 부인도 왔지만 하천호의 처인 남씨 부인이 나타났다. 그런데 제 몸의 컨

디션을 생각지도 않고 서문경은 생전 여자 구경 처음 하는 숫총각처럼 넋을 잃고 바라본다. 그 넋 나간 모습을 보여주려고 남씨 부인의 우아한 자태를 장편의 시로 보여주고 있다. 묘사는 가관이다. 하늘의 옥 나무가 내려온 듯, 무산의 신녀가 강림한 듯 하다고 하면서 마음이 흔들리고 눈이 어지러워 도무지 정신을 차리지 못했다고 했다. 남씨 부인과 임씨 부인이 떠날 때는 눈이 뚫어져라 바라보며 마른 군침을 삼키며 당장 달려가 한 쌍이 되어 품에 안지 못함을 한스러워했다. 아마 곧 죽으려고 그의 눈에는 그렇게 씌운 모양이다.

이날 저녁 서문경은 좌석에 앉아서 꾸벅꾸벅 졸면서 코를 골았다. 이병아와 밀회를 하려고 일부러 그렇게 할 때는 있었지만 지금은 그의 몸 상태가 엉망이 되어 가고 있음을 드러내는 것이다. 작가는 이곳에 아마도 무심한 독자를 위한 경고인 듯 다음과 같은 예언을 보여주고 있다.

> "서문경은 평생에 명예를 좇고 이익을 다투며 사치와 음욕을 마음껏 누렸는데 이제 귀신들이 찾아오고 죽음이 임박한 것을 모르고 있도다!"

이런 심각한 상황에서도 서문경은 방문을 열다가 내작의 처와 정면으로 마주치게 되자 그대로 여자의 손을 잡고 방으로 끌고 들어가 범하고 말았다. 그 여자도 예전에 주인과 눈이 맞아 놀아나다가 쫓겨난 여자라고 하니 서문경이 손을 이끌자 그대로 얼싸 좋다하고 응했던 것이다. 제78회에서만도 4명의 여인과 관계를 가졌는데 중간에 몸이 제 상태가 아님을 조금씩 보여준다. 그리고 제79회로 이어진다

건강을 잃으면 만사가 허망해진다. 서문경에게 딱 맞는 말이다. 제 자신은 죽어서 의식이 없어졌으니 그만이라지만 남은 가족들과 집안의 재산은 다 어떻게 되는가. 아등바등 돈을 모으고 여자를 집안으로 끌어 들여오고 시답잖은 벼슬자리 하나라도 꿰차느라고 안간힘 쓰고 잔머리 굴린 일이 모두 허망해지는 것이다. 서문경은 오늘날로 보면 일시적으로 성공한 젊은 사업가다. 모든 신경을 돈의 흐름을 따라 예리하게 주시하면서

기회가 오면 잽싸게 낚아챈다. 그 순간에는 예의범절이나 의리도덕이나 인정사정 같은 건 없다. 돈 버는 데는 돈 있는 여자와 만나는 것만큼 손쉬운 것이 없다. 사지가 멀쩡하고 허우대 번듯하게 생기고 말솜씨와 사업수완 좋다는 걸 입증하기만 하면 돈 많은 여자는 싫어할 이유가 없다. 처첩이 용인되었던 과거에는 첩이라도 좋다. 자신이 과부일 때는 더구나 가릴 처지가 못 된다.

그런데 아쉬운 것은 그 당시 헬스클럽이 전혀 발달하지 못했다는 것이다. 그 어디에도 전문적으로 몸을 단련시키는 곳이 없었다. 지금 서문경이 죽기 직전 상황인 제78회와 79회의 내용에 근거하여 그의 동선을 따라가 보면 먹고 마시고 남녀상열의 그 짓을 하는 거 외에는 별로 활동이랄 것이 없다. 사업상 무슨 가게를 누구에게 어떻게 차리라는 간단한 회의의 지시사항 정도가 그의 본업이고 간혹 의원이 주는 연수단 같은 약을 여의아가 짜낸 젖에 개어서 먹는 일이 건강을 위해 투자하는 일이다. 그나마 젖을 얻으러 갔다가 오히려 골수만 쏟아내고 온다. 오늘날 사업가들도 돈을 버는데 갖은 머리를 다 쓰고 돈 좀 벌면 꼬여드는 여자들을 상대하느라 역시 정력을 많이 낭비한다. 그러나 돈은 왜 버는가 하는 명제 앞에서, 예쁜 여자와 함께 있다 보면 그래, 바로 이게 돈맛이야! 하고 감탄하게 될 것이니 돈과 여자는 떨어질 날이 없다. 하지만 아직 삼십대의 젊은 사업가라면 그리고 장래가 촉망되는 사업가라면 기필코 건강을 챙기느라 운동하고 약도 먹고 간혹 절제하려고도 노력한다. 적당한 균형이야말로 장수의 비결이다. 돈을 오래 가지고 있고 여자를 오래 데리고 있고 건강을 오래 유지하려면 역시 생활의 패턴이 중요하다. 일정하게 자고 먹고 활동하는 것은 기본이다. 지금 서문경은 그게 무너지고 있다. 하기야 작가가 이미 알고 또 한번 탄식한다.

> "서문경은 남의 부인을 간음할 줄만 알았지, 자기 죽음이 코앞에 닥친 것은 알지 못했다."

이미 앞서서 몸이 나른하고 피곤하여 자리에서 꾸벅꾸벅 졸고 있던 서문경은 남씨 부인의 선녀같은 모습을 멀리서 보고 군침을 흘리다 하인 내작의 처와 맞부딪치자 순식간에 낚아채어 사통을 했다. 그리고 안방의 잠자리에 들었는데 오월랑이 이상한 꿈을 꾸었다고 했다. 나중에 오신선의 해몽에 의하면 불길한 것이었다. 서문경을 기어코 막다른 곳으로 몰고 가려고 그랬는지 왕육아가 오색 비단으로 만든 동심결의 탁자라는 걸 선물로 보내왔다. 음행기구다. 서문경의 나이라면 그냥 아무런 문제가 없을 때인데도 숱한 기구를 사용했고 또 음약을 복용했다. 그중에서 가장 치명적인 것은 호승(胡僧)이 준 환약이다. 세상에 그런 약이 있을 수 없으니 호승이 주었다고 했다. 호승은 중원 사람이 아니다. 티베트 쪽의 라마불교에서는 요상한 이론으로 불법을 깨우친 기쁨의 법열을 남녀상열의 최고 흥분상태에 상징적으로 비유하여 환희불을 만들어서 신봉한다. 밀교에서는 한걸음 더 나아가 남녀의 교접을 성스러운 행위로 연출하도록 한다고 한다. 중국소설에서 흥분제인 미약 혹은 음약은 모두 어디서 왔는지도 모르는 호승이 주는 것으로 되어 있다. 비밀스럽고 신비적인 느낌을 더욱 높이기 위한 장치일 것이다.

서문경은 여자들을 자유자재로 다루는 인물이다. 제멋대로 농락하고 때로는 과격하게 폭력을 쓰기도 하지만 또 여자의 정성을 외면하지 못하고 여자가 통사정하면 결국은 잘 들어주기도 한다. 본부인인 오월랑과 살림얘기를 잘 나누고 심지어 새 첩을 들여오는 일까지도 잘 상의한다. 물론 끝에 가서 결정은 자기 맘이다. 왕육아는 한도국의 처이며 소설의 마지막을 장식하는 한애저의 어머니다. 그 남편을 동경에 심부름 보내고 그 아내를 차지하고 있으니 집안이 망할 징조다. 앞서 내왕의 처 송혜련과도 그렇게 하다가 치욕을 못이긴 송혜련이 자살했지만 서문경에게는 아무런 교훈이 되지 못했다. 세상의 깨달음이란 그리 쉬운 게 아니다. 제 스스로 철두철미하게 당하고 나서 비로소 깨닫는 경우가 대부분이다. 지금 알고 있는 것을 그때 알았더라면 세상에 실패는 없을 것이다. 그래서 교육을 시키고 경고를 하지만 대부분은 별무소용이다. 집을 나서기 전에 오월랑이 무언가 심상찮은 모습을 눈치 챘다. "어디가 안 좋으시면 말씀을 좀 하세요, 왜 그리 기운이 없으세요?" 그러나 서문경 자신은 심각하게 여기지 않았다. 그냥 속이 좀 답답하고 다리가 아프다고만 했다.

서문경은 바깥으로부터 닥쳐오는 풍파에는 몸을 납작 엎드려 겨우 피했다. 재빨리 손을 써서 가문의 몰락을 막았다. 정치적 풍파가 얼마나 무서운 것인지를 알고 있었던 것이다. 거금으로 막아낼 수 있다는 것도, 또 어디를 찾아가서 막아야 한다는 것까지, 보통 사람들이 잘 모르는 숨겨진 그런 세상사의 이치까지도 다 알고 있었다. 그런데 지금 제 몸으로 다가오는 죽음의 그림자는 전혀 감지하지 못하고 있었다. 서문경은 급기야 왕육아를 찾아가 선물로 준 탁자를 제 물건에 끼워 넣고 시험했다. 머릿속에는 바라보고 군침만 흘리던 하천호의 부인 남씨의 얼굴을 생각하면서 더욱 흥분했다. 술도 많이 먹었고 밤도 늦었으면 그냥 자고 나오면 될 것을, 야삼경에 굳이 말을 타고 집으로 돌아왔다. 돌아오는 도중에 돌다리 근처에서 시커먼 그림자가 불쑥 솟아올라서 말도 놀라고 서문경도 놀라서 헐레벌떡 달려 돌아왔다. 소설에서는 아무런 설명이 없다. 죽음의 그림자라고 보면 될 것이다. 대문에 들어서면 앞채에 반금련의 방이 있다. 서문경은 무엇에 씌운 것처럼 그곳으로 들어갔다. 작가도 이 대목에서 탄식한다.

> "가지 말아야 할 곳으로 들어갔으니 이를 정말 어찌할꼬!"

이 때 반금련은 서문경을 몹시도 기다렸다. 고주망태가 되어 돌아와서는 곧바로 코를 골면서 잠에 떨어졌지만 반금련은 그냥 있을 수가 없었다. 대개의 보통 여자 같으면 당연히 잘 자도록 해 줄 것이다. 오늘 하룻밤 만나고 헤어질 하루살이 정인도 아닌데 굳이 이 밤이 아니면 안 된다고 발버둥거릴 까닭도 없다. 더구나 오래오래 살면서 함께 해야 할 남편이라면 곯아떨어진 남편의 사타구니에 손이 가려고 하지 않을 것이다. 그래서 반금련을 천하의 음탕한 여인이라고 하는 것이다. 앞뒤도 재지 않고 우선

제 욕정을 채우려는 것이 다급했던 것이다. 그 욕정이 채워지지 않으면 금동이도 좋고 진경제도 좋다고 받아들이는 여자다. 안타까운 일이다. 그녀에게는 근본적인 결핍증이 있었던 것이다. 누군가 그에게 사랑을 주지 않으면 도저히 참고 견뎌낼 수 없는 여자였다. 잠든 여자나 죽은 여자와 간음하는 남자는 있을 수 있지만 잠에 곯아떨어진 남자와 성행위를 한다는 것은 있을 수 없는 일이다. 소설의 작가는 호승의 약으로 그것이 가능하다고 설정했다. 반금련도 바로 그것을 생각해냈다. 반금련은 잠든 서문경을 흔들어 깨워 약 네 알을 찾아내어 제가 한 알을 먹고 나머지 세 알을 그대로 서문경의 입에 털어 넣었다. 호승이 약을 줄 때 단단히 당부한 말은 반금련에게 있어서는 아무 소용없는 마이동풍이었다. 여간해서 발기할 것 같지 않으니 좀 더 먹이면 효과가 있을 것 같은 어리숙한 생각이었다. 그야말로 '약 좋다고 남용 말고, 약 모르고 오용말자!' 자신이 독을 먹이고 있다는 생각조차 못하고 그게 발기되는 것만 반가운 반금련은 그저 잠시라도 욕망을 채울 수 있는 것만이 좋았다. 재주 있고 총명한 것 같았던 반금련의 어리석음이 이와 같았다. 어리석음은 큰 죄악이니 지혜를 깨우치는 것은 불교의 지상과제가 되었다. 만약 그때 서문경이 바로 죽었다면 반금련이 남편 죽인 범인으로 곧바로 지목되었을 것이다. 그래도 이튿날 겨우 깨어나서 머리가 어지럽다고만 하여 안방의 오월랑 곁으로 옮겨갔다. 반금련은 자기가 약을 많이 먹였다는 사실은 발설하지 않았다. 오늘날 같으면 부검에서 밝혀질 일이지만 결정적인 증거가 없었으니 하인들의 증언을 듣고 앞서 관계했던 임씨 부인, 전날 관계했던 왕육아가 욕을 얻어먹었다. 그것도 그냥 욕이나 얻어먹고 외면이나 할 정도이지 살인범으로 몰아갈 수도 없는 일이었다. 작가가 말한다.

> "서문경은 음욕을 탐하고 색을 즐길 줄만 알았지 등잔불 꺼지듯 골수가 다하면 죽는다는 걸 몰랐다."

작가는 그래도 제79회에서 서문경이 죽음에 이르는 과정을 비교적 상세히 그려내고 있다. 병이 위중해지는 상태와 진단을 해도 고칠 방도가 없다는 처방을 상세히 보여준다. 임의원의 처방은 이렇다. "허화가 위로 치솟고 신수는 아래로 내려가 탈양의 증세입니다. 음허를 보충해야만 살 수가 있습니다." 기공에서는 이러한 경우가 오지 않도록 '수승화강'의 상태를 추구한다. 본래 물은 아래로 흘러내리고 불은 위로 타오른다. 그런데 사람의 몸에서는 그것이 반대로 되어야 산다. 물 기운이 위로 올라가야 머리가 맑아지고 눈이 밝아진다. 불기운이 아래로 내려가서 단전에 모여 있다가 힘을 쓰는데 사용된다.

오신선을 불러 새삼 사주팔자도 보고 별점도 보고 해몽도 해보았지만 모두 소용없도록 나왔다. 다급해진 오월랑은 남편의 병만 낫게 해준다면 태산에 올라가 신령님께 향과 도포를 바치겠노라고 서원을 하였다. 후에 그녀의 태산행, 효가의 출가 약속 등을 위한 작가의 예비 조치라고 할 수 있다. 서문경은 임종에 이르러 그래도 한다는 소리가 '일처사첩'의 다섯 아내가 흩어지지 말고 잘 지내라고 하면서 반금련을 가리키며 전의 일은 다 잊고 잘 대해주라는 말까지 남기고 있다. 원망할 마음도 없이 그저 화목한 서문가문을 이어가기만을 바라고 있었던 것이다. 세상에 출세하는 이치는 깨달았다고 하는 서문경도 복잡하고 냉혹한 인간관계는 잘 모르고 있었던 것이다. 한창 나이 서른 셋의 정월에 서문경은 죽었다.

서문경 사후, 상황은 더 복잡해졌다. 당장 둘째 부인 이교아는 돈을 훔쳐 기원으로 도망쳤다가 응백작의 중매로 장이관에게 시집가고, 응백작은 장이관에게 달라붙어 새로운 의형제의 형님으로 모신다. 오랫동안 서로 희롱만 하면서 호시탐탐 기회를 엿보던 다섯째 부인 반금련은 마침내 사위인 진경제와 노골적으로 사통을 시작했다. 서문대저는 서문경의 죽은 정부인 진씨 소생이었으나 장인의 처첩은 모두 장모에 해당하니 그때나 지금이나 막중한 패륜이었다. 이는 죽은 서문경에 대한 가장 큰 배신이었다. 그리고 보면 서문경만 순진한 꼴이었지만 제가 남의 여자를 그리도 손을 대었으니 제 여자가 남의 손에 넘어갈 생각은 왜 못하는가. 돈 만지는 하인들은 제각각 살길을 찾아서 돈을 들고 튀었다. 집안의 집사로서 거금을 받아 강남에서 물건을 사들이던 한도국과 내보는 돌아오던 길에 소식을 듣고 각자도생의 길을 갔다. 한도국은 재물을 빼앗아 딸 한애저가 있는 동경의 채태사네 집사한테 가버렸다. 사실 왕육아가 장례식에 문상을 갔는데 오월랑이 나와 보지도 않고 욕을 했다고 그것을 속으로 꽁하여 남편 한도국이 가져온 천 냥 돈을 꿀꺽 먹어치우고 동경으로 가버리자고 부추겼다. 서문경에게 온갖 애교와 정성으로 살을 섞으며 지내던 때와는 딴판이었다. 한도국이 돈을 챙겨 도망친 것을 알고 내보도 주인을 속이면서 온갖 못된 짓을 계속하고 과부가 된 오월랑을 무시하며 심지어 술이 취하여 은근한 희롱까지 서슴지 않았다. 참으로 서문경 한사람 죽으니 모든 사람이 변하고 상황이 달라졌다. 인정세태의 쓴맛이 고스란히 드러난다.

이 두 장면은 『금병매』의 전후 특징을 극명하게 드러낸다. 이병아와 춘매는 반금련과 함께 확실한 여주인공들이다. 그것은 작가의 의도였고 본문의 분량에서도 그렇게 안배되었고, 제목에서도 역시 드러난 명백한 사실이다. 모두 서문경에 얽힌 인물과 사건이었고 작품의 전개상 매우 중요한 핵심적인 전환기였다. 그러나 양자를 대비하면 또한 차이가 난다. 전자는 서문경이 일시적인 곤경을 막 벗어나고 나서, 자신감을 갖고 돈 많고 예쁜 이병아를 맞아들이는 것이지만 후자는 온갖 즐거움과 환락을 한 몸으로 당해내던 서문경이 벗어날 수 없는 업보처럼 자신도 의식하지 못하는 상황에서 반금련에 의해 탈진하여 죽음에 이르는 대목이다. 전자에선 이병아를 영입함에 있어서 서문경이 충분히 속도 조절을 하면서 상대의 마음을 분명히 장악하여 심지어 처음 사흘 밤을 상대조차 하지 않음으로써 여자를 확실하게 장악하지만, 후자에서는 바깥에서 수차례 진을 빼고 돌아온 마당에 이미 자신의 몸을 가누지 못하는 상황에서 오로지 피동적으로 당하게 되는데 환락의 방도로 쓰던 호승의 음약은 죽음을 부르는 독약이 되었다. 전자에서 이병아를 여섯째 첩으로 들임으로써 서문경의 처첩의 구도가 완성된 것이었다면 후자에서는 서문경의 죽음으로 인하여 처첩의 구도는 처참하게 무너지게 된다. 전자에서 이병아의 영입이 곧 거대한 재산이 함께 들어오는 과정이었다면 후자에서 서문경의 죽음으로 그를 둘러싸고 있던 많은 사람들이 곧바로 재산에 눈독을 들이고 훔쳐가고 빼내가는 바람에 아까운 재산은 바람처럼 흩어진다. 이처럼 전후의 구조도 인물의 변화, 주제의 선명한 부각이라는 면에서 볼 때 이 두 장면은 『금병매』를 대표하는 명장면으로서 손색이 없을 것으로 확신한다.

제8장 사대기서의 비교론

「사대기서」는 서로 다른 중국소설의 네 가지 유형을 대표하는 작품이다. 따라서 내용상으로만 본다면 각각 상당히 독립적인 이야기를 담고 있다. 도시경제가 발달하고 시민사회의 오락 문화가 극성한 송나라 때 북송의 수도인 변경(개봉)이나 남송의 수도인 임안(항주)에는 이미 이러한 이야기 유형에 따른 전문 분야가 구분되어 있었다. 「설삼분」 등이 바로 그런 것이었다. 그만큼 전문성이 있었다는 것은 그 내용을 가지고 말하는 것이다. 이야기의 구연(口演) 방식이나 장편소설로의 창작 과정에서 서로의 기술을 적극 차용하고 활용하였다. 따라서 「사대기서」는 상호간의 차이점 못지않게 유사성도 발견된다. 나중에는 창작 기법뿐 아니라 내용에 있어서도 계승하고 융합하여 새로운 발전을 이룩하였다. 애초에 육조부터 성행하던 삼국 이야기나 당대 후기부터 활발해진 취경 이야기, 그리고 남송 초기부터 형성된 양산박 영웅 이야기들은 발생부터 전승의 시간적 거리가 많이 떨어졌지만, 이들은 모두 남송 후기 이야기꾼들에게 있어서 거의 동등한 위상으로 대접받았다. 그리하여 원나라 희곡작가들은 이들 이야기에 등장하는 인물과 사건의 형상화에 많은 공력을 들였다. 그것이 삼국희, 수호희, 서유희 등의 유형으로 분류되는 희곡 작품이다. 원말명초의 소설 작가들은 이들을 다시 종합하는 과정에서 창작 기법이나 이야기의 기본 화소 등을 상당 부분 공유하고 있었다. 심지어 같은 작가가 동시에 두 작품의 창작에 직접 관여하고 있기도 하였으므로 유사성이 확대되는 현상은 더욱 확산되었다. 이러한 현상은 비단 「사대기서」에만 국한되는 것도 아니었다. 당시 쏟아져 나온 많은 소설들의 상황이 거의 비슷했다. 예를 들어 『열국지』는 삼국시대보다 훨씬 앞선 춘추전국시대의 역사를 다루고 있지만 소설적 묘사는 오히려 『삼국지』로부터 많은 영향을 받기도 하였다. 「사대기서」의 같은 작품 안에서도 앞과 뒤에 유사한 사건의 서술이 자주 중복적으로 나타나지만 또한 구체적인 사건의 전개와 묘사에서는 차이를 보이기도 한다. 「사대기서」는 당시의 소설의 전파, 출판, 영향 등의 여러 방면에서 가장 선도적이었고 가장 두드러진 작품이었으므로 이를 상호 비교하는 것은 매우 의미 있는 작업이 될 것이다.

1. 사대기서의 상호 영향

『삼국지』는 삼국시대의 역사 이야기이고 『수호전』은 북송 말기의 강호의 영웅 이야기다. 서로 시대배경이 전혀 다르고 작품의 주제가 같지 않지만 사실 장편소설로서의 형성되는 최종단계의 과정은 거의 같은 과정을 밟아왔다. 송나라의 민간설화에서 삼국 이야기와 수호 이야기를 전문으로 담당하는 이야기꾼(설화인)이 각각 있었고 이들은 항상 함께 있으면서 긴밀하게 교류하였다. 나중에는 심지어 같은 이야기꾼이 이 두 가지 이야기를 모두 담당하는 경우도 있었을 것이다. 사실 이 두 가지 뿐만 아니라 오랫동안 전해오던 서유 이야기를 비롯하여 많은 장편소설의 초기단계 전파에서 모두 이야기꾼들의 구연을 통해 재생산되고 확대되었으며 묘사는 핍진해졌다. 「삼대기서」를 포함하여 『열국지』, 『초한전』, 『봉신연의』, 『평요전』, 『양가장』 등의 이야기들이 모두 이렇게 형성되었을 것이다.

『삼국지』의 중요한 인물은 모두 역사 기록에서 온 것이다. 일부 허구의 인물이 없는 것은 아니지만, 기본적으로 역사로부터 벗어날 수 없었다. 그러나 『수호전』의 인물은 대부분 민간 전설에 의존하고 있다. 남송 말기에 이미 송강을 비롯한 36인의 천강성인물이 거의 확정된 공개(龔開)의 『송강삼십육인찬』이 나왔고, 원초(元初)에 강사화본소설 『대송선화유사』에서 이들 인물의 구체적인 사건이 그려지고 있으며, 원대 수호희에서 주요 인물에 대한 묘사가 더욱 세밀하게 그려졌다. 『수호전』에 이르러 마침내 72인의 지살성 인물까지 추가하여 양산박 108명의 호걸이 확정되었던 것이다. 그런데 수호인물에는 모두 별명을 가지고 있는데 인물의 출신이나 신체적 혹은 성격적 특징을 보여주는 구절로 되어 있다. 호보의(呼保義) 송강, 탁탑천왕(托塔天王) 조개, 옥기린(玉麒麟) 노준의 등과 같이 표현된다.

그런데 노골적으로 삼국인물의 영향을 보여주는 예가 상당수 보인다. 우선 양산박 셋째 두령 지다성(智多星)오용(吳用)은 호를 가량(加亮)선생이라고 했으니 이는 분명히 『삼국지』에서 지혜의 대표인물(智絶)인 제갈량을 염두에 두고 지은 이름이다. 제갈량의 지혜를 뛰어넘는다는 말이다. 사실 『대송선화유사』에서는 이름 자체가 오가량이었으나 후에 오학구로 바꾸었다가 아무래도 부자연스러웠는지 본명을 오용으로 하였던 것이다. 혹시 제갈량처럼 뛰어난 사람이라고 떠받들다가 사실은 쓸데없는 인물(無用)이라고 풍자하고 싶어서였는지 모르겠다.

천강성 다섯 번째 두령 대도(大刀)관승(關勝)은 직접 관우의 후손임을 드러내놓고 밝힌 인물이다. 그는 선조의 빛나는 전통을 이어받아 청룡언월도를 잘 쓰고 병법에 능통했다고 한다. 그는 포동(蒲東)의 순검이었으나 채경의 명으로 양산박의 송강을 공략하였다. 임충과 진명이 달려 나와 대적하였으나 용맹이 뛰어나 막을 수가 없었다. 후에 호연작이 거짓 항복으로 대군을 유인하여 사로잡았다. 관승은 송강의 담대한 인품과 의리를 중시하는 모습에 감동하여 양산박에 귀순하였다. 그가 타는 말은 적토마이고 그가 쓰는 무기는 청룡언월도이며 그 용모도 관우와 비슷하고 그에 대한 찬사조차 "세상을 뒤덮는 영웅으로, 만인이 당해낼 수 없는 용맹"

이라고 하여 관우에게 쓰여진 말이 거의 그대로 재활용되고 있다. 이처럼 관승의 성격이나 재주를 선조인 관우를 빼닮게 그리고 있는 것은 의도적으로 『삼국지』의 관우에 대한 일반인의 이미지를 최대한 되살려보려는 것이었다.

『삼국지』에서 관우는 형주성을 빼앗기고 맥성에서 사로잡혀 손권에 의해 처형되어 몸은 당양(當陽, 關陵)에 묻히고 수급은 조조에게 보내져 낙양(洛陽, 關林)에 묻혔다. 당시 촉한에서는 따로 성도(成都, 關羽墓)에도 의관총을 만들었다. 관우의 아들은 관평(소설속에서는 양자로 기술함)과 관흥이 있었지만 관평은 관우와 함께 잡혀 처형되었고, 관흥은 장비의 아들과 함께 이릉대전에도 참전하여 용맹하게 싸워 부친의 원수를 갚는다고 하였다. 따로 관색이란 아들이 있었다고 하지만 『화관색전』에만 나오는 허구의 인물이다. 관흥(關興)의 아들 관통은 공주를 아내로 맞았지만 적자가 없었고 서자 관이(關彝)가 후손으로 이어진다고 했다.

북송 말기에 이르러 관승과 같은 후손이 있었을 수는 있지만 굳이 수호의 영웅인물의 하나로 추가하게 된 것은 역시 민간에 성행한 관우 숭배의 반영으로 볼 수 있다. 관우 숭배의 문화는 그의 고향인 산서성 해주(解州)와 그가 지키고 있었던 형주(荊州)로부터 시작되었지만 각 시대의 제왕들이 외적을 막아내기 위해 그를 무성(武聖)으로 미화하는 과정에서 더욱 강화되었다. 관우를 신앙의 대상으로 시작한 것은 바로 북송 휘종때 그를 무안왕(武安王)으로 봉하고 「무왕묘」에 제사를 지내면서부터다.

앞에서 언급한 관색(關索)은 정사에는 나오지 않고 『삼국지연의』에서 부분적으로 나타나고, 『화관색전』에서 구체적으로 묘사한 전설의 인물이다. 자료에 따라 그의 신분은 차이가 난다. 주왈교본에서는 관우의 첫째 아들로 나오고, 모종강본에서는 셋째 아들로서 제갈량 남정때 홀연 나타나 운남 지역을 지키는 장수로 역할을 하였고 그 지역에서는 지명에서도 흔적이 남아있고 또 연극인 「관색희(關索戲)」도 전해지고 있다고 한다. 『화관색전(花關索傳)』에서는 관평에 이어 둘째 아들로 등장한다. 『화관색전』은 명대 성화(成化)연간(1465-1487)에 만들어진 설창사화인데 화관색 관련 작품 4권(前集,後集,續集,別集)이 함께 묶여져 1967년 상하이의 고묘에서 발굴되었다.

관우와 장비는 도원결의 이후에 종군하면서 서로의 처자식을 죽이기로 약조하였으나 장비는 마침 임신중인 관우의 처 호씨를 살려보냈다. 호씨는 친정에서 낳은 아이를 7세 때 등불놀이에서 잃었는데 색(索)원외가 데려다 기르고 9세 때 화악선생에게 보내 제자로 삼도록 했다. 육도삼략과 십팔반무예를 통달하고 18세에 부모를 찾아 출신을 알고 스스로 화관색으로 지었다. 그는 부친을 찾아가다 위험에 빠진 포삼랑을 구출하여 아내로 삼았다. 청초의 만문 번역본 중에는 Howa guwan so Bao san niyang bithe(花關索鮑三娘 이야기)가 있는데 명말 이래로 전해지는 이야기를 만주어로 번역한 것으로 보인다.

그런데 수호인물 양웅(楊雄)의 별명이 병관색(病關索)으로 나와서 흥미를 자아낸다. 남송 말부터 전해진 36명 중의 한 사람이니 유래가 깊다고 하겠다. 『대송선화유사』에서는 별명을 새관색(賽關索)으로 하였는데 새와 병은 모두 낫다는 의미로 쓰인 것이어서 양웅이란 인물이 관색보다 낫다는 뜻이 된다. 손립(孫立)의 별명에도 병자를 쓰고 있는데 병울지(病蔚遲)다. 당태종때의 인물 울지경덕(蔚遲敬德)보다 낫다는 뜻이다. 이로 보면 수호의 천강성 인물이 송나라 민간에서 형성될 때 삼국인물로서 관색은 널리 알려진 유명한 인물이었을 가능성이 크다고 하겠다. 독자들이 누구나 양웅을 관색에 비견하여 손색없는 영웅이라고 여길 수 있도록 「병관색」의 별명을 붙여준 것이었다.

『삼국지』와 『수호전』은 비슷한 시기에 만들어 졌으므로 상호 간에 적잖은 영향을 주고 받은 것으로 보인다. 등장인물만 보더라도 비슷한 이미지를 갖고 있는 인물이 여러 명이다. 작품의 주인공으로서 백성을 생각하고 어질고 인자한 이미지를 갖고 있으면서 유약한 모습을 담고 있는 유비와 송강이 유사하고, 전략가이며 지혜롭게 난국을 헤쳐 나가는 작전을 구사하며 보좌하는 제갈량과 오용이 비슷하고, 순수하고 용맹하지만 포학하고 잔인한 모습의 장비와 이규도 인물 묘사에서 매우 유사한 점이 있다.

『수호전』과 『서유기』의 관계도 상당히 밀접한 면이 있다. 삼국과 수호, 서유 이야기는 송나라 설화인들 사이에서 이미 널리 알려지고 있던 공통의 화제였다. 당시 많은 설화인들이 이를 묘사하면서 자연스레 유사한 묘사 기법을 활용하기도 하였던 것이다. 『수호전』과 『서유기』는 서로 다른 유형의 소설임에도 불구하고 작품의 서두에 신화·전설의 환상적 외피를 입혀서 독자들을 신비한 세계로 인도하고 있다. 『수호전』의 첫머리에는 홍태위가 강서 용호산에서 복마전을 열어 요마를 세상에 흩어지게 하는 바람에 108명의 요마였던 강호의 호걸이 양산박에 모여든 것으로 이야기를 전개하고 있다. 또 이들을 별의 이름으로 자리매김하여 천강성 36명과 지살성 72명으로 구분하여 중요한 인물을 설정하고 있다. 『서유기』는 신마소설의 대표작답게 중국 고래의 신화·전설과 민간 신앙을 다양한 방식으로 활용하고 있다. 『서유기』를 아예 신화 소설이라고 지칭하는 사람도 있다. 인간의 이야기라기보다는 신불과 요마의 이야기라는 점에서 과연 다른 작품들과는 큰 차이가 있다. 오래국의 화과산에서 나타나는 손오공의 출신과정과 수보리조사로부터의 도술을 배우는 과정이 남다르고 용궁과 지옥 그리고 천궁에서의 소동은 과연 인간세계에서 상상하기 어려우리만치 원숭이 왕 손오공의 독특한 면모를 유감없이 보여준다.

『서유기』의 삼장법사는 유비나 송강과도 유사한 캐릭터 이미지를 보여주고 있다. 세 사람 모두 개인적인 문무의 자질이 남보다 뛰어나지는 않지만 여러 사람들의 존경과 선망의 대상이 되고 남들을 거느리고 다같이 합심하여 난관을 극복하는데 핵심적인 인물이 된다. 한마디로 개인적 역량 보다는 지도자적인 리더십이 강조되고 있는 인물이라는 것이다.

수호인물과 서유인물 중에서 가장 유사한 성격으로 대비될 수 있는 인물은 노지심과 손오공이다. 불의를 보면 참지 못하는 정의로운 성격이나 단순하고 순진한 성품이나 심지어 갖고 있는 무기의 모양까지 얼핏 유사한 점이 적지 않다. 노지심이 휘두르는 무기는 예순 두근 짜리 선장이었고, 손오공의 여의봉은 일만삼천오백 근이나 되었지만 마음대로 줄여서 귓속에 넣고 다녔다. 그러나 싸우며 휘두를 때의 모습은 노지심의 선장 크기라고 할 수 있다. 그들은 모두 사회적으로 불합리한 기존 권위에 기죽지 않고 과감하게 대항하는 인물이다. 노지심은 도화산 도적들과의 싸움에서 우선 유태공의 딸을 구출하기 위해 옷을 벗고 신방에 들어가 불을 끄고 신부 대신 누웠다가 소패왕 주통을 때려잡았다가 그와 알게 되는데, 이와 유사한 내용이 곧 손오공이 고로장에서 딸 고취란을 구출하기 위해서 신부로 변장하고 신방에 누웠다가 저팔계와 한바탕 싸움을 벌이고 비로소 둘이 서로 알게 되는 과정과 매우 유사하다. 노지심은 일찍이 오대산에서 삭발하고 중이 되었지만 평생 전장을 떠돌다가 정작 방랍의 토벌을 끝낸 이후에 비로소 항주의 육화사에 남아 있다가 입적하였고 함께 있던 무송은 그곳에서 선종하였다. 무송은 스님은 아니었지만 늘 행자(行者)로 불렸는데 행자는 곧 행각하며 고행하는 사람이다. 출가하여 수행하지만 아직 삭발하지 않은 불교도라고 하겠다. 그런데 행자는 무송의 별명일 뿐만 아니라 바로 손오공의 별명이기도 했다. 삼장법사를 호위하여 서천취경의 난관을 이겨내는 취경단의 핵심 인물이며 진경을 구한 이후에 투전승불이란 부처로 승격되기 때문에 취경 과정에는 행각승의 이름으로서 손행자라고 부르게 된 것이다. 그렇게 본다면 수호인물 무송을 무행자라고 부른 것이 먼저인지 서유인물 손오공을 손행자라고 부른 것이 먼저인지를 가늠하기란 쉽지 않아 보인다. 그러나 분명한 것은 상호 간에 긴밀한 관련성이 있다는 사실일 것이다.

끝으로 『금병매』에서는 이야기의 단초를 『수호전』의 무송 이야기에서 가져왔음을 노골적으로 밝히고 있으므로 이를 아래에서 따로 살펴보기로 한다.

2. 수호전과 금병매의 관계

『금병매』는 『수호전』의 제24회에서 27회의 「무송살수(武松殺嫂)」의 장면에서 환골탈태하였으니 말할 것도 없이 두 작품 사이에 끈끈한 연결고리가 있게 마련이다. 그러나 『금병매』의 작가는 처음 무송과 반금련, 서문경의 관계를 기본적인 틀로 삼되 곧이어 무송이 이외전을 잘못 죽이고 귀양가도록 처리하고 서문경은 반금련과 과도한 음행으로 병사하는 것으로 바꾸어놓는다. 그래서 서문경의 집안 이야기로 옮겨간 이후로는 『수호전』의 분위기는 완전히 사라지고 새로운 유형의 세정소설이 탄생한 것이었다. 그래도 작가는 드문드문 『수호전』의 기본 배경을 깔고 이야기를 전개하는 경우가 있는데 이병아의 출신 배경을 설명하거나 오월랑이 태산에 기도하러 갔을 때의 봉변 과정에서 보여주고 있다. 이병아는 대명부 양중서의 첩이었는데 양산박 호걸들이 북경 대명부를 공략할 때 틈을 타서 개봉부로 도망 나왔다가 화태감에 의해 조카의 처로 영입하였다고 했다. 또 오월랑이 태산에 갔다가 은천석에게 봉변을 당하고 다시 청풍채의 산적에 잡혔다가 송강의 도움으로 풀려났다는 대목에서 『수호전』과 깊숙이 연계시키고 있다. 『수호전』을 익숙하게 알고 있는 독자들에게 허허실실의 재미를 보여주기 위한 장치가 아닌가 생각된다.

『금병매』 제10회에서 소개하고 있는 이병아는 대명부 양중서의 첩이었는데 어느 해 정월 대보름날 양산박의 이규가 쳐들어와 양중서와 채부인이 있는 취운루를 불태웠다. 이때 이병아는 귀중한 보석(서양 보석 백 알과 두 냥짜리 아청보석)을 챙겨 유모와 함께 동경으로 달아났다. 거기서 화태감의 눈에 띄어 중매를 넣어 조카인 화자허의 정실로 영입하게 하였던 것이었다. 화태감은 후에 병이 들어 고향인 청하로 돌아왔고 두 사람도 함께 따라왔는데 화태감이 죽고 재산은 모두 화자허의 손에 넘어가 지금 서문경의 이웃집에 살게 되었다는 것이다.

양산박의 호걸들이 원소절에 북경 대명부에서 대소동을 일으킨 일은 『수호전』 제66회에 나오는 「시천은 취운루에 불을 지르고(時遷火燒翠雲樓), 오용은 지혜로 대명부를 탈취하네(吳用智取大名府)」의 대목이다. 대명부에 갇힌 노준의를 구출하기 위하여 오용은 팔로의 인마를 이끌고 북경성에 이르렀고 성내에 잠입해 있던 시천이 먼저 취운루에 불을 질러 신호로 삼았으며 이때 시진은 갇혀있던 노준의와 석수를 구출하고 노준의의 처 가씨와 하인 이고를 사로잡았다. 이때 양중서는 사방의 성문이 가로막혀 도망칠 수가 없었으나 겨우 남문 쪽으로 혈로를 뚫고 도망쳐 나갔다. 『금병매』에서는 이병아를 양중서의 첩으로 설정하고 바로 이 대목을 배경으로 하여 그녀가 동경으로 도망가서 화태감의 조카에게 새로 시집가게 되었다고 그럴듯하게 연결하고 있는 것이다. 『수호전』의 설명에 취운루는 하북에서 제일가는 거대한 주루다. 상하에 모두 백여 칸의 잘 꾸민 객실이 들어있어 매일 풍악을 울리며 술자리가 열린다. 팔로군 중에 여섯 번째 부대를 흑선풍 이규가 맡았다. 실제로 미리 잠입하여 취운루에 불을 지른 것은 시천이다. 시천은 고상조(鼓上蚤, 북위를 기는 벼룩)의 별명이 있다시피 비밀 염탐에 뛰어난 인물이었다.

한편 오월랑이 남편 서문경의 사후 유복자를 데리고 태산에 분향하러 가는 대목은 『금병매』 제84회에 나온다. 본래 태산에 올라가 벽하궁에서 천지신명에게 향을 올려야겠다는 생각은 서문경의 병이 위중해졌을 때 먹었던 마음이다. 그녀는 경건한 마음으로 태산을 올랐지만 뜻밖에도 벽하궁을 지키는 도사는 재물을 탐하고 음란한 마음을 갖고 있었다. 고당주 지주였던 고렴의 처남 은천석이 그곳에 은밀히 지내고 있다가 오월랑을 가두고 욕보이려고 했다. 월랑이 소리치는 바람에 대안과 오대구가 달려와 문을 부수고 들어가 구출해냈지만 놀란 가슴은 진정되지 않았다. 다음 날 길을 가다가 청풍산에 이르러 이번에는 청풍채의 산적들에게 잡혔는데 셋째 두령 왕영이 기필코 오월랑을 산채에 잡아두고 부인으로 삼고자 했다. 이때 마침 염파석을 죽이고 산에 오른 송강이 곁에 있다가 오월랑이 서문경의 아내임을 알고는 나서서 극력 변호하여 구해주었다.

이 대목은 『수호전』 제32회의 「금모호는 의리로 송강을 놓아주다(錦毛虎義釋宋江)」의 대목에서 온 것이다. 「비단결 털 호랑이」의 뜻을 가진 금모호는 바로 청풍산채의 두령인 연순(燕順)이다. 송강은 이들 산적들에게 잡혀왔다가 죽기직전 “아깝구나! 송강이 여기서 죽는구나!”라고 탄식했다. 그 소리를 듣고 송강을 알아본 연순 등이 얼른 풀어주고 극진히 모시는 중이었는데 『금병매』에서는 그냥 피신해 왔다고만 했다. 왕영이 기필코 아내를 삼아야겠다고 한 것은 청풍채 유고의 처다. 이때 송강이 특별히 부탁한 것은 자기도 청풍채의 화영을 찾아가는 중이었고 유고와 화영은 각각 문관과 무관으로서 같은 동료였기에 사정을 봐준 것이다. 그러나 다음 회에 송강은 화영과 더불어 거리의 공연을 구경하다가 역시 그곳에 나왔던 유고의 처에 발견되어 산적 두령으로 지목받아 체포되었다. 은혜를 원수로 갚은 경우가 된 것이다.

『금병매』에선 오월랑을 구하여 주면서 "이 부인은 바로 내 동료의 아내로 좀 알고 있는 사이입니다"라고 했다. 이때 송강은 운성현의 아전이었고 서문경은 청하현의 제형이었다. 비록 이미 죽었다는 말을 들었으나 과부로 수절하면서 태산에 올라 불공을 드리다가 은천석한테 욕을 볼 뻔했다는 말까지 듣고는 매우 동정하는 태도를 보인다. 그런데 송강은 왕영과의 대화에서 웃기는 말까지 하고 있다.

> "은천석 그놈은 내가 양산박에 들어가지 않으면 몰라도 만약에 양산박에 오른다면 이 부인을 대신해 반드시 복수를 하고 말테다!"

그리고 곧바로 『금병매』 작가의 말이 이어진다.

> "나중에 송강은 양산박에 들어가 산채의 두목이 되어 은천석이 시화성(시진의 숙부)의 화원을 강탈하자 흑선풍 이규를 보내서 은천석을 죽이고 고당주를 떠들썩하게 만들었는데 이야기는 이쯤에서 접어두자."

이규가 은천석을 때려죽이고 시진이 고렴에게 잡히는 대목은 『수호전』 제52회의 사건이다. 이를 익숙하게 알고 있는 청중이나 독자들과의 대화처럼 공통의 상식을 이렇게 풀어가고 있는 것이다. 『금병매』의 첫 판본은 「사화본」인데 설화인의 구연방식 흔적이 조금씩 있어서 실제로 구연되다가 소설이 되지 않았을까 의심하는 학자들도 있다.

『수호전』에서는 무송의 양산박행을 위한 엑스트라로 무대와 반금련 그리고 서문경이 단순한 역할을 끝냈다. 물론 무송이 반금련을 죽이고 곧바로 양산박으로 가는 것은 아니다. 본래 지현에게 고발하였지만 서문경의 뇌물을 먹고 제대로 처리하려들지 않기에 자신이 스스로 처단하고 자수하였던 것이다. 무송의 이야기는 맹주로 귀양 간 이후에도 시은의 부탁을 받고 장문신을 때려눕혀 쾌활림을 되찾게 하고 장도감의 배신에 대해 원앙루를 피를 물들이고 도망다니다가 십자파에서 장청과 손이랑에게 구출되어 보살핌을 받고 이룡산의 산적이 되었다가 마침내 송강의 양산박으로 들어가게 된다. 훗날 방랍의 토벌이 끝난 후에 항주 육화사에서 출가하여 여든까지 살다가 선종을 한다.

『금병매』에서는 서문경의 수완으로 무송을 멀리 귀양 보내도록 하는데 다시 귀양에서 돌아오는 순간까지의 시간을 서문경 집안의 시시콜콜한 이야기 전개의 배경으로 삼았다. 그런데 무송이 원앙루에서 일가족을 몰살하고 시은의 집에 숨어있다가 시은이 편지와 은자 백 냥을 주면서 안평채의 지사 유고에게 보내서 가던 도중 휘종 황제가 태자를 옹립한 기념으로 사면령을 내려 무송도 그대로 사면받고 청하의 집으로 돌아와 본래의 포도대장으로 복직되었다고 배경을 설명하고 있다. 유고는 안풍채가 아니라 청풍채의 문관지사다. 무송에게 반금련을 사들일 백 냥의 돈도 그렇게 미리 안배한 것이었다. 서문경은 다행히(?) 무송이 돌아오기 전에 먼저 요절하여 죽임을 당하는 꼴은 안 보게 되었지만, 살아남아 있던 반금련은 남편 사후에 조용히 근신하지 않고 사위 진경제와 놀아나다가 오월랑에게 발각되어 쫓겨나는 몸이 된다. 마침 그때까지 살아있던 뚜쟁이 왕파에게 팔아버리는데 이때부터 반금련의 생존 여부를 두고 촌각을 다투는 일이 진행된다. 진경제는 한창 젊은 나이에 푹 빠져있던 반금련과 춘매가 모두 쫓겨나자 패닉 상태에 빠져 오월랑을 욕하면서 반금련을 구하려고 나섰다. 춘매는 이미 주수비의 첩으로 들어간 마당이니 당장은 어쩔 수 없었지만 반금련은 돈만 주면 사들여서 정식으로 같이 살 수 있었기 때문이었다. 그런데 늙을수록 욕심이 늘어난 왕파는 반금련에게 백 냥이라는 거금을 붙여서 내놓았다. 통사정을 해도 소용이 없자 돈을 구하러 동경의 자기 집으로 달려갔다. 반금련이 팔려나왔다는 말을 듣고 주수비의 첩이 된 춘매도 주수비에게 아양을 떨어서 자기들이 사들이자고 하였다. 하인들이 90냥까지 가능하도록 해보았지만 왕파는 진경제가 돌아올 것이라고 생각하고 막무가내로 거절했다. 주수비의 하인들은 안하무인 격인 왕파를 잡아다 손을 좀 보아야겠다고 하면서 하루 이틀 시간을 넘겼다. 이때 돌아온 무송이 왕파의 집에 반금련이 팔려갈 준비를 한다는 소식을 듣고 비로소 옛일에 복수하려는 생각을 다시 갖게 되었다. 백냥의 값과 중매료 닷 냥까지 돈을 치르고 왕파의 부축을 받으며 신부로서 반금련을 집안으로 영입한 무송은 앞뒤 문을 잠그고 다그쳐 이실직고하도록 하고는 두 사람을 죽였다. 왕파는 받은 돈 백 냥에서 스무 냥만 오월랑에게 전하고 여든 냥과 중매료 닷 냥을 집에 남겨 두었는데 무송은 살인을 저지르고 돌아와 그 돈을 챙겨서 성문을 나서 십자파의 장청과 손이랑에게도 몸을 숨겼다가 훗날 양산박으로 들어갔다. 결국 『금병매』 제87회에서 무송이 돌아온 정확한 시점은 수호 이야기에서 원앙루의 일가족 몰살 이후 피신을 하려다가 십자파에서 장청과 손이랑에게 잡히는 순간까지이니 『수호전』 제31회에서의 일이다.

이야기꾼은 이렇게 능수능란하게 『수호전』 이야기를 적절하게 불러내어 『금병매』의 새로운 이야기를 꾸며나가고 있다. 앞의 작품에 능숙한 독자라도 또한 새롭게 엮어낸 흥미진진한 이야기 속에 빠져들지 않을 수 없게 만들고 있는 것이다.

3. 시가의 활용과 문체

중국문학사의 주류는 시와 소설이다. 고금을 살펴보면 시의 발전이 가장 빠르고 가장 오랫동안 지속되었으며 또한 중국 전역에서 수많은 문인들을 시인으로 만들고 있다. 그래서 중국은 가히 시의 나라라고 할 만하다. 시는 중국문학사의 첫머리를 장식하는 『시경』과 『초사』에서 보이듯이 일찍부터 만들어졌다. 『시경』에 있는 시의 작자는 알 수 없는 민간인들이었다. 민요로부터 시작되었다고 할 수 있으니 시의 작가들은 평범한 백성들이다. 『초사』에서 비로소 유명한 시인 굴원(屈原)이 등장한다. 삼려대부라고 하는 초나라의 귀족이었다. 역사상 개인의 이름으로 등장하기는 처음이기 때문에 중국 시인의 원조라고도 불린다.

소설이 어떻게 만들어졌는지에 대해서는 루쉰이 『중국소설사략』에서 여러 가지 의견을 제시했다. 신화와 전설에서 유래했을 경우, 제자백가의 우언문에서 유래했을 경우, 역사전기문에서 유래했을 경우 등을 말했지만 딱히 어느 것이 곧바로 소설의 직계 조상이라고는 지목하지 않았다. 어쩌면 그들 모두가 넓은 의미에서의 조상일 것이다. 당나라에 이르러 전기소설이 나오면서 비로소 소설의 위상이 높아졌다. 그런데 당나라는 시의 시대였다. 중국 문학사에서 당시(唐詩)는 중국시의 대표가 되었다. 그래서인지 소설의 작가들도 사실 알고 보면 다 시인들이었다. 당대의 소설 작가는 시문을 자유롭게 지을 수 있는 고급 문인이었다. 그러다가 후에 민간의 이야기를 대중들에게 전달하는 설화인들이 생기고 송나라에서는 이들에 의해 구어로 화본소설이 만들어져 마침내 소설의 두 갈래가 형성되었다.

문언소설의 작가는 시를 자유자재로 다룰 수 있는 시인들이었지만 백화소설의 시작은 민간 연예인들이었다. 그러나 이러한 화본을 정리하여 글로 발표하고 간행할 때 차츰 고급 문인의 흉내를 내서 중간에 시를 첨부하기 시작하였다. 주로 기존의 시를 가져와서 적절하게 활용하는 것이었는데 상황을 정리하고 다시 한 번 묘사하는데 쓰였다. 『삼국지』의 첫머리에 명나라의 유명한 양신(楊愼)의 사 「임강선(臨江仙)」이 채용되었다. 독자들은 "곤곤장강동서수(滾滾長江東逝水)"로 시작되는 이 사의 구절에서 삼국의 이야기가 흥미롭게 전개될 예감을 얻는다.

> 장강의 푸른 물결 동해로 흐르는데　　滾滾長江東逝水
> 고금의 영웅호걸 거품으로 사라진다　　浪花淘盡英雄

성패와 시시비비 부질없는데	是非成敗轉頭空
청산은 변함없이 거기에 있고	青山依舊在
석양은 날마다 물들어 가누나	幾度夕陽紅
백발의 늙은이 어부와 나무꾼	白髮漁樵江渚上
가을달 봄바람 세월만 보내다	慣看秋月春風
반갑게 서로 만나 술잔 나누며	一壺濁酒喜相逢
고금의 수많은 사연들을	古今多少事
웃음 속 이야기 꽃피우네	都付笑談中

삼국이 얽히고설켜서 피비린내 나는 싸움의 역사도 이야기로 풀어보려는 순간 한갓 어부와 나무꾼이 주고받는 술잔 속에서 한바탕 웃음과 함께 흘러가는 허망한 일임을 앞서 말하고 있는 것이다.

후대의 작가에 이르면 스스로 뛰어난 소설가이면서 또한 시인이었으므로 자신의 창작시를 넣기 시작하였다. 소설의 작가는 소설가이기 이전에 본래 시인으로서 활동하던 사람이기도 하였다. 조설근도 주변 동료 사이에서 시인으로서, 화가로서 이름이 널리 알려져 있었다. 소설 속에 등장인물의 이름으로 다양한 시를 지어 소설에 끼워 넣었다. 인물의 성격과 위상을 드러낼 수 있는 특색 있는 시가 만들어졌다. 고전시 중에서도 자유자재로 가져와서 사건이나 인물에 맞게 재활용하였다. 스스로 시를 능수능란하게 지을 수 있는 사람이 아니라면 할 수 없는 일이었다. 그래서 소설 중에서 시체(詩體)소설 혹은 시화(詩化)소설이란 말이 생겨났다.

장편소설에 시가 들어가는 형태의 유래는 역시 장편강사화본으로부터 왔다. 화본소설은 설화인들의 이야기를 옮긴 것이다. 한참 이야기를 풀어내고 잠시 숨을 고르며 쉬어야 할 대목에 이르면 천천히 운문으로 읊조리며 기존의 상황을 재정리하였다. 등장인물의 멋진 외모를 그리려고 할 때도 시를 활용하였고 정경을 묘사할 때도 시를 사용하는 것이 훨씬 더 감흥을 더해주었다.

어부와 나무꾼의 한가로운 대화는 『서유기』에서도 결정적인 천기누설을 일으켜 용왕의 분노를 자아내고 천제의 명을 어겨 참수되는 운명에 처하여 결국 당태종의 지옥 여행으로 이어지고 마침내 불경을 가지러 가는 삼장법사의 이야기를 이끌어내는 역할을 한다. 그리고 보면 한가롭게 물고기나 잡고 땔나무나 하는 강가의 어부와 산중 나무꾼의 쓸데없는 몇 마디의 말도 거대한 사연을 만들어낸다고 할 수 있으니 참으로 이야기의 힘은 무섭고 끈질기다.

한나라 말 왕궁을 장악하여 전횡을 일삼는 동탁을 제거하기 위하여 사도 왕윤은 초선을 불러들여 간곡한 모의를 시작한다. 초선의 모습이 주렴 너머에서 요염한 자태로 춤사위를 보여주고 있을 때 소설의 작가는 차마 직접 묘사하기 어려운 그 자태를 여러 편의 시로서 그려낸다. "한바탕 춤을 추고 주렴 너머 눈길 주며, 초 양왕이 누구신가 슬쩍 엿보는 그녀의 마음", 이어서 초선의 역할을 또 한 번 시구로 보여준다. "정향나무 꽃봉오리 칼날 같은 혀끝으로, 간사스런 난신 머리 단번에 베려 하네!"

『수호전』의 등장인물로 직접 시를 지을 수 있는 사람은 별로 없다. 고급 문인의 신분으로 등장하는 사람이 없고 대부분 하급관리이거나 더 낮은 신분의 사람들이다. 그나마 굳이 따지자면 심양강 강변 술집의 바람벽에 술김에 반시를 휘갈겨 쓴 송강과 은밀히 노준의에게 올가미를 씌워 양산박으로 유인하려고 몰래 그의 이름으로 반시를 적어놓은 군사 오용 정도일 것이다. 물론 노준의가 그만한 부귀와 식견으로 시를 쓸 만했기에 가능한 설정이었다. 작가는 노준의를 등장시키는 장면에서 「만정방」 한 수를 통해 인물묘사를 하고 있고, 더구나 점쟁이로 변장하고 찾아간 오용이 노준의에게 화가 닥쳤으니 동남쪽 천리 밖으로 피신하라고 하면서 불러준 시구를 노준의가 벽에 받아 적었는데 이는 곧 오늘날 이름자를 가지고 짓는 삼행시와 같은 형태의 사행시다.

갈대꽃 속의 외로운 배에 몸을 싣고	盧花叢中一扁舟
준수한 호걸이 황혼에 홀로 노니네	俊傑俄從此地遊
의로운 선비가 이치를 능히 알아서	義士若能知此理

스스로 돌보아 피란하면 근심 없으리　反身躬難可無憂[20]

점쟁이 말만 믿고 받아 적은 시는 앞의 첫 글자만 갖고 보면 '노준의반'이 되어 자연스럽게 반역의 이름을 드러낸 것으로 모함을 받게 된다. 시를 가지고 장난치는 문인의 습관이 이미 설화인들의 이야기 속에도 들어갔고 좀 더 훗날 장편소설의 작가들에게서는 상용하는 수법이 되었다.

『서유기』에도 시는 도처에서 이어진다. 지옥여행을 다녀오고 불법의 위대함을 깨우친 당태종은 수륙대회를 열고 덕행이 높은 스님 한 분을 점지하는데 현장법사가 선발되었다. 고승으로 지목된 그의 모습에 대해 작가는 역시 시로 묘사하였다. 그의 사연을 한편의 장편 서사시로 풀어놓고 있는데 이는 분명 과거에 설화인들의 습관을 이어받아서 묘사하는 방식이다.

『금병매』는 처음 판본이 「사화본」이라고 했다. 시화나 사화는 시사에 얽힌 에피소드나 문학 기교를 분석하는 평론문을 지칭하기도 하지만 시와 사가 들어간 이야기로서 장편강사화본을 일컬을 때도 쓰인다. 『금병매』는 권두서부터 상당히 편폭이 긴 사를 네 수 인용하고 이어서 「사탐사」의 이름으로 다시 「주색재기」 각각에 대해 경고하는 사를 역시 네 수 넣고 있다. 본문에 들어가서도 곳곳에 「사왈(詞曰)」 혹은 「유시위증(有詩爲證)」과 같은 구절로 시사를 이끌어낸다. 그래도 제1회에서는 아직 첫 장면이라서 경양강에서 무송이 호랑이 때려잡는 모습을 그려내는 것이지만, 그에 앞서 남녀상열에 관한 숱한 이야기 중에 초패왕 항우와 우희, 유방과 척부인의 안타까운 역사를 먼저 끄집어내어 향후 이어지는 남녀의 정사에 관한 머리말로 삼고 있다. 그 첫 번째 「사왈」에 인용된 사는 이러

---

20 이반시의 원문은 다음의 네 가지가 전한다. 첫 번째 것으로 번역한 것이다.
第一種：盧花叢中一扁舟, 俊傑俄從此地遊. 義士若能知此理, 反身躬難可無憂.
第二種：盧花灘上有扁舟, 俊傑黃昏獨自遊. 義到盡頭原是命, 反躬逃難必无憂.
第三種：盧花飛舞滿天愁, 俊傑酉时到此呼. 義在江湖終有路, 返身水泊是天都.
第四種：盧花灘上有扁舟, 俊傑黃昏獨自遊. 義士手提三尺劍, 反時須斬逆臣頭.

했다.

대장부 한 손에 명검을 들고, 丈夫隻手把吳鉤
만인의 머리를 자르려 하네. 欲斬萬人頭
철석같은 그 마음 어찌하여, 如何鐵石, 打成心性
꽃같이 연하게 변하게 됐나. 欲爲花柔
항우와 유방의 호탕한 기개, 請看項籍并劉季
한번만 노해도 세상이 들썩. 一怒使人愁
영웅호걸 사업이 끝장난 건, 只因撞着,
오직 우희 척씨 때문이었네. 虞姬戚氏, 豪傑都休

사나이 대장부의 장대한 꿈을 접도록 한 것은 연약한 아녀자라고 경고하고 있는 것이다. 『금병매』는 특히 남녀의 방사를 묘사하는 장면이 많다. 그러니 직접적으로 묘사하기 어려운 대목에 이르렀을 때는 관련 시사를 이용하는 경우가 많다. 『금병매』는 그야말로 남녀풍월에 관한 시사의 집합체라고 할 만큼 다양한 선례를 찾아내고 또 작가가 만들어내어 유효적절하게 이용하고 있다. 예를 들면 이병아와 비취헌에서 밀회를 나누고 반금련과 포도시렁에서 음란하게 노는 제27회에는 전후 시사곡이 길고 짧은 구절로 열세 번이나 나오고, 진경제가 금련의 신발을 주워 희롱하고 서문경이 소철아를 야단치는 제28회에도 역시 여덟 번이나 나온다. 그 중에서 두 사람의 진한 정사 장면을 그린 시를 살펴보자.

백설같은 하얀 피부 휘장밖에 비치고 雪白玉體透簾幃
앵두같은 입술에 여린싹 같은 손가락 口賽櫻桃手賽荑
한 줄기 샘물은 소리내며 흘러내리고 一脈泉通聲滴滴
두 사람 마음은 달라붙어 혼미해지네 兩情吻合色迷迷
엎치락뒤치락 물고기 해초 뜯어먹듯 翻來覆去魚吞藻
서서히 들고나며 고양이가 닭을 채듯 慢進輕抽猫咬鷄

신령한 거북이가 감천수를 토하도록　靈龜不吐甘泉水
어쩌랴 항아님은 멈출수가 없으리니　使得姮娥敢暫離

시도 때도 없이 등장하는 수많은 정사의 장면을 이처럼 시를 통해 다양한 방식으로 표현하는 것은 고전소설 작가의 창작 기법이다. 소설 속에 시사를 적절히 활용하지 않는다면 오늘날의 천박한 작품처럼 노골적인 묘사를 그대로 드러낼 뿐이다.

청대에 『홍루몽』에 이르면 등장인물이 직접 시를 짓는 장면이 숱하게 나온다. 일시적인 장면의 묘사나 줄거리를 재음미하기 위해서만 있는 게 아니고 등장인물이 직접 시를 짓기 위해서 시모임(詩社)를 결성하고 시를 지으면서 우열을 가르며 품평을 하고 또 시를 붓글씨로 적어서 붙이고 또 이에 얽힌 다양한 생활 모습 자체를 그리고 있는 것이 소설의 상당부분을 차지하기 때문에 시로써 이루어진 소설, 시와 같은 분위기를 자아내는 소설, 시적으로 만들어진 소설이라고 불리게 된 것이다.

이쯤 되면 이미 소설과 시의 장르를 구분하는 것은 의미가 없다. 시가 갖는 특징은 함축적인 상징과 음악적인 운율이다. 특히 소설 속에서는 사건의 전개나 인물의 성격 형성 혹은 변화와 관련하여 아주 다양한 상징과 복선을 내포하고 있기에 단순히 번역하기 쉽지 않다.

「사대기서」에는 이미 수많은 시사가 혼재되어 있다. 이러한 현상은 설화인들의 강창 방식에서부터 유래하였으며 또한 문인들의 손을 거치면서 고급스런 분위기를 연출하기 위해 더욱 강조되었다. 처음에는 앞의 내용을 요약하거나 뒤의 내용을 미리 보여주는 형식으로 나타났지만 후에는 등장인물이 직접 시모임을 결성하고 다함께 시를 짓는 사연이 주된 묘사의 대상이 되면서 훨씬 다양한 의미를 부여하고 있다. 시와 소설은 중국문학의 핵심 장르이며, 소설 속의 시사는 빼놓을 수 없는 중요한 요소임을 알아야 한다. 그러나 「사대기서」의 등장인물 중에는 직접 시모임을 결성하고 주동적으로 시를 짓는 일로 소일하는 경우가 적다. 귀족 가문의 소저들처럼 한가로운 일상을 즐기면서 시를 지을 수 있는 문화적 수준을 갖춘 인물은 『홍루몽』에 이르러 비로소 등장하게 되는 것이다.

4. 서사전개의 화소

『삼국지』는 세 나라가 서로 쟁패하는 전략과 전쟁의 이야기다. 각 나라별로 유명한 인물과 사건이 모아져서 소설로 만들어진 것이지만 기본적으로 나라의 통치와 전쟁의 전후 사정을 그리다보면 자연히 유사한 이야기가 많다. 우선 몇몇 유명한 장면과 매우 유사한 또 다른 대목을 회목만을 가지고 살펴보자. 제27회에 「한수정후가 오관을 뚫고 여섯 장수를 참하다(漢壽侯五關斬六將)」는 관우가 조조의 진영에 잡혀있을 때 마침 소식을 몰라 궁금하였던 유비가 원소의 진영에 있음을 알고 앞길을 막아서는 조조 수하의 장수를 치면서 관문을 뚫고 나가는 유명한 장면이다. 그런데 「참장」의 구절이 제92회 「조자룡이 힘써 다섯 장수를 참하였다(趙子龍力斬五將)」에서 다시 쓰이고 있다. 이러한 중복법은 본래 소설에서는 금기로 하는 수법이지만 또한 하나는 무겁게, 하나는 가볍게 처리하여 적절하게 안배함으로써 서사의 변화를 꾀하는 것도 또 하나의 기법이다.

이처럼 「사대기서」의 회목을 살펴보다 보면 사건을 묘사하는 몇 가지 유형이 있음을 알 수 있는데 이후 상호 간에 유사한 활용법이 쓰이고 있고 또한 다른 장편소설에서도 자주 등장하고 있으므로 명청소설 창작 기법상 일종의 유형화라고 할 수 있다. 다음에 몇 가지를 예로 들어 보면서 명장면의 선발 기준으로 삼아보고자 한다. 먼저 제목 속의 화소를 추려보면 결의(結義), 대료(大鬧), 대전(大戰), 삼고(三顧), 화소(火燒), 의석(義釋), 지취(智取), 교계(巧計), 몽유(夢遊), 취매(醉罵), 취타(醉打), 타사(打死), 식파(識破), 몽수(夢授), 활착(活捉), 의격(義激) 등의 장면이 자주 나타난다. 『삼국지』와 『수호전』의 회목은 매우 유사한 분위기를 느낄 수 있고 또한 직접적으로 서로 거울삼고 있음을 알 수 있는 장면이 많지만 『서유기』와는 상당히 다른 느낌이다. 『서유기』의 회목은 더욱 자유로워 4자나 5자의 회목으로 대구를 이루는 경우도 적지 않다. 『금병매』의 경우에는 자체의 정절에 맞추어 계취(計娶), 사음(私淫), 취료(娶鬧), 고타(拷打), 탁몽(托夢) 등의 화소가 많아진 느낌이다. 그 중에서 몇 가지를 살펴보자.

1) 결의(結義)는 결의형제의 뜻이다. 의형제를 맺는다는 것인데, 삼국이야기의 첫 번째 이야기는 바로 도원결의다. 후에 이러한 결의형제는 점차 모든 소설에 기본적으로 들어가는 하나의 키워드가 되었다. 『삼국지』 안에서도 '유관장' 이외에도 의형제를 맺는 경우가 적지 않다. 심지어 촉한의 마지막 순간 검각으로 도망쳤다가 거짓 항복한 강유가 종회와 만나 의기투합하여 결의형제되는 장면도 있다. 『삼국지』의 마지막을 장식하는 강유와 종회, 등애의 반란 행위는 한바탕 백일몽이 되어 물거품으로 끝나고 말았다. 『수호전』에서는 전체적으로 양산박의 영웅들이 모두 의형제인 상태로 드러나지만 강호의 호걸들이 모여드는 과정에서 송강과 무송처럼 양산박에 오르기 전에 이미 개별적으로 의형제를 맺는 경우가 많았다. 『서유기』에서도 화과산 수렴동의 미후왕으로 있던 손오공이 요마들과 의형제를 맺었는데 훗날 서천취경에서 만나는 우마왕에게는 전일 의형제의 친분을 강조하고 그 가족인 철선공주와 홍해아에게도 친근감을 드러내곤 한다. 『금병매』에서는 시정잡배들의 속된 말로 패거리들의 모임인 십형제가 나오는데 서문경을 따라다니며 시시때때로 얻어먹고 덕을 보는 응백작 등이 그들이다. 복지도가 죽자 그 자리를 채운 사람이 화자허인데 그로 인해 알게 된 그의 아내 이병아를 탐내고 결국은 그를 화병으로 죽게 만들었으니 의형제라는 이름이 무색해진다. 서문경이 죽자 이들은 바로 머리를 돌려 다른 쪽에 달라붙고 미망인인 오월랑을 오히려 협박하는 일까지 생겨나니 의형제의 세계라는 것이 현실적으로 얼마나 허망한 것인가를 보여준다.

2) 대료(大鬧)는 한바탕 소동을 피운다는 말이다. 소설의 서사에는 한바탕 소동이 빠질 수 없다. 모략은 조용히 일어나지만 사건이 터지면 누군가가 어디에서 한바탕 소란을 부리게 마련이다. 나라와 나라 사이에도 소동이 일어난다. 크게 나면 전쟁이 되는 것이고 적으면 외교적 말싸움이

된다. 집안 간에도 소동이 일어나니 양가가 일대 싸움을 벌이는 경우가 있다. 개인 간에도 말할 것 없이 남들이 다들 알 수 있을 만큼 요란하게 떠들고 난장판을 치는 행위가 이어진다. 『삼국지』에서는 초반에 동탁이 봉의정에서 벌이는 소동(8)이 있고 장비가 장판교에서 대갈일성으로 조조의 대군을 막아내는 호쾌한 장면(42)을 대료라고 작가는 표현했다. 『수호전』에서는 노지심이 오대산 문수암에서 대취하여 소동을 벌이는 장면(4)이 유명하다. 노지심은 도화촌과 야저림에서도 소동을 벌이며 임충을 구출한다. 무송이 비운포에서 한바탕 소동을 벌인 장면(30)도 있다. 「사대기서」에서 가장 큰 소동은 손오공의 「천궁대소동」이다. 그 전말은 『서유기』 전반 7회에 걸쳐 펼쳐진다. 손오공의 「천궁대소동」이 없었다면 서천취경의 길에 나서는 일도 없었을 것이다. 「천궁대소동」을 통해서 손오공의 취향과 능력과 훗날 취경길에서 도움을 받을 수 있는 신불과의 폭넓은 교류까지 맺어둔다. 이후 흑풍산 요괴와 싸운 일(17)이나 오장관에서 인삼과 사건으로 일으킨 대소동(25), 또는 금두동의 소동(52)을 일으키는 것도 역시 손오공이다. 그가 아니면 대소동에 어울리지 않는다. 그러나 소설의 회목에서는 막상 「대료천궁」이란 구절이 없다. 『금병매』에서 대소동을 일으킬 수 있는 인물은 남자로서는 서문경, 여자로서는 반금련밖에 없다. 과연 이계저의 기생집을 뒤집어 엎어놓는 대소동은 서문경이 일으키고(20), 술에 취해 한낮의 정원에서 포도나무 가지에 팔다리를 묶은 망칙한 자세로 서문경과 그 짓을 하는 소동(27)의 주인공은 반금련이다. 서문경 사후 태산에 기도하러 갔다가 욕을 보일 뻔한 오월랑이 벽하궁에서 소리쳐서 구출된 장면(84)과 진경제가 음해하여 오월랑이 관청을 한바탕 시끄럽게 한 것(92)도 대료(大鬧)로 표현하였다.

3) 대전(大戰)은 말 그대로 거대한 전쟁이다. 전쟁은 삼국의 진영 간에 일어나는 생사존망이 걸린 순간이다. 삼국의 대전으로는 「관도대전」, 「적벽대전」, 「이릉대전」이 가장 유명하다. 원소와의 「관도대전」에서 승리한 조조는 중원과 북방 지역을 완전히 장악했고, 조조의 남침을 막아낸 「적벽대전」으로 동오 정권이 공고해짐과 더불어 무엇보다도 형주를 얻

은 유비 집단이 천하삼분의 형세를 마련하게 되었다. 동오과 촉한이 양자강에서 대결한 「이릉대전」에서 유비가 패전함으로 인하여 형주는 온전하게 동오의 손으로 돌아가고 촉한의 발전은 기세가 크게 꺾이게 되었다.

『수호전』에서는 송강이 조정으로부터 초안을 받아 전원 귀순한 다음 관군으로서 요나라와의 싸움, 전호와 왕경의 정벌, 방랍의 정벌 등에서만 「대전」을 썼다. 그것도 송강(제86, 87, 112, 116회)과 노준의(제84, 118회)의 이름으로만 대전을 쓰고 있다. 대전은 함부로 붙일 수 있는 용어가 아니었던 것이다. 아직 석갈의 명단이 나타나기 이전에 일어난 크고 작은 싸움은 대부분 타(打)로 표현하였다. 축가장과의 싸움은 삼타(三打)로 세 차례의 싸움을 표현했고, 또 이룡산, 백호산, 도화산의 산채 두령들이 연합하고 양산박에서 참가한 삼산인마의 청주 공략도 의타(義打)로 썼다. 후에 조정에서 정식 군대가 파견되어 왔을 때는 송강이 동관을 이겼다고 했고, 송강이 고구를 삼패(三敗)시켰다고 표현했다. 『서유기』에서는 처음 손오공과 천병과의 대판 싸움이 있었지만 막상 회목에서는 대전의 용어를 쓰지 않았고 후에 요마와의 싸움에서 비로소 나타난다. 유사하에서 저팔계와 사오정의 한바탕 싸움을 대전이라고 했고, 손오공이 청룡산에서 코뿔소 요괴와 한바탕 싸움도 대전이라고 했다. 『금병매』에는 처첩이나 시녀들의 작은 암투나 말싸움이 일어나지만 정작 대전이라고 표현할 만한 것은 없었다.

4) 셋(三)의 숫자를 사용하는 것은 「사대기서」에서 즐겨 사용하는 수법이다. 삼고(三顧)와 삼기(三氣), 삼타(三打) 등의 용어가 주로 쓰인다. 이처럼 소설의 서사에서 가장 많이 나타나는 경우는 꼭 세 번씩 묘사하고 있다는 특징이 있다. 삼국 이야기에서는 특히 삼자를 많이 쓰고 있지만 나머지 소설에서도 삼세번이라는 방식은 이미 상투적인 수법이 되었다. 유비가 제갈량을 찾아간 삼고초려는 가장 유명하다. 세 번이라는 행동이 중요하며 단계마다 각각 다른 분위기와 심리적 상태를 표현한다. 주유를 세 번 화나게 하여 결국 한창 나이에 숨을 거두도록 하는 제갈량의 신출귀몰한 지략은 사실 주유 자신이 스스로 불타는 질투심을 억제하지 못하여 기

필코 제갈량을 제압하려다가 제 분을 이기지 못한 결과다. 『수호전』에서도 삼세번의 방식은 그대로 이어지는데 양산박 인마가 축가장을 공격하는 「삼타축가장」이 가장 유명하다. 또 조정의 고구가 양산박을 토벌하고자 쳐들어왔을 때 송강이 그들 패퇴시키는 것도 세 번이어서 「삼패(三敗)고태위」로 표현되고 있다. 『서유기』에도 어김없이 동일한 방식의 사건 묘사로 나타나는데 우마왕의 부인인 철선공주와의 싸움이 세 차례나 이어져 「삼조(三調)파초선」으로 나온다. 하지만 이미 『금병매』에 이르면 이러한 방식의 서사 진행이 진부하다고 느꼈는지 회목에 삼자를 거의 쓰지 않고 있음을 발견할 수 있다.

5) 화소(火燒)는 화공으로 불태우는 것이다. 관도대전에서 조조가 원소의 식량 창고 오소를 불태우는 장면(30)이나 적벽대전에서 연환계로 묶여있는 전선을 불태우는 장면(49), 이릉대전에서 육손이 촉한의 칠백 리 진영을 불태우는 장면(84)이 모두 유명하지만 막상 회목에서는 각각 「소량(燒糧)」, 「종화(縱火)」, 「영소(營燒)」로 표현하고 있다. 화소는 오히려 『수호전』에 와서 많이 쓰이고 있는데 노지심이 와관사를 불태우는 장면(6), 임충이 귀양갔을 때 몰래 뒤따라온 육겸이 초료장을 불태우는 장면(10), 시천이 미리 잡입하여 양산군이 올 무렵에 북경 대명부의 취운루를 불태우는 장면(66), 유당이 전선을 불태우는 장면(79) 등에서 직접적으로 「화소」를 사용하고 있다. 그러나 『서유기』나 『금병매』에서는 거의 사용되지 않았다.

6) 의석(義釋)은 의롭게 놓아준다는 뜻인데 가장 유명한 것은 역시 『삼국지』의 적벽대전에서 쫓기는 조조를 관우가 놓아준 대목이다. 그런데 관우는 그 직후에도 황충과의 싸움에서 그를 의롭게 살려주어 다음에 그를 영입하는 데 큰 역할을 한다. 의석은 관우의 전매특허와 같은 것이었다. 『수호전』에서는 더욱 여러 차례 활용하고 있는데 생신강을 탈취한 조개 일당을 송강이 살려보낸 일(18)과 염파석을 죽이고 살인범이 된 송강을 이번에는 주동이 살려보내는 일(22) 등이다. 또 청풍산채에 잡혔다가 죽을 뻔한 송강을 연순이 풀어주어 살려낸 일(32), 동평부를 칠 때 쌍창장

동평을 송강이 살려주는 일(69) 등 공교롭게도 의석이 모두 송강과 연결되고 있어 주목된다.

7) 지취(智取)는 지혜롭게 취하였다는 뜻이니 『삼국지』에서는 제갈량에게서 가장 많이 나타난다. 또 약간씩 변화를 시켜서 지격(智激), 지산(智算), 지사(智辭), 지살(智殺) 등으로 슬기롭게 여러 가지 일을 처리하는 방식을 묘사했다. 지격은 제갈량이 주유를 자극했다는 것이고 지산은 제갈량이 지혜롭게 셈을 하여 화용도로 도주하는 조조를 막도록 했다는 것이며, 지사는 역시 제갈량이 노숙의 요구를 지혜롭게 거절했다는 의미로 쓰였다. 『수호전』에서는 오용과 송강의 사건에서 주로 나타나는데 생신강탈취를 가장 대표적인 장면으로 내세운다. 송강이 무위군을 장악한 것에 지취를 썼고, 석수가 계략을 잘 짜서 배여해를 잡아 죽인 것에는 지살이라고 표현했다. 또 오용이 점쟁이로 변장하여 노준의를 끌어들여온 것에는 지잠(智賺)이라고 하고 또 그의 전략으로 대명부를 취할 수 있었으니 지취를 썼다. 『서유기』에 이르면 지혜로운 손오공의 활약에서 많이 나올 것 같지만 이상하게 거의 나오지 않는다. 『서유기』의 회목에는 불교적 용어인 환귀(還歸), 귀정(歸正), 귀근(歸根) 등이 나오는 것이 하나의 특색이다.

여기서는 사대기서의 「결의형제」 화소에 대해 다시 한 번 좀 더 구체적으로 살펴보고자 한다. 중국소설 속의 의형제는 사대기서에서 모두 존재하는데 제일 유명한 것이 『삼국지』의 도원결의로 맺은 유비, 관우, 장비의 3형제이다. 이들의 도원결의는 역사상에 증명할 수 없는 소설적 허구이지만 『삼국지』를 소설답게 만든 가장 전형적인 키워드에 속한다. 역사소설로서의 한계를 가능한 뛰어넘어 흥미진진한 소설로서의 첫머리를 도원결의로 장식하였고, 전체 작품 속에서 '유관장' 3인의 형제간 의리를 최대한 강조하기 위하여 조조에게 패해 사방으로 흩어진 관우와 장비가 온갖 난관을 넘어 유비를 찾아가도록 하였고 심지어 관우가 먼저 죽은 이후 장비의 죽음으로 이어지고 끝내 유비가 제갈량의 반대를 무릅쓰고 오나라와 전쟁을 결행하고 마침내 백제성에서 최후를 맞이하는 장면을 보여줌으로써 끝내 3형제 간의 의리를 완성하는 모습을 보여주고 있으니 이들 형제는 명실공히 『삼국지』의 주인공이라고 하겠다.

그 가운데 "불구동년동월동일생(不求同年同月同日生), 단원동년동월동일사(但願同年同月同日死)"의 구절은 너무나 유명하여 훗날 결의형제의 맹세에서 빠질 수 없는 명언으로 남았다. 세 사람이 복숭아밭(桃園)에 자리를 펴고 검은 소와 흰 말을 잡고 지전을 차려놓고 분향재배하면서 하늘에 고하는 맹세는 이러했다.

> "유비, 관우, 장비가 성은 비록 다르오나, 이미 의를 맺어 형제가 되었으니 마음과 힘을 합해 곤란한 자를 도와 위로 나라에 보답하고 아래로 백성을 편안케 하려고 하옵는 바, 한해 한달 한날에 태어나지는 못했어도, 한해 한달 한날에 죽기가 소원이오니 하늘과 땅의 신령께서는 굽어 살펴주시어 의를 저버리고 은혜를 잊는 자가 있거든 하늘과 사람이 함께 죽이도록 하옵소서!"

유관장 삼인의 도원결의는 말할 것도 없이 삼국지의 시작을 장식하는 가장 인상적인 장면이다.

그런데 수호전의 첫머리쯤에(제2회) 이 말이 나오고 있어서 『삼국지』와 『수호전』의 긴밀한 관계를 가늠할 수 있게 한다. 사건은 사가촌 사진(史進)이 소화산 산채의 산적들이 쳐들어왔을 때 진달을 잡아 결박하고 관가에 바치려고 하니 나머지 두 명의 두령이 제 발로 찾아내려와 부복하며 하는 말에서 나타난다. 그중 첫째 두령인 주무(朱武)가 엎드려 울면서 사진에게 통사정을 한다.

> "소인네 세 사람은 당초에 '한날한시에 태어나지는 못했지만 죽기는 한날한시에 죽자'고 맹세하였습니다. 저희들이 비록 유비와 관우, 장비의 의기는 못 따를망정 그 마음만은 꼭 같습니다."

원문은 "불구동일생(不求同日生), 지원동일사(只願同日死)"이다. 연월일에서 일(日)만 썼지만 오언대구로 만들기 위한 것이고 그 함의는 당연히 완전히 똑같다. 그들은 주무와 양춘과 진달이다. 이들은 유, 관, 장처럼 결의형제를 맺으면서 바로 이러한 맹세를 하였던 것이다.

물론 둘째 두령 진달이 말리는 말을 안 듣고 사진에게 달려들어 꼼짝없이 관에 넘겨져 죽음을 당하게 되었을 때 나머지 두령 두 사람이 달려들어 싸우다가 오히려 패하느니 자신들이 결의형제한 사이임을 호소하여 사진으로 하여금 진달을 풀어주도록 선처하기를 바라는 마음에서 이렇게 대처를 한 것이다. 따지고 보면 이것 또한 산적 두령들의 구명 작전이라고도 할 수 있으나 너무나 유명한 『삼국지』의 도원결의 장면을 패러디하였다는 데서 주목이 되는 것이다. 『수호전』의 작자도 물론 이 대목이 아무데서나 써먹을 수 없는 것임을 잘 알고 있었으며 따라서 유명한 영웅인물에게는 사용하지 않고 일개 산적 두목인 이들에게 적용한 것이며 그것도 온전하게 정면 묘사를 한 것이 아니고, 위기에서 탈출하기 위한 방편의 말로 드러낸 것에 불과하다고 할 수 있다.

물론 이 구절이 오늘날 전하는 『삼국지통속연의』에서 처음 나왔다고는 할 수 없다. 『수호전』의 창작 시기와 『삼국지연의』의 창작 시기는 거의 같다고 할 수 있지만, 사실 유관장의 도원결의는 이미 오래전부터 전해져 오던 이야기 속에 들어 있었기 때문에 『수호전』에서는 아주 자주는 아니더라도 간혹 삼국의 고사를 반영하는 일이 종종 나타나게 되는 것이다. 이는 결코 단순한 모방이라기보다 당시의 흐름을 반영한 하나의 문화 현상이다. 『수호전』의 배경인 북송의 말기에 초야의 기개있는 인물들이 삼국의 영웅들이 했었던 행태를 흉내 내는 것은 너무나 자연스러운 현상이기 때문이다.

『수호전』은 처음에 송강과 무송, 노지심과 임충 사이의 의형제 모습을 보여주지만 끝내 양산박 영웅의 전체인물 108명이 의형제로 발전한 것인데 실제적인 의형제간의 모습은 36명의 두령 사이에서 끈끈하게 이어진다고 말할 수 있다. 전체적으로 보면 양산박의 인물 모두가 결의형제의 형식을 띠고 있지만, 이에 앞서 주요 인물 사이에 이미 결의형제의 형태로 발전한 경우가 많다.

송강과 무송은 처음 시진의 장원에서 만났다. 그런데 첫 대면 장면은 조금 험악했다. 송강은 주인장으로부터 칙사 대접을 받고 있는 중이었고 무송은 병이 나서 벌벌 떨면서 한쪽에 앉아 불을 쬐고 있는 상태였다. 송강이 무심히 지나다 무송을 잘못 건드려서 자못 험악한 상태에 이르렀는데 곧 그가 송강이라는 말을 듣고 평소에 깊이 들어오던 존경하는 분이라고 하더니 두 사람은 곧 결의형제하고 이후 가까운 관계를 유지하며 형님과 아우로 지칭하게 된다.

송강과 이규는 강주의 형장에서 만났다. 이규는 이때 송강을 진심으로 존경해마지 않아서 몇 차례나 소동이 일어남을 무릅쓰고 어떻게 해서든지 극진히 모시려는 마음으로 가득 차 있었다. 만약 송강에게 잘못 하려는 사람이라도 나타나면 불문곡직하고 달려들어 행패를 부리는 것이 바로 이규였다. 물고기를 사려다가 무리수를 써서 장순에게 물속에 끌려들어가 한바탕 곤욕을 치르고 있었는데 송강과 대종이 나와 사정을 하여 겨우 살려내고 다함께 술자리로 올라와 친근한 사이가 되었다. 이들도 처음부터 형님과 아우로 칭하며 의형제임을 강조하였다.

그렇게 보면 『수호전』에서 의형제 같은 모습이 주로 송강과 다른 인물 사이에서 나타나는 듯하다. 이는 자연히 송강을 중심으로 이야기를 꾸려가기 때문이며 송강이 진정한 강호의 호걸들로부터 형님으로 대접받고 있다는 것을 증명하기 위한 것이다. 이와 별도로 의형제가 되어 형님, 아우로 칭하고 있던 수족같은 인물들이 있다. 양웅과 석수는 의형제로서 수족처럼 지내는데 불륜에 빠진 아내의 모함으로 결국 쫓겨나고 그 억울함을 밝히기 위해 불륜의 대상자인 배여해를 잡고 반교운까지 함께 잡아서 참혹하게 살해함으로써 형제의 의리를 해친 자들을 징벌한다.

『서유기』에서도 의형제 이야기가 나온다. 손오공이 일찍이 구름을 타고 바다와 산으로 놀러 다니면서 무예를 펼치고 영웅호걸을 두루 찾아다니며 신통력을 부려 현명한 벗들을 널리 사귀고 있을 때 7명의 의형제를 맺은 바 있는데 우마왕, 교마왕, 붕마왕, 사타왕, 미후왕(獼猴王), 우융왕, 그리고 손오공 자신인 미후왕(美猴王)이었으니 모두 마왕들이었다. 이 대목은 마치 그냥 단순히 언급한 듯이 보이지만, 곧이어 손오공이 대천제성의 호칭으로 격상되었을 때 우마왕 이하 각각 호칭을 바꾸어 평천대성, 복해대성, 혼천대성, 이산대성, 통풍대성, 구신대성 등의 이름으로 각기 부르게 되었다. 훗날 평천대성 우마왕의 가족과 대결하게 되었을 때 손오공으로서는 의형제의 관계를 특별히 신경 쓰지 않을 수 없었다. 그 아내인 철선공주에게 형수로 호칭하고 홍해아를 조카로 부르면서 가능한 정면 대결을 하지 않으려고 애쓰는 장면이 나오고 있기 때문이다.

『서유기』에서의 의형제는 바로 당태종과 현장법사의 경우에도 해당된다. 당태종은 지옥에서 환혼한 이후 불법을 일으키고자 고승을 모셔와 수륙대회를 여는데 이때 바로 현장을 만난다. 또 관음보살이 변신하여 나타난 화상으로부터 석장과 금란가사를 전해 받고 이를 현장에게 건네주고 삼장법사의 칭호를 내리고 그와 의형제를 맺어 어제(御弟) 성승(聖僧)으로 칭하게 된 것이다.

또 다른 의형제 맺은 신선으로는 진원대선이 있다. 그는 땅의 신선이다. 오장원의 인삼과 정원을 갖고 있는데 손오공이 엉망으로 망쳐놓았다가 관음보살의 도움으로 원상복귀를 하고 두 사람은 결의형제를 맺었다. 그런데 그냥 이미지만 갖고 보면 무언가 잘 안 어울린다는 느낌이다. 진원대선은 아무래도 아주 나이 많은 할아버지를 연상시키는데 손오공은 지금 한창 펄펄 날아다니는 청년의 이미지이니 말이다. 진원대선은 잘못을 저지르고 도망친 손오공 일행을 두 번이나 잡아왔지만 손오공이 뛰어난 재주를 부려 끓는 기름 솥의 바닥을 뚫고 빠져나오자 그 능력을 애석하게 여겨서 인삼과 나무를 살려놓을 수만 있으면 결의형제를 맺겠다고 약속을 한다. 손오공이 과연 관음보살의 도움으로 나무를 원상회복시키자 두 사람은 의형제를 맺었다. 중국에는 예로부터 나이 차이를 떠나 십년지기라는 말이 있었는데 의형제를 맺는 것에서도 나이를 따지지 않고 그 의리를 생각한 것이었다.

『금병매』에도 의형제가 등장한다. 만력본 『금병매사화』에서는 첫 회의 앞부분을 『수호전』에서 따와 「경양강무송타호(景陽岡武松打虎)」의 제목으로 시작하고 있지만 이를 개작한 숭정본 『금병매』에서는 제1회의 앞부분 회목을 「서문경열결십형제(西門慶熱結十兄弟)」로 바꾸고 있다. 얼핏 보아도 『삼국지』 첫 회의 영향을 받았다고 볼 수 있다. 아홉 명의 의형제들은 돈과 권력을 가지고 청하현에서 무소불위의 못된 짓을 일삼는 서문경의 추종자들이다. 돈깨나 있고 권세를 부리는 서문경을 겉으로 떠받들면서 떡고물이나 챙기려는 패거리들이다. 그가 승승장구할 때는 무슨 짓거리인들 거리낌 없이 하던 이들도 그가 폭사하고 가문이 몰락하려는 순간 의리 없이 뒤돌아서며 곧바로 안면을 바꾸는 행동을 서슴치 않는다. 『금병매』에서 보여주려는 적나라한 인간의 추악한 진면목을 보여주는 인간들이 바로 이들 의형제들이기도 하니 『삼국지』 도원결의 삼형제는 물론 『수호전』 양산박 영웅이나 심지어 마왕들의 세계인 『서유기』에서의 의형제들과도 사뭇 다른 모습을 보여주고 있다.

「금병매사화」에서는 제10회의 후반에 서문경과 처첩 다섯이 부용정에서 즐거운 연회를 열고 마침 화자허와 이병아의 이야기가 나오는 바람에 서문경의 패거리들 10명이 의형제를 맺은 이야기를 했고 그중에서 아홉 번째 복지도가 죽어서 얼마 전에 화자허를 끼워 넣었다는 말을 하였다. 그리고 그들의 이름을 간략하게 거론하고는 넘어간다.

> "서문경이 제일 큰 형이고 둘째는 응백작으로 본래 포목점 하던 응원외의 아들인데 밑천을 다 까먹고 빈털터리가 되어 기생들한테 붙어먹고 있는데 공도 잘 차고 쌍륙이나 장기나 못하는 게 없었다. 셋째는 사희대인데 별 할 일없는 건달이지만 비파를 잘 타서 기생집에 얹혀있다시피 했다. 이밖에 축일념, 손과취, 오전은, 운리수, 상시절, 복지도, 백래창 모두 열 명이 어울렸는데 복지도가 죽어서 화자허가 그 빈자리를 메운 것이다."

인물의 순서는 서문경으로부터 시작된다. 배열 순서에 대한 특별한 논의는 없었다. 이 대목은 오로지 화자허를 소개하기 위한 방편의 글이다. 그리고 곧이어 화려하게 등장하는 이병아를 위한 사전 조치였다. 그리하여 여기 열 명의 친구들은 아직 의형제의 단계는 아니었다. 그냥 단순하게 함께 어울려 다니는 건달 패거리에 불과했다. 그러나 「수상비평본」에서 이 대목을 첫 회로 옮겨놓고 대대적인 수정을 거치면서 본격적인 열 명의 의형제로 만들었는데 전체 내용과는 아무 상관없는 것이 되었다. 다만 서문경의 사후에 이들이 보여주는 배신의 모습을 통해서 당시 건달사회의 이른바 의형제같이 뭉친 패거리들이 얼마나 권세와 돈을 위해서면 휩쓸려 다니는 인간들이었는지를 통렬하게 비판하고 있다.

「수상비평본」의 제1회에서 결의형제의 과정은 분명 새로운 작가의 글이다. 이 책이 숭정 연간에 나왔을 것으로 보고 「숭정본」이라고 하는데 「만력본」에 없는 내용을 그럴 듯하게 꾸며낸 것이다. 그중에는 서문경과 응백작이 서열을 서로 양보하는 대목이 있고 옥황묘에서 천지신명에 맹세하며 본격적으로 결의형제를 하는 장면도 보여주며 심지어 옥황상제에게 고하는 글까지 만들어서 오도관으로 하여금 낭독하게 하고 있는데 이는 분명 『삼국지』 첫대목의 「도원결의」를 염두에 두고 흉내 낸 것에 다름 아니다. 하지만 돈만 보고 좇아다니는 건달 패거리들까지도 이런 흉내를 낸다니 「도원결의」의 광범위한 영향을 짐작할 수 있다.

우선 소지를 준비하여 오도관이 이름을 써내려가려고 하다가 누구부터 쓸까요 하니 사람들이 일제히 "당연히 서문대관인이 맨 처음이지요"라고 한다. 그러나 서문경은 약간 겸손한 티를 내면서 응백작의 나이가 많으니 맏형이 되어야 한다고 양보한다. 응백작이 입바른 소리를 하며 불가함을 외친다. "요즘 돈 있고 세력 있으면 되지 어디 나이가 중요합니까?"라고 하면서 자기는 집에서 둘째라서 '응이가'로 불려왔는데 지금 '응대가'로 불리면 어떡하느냐고 한다. 서문경은 못이기는 체 그대로 받아들이고 나머지는 나이에 따라 이름을 써내려가게 했다.

그리고 소지에 쓴 맹세의 글에는 직접 '도원결의'의 그 뜻이 중하니 감히 그것을 본받으려고 하고 '관포지교'의 깊은 정도 이어받으려고 한다고 했다. 심지어는 천하 사람들이 모두 형제라고 할 수 있다고 하면서 『삼국지』, 『열국지』, 『수호전』의 호걸들을 흉내 냈다. 하늘의 옥황상제에게 직접 고하는 맹세의 글에서는 한 수 더 떠서 아예 그 유명한 구절까지 곧바로 인용하고 있다.

> "엎드려 빌건대 서문경 등이 태어난 날은 비록 다르다고 할지라도 죽는 것은 한날한시에 죽기를 바라나이다. 결맹할 때의 다짐이 영원히 견고하고 평안과 행복을 같이하며 어려울 때 서로 돕기를 기원하나이다. 결의를 맺은 후에 날로 새로워지고 부귀해져서는 가난하였을 때를 생각하여 시종 의지할 수 있기를 바라고 우정이 언제까지나 이어져 하늘처럼 높고 땅만큼 두터워지기를 바라나이다."

그들은 제단에 여덟 번 절하고 서로 간에 여덟 번 절하고 나서 다시 신전에 절을 하고 지전을 불사르고 예식을 마쳤다.

이것은 앞서본 『삼국지』 제1회의 「도원결의」를 그대로 흉내내어 패러디한 것이다. 「수상비평본」의 수정 보충을 담당한 작가는 『삼국지』의 이 대목이 부러워서 『금병매』 제10회의 후반 대목에 나오는 열 명의 친한 친구 이야기를 보고 첫 회로 옮겨와서 이처럼 「열결십형제」의 장면을 그려냈다.

도원결의의 군은 맹세를 한 이후에 세 사람은 숱한 전장을 누비고 다니면서 친형제보다 사이좋게 지냈고 항상 서로의 안부를 걱정하였다. 관우가 동오의 습격으로 잡혀서 죽자 유비는 놀라서 기절을 했다가 깨어나 제갈량이나 신료들의 반대를 무릅쓰고 전쟁을 일으켰고 장비는 소식을 듣고 동오 공격 준비를 독려하다가 부하의 손에 죽었다. 그만큼 세 사람은 도원결의 의리를 지키려고 했던 사람들이었다. 그래서 천고에 길이 전해지는 가화(佳話)가 되었던 것이다.

「수상비평금병매」을 수정한 새로운 작가는 서문경과 그 패거리들을 그대로 도원결의를 흉내 내어 우스꽝스러운 모습을 연출하도록 했다. 그가 이들을 결의형제로 만들어간 것은 무엇보다도 겉과 속이 전혀 다른 인간의 마음, 서문경이 갑자기 죽은 이후의 이들 의형제들이 보여준 더럽고 추잡한 배신의 모습을 더욱 극렬하게 반사시키기 위한 조치라고 생각된다.

5. 혼세마왕의 이미지

혼세마왕(混世魔王)은 『서유기』에 나오는 유명한 요괴다. 손오공이 화과산 수렴동을 떠나서 서주 하우의 수보리조사를 찾아가 일흔 두 가지 술법을 배우고 돌아왔을 때 부하들이 달려들어 하소연을 하였다. "대왕께서 안 계시는 동안에 저 북쪽에 사는 혼세마왕이라는 놈이 와서 우리를 괴롭히고 있었습니다."

혼세마왕의 출현은 손오공과 거의 비슷한 또 하나의 요마왕이 여러 군데 존재한다는 점을 알려준다. 혼세마왕은 북방의 요마라는 점을 감안하여 물을 상징하도록 하였고, 팔괘에서 물을 상징하는 감(坎)으로 나타냈다. 미후왕이 그 곳으로 갔을 때 혼세마왕의 근거를 묘사한 대목이 나온다. 역시 또 하나의 명소였다.

> "날카로운 봉우리는 하늘을 찌르고 깊은 골짜기는 보기에도 아찔하다. 양쪽 벼랑에는 소나무가 우거지고 대나무 숲이 무성한데 기화요초가 아름답다. 용과 호랑이가 길들여 있고 봉황과 두루미가 한가롭다. 세상에 드문 명산이요, 보기 드문 꽃동산에 사시사철 봄빛이 무르녹아 언제나 변함없으니 실로 삼계가 낳은 감원산(坎源山)이요, 오행이 길러낸 수장동(水臟洞)이로구나."

손오공이 자리를 비운 사이에 그의 본거지인 화과산 수렴동을 차지하고 있었던 것이다. 그의 모습도 선명하게 그린다. 손오공보다 거대한 체

구에 검은색 투구를 쓰고 갑옷을 입고 철갑바지를 걸쳤다. 허리통이 굵고 키는 열두 척이나 되는데 손에 대도를 들고 있는 그 이름도 무서운 혼세마왕이었다. 그러나 손오공은 무서워하지 않고 달려들어 한바탕 혼전을 거듭하다가 분신술을 써서 그를 제압하고 마왕의 칼을 빼앗아 그를 요절해버렸다.

손오공은 그동안 배우고 익힌 기량을 곧바로 써먹어 볼만한 상대를 만난 것이었다. 그가 사는 곳도 천지의 정기가 모인 곳이었다. 그곳도 삼계가 낳고 오행이 길러낸 곳이었지만 손오공은 기세 좋게 달려가 혼세마왕을 불러내 한바탕 싸움을 벌이고 분신술을 써서 제압하고 수장동의 요정들도 모두 요절을 냈다.

혼세마왕(混世魔王)은 세상을 혼탁하게 어지럽히는 마귀의 왕이다. 하늘 아래 두 명의 권력자를 용인할 수 없다는 것처럼 혼세마왕은 그렇게 사라졌지만 그 이름은 여전히 세상에 남아 여러 군데 전하고 있다.

혼세마왕이란 말은 「사대기서」가 만들어질 때 이미 널리 전해지고 있던 구절이었다. 『삼국지』에서의 혼세마왕은 동탁(董卓)이었다. 그는 병주 태수와 하동 태수를 지내고 한말 혼란기에 대장군 하진과 사예교위 원소의 요청으로 군대를 이끌고 경성(낙양)으로 진입하여 십상시를 토벌하였으며 곧바로 군권을 장악하였다. 황제인 소제를 폐위시키고 헌제를 세우고 조정을 좌지우지 하면서 포악한 권세를 부리자 원소와 조조 등이 각지의 자사, 태수 등을 불러 동탁토벌 연합군을 형성하여 동탁을 공격하였다. 동탁은 손견이 앞장서서 낙양을 공략하자 도성을 불태우고 천자를 끼고 장안으로 천도하였다.

동탁은 잔혹하고 사욕과 야심이 있어서 수단과 방법을 가리지 않고 조정을 농단하였고 국법과 질서를 뒤흔들며 백성을 박해하였다. 그가 하는 일은 사사건건 옳은 일에 역행하여 극도의 혼란만 야기하다가 한나라의 쇠망을 더욱 앞당기게 되었다. 역대 사가들은 그를 다양하게 비판했지만 대체로 한말의 정국을 뒤흔든 주범으로서 책망하는 것이었다. 정사 『삼국지』의 작자 진수는 "이리와 도적같이 잔인하고 포악하다"고 했고, 배송지는 "그 잔악함이 시랑보다 더했다"고 했으며, 당나라 유지기도 "한나라를 망친 동탁은 진나라의 조고와 같은 놈"이라고 욕했다. 그러나 혼세마왕이라고 직접 부른 경우는 없다. 그를 혼세마왕이라고 하는 것은 세상을 어지럽히는 요마와 같은 인물로서 동탁을 평가한 현대인의 호칭이다. 당나라 개국공신으로 『수당연의』에서 혁혁한 공을 세우는 정요금(程咬金)에게 '혼세마왕'의 호칭을 덧붙여 유행시킨 현대의 연속극도 같은 경우라고 할 수 있다.

그러나 『수호전』에는 분명히 지살성 72인 중에 혼세마왕의 호를 가진 번서(樊瑞)라는 인물이 나온다. 그는 본래 산적으로 망탕산(芒碭山)의 산채 주인으로 있었는데 양산박을 먹어치우겠다고 호언장담하다가 송강의 공략을 당해 공손승의 도술에 제압되어 양산박에 합류하였다. 예순 한번째 자리를 차지하였고 보군교위로 후에 방랍 토벌에도 참가하였으나 뒷날 출가하여 공손승을 따라 수도하러 갔다. 과연 그의 별명이 마왕인 것처럼 그가 도술을 부리는 장면이 제95회에 나온다. 요나라 정벌의 싸움에서인데 번서가 두 번이나 도술을 부려 대응하지만 요나라 교도청(喬道淸)을 이겨내지 못한다. 아쉽게도 혼세마왕의 별명이 무색하게 된 것이다. 성수장군 선정규(單廷珪)와 신화장군 위정국(魏定國)이 모두 교도청에게 패하고 말았다. 할 수 없이 다음 회에 공손승이 나와서 교도청을 막아내고 송강이 오룡산까지 추격하여 마침내 교도청을 무너뜨렸는데 소덕의 성에 들어가려다 못 들어가자 백곡령의 신농묘로 숨어들어갔다.

번서는 석갈의 뒷면에 적힌 지살성의 한명으로 공식적으로는 「지연성 혼세마왕번서」로 소개되었고 양산박 군단에서의 역할은 보군장교 17명 중의 첫째로 이름이 올라 있는 인물이다.

현존하는 『수호전』 판본은 『서유기』에 앞서서 간행되었지만 본래 서유의 이야기가 수호의 이야기보다 반드시 앞섰다고는 할 수 없는 일이다. 서유고사를 담고 있는 화본 『대당삼장취경시화』나 잡극 『서유기』 등은 이미 오래전부터 수호고사와 함께 전해지고 있었다. 여러 가지 정황으로 보면 혼세마왕의 원천은 서유고사에서 시작된 것이 분명하다. 각종 요괴 인물을 만들어내는 서유고사의 특성상 이러한 명명이 매우 자연스럽기 때문이다.

수호인물의 이름이나 별명의 명명에서 보면 당시 이전에 나왔던 삼국고사나 서유고사의 전고를 활용한 것이 많이 보인다. 지다성 오용은 제갈량의 화신처럼 등장하였고, 대도 관승은 그대로 관우의 후손으로서 청룡언월도를 대신하여 대도라는 별칭을 붙이고 있지 않은가. 병울지 손립과 소울지 손신은 모두 당나라 울지경덕의 명성을 따라 활용한 것이고, 병관색 양웅은 삼국고사의 전파에서 초기에 한때 출현했던 화관색의 이름을 쓴 것이니 작가의 명명이 전방위적으로 정보를 검색하여 활용하고 있음을 알 수 있다.

혼세마왕은 『홍루몽』에 이르러 일약 최고의 신분상승을 하게 되었다. 어머니 왕부인에 의해 주인공인 가보옥의 별명으로 붙여지게 된 것이다. 임대옥이 처음 영국부에 왔을 때 외숙부 가정에게 인사를 드리러 왕부인을 방문했다. 왕부인은 자신의 아들을 끔찍하게 위하고 있었지만 할머니의 총애를 바탕으로 집안을 무소불위로 휘젓고 다니며 천방지축으로 소동을 피우는 아들의 장래가 걱정이었다. 특히 소저들이나 시녀들에게 살갑게 대하고 또 너무 스스럼없이 장난을 치는 것들이 마음에 들지 않았다. 지금 방금 온 고모의 딸인 임대옥에게 보옥을 좀 멀리하라고 경고를 보내는 말로써 자신의 아들은 혼세마왕 같은 놈이니 아예 상종을 하지 말아달라고 당부한다. 사실 보옥에게 그렇게 이름을 붙일 수 있는 사람은 가씨 가문 내에서 왕부인이 유일했을 것이다. 보옥은 나중에 대관원의 소저들로부터 무사망(無事忙)이라고 장난끼 섞인 별명이나 강동화주(絳洞花主), 이홍공자(怡紅公子) 등과 같은 우아한 필명을 얻기도 하였지만 혼세마왕은 그의 또 다른 면모를 보여주는 이름이라고 하겠다.

6. 인과응보와 환생

인과응보는 중국소설에서 인물의 출현과 퇴장에서 작가가 보여주는 가장 보편적인 전통사상이다. 과연 인과응보의 이론 혹은 인과론이란 무엇을 말하는가? 「사대기서」를 중심으로 명청소설에서 널리 활용되고 있는 인과응보에 대해 살펴본다.

인과응보는 불교의 이론이다. 원인이 있으면 필히 결과가 있고, 결과가 있다면 그 원인이 있다고 하는 말이다(有因必有果, 有果必有因). 원한에도 대상이 있고 빚도 갚아야 하는 대상이 있다(冤有頭, 債有主)는 말과도 같다. 바로 숙명론적인 관점이다. 민간의 독자들은 보편적으로 널리 이러한 생각을 갖고 있었기에 역대 소설의 작가는 이러한 민간 사상을 충실히 반영하여 많은 독자층을 확보하려고 애썼다.

나관중의 『삼국지연의』에서는 비교적 합리적인 역사 연의를 지키느라 전생의 이야기나 새로운 인과응보에 따른 환생 이야기는 별로 다루지 않고 있다. 하지만 이에 앞서 만들어진 『삼국지평화』에서는 인물의 연원을 대거 인과응보의 방식으로 안배하고 있다. 인과응보의 유래는 훨씬 오래된 사상적 유래를 갖는다고 할 수 있다. 『삼국지평화』에서 보여주고 있는 인과응보의 전후 맥락을 이어주는 인물을 나열하면 다음과 같다.

한고조 유방(劉邦)은 초한전쟁에서 승리한 이후에 개국공신의 영웅을 제대로 대접하지 않고 온갖 방법을 써서 박해하고 제거하려고 했다. 그래서 그가 환생한 인물은 바로 일생동안 신하들의 핍박을 면치 못하고 괴롭게 살았던 한말 비운의 마지막 황제 헌제가 되었다. 한고조의 황후 여후(呂后)는 개국공신을 참혹하게 누명을 씌워 해쳤으므로 훗날 헌제의 복황후가 되어 구박을 받다가 불쌍하게 죽음을 맞이한다. 한신은 한나라를 만들어낸 최고의 영웅이었지만 여후에게 당하여 죽은 이후로 결국 이를 복수하기 위하여 조조로 환생하였다. 그는 한나라 마지막 황제 헌제와 복황후를 겁박하고 능멸하면서 마음속의 오랜 숙원을 풀어낸 것이다.

진시황의 진나라가 망하자 중원에서는 새로운 정권을 위한 군웅의 쟁탈전이 치열하게 벌어졌다. 양대 세력이었던 초한의 전쟁에서 제왕 한신과 대량왕 팽월, 구강왕 영포 등의 보필을 바탕으로 마침내 유방이 천하를 차지하게 되었다. 한나라가 만들어지고 천하가 안정되기 시작할 때 유방과 여후는 이들 장군을 속여 궁중에 들어오게 한 후에 목숨을 해친다.

한신과 팽월과 영포는 억울함을 죽어서도 잊을 수가 없어서 염라대왕 앞에 고소를 하게 되었지만 상황이 복잡한지라 염라전에서도 합리적인 답안을 곧바로 내놓을 수가 없었다. 그러나 저승에서 만난 사마중상이라는 한 서생에 의해 이 억울한 공안이 마침내 해결될 수 있게 된 것이다.

사마중상의 이야기는 이렇게 시작되었다. 전한이 망하고 왕망(王莽)이 신(新)나라를 만들었을 때 남양 등주의 백수촌에 살고 있던 유수(劉秀)가 군사를 일으켜 왕망을 물리치고 다시 한나라를 이어가니 바로 후한의 광무제였다. 나라가 안정되자 청명절에 어화원을 열어 백성들과 함께 꽃놀이를 하는데 사마중상(사마모)이라는 서생이 나타나 진시황 몰락의 역사를 말하다가 옥황상제의 명으로 저승에 들어가 억울한 사람의 원한을 듣고 일일이 공정하게 판결하여 환생하여 원한을 갚도록 하였다. 그리하여 옥황상제는 사마중상의 건의에 따라 다음과 같이 판결하였다.

한신은 조조로 환생하여 중원을 차지하여 한고조와 여후가 환생한 허창의 헌제와 복황후를 핍박하도록 하고, 팽월은 유비로 환생하여 사천을 차지하며 영포는 손권으로 환생하여 동오의 왕이 되도록 하였다. 조조에게는 천시를 주고, 손권에게는 지리를 주며, 유비에게는 인화를 장악할 수 있게 하여 삼국이 정립할 수 있도록 하였다. 유비에게 관우와 장비같은 장수가 있지만 모략이 부족하니 괴철(문통)을 산동 낭야의 제갈량으로 태어나게 하여 남양 와룡강에서 유비의 삼고초려를 받아 천하삼분의 지략을 펼치도록 하였다. 그리고 사마중상은 이러한 삼국의 분란을 모두 정리하여 통일할 수 있도록 하내군 온현의 사마의(司馬懿)로 환생하도록 조서를 내렸다. 삼국의 이야기는 이렇게 전생의 안배에 의하여 인과응보의 원한을 모두 마무리하도록 한 것이다.

삼국의 이야기가 시작될 때 이렇게 인과응보의 테두리를 만들었던 『삼국지평화』는 후에 『삼국지통속연의』로 발전하면서 인과론을 모두 없애고 가능하면 역사에 충실하고 극히 일부의 허구적인 묘사를 추가로 넣되 유가사상의 충효를 강조하는 합리적인 입장으로 재정리되었다. 그리하여 나관중의 『삼국지』가 마침내 삼국 이야기의 최종 완결판으로 남게 되었던 것이다. 한편 사마중상의 이야기는 별도로 백화단편소설이 되어서 「요음사사마모단옥(鬧陰司司馬貌斷獄)」의 제목으로 풍몽룡의 『고금소설(즉 유세명언)』에 실려서 전하고 있다.

『수호전』은 야인으로 태어난 강호의 호걸들이 종횡무진으로 펼치는 영웅적 사건을 그린 영웅 전기다. 인과응보나 윤회환생과는 거리가 있을 법한 이야기지만 작자는 역시 당시 민간에 유행하는 다양한 전설에 기대어 그 유래를 만들어 넣었다. 소설에 등장하는 양산박의 108명의 영웅들이 사실은 천강성 36명과 지살성 72명으로 구성되었다고 별들의 위상에 연계시켜 놓았으며 또 이들은 사실 용호산의 복마전에 눌려있던 요마로서 홍태위가 뚜껑을 열어 이들을 사방팔방으로 흩어지게 한 것이라고 설정하였다. 그러나 훗날 이들이 강호의 호걸로 등장하여 활약하는 과정에서는 특별한 전생의 원인을 찾아 연결시키는 경우는 없었다.

이에 비하여 『서유기』는 노골적으로 전생과 이승을 오고가는 인과응보의 불교적 논리를 담고 있는 소설이다. 삼장법사와 손오공, 저팔계, 사오정, 용마 등의 서천취경단의 전생은 물론이거니와 수많은 요괴의 전생이나 심지어는 신불의 경우에도 다양하고 복잡한 인과응보의 논리가 숨어있음을 발견할 수 있다. 이것은 『서유기』가 불교나 도교적인 논리를 가장 많이 담고 있는 소설이라는 점에서 어쩌면 당연하고 매우 자연스러운 점이라고 할 수 있지만, 딱히 종교의 본원으로부터 가져 왔다기보다는 중국전통문화의 하나로서 민간에 오랫동안 흘러넘치고 있는 인과응보관이 자연스레 반영된 것으로 보는 것이 옳을 것이다.

『금병매』는 이야기의 표면적 구조가 『수호전』에서 왔고, 또 신화·전설이나 민간영웅의 전기적 소설이 아니고 매우 현실적인 시정의 생활을 중심으로 그려지기 때문에 인물의 전생을 설정하고 인과응보를 노골적으로 그려내는 장면은 드물다. 하지만 작가는 서문경의 화려하고 현란한 짧은 일대기를 그려내면서 어떠한 평가와 품평도 없이 냉정한 입장을 고수했는데 그의 죽음 이후에 이야기를 마무리하면서 유복자로 태어난 효가를 출가시키도록 하여 전생의 인과응보와 윤회환생을 언급하였다. 이것은 작품의 주제에 깊숙이 관여하는 것이 아니고 노골적인 성적 묘사의 음란함을 가릴 수 있는 마지막 껍질 씌우기의 기법에 불과하다고 생각된다. 더구나 서문경의 처음 출현에서부터 아무런 설명이 없이 마지막에 스님의 설명을 통해서 서문경의 전생을 말하는 것은 어느 모로 보나 군더더기의 췌언일 수밖에 없다.

몇몇 인물이 새로 태어난 곳과 위상을 말하는 대목은 역시 군더더기라고 할 수 있다. 『금병매』의 마지막인 제100회의 회목 하련은 「보정스님은 죽은 자들을 제도하다(普靜師遷拔群寃)」이다. 보정화상이 여러 인물들의 원한 관계를 감안하여 다음 생에서 태어나는 인과응보의 과정을 간략하게 보여주는 대목이다. 오월랑은 금나라가 쳐들어옴에 따라 남은 가족을 이끌고 피란을 떠나는데, 사돈이 되기로 한 운리수를 제남으로 찾아가 의탁하려는 것이었다. 그의 딸과 효가의 혼인을 맺은 상태였기 때문이었다. 가는 중도에 영복사라는 절에 이르렀을 때 스님 보정화상은 예전에 약속한대로 효가를 보고 출가시키라고 요청하지만 오월랑은 일단 거절한다. 그런데 꿈에 오월랑은 운리수의 황당한 요구를 받고 꿈을 깨어 그를 찾아가는 일이 허망한 일임을 깨닫게 되어 효가를 출가시키기로 마음먹는다. 시녀 소옥의 환상 속에서는 등장인물들의 다음 출생 가문을 소개하는 것으로 약간은 억지스러운 인과응보의 장치를 만들어 넣고 있다. 결말에 유복자 효가를 출가시키는 것으로 마무리하는 것도 서문경의 죗값을 치르기 위한 것이라고 설명하고 있고, 또 오월랑이 오랫동안 독실하게 부처님을 믿고 있었던 상황을 반영한 것이라고 한다. 하지만 서문경 가문의 부귀영화가 마침내 서문안으로 개명한 소동인 대안과 시녀 소옥의 손에 떨어지게 되는 것으로 마무리하기 위한 것이었다. 서문경과 진경제의 욕망이 멈출 줄 모르는 열차처럼 달리다가 마침내 종착역에 이르러 오월랑에 의해 억지로 봉합되는 모습을 보여주어 인정세태의 무상함을 깨우치도록 하는 것이다.

『금병매』의 영향에 의해 청초에 나온 『육포단』은 본격적인 외설소설이다. 『금병매』와는 달리 한 남성의 여성 편력기를 소설의 기본 구성으로 하고 외설적 묘사가 서사의 목적인 작품이다. 그러나 소설의 처음과 끝에 불교적 포장을 덧씌우고 가운데에 주인공의 음란한 외도행위를 마음껏 묘사하고 있다. 비록 유사한 필법이라고는 하지만 노골적으로 불교적 외피를 덧씌우는 장치는 뛰어난 소설적 예술에는 미치지 못하는 진부한 것이었다.

「사대기서」 이후 최고의 소설로 인정받는 『홍루몽』에서는 오히려 인과응보와 윤회환생의 모습을 좀 더 다른 모습으로 정교하게 만들어 보여주고 있어서 주목된다. 여와보천에서 하늘에 오르지 못한 돌 하나가 대황산에 남겨져 있다가 인간으로 환생하여 가씨 가문의 귀공자가 되어 부귀영화를 누리다가 다시 대황산 무계애로 회귀한다는 구조를 만들었다. 또 태허환경에서 강주초에게 감로수를 뿌려주어 환생하도록 하였다는 인연으로 이승에서 가보옥과 임대옥 사이에 벗어날 수 없는 목석의 인연을 배치한 것은 통속적인 인과응보와 윤회환생의 세계를 더욱 감미롭게 형상화한 것이라고 할 수 있다.

7. 가짜 손오공과 그 영향

『서유기』에는 주인공 손오공과 그 모습과 능력이 똑같은 가짜 손오공이 나타나서 한바탕 소동을 겪는 대목이 나온다. 스승인 삼장법사는 물론 관음보살까지도 판별할 수가 없어서 여래부처님 앞에 가서야 비로소 밝혀지게 되는 가짜 손오공은 실상 손오공 자신의 또 다른 마음을 상징하는 것이었다. 『서유기』에서의 진짜와 가짜의 문제를 다루게 되면 『홍루몽』의 가보옥과도 이어지게 되므로 흥미롭지 않을 수 없다.

태허환경의 입구 양쪽 기둥에는 「진짜가 가짜 될 때 가짜 또한 진짜 된다(假作眞時眞亦假)」는 대련이 걸려있다. 뿐만 아니라 첫 회부터 등장인물에 진사은(甄士隱)과 가우촌(賈雨村)이라는 두 인물을 만들어 사건을 이끌어나가고 있다. 사대가문의 핵심적인 가씨 가문에 이어 금릉에 남아있는 친척 진씨 가문을 설정하고 있고 또 한 수 더 떠서 주인공 가보옥과 모습이 같고 버릇까지 다르지 않은 진보옥마저 만들어내고 있으니 작가는 분명 진짜와 가짜의 문제를 본격적으로 다루고자 한 것이다. 어린애 장난 같은 이러한 설정은 작가가 결코 함부로 만든 것이 아니다.

『서유기』는 어린아이들이 좋아하는 환상과 모험의 세계를 그리고 있지만 작품 속의 깊은 의미는 참된 자아를 찾아가는 여정이라고 해석하고 있다. 손오공의 재미나는 이야기 중에는 가짜와 진짜의 싸움도 포함되어 있다. 진짜 손오공과 가짜 손오공은 어느 것이 손오공 자신의 본 모습인지도 헷갈릴 만큼 흥미롭게 진행된다.

취경단 일행은 서량 여인국을 떠나서 길을 가다가 도중에 노상강도를 만났다. 삼장법사는 살생은 결코 용납하지 않는다는 계율을 가지고 있었다. 하지만 손오공의 화안금정의 눈에는 요마의 모습이 즉각 나타나므로 급한 성격을 참지 못하고 곧바로 강도의 우두머리 둘을 때려죽였다. 삼장법사는 자신의 계율을 어긴 손오공을 질책하다가 두 사람은 깊은 갈등에 빠져들게 된다. 두 사람 사이의 깊은 갈등의 골은 곧 마음이 서로 어긋나고 있다는 것이다.

그날 저녁 양씨 노인 집에 묵게 되었는데 마침 그 집 아들이 강도의 졸개노릇을 하다가 밤중에 돌아와 삼장 일행이 묵고 있는 것을 알고는 몰래 해치려고 음모를 꾸몄다. 다행히 손오공이 먼저 눈치를 채고 그 졸개들마저 때려죽이자 삼장법사는 앞뒤 사정을 따지지 않고 다짜고짜 손오공의 머리 조임테가 조여들도록 긴고아 주문을 외우기 시작했다. 손오공은 전후 사정을 따지면서 스승한테 항변했지만 이미 화가 난 삼장에게는 별무소용이었다. 급기야 삼장법사는 취경단에서 손오공을 내쫓아내고 말았다. 손오공은 억울한 마음을 가눌 길 없어 곧장 남해관음에게 달려가 하소연을 하였다. 관음보살은 백방으로 위로하면서 마음을 달래주었다. 손오공은 어쩔 수 없이 고분고분하게 말을 들으며 잠시 연화대 아래서 시립하고 있을 뿐이었다.

한편 삼장법사는 손오공을 쫓아내고 저팔계로 하여금 백마를 끌도록 하고 사오정에게 짐을 지고 따르게 하였다. 오십 리쯤 갔을 때 잠시 쉬면서 저팔계를 보내 먹을 것을 동냥해오도록 했다. 저팔계가 떠난 후에 삼장법사는 기갈이 심해지자 사오정을 시켜 어서 저팔계를 찾아오라고 보냈다. 이렇게 해서 삼장이 혼자 남아 기다리고 있는 중에 귀가 여섯 개 달린 육이미후(六耳獼猴)가 손오공으로 변신하여 나타났다. 가짜 손오공이 등장한 것이었다. 처음엔 삼장법사에게 공손히 사죄를 하는 척 하더니 삼장법사가 여전히 손오공의 살인 행위를 인정치 않고 야단을 치며 내치자 마침내 이 가짜 손오공은 화를 내면서 여의봉으로 삼장법사를 내려쳐서 땅바닥에 쓰러뜨리고 바랑을 훔쳐 달아났다. 삼장은 잠시 기절했다가 저팔계와 사오정이 돌아오자 깨어나 전후 사정을 이실직고했다. 사오정은 손오공이 돌아가 있을 것으로 생각되는 화과산으로 달려가 손오공에게 빼앗아간 짐을 돌려달라고 했다.

그러나 화과산에 돌아와서 원숭이 왕 노릇을 하고 있는 것도 사실은 가짜 손오공인 육이미후였다. 손오공으로 변신한 육이미후는 다른 원숭이 몇을 골라서 삼장법사, 저팔계, 사오정으로 변신시켜서 취경단을 꾸리고 있었다. 사오정은 가짜 손오공과 대결할 수 없어서 남해관음을 찾으러 갔다가 거기서 진짜 손오공을 만났다. 전후 사정을 전해들은 손오공은 화과산으로 돌아와 가짜 손오공과 한바탕 싸움을 벌였다. 진짜와 가짜가 뒤엉켜 있으니 사오정도 구분할 수 없었다. 그야말로 "진짜가 가짜되니 가짜 또한 진짜된다"는 격이었다. 사오정은 삼장법사에게로 돌아오고 진짜와 가짜 손오공은 여전히 싸우면서 관음보살의 앞에 찾아갔지만 이제는 관음조차도 그들의 진가를 구분할 수 없었다. 천궁에 올라가 옥황상제와 여러 신들 앞에서 진가를 구별해달라고 했지만 그들도 구분하지 못했고 심지어 삼장법사 앞에 찾아가 긴고아 주문을 외워서 가짜를 찾아내려고 했지만 둘 다 머리를 쥐어뜯으며 아프다고 하니 구분이 안 되었다. 참으로 난처한 일이었다. 염라대왕에게 찾아가도 분별할 수 없게 되자 지장보살은 석가여래를 찾아가라고 권하였다. 마침내 석가여래는 가짜 손오공이 본래 육이미후였음을 간파하였고 도망치려는 그를 잡아 금 발우 아래 가두었다가 여러 사람 앞에서 발우를 들어올렸다. 손오공은 그 자리에서 육이미후를 때려죽였다. 관음보살의 화해와 권유를 통해 삼장법사는 다시 손오공과 마음을 통하여 합심하여 서천취경을 길을 계속 가게 되었다.

진짜와 가짜 손오공의 이야기는 많은 점을 시사한다. 소설 속에서 본래 손오공 이외에 육이미후라는 새로운 원숭이를 등장시킨 것으로 되었으나 사실 손오공으로서는 스승을 지키려는 정성과 요괴를 물리치려는 의지를 몰라주고 고지식하게 오로지 살생 불가의 계율만을 강조하려는 삼장법사에 대한 원망이 담겨져 있다. 가짜 손오공은 삼장법사의 마음에서 손오공을 내쳤다는 것을 알고는 곧바로 나타난다. 삼장의 보따리에는 서역으로 가는 통관증이 들어있다. 가짜 손오공은 바로 이를 빼앗아 스스로 취경단을 꾸려서 서천취경을 하려는 마음을 가졌던 것이다. 그것은 사실 어쩌면 손오공 스스로 잠시라도 가졌던 마음이 아닐까 한다. 삼장법사는 인간적 허약함을 지닌 채 오로지 필요할 시에 긴고아 주문을 외워 손오공을 제압하면서 취경단의 인솔자 역할을 하고 있다. 저팔계의 경우에는 취경에 대한 굳은 의지조차 별로 없다. 삼장은 온갖 어려움 속에서도 서천취경을 취한 굳은 의지를 조금도 해이하게 늦추지 않는다.

손오공으로서는 자신의 능력과 자신의 의지를 최대한 삼장법사를 위해 봉사하고 있지만, 취경단의 안위를 위하여 강도를 처단하고 음모를 파헤쳐 부득이하게 살인을 하였음에도 불구하고 스승인 삼장법사는 전후 사정을 가리지 않고 무조건 손오공의 잘못으로만 여기고 긴고아 주문으로 괴롭히며 결국에는 단원에서 축출하는 최후의 수단을 쓰고 말았다. 손오공으로서는 딴마음이 들지 않을 수 없게 되었던 것이다. 이것이 바로 가짜 손오공의 정체라고 할 수 있다. 육이미후라는 형상은 실제로 여섯 개가 귀만이 아니라 안이비설신의(眼耳鼻舌身意)의 육근이다. 『반야심경』에서 인간의 마음을 뒤흔드는 핵심적인 근원으로 제시했다.

『홍루몽』의 주인공은 가보옥(賈寶玉)이다. 애초부터 가짜임을 표방하고 나선 주인공이다. 그런데 진보옥(甄寶玉)이란 존재가 또 있다. 그쪽이 진짜라면 왜 가짜라고 표방한 이쪽에 주안점을 두면서 깊이 묘사하게 되었을까. 주인공은 진보옥이 아니라 가보옥이다. 진짜와 가짜 보옥은 손오공의 경우처럼 그냥 단순한 진가(眞假)의 문제를 넘어선다. 가짜가 진짜처럼 보일 때, 진짜는 바로 가짜가 된다는 것이다. 가보옥은 지금 경성(북경)에 살고 진보옥은 금릉(남경)에 산다. 어려서부터 외모와 성격이 꼭 닮았다. 진씨 부인이 서울에 올라와서 가씨 집안을 방문했을 때 가보옥을 보고 놀라서 말하게 되면서 사람들도 비로소 남쪽에 또 한명의 보옥이 있음을 알게 되었다. 그에 앞서서 가우촌도 벼슬에서 떨어진 후에 잠시 진씨집 가정교사를 하였는데 바로 진보옥을 가르치며 그의 괴팍한 언행을 직접 경험했다. 어린애답지 않게 하인들에게 이런 말도 했다.

> "여아(女兒)라는 두 글자는 지극히 소중하고 청정한 존재라 아미타불이나 원시천존보다도 존귀하니 너희들 더러운 입으로는 함부로 지껄이지도 말라! 만약 어쩔 수 없이 말해야 할 때가 있다면 반드시 맑은 물이나 향기로운 차로 입을 씻고 나서 비로소 조심스럽게 말해야 한다!"

가보옥이 말했다고 하는 "여아의 골육은 물로 만들었고 남자는 진흙으로 만들었으니, 여아를 보면 상쾌하고 남자를 보면 구역질이 난다"고 하는 말과 더불어 모두 보옥의 언행으로 이해되고 있다. 양주에서 임대옥의 가정교사를 하다가 냉자홍을 만나 가보옥에 대해 얘기를 나눌 때 회고한 그의 말이다. 가보옥은 진씨집 사람들로부터 자신과 똑같은 인물이 그쪽에 있다는 말을 듣고 돌아와 꿈에서 그를 만난다. 정원에는 대관원의 소저나 시녀들과 같은 인물들도 거의 비슷하게 보였다. 꿈을 깨고 그 말을 했더니 어린 아이 방에 거울을 두면 그런 꿈을 꾸게 된다고 하면서 시녀들은 거울을 치웠다. 하지만 소설의 후반부에 진씨 가문이 몰락하고 진보옥이 잠시 가씨집에 왔을 때 서로 만난 적이 있었다. 가보옥은 설레는 마음으로 갔다가 실망하여 돌아왔다. 이미 진보옥의 마음속에는 공명을 추구하는 마음으로 가득 차 있었던 것이다. 진보옥도 가보옥과 마찬가지로 일찍이 꿈을 꾸었는데, 꿈속에서 주위 여자들의 운명 예언시와 수많은 괴물과 해골을 보고 깨어나 대오각성 하였던 것이다. 진보옥은 후에 이환의 친정 사촌 동생인 이기(李綺)를 아내로 얻었고 가보옥, 가란과 함께 참가한 과거 시험에도 합격하여 집안을 다시 일으키는 역할을 한다고 했다. 그러나 과거시험장에서 가보옥은 사라지고 비릉역의 물가에서 부친에게 마지막 인사를 올린 후에 눈 덮인 벌판을 지나 대황산으로 돌아갔다. 두 보옥의 시작은 같았으나 그 끝은 이렇게 서로 달랐다. 세상 사람이 바라는 보옥은 진보옥이었을 것이나 작가가 주목하고 관심을 기울인 인물은 가보옥이었다. 『홍루몽』의 주인공이 가보옥으로 된 이유일 것이다.

8. 아내(衙內)의 이야기

『수호전』의 첫머리 이야기의 실마리가 되는 아내(衙內)는 어떤 존재인가. 짝사랑에 빠진 양아들과 아들 사랑에 눈먼 양아버지 고태위로부터 임충의 이야기로 연결된다. 축구를 좋아하는 황제에게 발탁되어 갑자기 권력을 잡은 태위 고구(高俅)의 핍박을 받아 왕진이 연안부로 피신하면서 구문룡 시진과 화화상 노지심의 이야기를 이끌어낸다. 노지심이 정도를 때려죽이고 오대산으로 피신하였으나 중노릇을 제대로 못하고 다시 개봉부 대상국사로 옮겨와서 채마 밭을 관리하고 있을 때 표자두 임충과 만나게 된다. 영웅이 영웅을 알아보는 형국이라 두 사람은 곧 지기가 되어서 함께 술잔을 기울이고 있을 때 헐레벌떡 달려온 시녀 금아(錦兒)의 다급한 목소리가 담 밖의 틈에서 전해온다. 시녀의 다급한 말을 듣고 임충은 친구인 육겸의 집으로 달려갔다. 고아내는 이미 창문을 열고 달아난 뒤였다. 임충이 누군가. 팔십만 금군의 창봉교두다. 수도인 동경의 궁전을 지키는 경비 사령부에서 창봉을 가르치는 교관이었으니 그 따위 불량배들이야 단번에 해치우고 아내를 구출할 수 있었다.

임충의 처는 이에 앞서 동악묘를 구경 갔다가 오악루 아래에서 고아내로부터 한번 희롱당한 뒤였다. 임충이 달려가 주먹을 들고 "백주대낮에 선량한 양인의 아녀자를 제멋대로 희롱한 죄가 무엇인줄 알기나 하느냐!" 대갈일성하면서 아내의 옷자락을 잡고 있는 젊은 녀석의 면상을 내려 갈기려는 순간 그놈이 곧 하늘 높은 줄 모르고 권력을 부리고 있는 고태위의 양아들 고아내(高衙內)라는 걸 알았다. 임충은 슬그머니 주먹을 내려놓고 자기 아내의 손을 잡고 현장을 물러나왔다. 고아내는 두 번씩이나 임충의 처에게 접근하였다가 뜻을 이루지 못하자 병이 났다. 임충의 친구 육겸이 오히려 아부하기 위해 묘안을 짜낸다.

어떤 사람이든 한눈에 반하는 사람이 있게 마련이다. 해피엔딩으로 끝난다면 그것은 천생연분이다. 그런데 하필 사랑해선 안 될 사람을 짝사랑하는 경우에는 불행한 결말의 도화선이 된다. 고아내가 친구들과 오악묘를 구경하다가 만난 아리따운 여인이 하필이면 임충의 아내였단 말인가. 잠시 찻집에 올라가 얘기나 나누자고 옷자락을 잡아끄는 중이었는데 그만 득달같이 달려온 임충에 의해 빼앗기고 말았다. 애초부터 제 것도 아니었으니 그냥 돌려주었다고 생각하면 마음이나 편했을 것인데 이 철없는 고아내는 끝내 불가능을 가능함으로 바꾸려고 억지 집착을 하며 안달을 하다가 병이 났다. 수양아들이지만 끔찍하게 여기는 고태위가 아들이 몸져누운 원인이 남의 아내에 눈독을 들이다가 그리되었다는 걸 알았다. 당연히 야단을 치고 제대로 사람 만들 생각은 하지 않고 그가 하급무관 임충이란 걸 알고는 소인배의 계교를 듣고 엉뚱한 술수를 쓴다. 결국 임충의 친구 육겸을 내세워 임충이 사들인 보검을 들고 백호당에 이르게 하여 붙잡히는 신세가 된다. 임충의 고난은 이렇게 시작되었다. 임충은 귀양 가기에 앞서 자신의 아내 장씨에게 이혼 서약을 써주고 길을 떠나지만 장씨는 고아내의 압박을 이기지 못해 결국 스스로 목숨을 끊어버리고 만다. 고아내가 잠시 마음먹은 불의의 생각은 이렇게 단란한 한 집안을 처참하게 와해시키고 말았다. 임충은 자신을 죽이러 온 육겸을 죽이고 불타는 초료장을 떠나 눈길을 걸어 마침내 양산박에 들어간 첫 번째 수호 영웅의 인물이 되었다. 고아내는 고태위의 양아들이다. 양아들을 명령(螟蛉)이라고 했다. 고아내의 본 이름은 모른다. 소설에서 부차적인 인물의 경우에는 성명이나 자호를 일일이 제시하지 않는다.

아내(衙內)는 글자풀이로 관아(관청)의 안이다. 당나라 때에는 아내라는 용어가 경위(警衛)를 맡은 관원이었다. 송초(宋初)에 주로 대신의 자제로 충당하였으므로 후에는 고관대작의 자제를 의미하는 말이 되었다. 소설 속에서는 주로 비열하게 행동하는 고관자제를 지칭하며 바로 이 『수호전』에 나오는 고아내가 대표적이다. 『수호전』은 관핍민반(官逼民反), 즉 벼슬아치의 핍박으로 백성이 반항하는 내용이다. 그리하여 어쩔 수 없이 양산박으로 올라가야 했던 핍산양산(逼上梁山)의 대표적인 인물 임충의 이야기를 탄생시킨 실마리를 제공하고 있다.

『수호전』에 또 하나의 아내(衙內)가 나온다. 이번에는 불쌍하고 힘없는 어린아이로서 양산박의 인재 유치 과정에서 안타깝게 희생되는 역할이다. 주동(朱仝)은 송강이 있었던 운성현에서 마병도두를 맡고 있었는데 생김새가 관우를 닮아 붉은 얼굴에 긴 수염이 있다고 미염공으로 칭했다. 송강이 염파석을 죽이고 달아났을 때 의로움으로 놓아준다. 후에 죄를 진 동료 뇌횡(雷橫)을 압송하다가 중도에 풀어주고 자신은 자수를 하여 창주로 귀양을 갔다. 양산박에서는 그를 불러들이기 위해 이규를 보냈다. 이규는 송강의 명을 받아 주동을 양산박으로 데려가야 하는 임무를 띠고 주동이 귀양 가 있는 창주로 찾아갔다. 그때 주동은 비록 귀양 온 몸이었으나 모범적인 수형 생활로 창주 지부의 인정을 받아 급기야 지현의 어린 아들 소아내를 잘 보호하고 있으라는 임무를 받고 여유 있게 생활하는 중이었다. 양산박으로 가자는 청을 거절한 주동에게 흑선풍 이규는 마침내 돌이킬 수 없는 최후의 작전을 펼치게 되는데 그것은 잔인하기 그지없이 소아내를 땅바닥에 내동이 쳐서 죽여 버리는 것이었다. 이 작전은 그야말로 '강을 건너고 다리를 불살라버리는 격'이었는데 주동에게는 자신을 믿고 아이를 맡겨준 지부에게 너무나 비인간적인 배신이었다. 다시 돌아갈 수 없음을 안 주동은 하는 수 없이 양산박으로 들어가기는 했지만 두고두고 이규의 행동을 이해할 수 없어서 끝내 원수 보듯이 소원하게 지냈다. 『수호전』의 잔인하고 비인도적인 면을 강조할 때 종종 이 대목이 인용되기도 한다.

『수호전』은 역사상 회도(誨盜)소설이라고 하여 금서가 되었다. 강도짓을 가르치는 책이라는 부정적인 평가였던 것이다. 1989년 천안문사태 때 대륙을 떠나서 미국과 홍콩 등지를 오가며 저술 활동을 벌이고 있는 중국사회과학원 문학연구소의 소장을 역임한 유재복(劉再復)선생은 『쌍전비판』이란 책에서 이규의 잔악무도함을 드러내는 결정적인 증거로 바로 이 대목을 인용하였다.

뜻밖에 『금병매』에도 이아내가 나온다. 맹옥루는 서문경의 셋째 첩이다. 전남편이 남긴 재산을 들고 들어왔다. 전남편을 위해 정절을 지키는 여자는 아니었지만 서문경 집안에 들어와서는 비교적 욕망을 자제하고 전통적인 미덕을 지킨 여자로서 인상을 남겼다. 처첩 중에서 유일하게 반금련의 입장을 도와주고 이해해 주는 여자였다. 그러나 서문경이 죽고 오월랑과 일 년간 수절하고 있었으나 청명절에 성묘를 갔다가 사또의 아들 이아내를 만나 마음을 주게 되었다. 이아내는 중매를 넣어 맹옥루에 청혼하여 그의 계실이 되었다. 부부 사이가 좋아 끝까지 지냈으니 서문경의 처첩 중에서 가장 원만한 결과를 얻은 인물이 되었다. 전통 시기 장편소설에서 아내(衙內)의 이야기도 중요한 화소가 되어 이어졌던 것이다.

제9장 사대기서의 문화론

「사대기서」에는 다른 중국소설과 마찬가지로 중국문화의 다양한 현상을 드러내서 보여준다. 소설이라는 장르적 특성상 독특한 인물의 창조와 사건의 과장된 묘사는 많이 드러나지만 그 속에 들어있는 문화적 현상은 대체적으로 소설창작의 시대적, 사회적 현실을 반영한다. 소설은 실제로 존재하지 않았던 사실을 그럴 듯하게 그려내서 독자의 감동을 이끌어내는 문학이므로 그럴 듯하게 하기 위해서는 문화적 내용과 현상을 가장 유사하게 그려낸다. 작가가 살고 있는 시대와 사회를 아주 충실하게 반영하는 것이다. 다음의 몇 가지 예를 통해 「사대기서」에 반영된 다양한 문화의 세계를 살펴본다.

1. 유구한 숫자 문화

중국의 숫자 문화는 오랜 연원을 가지고 있다. 고대로부터 중국인은 다양하고 심오한 문화의 현상을 숫자를 통해 표현하는 기발한 방법을 익혀왔다. 고대로부터 중국에서는 숫자는 일로부터 시작하여 십에서 완성된다고 했다. 중국문화에 녹아있는 하나에서 열까지에 관련된 익숙한 용어들을 먼저 살펴보자.

중국에서는 우주의 혼돈 상태를 일원(一元)이라고 했는데『황극경세』에서는 다음과 같이 연한을 계산했다. 30년을 일세(世)라 하고, 12세를 일운(運)이라 하고, 30운을 일회(會)라 하며, 12회를 일원(元)이라 한다. 그러므로 1세는 30년, 1운은 360년, 1회는 10,800년, 1원은 129,600년이 된다.

숫자 이(二)는 또 하나의 일을 더하여 짝수가 되는 땅의 숫자다. 이는 양(兩)이나 쌍(雙)으로도 표현한다. 태극은 음과 양으로 이루어지고 하나가 둘로 나뉘어져 양의(兩儀)가 된다.『주역』의 양효와 음효가 섞이면서 음양의 다양한 조화가 드러난다. 그로부터 수많은 상대적인 것을 짝지어 하나의 개념으로 표현하니 생사, 길흉, 화복, 출입, 진퇴, 상하, 내외 같은 것들이다. 고대 중국인들은 천지간의 모든 사물을 음양의 관점으로 보아 서로 대립적이면서 상호작용을 하는 것으로 보았다.

숫자 삼(三)은 중국 고대에 가장 많이 쓰인 숫자다. 천지인의 삼재(三才), 일월성의 삼광(三光), 유불도의 삼교(三敎), 불법승의 삼보(三寶), 경율론의 삼장(三藏), 군신, 부자, 부부의 삼강(三綱), 옥청, 상청, 태청의 삼청(三淸), 복희, 여와, 신농의 삼황(三皇) 등과 아주 많은 용어가 있다.『노자』에서 밝힌대로 삼은 만물을 만들어내는 기본 숫자가 되었다. 셋은 가장 안정된 구도를 이루는 삼각형이 된다.

숫자 사(四)에는 우리가 논하는「사대기서」도 그중의 하나이지만, 춘하추동의 사시(四時), 지수화풍의 사대(四大), 경사자집의 사부(四部) 등과 더불어 사서(四書), 사사(四史), 문방사우(文房四友, 문방사보)등이 다양하게 사용된다.

숫자 오(五)에는 동서남북중의 오방(五方), 궁상각치우의 오음(五音), 금목수화토의 오행(五行), 청적황백흑의 오색(五色) 등과 오륜(五倫)과 오미(五味), 오경(五經), 오제(五帝) 등 역시 많은 용어가 활용된다.

숫자 육(六)으로는 주역의 육효(六爻)가 있고, 병법에 육도(六韜)가 있으며, 경전에 육경(六經)이 있고, 감각에 육감(六感)이 있다. 친속에 육친(六

親)이 있고, 의례에 육례(六禮)가 있으며, 『시경』의 해석에 육의(六義)가 있다. 간지 중에 같은 종류를 묶어서, 육정(六丁), 육갑(六甲), 육임(六壬)으로 부르며 특수한 의미를 부여하기도 한다. 구는 하늘의 수이고 육은 땅의 수다. 육은 서양에서 기피하는 숫자지만 중국에서는 부드럽고 원활하게 일이 잘 처리된다는 좋은 의미를 갖고 있어 육육대순(六六大順)이란 구절로 상용한다.

숫자 칠(七)에는 금은보화의 칠보(七寶), 전국시대의 강국 일곱 나라 칠웅(七雄), 인간의 감정인 희로애락애오욕의 칠정(七情) 등이 있고 심지어 옛날 휴처의 조건으로 칠거지악에 해당하는 칠출(七出)도 있다.

숫자 팔(八)에는 여덟 군데의 방위인 팔방(八方), 주역의 팔괘(八卦), 이십사절기 중에서 중요한 고비인 팔절(八節), 여덟 신선인 팔선(八仙), 고대 악기의 통칭으로 팔음(八音), 효제충신예의염치의 팔덕(八德), 과거 시험의 문체인 팔고(八股), 만주족 팔기(八旗), 심지어 점칠 때 필요한 생년월일시의 간지인 팔자(八字)도 있다.

숫자 구(九)에는 고대 천하를 말하는 구주(九州), 천하를 장악한 상징인 구정(九鼎), 황제의 신하 구경(九卿) 등이 있다. 숫자 구에는 많다는 뜻이 들어있고 원만하게 마무리 된다는 의미와 함께 신비롭고 지극하다는 뜻도 있다. 구는 양수에서 가장 큰 수다. 이를 통해 제왕에 관련된 것에 주로 사용하기도 한다. 9와 9를 곱하여 81로 최고의 숫자로 보기도 하고, 9와 12를 곱하여 108을 최고의 수로 생각할 때도 있다.

숫자 십(十)은 완전하고 만족하며 모두 갖추어졌다는 의미로 쓰인다. 아라비아숫자에서는 0에서 9까지의 숫자를 만들어 10에서 부터 중복하여 시작하는 것으로 쓰이지만 한자에서는 일에서 십까지의 숫자를 만들고 십에서 완성과 도달의 의미를 완료한 후에 십일(十一)부터 다시 중복하여 사용한다. 수의 단위도 십십은 백(百)이요, 십백은 천(千)이고, 십천은 만(萬)으로 단계를 뛰어오를 수 있도록 설정했다. 초한(楚漢)전쟁에서 유방의 수하인 한신이 해하(垓下)에서 항우의 군대를 포위하고 사면초가를 불렀던 상황을 십면매복(十面埋伏)이라고 한다. 물샐틈없이 완벽하게 둘러싸서 포위했다는 묘사이다. 후에 『삼국지』에서도 이 성어가 활용되었고, 『수호전』에서도 구리산(九里山)의 고전장이 바로 초한전의 십면매복의 현장이라고 말하고 있으니 그 영향이 적지 않음을 알 수 있다.

그러면 「사대기서」에서 보이는 다양하고 신비로운 숫자 문자를 살펴보자. 『노자』에서 일찍이 "도는 하나를 낳고 하나가 둘을 낳으며 둘은 셋을 낳고 셋은 마침내 만물을 낳는다"고 했다. 셋은 만물을 낳고 모든 이야기의 시작이 되고 있다. 「사대기서」에서 숫자 삼(三)의 문화는 다양하고 풍부하며 복잡하다. 그러나 바로 이 삼이라는 숫자가 이야기를 흥미진진하게 만드는 가장 기본 요소를 형성하고 있다.

『삼국지』는 우선 책이름에 삼이 들어있다. 세 나라의 이야기이기 때문이다. 삼국은 역사상 이미 만들어진 나라다. 나라와 나라의 다툼에서 양대 강자가 싸운 것이 『초한지』의 이야기다. 초나라가 이기거나 한나라가 이기거나 둘 중의 하나다. 하나가 지면 하나는 완승을 거두었으므로 이야기는 끝난다. 여러 나라가 뒤엉켜 싸운 것이 『열국지』다. 춘추전국시대의 역사이야기다. 나라가 여럿이어서 다양한 인물이 끝도 없이 나오고 수많은 에피소드가 줄지어 등장한다. 하나의 나라가 망해도 다른 나라 이야기는 계속 이어진다. 두 나라 싸움에 세 번째 나라가 끼어들어서 복잡한 상황을 연출한다. 셋만 온전히 싸우는 것도 아니다. 고래 싸움에 새우 등 터지듯이 작은 나라는 눈치를 보다가 이리 붙고 저리 붙는다. 그래서 역사가들은 의리를 생각해 냈다. 춘추의리를 강조하면서 포폄을 드러내어 정의로움과 간사함을 구분한다. 그러나 역사는 정의로만 결판나지 않는다. 백성의 희망대로 끝나지도 않는다. 마지막까지 힘의 논리다. 완력의 힘도, 지혜의 힘도, 간교한 속임수의 힘조차도 모두 힘이다. 다른 모든 나라가 망하고 하나의 나라가 남아서 통일이 되면 이야기는 마침내 끝난다. 그게 바로 『열국지』다.

그런데 『삼국지』는 그렇게 복잡하지도 않고 그렇게 단순하지도 않다. 독자들이 적당히 몰입할 만큼만 복잡하고 머리에 쥐가 날 정도가 되면 얼른 단순하게 처리된다. 다시 독자를 붙잡으려는 전략이다. 애초부터 세 나라가 있는 것은 아니었다. 한나라 말기의 혼란은 황건적의 난으로부터 시작되었지만 중앙의 힘이 약해지자 각 제후들이 각자도생하기 시작했다. 군웅의 할거로 인해 적과 아가 불분명해졌다. 동탁의 독재 정권을 타도하기 위해 조조는 거짓 조서로 연합군을 소집하였다. 조조는 이때부터 이미 출중한 지도자로 두각을 나타냈다. 전국에서 18로의 제후들이 모였고 맹주에는 원소가 추대되었다. 제후 중에는 장사태수 손견도 들어있었다. 후에 동오의 기틀이 되는 손책과 손권의 아버지다. 유비는 이에 앞서 관우와 장비를 맞아 도원결의를 맺었다. 삼인의 결의는 『삼국지』를 상징하는 키워드처럼 튼튼한 삼각 받침이 되어 촉한을 만들어내는 기초가 된다. 제갈량은 그 튼튼한 기초 위에서 재량을 마음껏 발휘할 수 있었다. 그러나 처음 공손찬 부대의 낮은 수하로 있었던 유비 삼형제를 알아본 사람은 조조였다. 훗날 자신들과 함께 솥의 세발처럼 삼국을 만들어낼 인물임을 알아본 것이었는지 조조는 시종 유비에게 주목했고 특히 관우에게 일방적으로 구애의 사인을 보냈다.

삼국이 형성된 것은 사실 조조의 죽음 직후부터다. 조조는 무제로 추증되었지만 그의 생전에는 한나라 승상으로서 권력을 장악하고 동오와 서촉을 평정하려고 애를 쓰고 있었다. 유비가 형주의 유표에게 얹혀있을 때 비로소 신야에서 제갈량을 얻게 되었다. 제갈량을 세 번째 방문하여 비로소 만나게 된 유비는 그로부터 「천하삼분지계」를 듣게 된다. 세상을 셋으로 나누자는 방안이 제갈량으로부터 나왔다고 하지만 당시에 이미 세상은 그렇게 나누어지고 있었다. 제갈량이 유비를 처음 만난 자리에서 이러한 계책을 올린 것은 현재 처해있는 자신들의 능력과 전체적인 정세를 정확하게 파악하라는 의미일 것이다. 동오와 연합하고 조조를 치자는 계략은 여러 가지로 보아서 당시 형세로서는 가장 현실적인 방안이었다. 사실 적벽대전에서 승리하지 않았다면 이러한 계책이 의미없게 되었을지도 모른다. 적벽대전이 승리하고 그 기회를 최대한 활용하여 형주를 취하고 서촉으로 들어가 자리를 좌정한 유비 집단의 결과를 두고 보았을 때 「천하삼분지계」는 결과적으로 맞는 말이 되었기 때문이다. 『삼국지』에는 그래서 더욱 삼의 숫자가 많이 쓰이고 있는지도 모른다. 제갈량을 세 번 찾아간 유비의 「삼고초려」가 가장 유명하지만, 서주를 세 번 양보한 유비의 「삼양서주」 등 수많은 삼세번의 이야기가 들어있다. 심지어 관우가 조조에 항복을 거부하자 여기서 목숨을 잃는 것은 세 가지 죄가 있다고 하였고, 지금 잠시 조조에게 항복하면 세 가지 좋은 도리가 있다고 했다. 그래서 관우는 조조에게 세 가지 약조를 지켜준다면 항복에 응하겠다고 하였다. 짧은 협상 시간에 세 번의 세 가지 조항이 나오고 있으니 참으로 『삼국지』에는 세 가지 일이 많다고 하겠다.

『수호전』이나 『서유기』에서도 세 차례의 이야기는 기본적으로 많이 활용되고 있지만 일단 인물에서는 천강성 36명, 지살성 72명과 같은 숫자가 나오고 『서유기』에서도 이를 반영한 것인지 모르지만 손오공이 수보리조사에게서 술수를 배울 때 36가지와 72가지의 두 가지 유형이 있다고 하자 기왕이면 72가지 도술을 배우겠다고 하여 능숙하게 익히게 된다. 이에 비해 저팔계가 36가지 도술을 하게 되었으니 이 숫자는 분명 깊은 관계가 있다. 합하면 108이다.

의형제의 숫자를 보더라도 『삼국지』에서는 3인인데 『수호전』에서는 송강과 무송의 경우과 같이 개별적인 의형제도 있었으나 108명 전체를 형제로 보고 있다. 『서유기』에서 취경단은 삼장과 손오공, 저팔계, 사오정에 용마까지 넣어서 총 5명이다. 진경을 구한 이후에 모두 성불하여 오성(五聖)이 된다. 또 손오공이 아직 화과산 미후왕이었을 때 주변의 요마왕들과 의형제를 맺었는데 모두 7명이었다. 천궁에서 돌아와 스스로 제천대성을 선언하면서 의형제들도 모두 불러서 각각 대성이 되었다. 『금병매』에서도 건달들의 의형제가 10명이 등장한다. 민간고사에도 10형제 이야기가 전해오고 있으니 『금병매』의 수정본(숭정본)의 작가는 바로 서문경과 그의 추종자 9명을 결의형제 하는 것으로 첫회에 배치하였다. 당시의 건달들이었는데 응백작과 사희대 등이 대표적이다. 복지도라는 사람이 죽고 나서 화자허를 새로 넣었다고 하면서 모여 술 마시고 기생집을 드나드는데 작가의 입장에서는 결국 화자허의 부인인 이병아를 끌어들이려는 목적이었다.

『홍루몽』에 이르면 단연 12라는 숫자를 많이 쓴다. 이 책의 또다른 제목이 「금릉십이차」이니 이미 12라는 숫자를 서명에서 드러냈다. 『삼국지』에도 제목에 숫자가 드러나지만 여기서도 그렇게 나오는 것이다. 여와보천에서 남아 대황산에 버린 돌의 크기는 가로 세로가 각각 12장과 24장이다. 하늘 전체에 때운 돌의 숫자는 36500개다. 그대로 일 년 365일과 12개월 24절기에서 나왔다. 12는 금릉12차의 인물 숫자만이 아니고 보차가 먹는 냉향환을 만드는데도 무슨 꽃술을 꼭 12냥씩 넣어야한다는 식으로 묘사하고 있다. 작가가 분명히 의도적으로 그렇게 만든 숫자 개념이다.

그러나 「사대기서」에서 신비로운 숫자를 가장 많이 활용하는 것은 단연 『서유기』다. 한번 구체적으로 살펴볼 필요가 있을 것이다. 『서유기』는 불교 고사를 폭넓게 활용하고 있으며 불교 이야기에는 고대 인도의 신비한 숫자문화를 가득 담고 있다.

『서유기』의 첫머리에는 동승신주 오래국의 화과산 위에 신령한 돌 하나가 있는데 크기는 3장6척5촌이고 둘레는 2장4척이라고 하면서 각각 일년 365일, 24절기에서 온 말이라고 친철하게 풀이하고 있다. 그 돌에서 천지의 영기를 받아 돌원숭이가 태어났다. 여기에 돌 하나는 훗날 『홍루몽』의 여와보천에서 남겨진 돌 하나와도 매우 유사하다. 영웅 인물로서 손오공이 태어난 신령한 돌은 바로 그 하나였다.

숫자 3을 언급한 내용은 『서유기』에도 여러 군데 나온다. 우선 삼장법사의 이름이 가장 두드러진다. 현장은 당태종으로부터 삼장법사의 칭호를 부여받는다. 불교에서 경, 률, 논에 능숙한 스님에게 올리는 최고의 경칭이었다. 여래부처님이 관음보살에게 세 개의 긴고아를 주었고, 손오공은 백골정과도 세 번 싸우고, 파초선을 얻기 위해 철선공주와도 세 차례 다툰다.

숫자 4는 세상을 사부주로 나눈 것에 나타나는데 불교의 세계관에서 나온 것이다. 손오공은 동승신주(東勝神洲)의 오래산 화과산에서 태어났고, 서우하주(西牛賀洲)의 영대방촌산 사월삼성동으로 수보리조사를 찾아가 도술을 배웠으며, 돌아와서 북쪽 끝의 수장동(水臟洞, 이곳은 北俱蘆洲)에서 혼세마왕을 처단하고, 용궁과 지옥에서 난리를 치고 천궁의 대소동까지 겪은 이후에 여래의 손바닥에 잡혀서 오행산에 눌려있었다. 삼장법사가 남섬부주(南贍部洲)의 장안에서 출발하여 서천취경을 갈 때 양계산(兩界山, 즉 오행산)에서 구출되어 그를 스승으로 모시고 함께 떠나 서우하주의 차지국, 통천하, 서량여국, 주자국, 비구국, 멸법국, 천축국을 지나 마침내 영산에 도착하여 여래로부터 진경을 구하게 되는 것이다.

숫자 5는 손오공이 여래부처님에게 잡혀서 눌려있던 오행산에 나온다. 부처님 손바닥에서 10만8천 리를 날아올라 갔다 온 곳은 부처님 손가락을 닮은 오지산이었는데 결국 오행산을 말하는 것이었고 삼장법사가 이곳을 지날 때는 양계산으로 바뀌어 있었다. 당나라와 서역의 경계가 되는 곳이라고 그리 바꿔부른 것이었다.

숫자 36과 72는 『수호전』에서도 천강성과 지살성의 호걸 인물 명수로 나오는 숫자인데 『서유기』에는 각각 저팔계와 손오공의 변신술의 능력으로 나타난다. 수보리조사는 손오공에게 이름을 지어주고 어느 술법을 배우겠느냐고 물었다. 손오공은 당연히 높은 숫자인 72가지 변신술을 배우겠다고 하였다. 한편 손오공은 72동의 요마왕과 싸워 정복한 것으로 나오니 그가 배운 72가지 변신술과도 관련 있다고 하겠다. 숫자 81은 『서유기』의 서천취경에서 나타나는 험난한 난관의 과정을 보여주는 가장 특징적인 숫자다. 삼장법사를 위시한 취경단 일행은 81번의 난관을 무사히 넘고 마침내 진경을 구하여 돌아오게 된다. 81난은 「구구귀진(九九歸眞)」의 의미를 지니며 모든 난관을 의미한다. 그런데 흥미로운 것은 당태종에 의해 취경단이 꾸려지기 이전부터 부처님의 제자였던 금선자가 게으름으로 부처님에 의해 당나라에 환생하게 된 「금선조폄(金蟬遭貶)」과 강류화상이 아직 은온교의 태중에 있을 때 하마터면 강물 도적에 의해 죽임을 당할 뻔한 「출태기살(出胎幾殺)」, 강주에서 태어나 신변의 위험 때문에 달밤에 강물에 버려지는 「만월포강(滿月抛江)」, 강물에 떠내려가다 구출되어 금산사에서 성장하고 모친을 만나 결국 원수를 갚고 환생한 부친까지 만나게 되는 「심친보원(尋親報寃)」 등이 81난의 첫부분 네 가지 사건으로 나열되어 있다는 것이다. 또 마지막에는 영산에서 경전을 구하여 돌아가는 중인데 관음보살이 난관의 숫자를 세어보고 하나가 모자란다고 하면서 「구구귀진」이라고 했으니 억지로라도 한 번 더 난관을 겪도록 해야 한다면서 물에 빠뜨려 경전을 젖도록 하였으니 숫자에 너무 집착한다는 느낌마저 보여준다. 실제 취경 도중에 요마를 만나는 것은 40여 차례이니 81난의 숫자계산도 쉽지 않은 상황이다.

그러나 36, 72, 81 등은 과연 신비로운 숫자다. 모두 9와 관계가 있다. 4×9=36, 8×9=72, 9×9=81일 뿐만 아니라 3+6=9, 7+2=9, 8+1=9와 같이 곱하거나 더하거나 관계없이 모두 9와 관계되기 때문이다. 심지어 지옥 염라대왕의 생사부에 적혀있던 손오공의 나이는 342세였고, 천궁에서 반도원의 복숭아 나무 숫자도 3600주이며, 용궁에서 빼앗은 여의봉의 무게도 13,500근이고, 장안에서 서천 영산까지의 거리와 손오공이 근두운을 타고 한번 날아오르는 거리가 모두 108,000리이며, 시간의 단위인 1원(元)은 129,600년인데 이들 각각의 숫자를 각각 더해도 모두 9가 된다는 사실이 신비롭다. 『서유기』의 숫자 문화는 그만큼 풍부하고 심오하다고 하겠다.

2. 복수 문화의 반영

고대 중국에서 원수를 갚는 방식은 철저한 복수다. 최근 한국에서도 널리 알려진 「조씨고아(趙氏孤兒)」의 복수극은 그 처절함을 여실히 보여준다. 수호인물 중에서 송강은 그나마 가장 유교적인 품행과 덕성을 갖춰 인의와 효행의 대표적인 인물로 그려지고 있다. 그럼에도 불구하고 자신이 억울하게 당한 일에 대한 복수는 잔인하리만치 철저하게 되갚음을 해주고야 만다.

『수호전』에서 무송의 복수극은 끔찍하다. 처음에 반금련과 서문경을 살해하여 억울하게 죽은 형의 영전에 바치고 제사를 지내더니 나중에는 맹주의 감옥에서 은혜를 입게 된 시은(施恩)을 위해 장문신을 두들겨 패주었다가 장도감의 모해를 받게 되자 원앙루에서 일가를 몰살하는 피비린내 나는 잔인한 복수를 보여준다.

대부분의 복수는 배신으로부터 나온다. 본래부터 깊은 믿음이 없었다면 철저한 배신의 느낌도 약하게 된다. 무송은 고향인 청하현으로 돌아오다가 경양강에서 호랑이를 때려잡고 양곡현에서 보병도두가 되었다. 뜻하지 않게 청하현으로부터 옮겨와서 살고 있던 형 무대와 형수 반금련과 만나게 된다. 그러나 잠시 출장간 사이에 사건이 일어나 돌아와 보니 무대는 이미 저 세상 사람이 되었고 시신도 화장을 한 뒤였다. 너무나 놀란 무송은 조사 결과 반금련과 서문경의 음해임을 알아내고 관청에 고발했지만 소용이 없자 직접 처단하겠다는 마음을 굳히게 된다. 반금련과 왕파를 직접 잡아다 놓고 이실직고를 받고 반금련을 죽여 가슴을 헤쳐 염통과 간을 꺼내 제단에 올리고 그 목을 잘라 따로 싸서 들고는 서문경을 찾아 나섰다. 이층 술집에서 생사를 가르는 격투 끝에 바닥으로 떨어진 서문경의 목을 잘라서 보자기에 한데 싸서 자석가 집으로 돌아온 무송은 두 머리를 제단에 올리고 형의 영전에 제사를 지내고 현청에 자수하였다.

무송은 비교적 단순한 인물이었지만 배신을 당한 이후에 복수는 철저했다. 경양강 호랑이를 때려잡은 용력에다 반금련과 서문경을 처참하게 살해한 경험이 있었기 때문일 것이다. 귀양에서 시은의 도움을 받고 그를 대신하여 장문신을 두들겨 패주고 쾌활림 술집을 도로 빼앗아 오도록 했는데 장도감의 거짓 호의로 음모를 받아 비운포에서 소동을 일으키고 돌아와 원앙루를 피로 물들이는 큰 복수를 결행하지만 또 달리 보면 하나의 만행이라고도 할 수 있는 잔인하고 비인간적 행위였다.

송강의 복수는 조금 싱겁지만 유고의 처를 잡아내는 일에서 나온다. 청풍산채에서 산적인 왕영에게 강제로 능욕을 당할 뻔한 유고의 처를 구해준 것은 여자가 예뻐서라기보다는 자신이 찾아가는 청풍채 무관 화영과 같이 근무하는 동료인 문관 유고의 부인이란 말을 들었기 때문이다. 그런데 이와 같은 은혜를 원수로 갚은 사건이 일어났다. 송강이 화영과 함께 정월보름날 야외의 공연구경에 나갔는데 등을 산더미처럼 쌓아올리고 각종 놀이를 하는 무대를 둘러싸고 있는 구경꾼 틈에 끼여 있다가 마침 그곳에 구경나온 유고 처의 눈에 띄었다. 그녀는 송강을 산적의 두목이라고 칭하면서 자신을 구해준 사람이라는 말은 쏙 뺐다. 의로운 인물을 구분하여 제대로 밝혀줄 만한 여자는 못되었다. 송강으로 보면 대단히 억울하게도 자기는 바로 왕영에게 잡혀서 그대로 산채에 남아있게 될 여자 하나를 그것도 산적 두령들에게 애걸하여 위험으로부터 구출해 주었던 것이 아니던가. 사실 송강이 그때 한 여자의 정절을 지켜줄 입장은 아니었다. 목숨을 빼앗겠다는 것도 아니고 산채부인으로 삼겠다는 것이 뭐 그리 꼭 막아야할 일인가. 더구나 자신도 방금 전까지 잡혀서 시퍼런 칼날 앞에서 죽을 목숨으로 있다가 "송강이 여기서 죽는구나!" 하는 한마디로 구사일생으로 살아난 주제가 아니던가. 다행히도 그들이 송강을 지극히 존경하는 마음에서 그가 요청하는 여자의 정절까지도 보호해주었던 것이다.

그런데 또 유고의 처 입장에서 본다면 귀하신 몸인데 졸지에 가마 채로 잡혀서 산적한테 끌려가 겁탈을 당하려는 순간이었으니 혼비백산할 지경이었을 것이다. 그 순간에 한 사나이가 극력 나서서 자신을 구해내려는 것이었는데 그가 어떤 인물인지 가늠할 겨를이 없다. 다만 그의 인상착의를 눈에 담아두었는데 하필이면 원수가 아니라 자기에게 은인이었던 것이지만 그녀에게는 그 산채에서 만난 모든 사람은 산적이라는 생각이었을 것이다. 비록 천행으로 살아서 돌아오긴 했지만 자신의 정절을 유린하려고 한 사실까지 밝혀가면서 거기에 있었던 구구한 사연을 밝혀낼 수도 없었다. 그녀는 이미 그 악몽의 순간을 잊고 싶을 뿐이다. 그런데 그의 망막에 남아있던 사내의 모습이 드러났으니 일단 잡고 봐야하는 것이었다.

본래 지채(知寨)는 정식 관직이 아니었지만 송나라 때 순검(巡檢)의 직책을 맡은 요원의 별칭이었다. 청풍진에 있는 청풍채는 산적이나 지방의 무장 유격대 등을 막기 위해 설치한 일종의 군사 주둔 병영이었는데 무(武)지채와 문(文)지채가 있었다. 즉 문무로 나누어 공동 관리하는 격이었다. 화영은 군사를 보유한 무지채였다. 송강이 잡히자 화영은 군사를 동원하여 유고를 공격하여 송강을 빼내 산적들이 있는 산채로 달아났다. 그러나 결국 송강과 화영이 모두 잡혔고 청풍산 산채의 두령들은 그들을 구하고 먼저 유고를 잡고, 다시 와서 그의 처도 잡아왔다. 왕영은 애초에 그 여자를 탐하여 데리고 있고 싶어 했는데 이번에 또 잡혀오니 확실히 제 여자를 만들려고 했다. 송강이 나서서 우선 물어본다.

> "내가 기껏 구해 산에서 내려 보냈더니 어찌 은혜를 원수로 갚는단 말이냐?"

그때 첫째 두령 연순이 달려들어 칼을 뽑아 단칼에 두 토막을 내어 죽여 버리고 말았다. 송강은 왕영에게 나중에 좋은 여자를 구해주겠노라고 약속했는데 훗날 양산박에서 축가장을 치고 나서 호삼랑을 설득하여 맺어주었다. 사실 송강은 처음에도 염파석을 동정하여 잘 대해 주다가 오히려 억울하게 당한 꼴인데 이번에도 그렇게 좋은 일하다가 은혜를 원수로 갚는 일을 당했던 것이다.

『수호전』에서 양산박을 장악하고 있던 조개가 증두시 싸움에서 사문공이 쏜 화살에 맞아 죽음을 맞이한다. 조개는 죽음에 이르러 반드시 원수를 갚으라고 유언을 남긴다. 조개의 원수를 갚기 위하여 양산박의 두령은 머리를 짜내고 마침내 북경 대명부의 노원외를 끌어들이고자 공작에 들어간다. 감옥에 갇힌 노원외를 구출하여 양산박에 오르게 하고 마침내 증두시와의 치열한 전투를 벌인다.

증두시는 오늘날 산동의 능주(凌州) 서남쪽에 있는 지명이다. 제59회에 조개가 그곳에서 사문공의 화살을 맞고 돌아와 절명하자 그 원수를 갚으려고 한다. 증두시의 두령격인 증농(曾弄)은 본래 금나라(여진족) 사람이었지만 인삼 장사의 성공으로 수만 관의 재산을 모으고 한 고을을 장악하여 터전을 잡은 후에 증두시라고 이름 지었다. 그의 아들 5명이 용맹하였고 교두 2명이 맹장이었다. 사문공은 바로 정교두였다. 만주족이고 인삼장사로 돈을 벌었다니 그때부터 장백산 인삼의 성가가 중원에 자자했다고 할 수 있다. 당시 동북쪽에 여진족의 금나라, 북방에 거란족의 요나라가 있었고 중원 이남으로 송나라가 있었는데 그래도 일반 백성 중에는 이처럼 이민족임에도 불구하고 경계를 넘어가 터 잡고 사는 사람들이 있었던 것이다.

양산박과 증두시의 싸움은 민과 민의 대결이다. 보통 『수호전』의 내용이 관민의 대결인 것으로만 알고 있지만 이처럼 각각 지방을 대표하는 토호로서 자신의 세력을 확장하려는 치열한 세력다툼이 있었던 것이다. 증두시의 경우에는 한 가족 단위의 독립체로서 자체적으로 발전한 생활공동체다. 서로 밀리면 터전을 잃게 되므로 생존이 달린 문제였다. 사실 양산박에서 증두시에 대하는 입장은 과도한 데가 있다. 그러나 두 가지 면에서 양산박과 증두시의 싸움은 불가피하다. 증두시의 인물이 본래 대금인(大金人)이라는 구절에서 보면 송대 이래로 금나라를 미워하는 민족정서상 원말 한족의 작가에 의한 창작 과정에서 자연스레 한족의 자부심과 정체성을 강조하게 되었을 것이다. 양산 호한들의 봉기 이유에는 외적의 침입으로부터 나라를 구하려 한다는 임무도 들어있었다. 그래서 조정에 귀순하자마자 첫 번째 임무가 북방의 요나라 정벌이었던 것이다. 실제 북송 말기에 송나라는 쇠약해가는 요나라를 침공하였다가 오히려 크게 패전한 바 있다. 이때 금나라에서 도움을 받았다. 그러나 조약을 어기고 배상금을 제대로 보내지 않자 이번에는 금나라가 개봉으로 쳐들어왔다. 새로 세운 황제 흠종이 겨우 무마하여 금나라를 돌려보내 남으로 피신했던 상황 휘종이 개봉으로 돌아왔는데 그때 갑자기 금나라가 재차 총공격을 하여 수도는 포위되고 두 황제와 황실 인물 및 대신들이 모두 잡혔다. 『수호전』은 바로 이 직전의 국내 상황을 그린 소설이므로 공식으로 금나라와의 전쟁이 등장하지는 않는다. 『금병매』의 말미에 금나라의 침공으로 오월랑이 효가를 데리고 피란가는 장면이 만들어진다. 민중의 생각을 대변하고 있는 『수호전』의 작가로서는 여진족과 친하게 지낼 수가 없게 된다.

또 하나는 당연한 말이지만 조개를 죽인 원수이기 때문이다. 그것도 조개가 임종에서 유언으로 증두시를 공략하여 반드시 승리하여 원수를 갚도록 하고, 심지어는 사문공을 잡는 자에게 자신의 양산박 총두령 자리를 물려주라고 강조했기 때문이다. 이러한 상황에서 송강조차 그 유언을 따르지 않을 수 없었으며 새로운 인물을 영입하고 실제로 싸움 중에 탈주하다가 조개의 영령이 도와준 것인지 모르지만 안개 속에 갇혀 헤매는 사문공을 노준의가 사로잡도록 하였던 것이다. 사건의 전개는 바로 불구대천의 원수가 된 증두시와의 싸움이었다. 부모의 원수는 불구대천의 원수다. 함께 같은 하늘 아래서 살 수 없는 사이니 마땅히 목숨을 바쳐서 원수를 갚아야 한다.

하지만 예외도 있다. 노자가 말한 바와 같이 「덕으로 원한을 갚는다」는 온건 사상에서 나온 사례다. 『삼국지』 제38회, 39회, 67회, 68회에 아버지의 목숨을 해친 원수와 성공적으로 화해하는 이야기가 나온다.

유표의 수하 장군 감녕(甘寧)은 손권과 교전할 때 손권 수하의 장령인 능조(凌操)를 활로 쏴 죽였다. 이에 감녕이 손권에게 투항하자 능조의 아들 능통이 아버지의 원수를 갚으려고 달려들었지만 손권의 제지에 의해 중지되었다. 손권은 원수 사이를 떼어놓기 위하여 감녕을 강하로 보내서 지키도록 하고 능통의 손으로부터 떨어지게 한다. 그러나 두 사람은 이때부터 예전의 증오를 버리고 생사를 나누는 가까운 사이로 변한다.

모종강은 평점본에서 이들이 원한을 푼 관계에 대해서 "감녕은 덕으로 원한을 갚은 것이 아니라 곧음으로 원한을 푼 것이다"라고 분석했다. 본래 노자의 말은 덕으로 원한을 갚는다고 했는데 이를 변용하여 활용한 것이다. 전쟁에서 일어나는 살인은 엄밀한 의미에서 사사로운 원한으로 맺기가 어렵다.

물론 『수호전』의 원전에서 유래한 것이지만 『금병매』 제87회에서도 무송이 왕파와 반금련을 죽이는 대목이 나온다. 이때 주범인 서문경은 제

스스로 죽었으므로 어쩔 수가 없는 입장이었지만 반금련은 마침 진경제와의 불륜이 발각되어 오월랑에 의해 쫓겨나온 것이고 뚜쟁이 왕파가 신병을 관리하고 있었는데 무송이 원수를 갚도록 하늘이 도왔는지 진경제는 동경으로 돈을 구하러 갔고 춘매는 주수비에게 부탁하여 반금련을 사들이려고 했지만 심부름 간 하인은 백 냥에서 단 열 냥이 모자라서 끝내 거래를 성사시키지 못했다. 왕파는 이때 욕심이 지나쳐 굳이 백 냥을 채워서 팔아야겠다고 고집을 피운 것이다. 무송에게 복수의 기회를 주기 위한 안배였다. 욕심을 부리던 왕파는 되레 반금련과 함께 죽임을 당하고 무송은 십자파 장청 부부에게로 도망쳤다가 나중에 양산박으로 달아났다. 무송이 복수하는 처절하고 잔인한 장면은 『수호전』의 장면과 유사하게 그려냈다.

3. 민간신앙의 영향

「사대기서」에 묘사된 유불도 사상은 민간의 통속화된 신앙으로서 나타나고 있으며 엄격한 의미에서의 종교적 신성함은 적은 편이다. 이는 통속소설이라는 장르적 특성과 민간 설화인들에 의해 구연된 문예 전통의 특징이기도 하다.

『삼국지연의』는 앞서 나온 『삼국지평화』에 비하여 매우 엄격한 역사적 합리성을 강조한 연의소설로서 종교의 색채는 별로 드러나지 않는다. 그러나 역시 민간 신앙의 영향으로 중국 고대의 천인감응설에 따른 천조(天兆)현상 등을 중시하였고 용봉(龍鳳)의 현신에 따른 길흉의 조짐, 별자리나 꿈의 내용으로 예언하는 성참(星讖)이나 몽참(夢讖)을 보여주는 예는 상당히 보편적으로 활용된다.

한나라가 기울어지며 망조를 보여줄 때 소설에서는 지진이 나고 우박이 쏟아지며 바닷물이 넘치고, 산이 붕괴되었다고 묘사하였으며, 유명 인물이 장차 죽으려는 조짐으로 대풍이 불거나 장수의 깃발이 부러지는 자연현상이 일어났다고 그리고 있다. 한나라가 망하고 위나라가 세워질 때 업군에 황룡이 나타나고, 유비의 촉한이 세워지는 성도에는 황색 기운이 하늘로 올라가고, 오나라가 성립될 때는 봉황과 황룡이 나타났다고 했다. 촉한 후주 유선이 태어날 때는 선학이 지붕 위에서 맴돌았고, 위 문제 조비가 태어날 때는 푸른 보라색 구름이 깔려서 상서로운 기운을 보여주었다. 중요한 인물이 죽거나 중대한 군사적 결정이 날 때 별의 형상을 통해 예견하기도 하는데, 손견과 장비, 방통, 제갈량 등이 죽기 전에 모두 별이 떨어지는 모습을 보여주었다. 당시 제갈량이나 사마의 등은 모두 점성술에 뛰어난 인물이었음을 소설에서는 보여주고 있다.

중국 고대의 점성술은 천상의 변화를 통해 인간의 화복을 미리 예견하려는 오랜 염원의 결과로 만들어진 고대문화였다. 하늘의 별자리를 28수(宿)로 나누고 동서남북으로 각각 청룡, 백호, 주작, 현무의 사상(四象)으로 자리매김하여 각각의 수많은 별들이 인간의 관직이나 운명과 대응한다고 본 것이다. 북극성을 중앙에 두고 동서남북에 각각 7개의 별로 구성되어 모두 28수가 된다.

작자는 또 의로운 인물의 대표격인 관우의 죽음에 대한 안타까움을 「옥천산관공현성(顯聖)」(제77회)의 방식으로 표현하여 훗날 민간에서 극도의 숭배 대상으로 삼도록 하는 계기를 만들었다. 지혜의 상징인 제갈량에게도 비슷한 현상이 일어나 민간에 제갈량을 숭배하는 사당이 만들어졌다.

강호의 영웅호걸을 그리고 있는 『수호전』에서도 민간 신앙의 신비한 체험을 보여주는 대목이 일부 들어있다. 가장 유명한 곳은 주인공 송강이 구천현녀(九天玄女)를 만나는 대목이다. 앞뒤로 두 번에 걸쳐 나오고 있으므로 작자의 의도적인 안배라고 하겠다. 양산박에서 내려와 귀가하였다가 관군에 쫓겨 현녀묘에서 구천현녀로부터 천서 3권을 받았는데(제42회) 이는 송강이 비범한 인물로서 장차 양산박의 주인이 될 것임을 예견하도록 하였다. 이때 현녀가 말해준 네 구의 오언시는 송강의 미래를 알려주는 시참(詩讖)의 역할을 하고 있다.

우숙중중희(遇宿重重喜), 숙씨를 만나면 거듭거듭 기쁨이요,
봉고불시흉(逢高不是凶). 고씨를 만나도 흉하지는 않으리라.
북유남지목(北幽南至睦), 북으로 유주 남으로 목주에 가리니,
양처견기공(兩處見奇功). 남북에서 남다른 기이한 공 세우리.

여기서 숙씨는 황제에게 송강의 초안의 본심을 전달해주는 숙원경(宿元景)을 말하는 것이고, 고씨는 송강에게 잡혀서 초안의 뜻을 직접 전하는 고구(高俅)를 말하며, 조정에 귀순한 이후에는 북으로 유주(幽州)에서 요나라를 정벌하고 남으로 목주(睦州)에서 방랍을 토벌하여 남북의 두 곳에서 큰 공을 세운다는 내용이다. 구천현녀를 만난 것은 아직 양산박에서 자리도 제대로 잡지 못한 제42회의 일인데 소설 후반부의 일을 이처럼 미리 알려주고 있는 것이다.

조정에 귀순한 이후 송강이 군사를 이끌고 요나라와의 전쟁에서 패전을 거듭하고 있을 때 꿈속에 구천현녀가 다시 나타났다. 그리고 그에게 전쟁을 승리로 이끌 수 있는 오행상극의 방법으로 병법의 비결을 알려주었다(제88회). 구천현녀는 송강에게 이렇게 두 번의 수호신 역할을 담당하고 있지만 모두 꿈을 통해 나타났다.

현녀(玄女)의 원형은 고대 은나라의 토템인 현조(玄鳥, 제비)인데 후에 인면조류의 모습으로 민간 신앙의 대상으로 정착되었다. 전설에 따르면 현녀는 일찍이 황제와 치우가 싸우고 있을 때 황제에게 천서를 주어 치우를 물리치도록 하였다고 한다. 『수호전』에서 송강에게 천서 3권을 주는 대목은 바로 여기서 유래한다. 현녀는 훗날 아들을 낳게 해주는 송자(送子)낭랑으로의 역할도 하도록 하여 민간의 향화를 받고 있다. 도교에서의 구천현녀는 불교에서 관음보살과 같이 아이를 기원하는 부인들의 숭배 대상이 되었던 것이다. 도교 경전 『운급칠첨』에 「구천현녀전」이 들어 있다.

『서유기』는 민간 신앙의 종합백과 같은 책이다. 역대 중국에서 알려진 거의 모든 신불(神佛)이 등장하고 있기 때문이다. 하늘의 천궁에는 옥황

상제와 왕모낭랑과 태상노군과 태백금성을 비롯한 수많은 천궁의 신들이 등장한다.

옥황상제는 신선 체계 중에서 가장 높은 곳에 자리하면서 신선, 인간, 용궁, 지옥 등을 관장하는 지존의 제왕이다. 도교의 교주인 태상노군, 불교의 교주인 여래불조와도 우호적으로 왕래하며 왕모낭랑은 그의 왕후다. 손오공이 소란을 피우자 탁탑천왕을 보내 잡으려고 하였으나 태백금성의 건의로 초안(招安)하여 필마온을 시켰고, 손오공이 미관말직에 불만을 품고 뛰쳐나가 제천대성으로 자칭하고 소란을 피우자 다시 천왕을 보내 잡으려 했다. 하지만 태백금성의 건의로 명목뿐인 그 이름을 인정하고 제천대성전을 지어주고 반도원을 지키도록 했다. 하지만 반도대회와 단원대회를 망치고 천궁대소동을 일으켜 결국을 잡아들여 처형하려고 했으나 죽일 수가 없게 되자 여래불조를 청하여 잡도록 하였다.

왕모낭랑은 본래 신화 속에서 요지에 사는 서왕모인데 명청대에는 옥황상제의 왕후가 되어 반도원을 가지고 신선들을 모아 잔치를 연다. 손오공은 바로 이 반도대회를 직접 망치고 난동을 치다가 여래불의 손안에 잡혔고 천궁에서 천봉원수로 있던 저팔계는 반도대회에서 취중에 항아를 희롱하다가 인간세상으로 쫓겨 왔으며 사오정도 본래 천궁의 권렴대장이었으나 반도대회에서 유리잔을 깨뜨렸다는 죄로 인간세상으로 쫓겨 온 것이었다. 반도대회는 이처럼 취경단의 구성에 중요한 역할을 하고 있다.

태상노군은 바로 도교의 비조인 노자에서 유래한다. 천궁에서 태상노군은 지위가 높은 원로로서 여러 가지 보물을 보유하고 있다. 금강탁(金剛琢)은 금강투(金剛套)라고도 하는데 무엇이든 씌워서 잡을 수 있다. 제천대성이라고 소리치며 천병과 싸울 때 태상노군이 이 금강탁을 던져 맞추어 쓰러진 손오공에게 이랑신의 개(天狗)가 달려들어 잡게 되었다. 단약을 만드는 팔괘로가 있는데 손오공을 잡아 집어넣고 49일간 지났으나 마침 바람을 뜻하는 동남쪽의 손(巽)괘에 달라붙어 눈만 벌겋게 익어 화안금정이 되었을 뿐 멀쩡하게 살아나왔다. 태상노군은 팔괘로를 통해 49일에 걸쳐 금단을 만들어내는데 죽은 사람도 살려내는 명약이다. 손오공이 이를 얻어서 오계국(烏鷄國)의 국왕을 살려내기도 했다. 이밖에도 태상노군에게는 칠성검, 홍호로, 옥쟁병, 파초선, 황금승 등의 보물을 갖고 있다.

태백금성은 별의 신이다. 바로 금성(샛별)인데 계명성, 장경성이라고 한다. 『서유기』에서 태백금성의 명호를 이장경(李長庚)이라고 한 것은 당나라 시인 이태백을 염두에 두고 덧붙인 것으로 보인다. 태백금성은 천궁과 인간계 사이의 문제에 대해 적극적으로 화해와 조정 역할을 담당한 인물이었다. 손오공의 초안에만 도와준 것이 아니고 저팔계가 항아를 희롱하였을 때도 마땅히 처형이 될 죄였지만 적극 변호하여 목숨을 살려주었다. 저팔계는 취경길에서 태백금성만 만나면 언제든 고개를 조아리며 절을 하고 은인이라고 감사해마지 않았다.

바다와 강물에는 용왕이 있고, 땅속에는 염라대왕이 있다. 물속의 수족을 다스리는 용왕의 체계도 방대하게 연결되어 있다. 동해의 용왕 오광(敖廣)이 장형이었는데 손오공이 다짜고짜 이곳으로 찾아가 보물을 내놓으라고 으름장을 놓는다. 그리하여 바다 밑에 가라앉아있던 금고여의봉을 억지로 빼앗고 북해 용왕으로부터 구름 위를 걸을 수 있는 보운리를 얻고 서해 용왕으로부터 황금 갑옷을 얻고 남해 용왕으로부터 봉황깃의 자금관을 얻어서 의상과 무기를 완전하게 갖추게 되었다. 그중 서해 용왕의 아들이 구체적으로 묘사되고 있다. 큰아들 경하의 용왕은 장안성 점쟁이 원수성과의 내기에서 지는 바람에 천제의 명으로 위징의 칼날에 목이 달아났고, 서해 용왕의 삼태자인 소백룡은 궁전의 명주를 깨뜨리는 바람에 부왕에 의해 천제에 고발되었다가 보살에 의해 생명을 건지게 되었다. 삼장법사의 취경길에 타고 있던 말을 잡아먹고는 그 응보로 백룡마가 되어 끝까지 취경길을 따라갔다.

지옥의 염라전 상황도 복잡하다. 모두 십전염왕이 있는데 각각의 이름이 있다. 보통은 그중에서 제오전(第五殿)의 염라대왕의 이름으로 전체를 대표하기도 한다. 인간 세상에서는 죽어서 염라대왕 앞에 가는 것을 가장 두려워하고 있지만 정작 염라대왕은 홀연 잡혀 들어와서 행패를 부리는 손오공 앞에서 쩔쩔 매며 어쩔 줄을 모른다. 손오공은 생사부를 가져와서 살펴보고 자신의 수명이 342세로 선종(善終)한다고 적혀있음에도 불구하고 자기가 왜 염라왕의 통제를 받아야하는지를 이해 못하겠다고 하면서 붓을 가져와 이름을 지워버리고 자기뿐만 아니라 동족인 원숭이류의 이름과 수명을 모두 지워버리고 말았다. 그야말로 막무가내의 행패라고 하겠다. 과연 염라전과 용궁에서는 손오공이 다녀간 후에 서둘러 천제에게 고소장을 냈던 것이다.

그러나 인간 세상에서와 마찬가지로 지옥의 판관들도 뇌물을 받고 인정을 봐주는 행태는 다름이 없었다. 당태종이 경하의 용왕을 약속대로 구해주지 못했다는 이유로 고소당하여 지옥에 가게 되었을 때 재상 위징은 지옥의 최판관에게 편지를 써주면서 특별히 부탁하였다. 최판관은 당태종의 수명을 이십년 늘리고 지옥 구경을 시켜주고는 다시 인간 세상으로 환생시켰다. 지옥의 일이라도 사사로운 관계가 통하고 멋대로 바꾸는 것은 인간 세상과 다를 바가 없었다. 하늘에는 33천이 있고 지옥에는 18층이 있다고 하였다.

하늘의 천병을 이끌고 있는 이는 탁탑천왕 이정(李靖)과 그 아들 삼태자 나타(那吒)였다. 부자가 천병을 이끌고 나서서 제천대성 손오공을 잡아가려고 한다. 그러나 그들도 실패하자 이번에는 사천의 관강(灌江)어귀에 조용히 살고 있는 이랑신이 나선다. 관음보살이 추천했지만 사실은 옥황상제의 조카였으니 모두 천상의 신선 인물들이다. 이정은 본래 당태종 휘하의 용맹한 장수로서 병법에 강하여 당나라 건국에 큰 공을 세웠다. 그런데 도교에서는 그가 천궁의 천왕이 되어 10만 천병을 이끄는 항마대원수가 되어 있는 것이다. 그의 슬하에는 삼남일녀가 있었는데 큰아들 금타(金吒)는 여래부처님을 모시고 있고, 둘째 목타(木吒)는 남해관음보살을 모시고 있으며, 셋째 나타는 천왕을 따라 조석으로 옥황상제의 어가를 보호하는 임무를 맡고 있었다. 『봉신연의』에선 부자간의 갈등으로 부친을 시해하려 했으나 연등도인에게 제압당해 부자간에 화해하게 되었다.

나타는 본래 인도의 범어에서 나온 말이고 비사문(毗沙門)천왕의 셋째 아들인데 이정이 탁탑천왕이 된 후에 그의 셋째 아들로 신분이 바뀌게 되었던 것이다. 비사문천왕은 바로 다문(多聞)천왕으로 불교의 호법신인 사대천왕의 하나다. 나타는 이미 도교의 호법신이 되었으니 전형적인 민간신앙의 변형 과정이라고 할 수 있을 것이다. 나타에 대한 묘사는 『서유기』 외에 『봉신연의』에서 더욱 두드러진 형상으로 민간에서 유명한 인물이 되었다.

이랑신(二郎神)은 손오공과의 싸움에서 막상막하의 실력으로 승부가 나지 않았다. 오공이 참새로 변하면 이랑은 솔개로 변하고 오공이 물새로 변하면 이랑은 바다갈매기로 변하여 추격하였다. 오공이 사라지자 이천왕의 도움으로 관강에서 자신의 모습으로 변해 숨어있는 것을 찾아내어 공격하였고 다시 화과산으로 돌아와 싸움을 계속했는데 승부가 나지 않았다. 이때 손오공이 태상노군이 던진 금강탁에 맞고 쓰러지자 이랑신의 애견인 천구(天狗)가 손오공의 다리를 물고 늘어져서 마침내 사로잡을 수 있게 되었다. 그야말로 둘 사이가 견원지간임을 이용한 것이었다. 민간신앙에서 모두 숭배의 대상이 되는 인물이다. 이랑신은 여러 유래가 전하는데 이이랑과 조이랑, 양이랑 등이 있다. 이이랑은 진(秦)나라 때 촉군의 태수 이빙(李冰)의 둘째 아들로서 부친을 도와 요괴를 처치하고 치수에 공을 세웠다고 한다. 조이랑은 수나라 때 가주의 태수로 강 속의 교룡과 악전고투로 처치하여 민중의 숭배를 받는 인물이다. 양이랑(楊二郎)은 옥황상제의 누이가 인간세상으로 내려와 양씨에게 시집가서 낳은 둘째 아들인데 남북조 때 양난당(楊難當)이라고도 하고 북송 때의 양전(楊戩)이라고도 한다.

중국의 신들은 부단히 새로 만들어지고 또 도태된다. 새로 모셔진 신에는 역사 인물이 적지 않다. 탁탑천왕 이정은 당나라 건국의 영웅이었다. 『수호전』에서 조개의 별명도 거기서 가져와 슬쩍 써먹었다. 동계촌의 탑을 서계촌으로 옮겨왔다는 말을 얼렁뚱땅 써넣어 탁탑천왕이라고 했지만 양산박 두령의 이름에 영광스런 천왕의 이름을 넣고자 했을 것이다. 조개는 살아생전에 양산박을 지키는 조천왕으로 군림하였다. 관군이라도 어찌 그 이름에 떨지 않을 수 있으랴.

『서유기』는 스님인 삼장법사를 모시고 서천의 영산으로 불경을 얻으려고 가는 이야기이니 불교계 인물이 없을 수 없다. 하지만 엄밀한 체계의 불교도 아니고 진지하고 경건하지도 않으니 이미 중국화 된 통속적 민간 신앙이라고 해야 맞다.

가장 높은 자리에 여래부처님이 계시다. 높은 자리에 계시니 정중하고 관대하신 분처럼 보이지만 경전 수업에 졸면서 조금 게으름을 피웠다는 이유로 사랑하는 제자 금선자를 동토 당나라에 환생하도록 하여 다시 취경의 고난을 시키고 있다. 그 자체가 81난의 첫 번째다. 제자 골탕 먹이는 스승은 오늘날 비난받기 십상이지만 당시에는 찍소리도 못하는 도제식 교육이었다. 손오공을 잡을 때도 손바닥에 올려 놓고 싱거운 내기를 건다. 제 손바닥을 벗어나면 옥황상제한테 건의하여 자리를 넘겨주도록 주선해보겠다는 것이었다. 그 말에 홀딱 넘어간 손오공은 함정인 줄도 모르고 깊은 생각도 없이 그대로 따른다. 용궁과 지옥과 천궁까지 모두 뒤집을 수 있는 손오공이 어떻게 부처님 손바닥 하나를 벗어날 수 없었는지 합리적인 설명은 없다. 그저 믿으라면 믿는 것 뿐이다. 취경의 계획은 관음보살에 의해 차근차근 추진된다. 부처님이 주신 머리 조임테 3개도 누군가를 구속하기 위해 유효하게 이용된다. 부처님과 관음보살에게서 삼장법사로 전해진 긴고아는 속임수로 손오공의 머리에 장착된다. 자유를 구가하는 여의봉은 제 손으로 구했으나 인신 구속의 실질적 기계장치는 믿었던 스승에 의해 그렇게 머리에 달라붙게 되었다. 본래 손오공은 오행산에서 구출되면서 개과천선하기로 했고 삼장을 모시고 취경의 길을 끝까지 완수하기로 작정했다. 굳이 긴고아의 통제가 없었더라도 성공할 수 있었던 그에게 끝내 믿음을 저버린 것은 오히려 스승과 높으신 윗분들이었다. 원숭이에 대한 인간의 원초적 불신이었다. 원숭이 주제에 깨우치면 얼마나 깨우쳤다고 그럴까 하면서 근본적인 인간의 오만함을 보여주고 있다. 불교계에는 미륵부처도 있고 또 『심경』을 전해주면서 읽기를 강조한 오소선사도 있다.

손오공에게 이름을 지어주고 72가지 술법을 가르치면서 세상에 나가서 자신의 이름을 밝히지 말라고 하던 수보리조사는 엄밀히 말해서 불교와 도교가 혼합된 인물로 보이니 전형적인 중국 민간 신앙의 존재라고 하겠다. 민간 신앙의 체계에서 가장 낮은 존재는 토지신과 산신이다. 그러나 토지신과 산신은 어느 지역을 막론하고 존재하지 않는 곳이 없는 그야말로 일반 백성들에게 있어서 가장 친근하고 보편적인 신령이다. 산신으로는 오악의 신을 가장 중요하게 친다. 태산(泰山)의 동악대제는 인간의 생사를 관장하고 귀신을 주재한다. 형산(衡山)의 남악대제는 별자리를 맡고 물속의 어족이나 용을 주재한다. 숭산(崇山)의 중악대제는 산천과 호수 및 산림과 수목을 관장한다. 화산(華山)의 서악대제는 도자기 굽는 일을 관장하고 털있는 날짐승을 주재한다. 항산(恒山)의 북악대제는 강물을 관장하고 들짐승이나 파충류 등을 관장한다. 『수호전』이나 『금병매』는 산동 지역을 배경으로 하고 있으므로 동악묘를 찾아가 소원을 비는 일이 많다. 줄여서 악묘(岳廟)라고도 한다. 각 지역마다 인간의 수명을 관장하는 동악대제를 모신 동악묘가 많이 있었다.

오악을 제외하고도 모든 산마다 산신이 있고 지역마다 토지신이 있다. 토지신은 각 마을의 작은 사당에 모신다. 그는 소박하고 자상하여 늘 만나는 동네 할아버지와 같이 친근감을 느끼게 해준다. 그 형상은 도포와 관모를 쓴 백발노인으로 나오며 토지공으로 부른다. 원명 시기에 이르면 각지의 작은 산신이나 토지신의 위상은 상당히 약화되어 그보다 높은 신령들의 명을 듣게 되었다. 『서유기』에 나오는 토지신과 산신이 대부분 그랬다. 오행산(五行山)의 토지신은 여래불의 명을 받아 산 아래 눌려있는 손오공을 감시하였고, 오장관(五莊觀)의 토지신은 진원대선을 위해 인삼과원을 관리하였으며, 평정산(平頂山)의 산신은 요괴의 주문 한마디에 산이 옮겨지고 바다가 메워지는데도 어쩌지 못했고, 호산(號山)의 산신과 토지신은 요마를 위해 순라를 돌고 보초를 서야했으니 그들의 도술이 요괴들을 뛰어넘지 못했기 때문이었다. 그러나 토지신은 현지의 정보를 가장 잘 파악하고 있어서 취경단의 서행길에 손오공에게 유익한 정보를 많이 제공하면서 도움을 주었다. 화염산(火焰山)의 산신은 유래를 밝히면서 파초선을 빌려와서 불을 끄는 정보를 상세히 알려주었고, 반사령(盤絲嶺)의 토지신도 손오공에게 유익한 정보를 알려주었으며 천축국 모영산(毛穎山)의 토지신도 옥토끼에 관한 정보를 제공하였다. 토지신과 산신은 간혹 혼용되며 그 역할은 비슷했다. 한국에는 토지묘의 이름이 따로 없지만 성황당의 신령이나 산신각에 모시는 산신이 같은 역할을 한다.

요마들도 중국 민간 신앙에 항상 등장하는 인물들이다. 신선이나 신불과 다투는 요마, 요괴, 요정 등이 그대로 반영된 것이 『서유기』의 요마들이다. 본래 손오공도 마왕의 하나였으니 6명의 마왕들과 함께 7형제를 맺고 지낸 바 있다. 우마왕은 그중의 하나였다. 황포괴, 백골정 등도 전형적인 요괴, 요정이라고 할 수 있다. 우마왕은 요마 가족을 이루고 있는 가장이다. 우마왕의 처는 나찰녀이며 취운산 파초동에 사는데 파초선을 갖고 있어 철선공주로 부른다. 어려서부터 수련을 쌓아 득도한 여선으로 청봉고검을 두 자루 쓰면서 월궁의 항아처럼 아름다움을 자랑한다. 그런데도 우마왕은 소첩 옥면공주를 데리고 적뢰산 마운동에서 산다. 옥면공주는 여우의 정령으로서 부친 호왕의 막대한 재산을 물려받아 남편 우마왕을 집으로 끌어들여 산다. 철선공주는 남편이 떠났지만 우마왕이 돌아오기만을 학수고대한다. 아들 홍해아는 우마왕의 명으로 호산을 지키고 고송간 화운동에 사는데 신통력이 뛰어나 산신과 토지신을 제압하고 부리며 지낸다. 취경단이 이르렀을 때 삼장법사를 잡아가서 고기를 먹고 장생불사를 꾀하면서 삼매진화로 손오공을 골탕먹였지만 끝내 잡혀서 관음보살의 선재동자가 되었다.

『금병매』의 민속신앙은 주로 가정에서 스님과 도사를 불러 경을 읽거나 관혼상제의 의례를 행하는 생활 속에 등장한다. 가장 현실적으로 민간 생활 속에 살아있는 종교 신앙의 모습을 보여 주고 있다. 따라서 연구자들은 명대의 민간 신앙의 실제 상황을 이 책을 통해서 고찰하려는 노력을 많이 한다. 가장 독실한 종교적인 인물은 오월랑이다. 항상 스님을 불러 독경을 하거나 불경 이야기인 보권(寶卷)의 이야기를 듣곤 한다. 『금병매사화』 제39회의 회목 뒷부분은 「오월랑청니승설경(吳月娘聽尼僧說經)」인데 오월랑이 저녁에 여승을 불러 여러 식구들과 함께 둘러앉아 불교의 인연 이야기를 듣는 장면을 그려내고 있다. 불경 이야기를 듣는 것은 목욕재계하고 염불을 외우며 소식을 하는 것과 같은 종교적 행위의 하나다. 이때 오월랑이 들은 이야기는 『대장경』에 나오는 것으로 오조(五祖)가 하계로 환생하여 황매사(黃梅寺)에서 사조(四祖)의 설법을 듣는 내용이므로 『오조황매보권』을 가지고 설강한 것임을 알 수 있다. 보권은 명청때의 용어이고 당나라 때 사원에서 행하던 속강, 송나라때 설화의 일종인 설경에 해당하는 것이다. 당나라 때는 스님이 변문으로 속강을 했으나 송대 초기에 사원에서의 불교경문의 강창을 금지하여 민간 연예장소인 와사로 옮겨져서 비약적으로 발전했다. 『금병매』에 나오는 보권은 앞의 작품 이외에도 제51회, 73회, 82회 등에 『금강과의』, 『황씨녀보권』, 『오계선사보권』, 『홍라보권』 등이 나온다. 당시 민간에서의 신앙 활동을 직접 볼 수 있는 장면이다.

『금병매』에는 도교 사원의 경우도 자주 나오는데 이병아가 병들어 눕자 서문경이 도사를 불러 부적으로 사악한 기운을 눌러주려고 하였다. 응백작이 옆에서 있다가 나서며 사악한 기운을 없애는 데는 오악관(五岳觀)의 반(潘)도사를 불러서 천심오뢰법(天心五雷法)을 시행하면 된다고 일러준다. 이는 도교의 퇴마법의 일종으로 화를 제거하고 사악한 기운을 쫓아내는 방법이다. 도교나 불교의 신앙 행위는 생활 곳곳에서 나타난다. 오월랑은 서문경이 위독해지자 병을 나을 수만 있게 해준다면 태산의 벽하궁에 분향하러 가겠노라고 서원을 하였다. 서문경이 죽는 날 유복자로 효가를 낳은 오월랑은 서원을 지키기 위해 태산의 벽하궁에 가게 된다. 그러나 소설에서는 진지한 도교적 신앙의 모습을 보이지 않고 오히려 음란한 도사로 인해 하마터면 오월랑이 욕을 당할 뻔한 이야기를 끌어내고 보정화상에게 아들 효가를 출가시킨다는 약속을 하고 산적의 산채에 잡혀갔다가 송강의 도움으로 겨우 구출되는 이야기까지를 만들어넣고 있다. 소설에서는 민간에서 불교나 도교의 다양한 병폐와 악행까지도 풍자적으로 포함시키고 있는 것이다.

4. 음양오행의 활용

「사대기서」의 인물은 다양한 모습으로 묘사되었는데 각각 중국 전통의 오행사상의 범주와 견주어 분석하면 재미있는 결과를 얻을 수 있다. 오행사상의 상생(相生)과 상극(相剋)의 원리는 전국시대 제나라의 추연(鄒衍)이 제창한 이론이다. 진한 이래로 점차 유행하여 중국 전통사상의 중요한 맥락 중의 하나로 인식되고 있다. 민간의 통속적인 이야기를 풍부하게 담고 있는 장편소설에 다양한 민속 사상과 의례가 가감 없이 여실하게 반영되어 있다는 것은 주지의 사실이다. 「사대기서」에서도 결코 예외가 아니다.

여기서는 비교적 간략하게 오행으로 구분해 본 작품별 인물의 구성을 살펴보고자 한다. 그러나 다만 음양오행의 전통 사상이 「사대기서」에도 은연중 반영되어 있음을 보여주려는 것일 뿐이며, 그렇다고 소설의 작자가 음양오행의 설에 몰입하여 오로지 이를 근거로 소설의 인물을 만들고 작품을 구상했다고 여길 수는 없다.

간단하게 예를 들면 오대 장편소설을 오행으로 나누어서, 『금병매』의 주인공 서문경은 성씨가 서문이고 주로 백의를 입으니까 서방의 백색 금덕에 해당한다는 것이고, 『수호전』의 송강은 검은 조복을 입고 있어 북방의 흑색 수덕에 해당한다는 것이며, 『홍루몽』의 경우는 주인공 가보옥이 붉은 색을 좋아하고 남경인 금릉에서 이야기를 시작하니 남방의 홍색 화덕이라고 한다는 것이다. 그에 따라 나머지 두 작품도 각각 오행의 하나로 맞추기 위해 『삼국지』를 동방의 목덕, 『서유기』를 중앙의 토덕에 배치하고 있다. 하지만 그럴듯한 합리적 분석이라고는 볼 수 없어서 이를 오행으로 푸는 것은 결국 억지를 벗어나지 못하고 있음을 보여준다. 책의 이름에서 각각 방위와 색깔이 나왔다면 『서유기』가 서쪽을 반영하지 않은 것이 납득이 안 되고 중원을 놓고 각축하는 삼국의 쟁패를 다룬 『삼국지』를 동방으로만 본다는 것도 납득할 수 없다. 하지만 그래도 가능한 선에서 몇몇의 인물을 중심으로 한번 오행의 입장에서 살펴보며 인물 구성의 특징을 가늠해보는 것도 중국의 통속 문화를 이해하는 데 도움이 될 것이다.

『삼국지』의 오행의 대해서 먼저 살펴보자. 조대의 변천에 따른 오행의 색깔을 지정하는 문제는 이미 한나라 때 나타났다. 후한 말기의 황건적이 누런 수건을 머리에 쓰고 있는 것은 후한의 오행이 화덕이라고 보고 화덕 이후에는 황색을 관장하는 토덕의 시대가 열린다고 보았기 때문이다. 삼국시대에서 이러한 생각은 여전히 지속되었다. 후한의 헌제로부터 양위의 형식으로 제위에 오른 위나라의 조비는 새로운 연호를 황초(黃初)라고 하였고, 2년후에 오나라의 손권은 첫 연호를 황무(黃武)라고 하고 정식 제위에 오른 이후에는 황룡(黃龍)으로 정했다 모두 황(黃)자를 쓴 것은 바로 이러한 오행의 변환이라는 인식과 관련이 있다. 후한 말기의 황건적은 역사에서 난으로 표현되었듯이 성공하지 못한 반역이었으므로 셈에 넣지 않고 후한이 무너진 이후에 새로 시작하는 왕조에서는 이제 토덕이 시작되었다고 본 것이다. 전한과 후한에 이어 여전히 한나라의 정통을 이어가는 촉한의 입장에서는 새로운 조대라고 할 수 없기 때문에 오행이 변환된 것으로는 보지 않았으므로 연호는 장무(章武)로 지었다. 오나라는 위의 조비로부터 오왕으로 봉해진 이후 마땅히 위의 연호를 써야하지만 내부적으로 황초라는 연호를 쓰다가 손권이 황제로 등극한 이후 황룡의 연호로 고쳐서 정식으로 사용하였다.

삼국의 인물을 오행이라는 다섯 가지 유형으로 나누어보는 것은 복잡한 인물 구성의 원리를 일목요연하게 살필 수 있는 하나의 수단이 될 수 있다. 재미로 보는 것이지만, 성격과 오행을 연계시켜 나누어 보면 유비에게 수덕, 관우에게 목덕, 장비에게 화덕이 알맞다는 견해가 있다.

유비는 성격이 평정하고 조용하며 유생의 면모와 부드럽고 유약한 면이 있어 자기 주관이 적고 의지하려는 마음이 많은데 이는 오행 중에서 수덕의 특징이다. 오장에서는 콩팥인 신(腎)에 해당한다.

관우는 몸이 거구이고 얼굴이 넓적하며 수염과 털이 많고 주관이 뚜렷하고 태도가 강경하며 남의 입장을 고려하지 않고 직설적이며 굽히지 않는 성격이다. 오행에서는 목덕의 특징이며 오장으로는 간(肝)에 해당한다.

장비는 강인한 신체에 얼굴이 둥글며 행동이 성급하다. 남을 다스리는 영도력이 있으며 남 앞에서 말을 잘하고 재물을 가벼이 여기고 명예를 중시하며 호승심을 갖고 있고 충동적으로 화를 잘 내며 일을 벌려놓고 용두사미로 끝낸다. 이는 화덕의 특징으로 오장에서는 심(心)에 해당한다.

『수호전』에 나오는 구천현녀는 송강에게 천서 3권을 주어서 최고 직위의 성주(星主)로서 장차 중요한 인물이 될 것임을 예견하였지만 후에 요나라와의 전쟁에서 패배를 거듭할 때 송강의 꿈속에 다시 나타나 아주 구체적으로 승리의 비법을 전수하고 있다. 그런데 병법이 바로 오행의 상생상극을 최대한 활용한 것이었다.

제88회에서 송강의 군대는 유주성에서 올안광(兀顔光)의 태을혼천상진(太乙混天象陣)을 깨지 못하고 연거푸 패전하고 말았다. 이때 구천현녀의 비결은 바로 상생상극의 오행사상이었다. 요나라 진법이 오행을 활용한 것이므로 이를 역이용하여 상극의 방법으로 대응하도록 한 것이다. 조기(皂旗, 검은 깃발)의 군진에게는 황기를 들고 황색말과 황색 갑옷을 입은 군대로 대처하고, 청기의 군진에게는 백기를 들고 백마와 백색 갑옷으로 무장한 군대로 대처한다는 방식이었다. 오행이론에서 전자는 토극수(土剋水)이고 후자는 금극목(金剋木)이라는 것인데 이와 같은 방식으로 투입하면 반드시 이긴다고 하였다. 결국 송강은 한밤중에 호연작, 관승, 임충, 진명, 동평 등 마군(馬軍) 오호장군과 이규 등 보병 장수를 투입하여 요나라 진영을 공략하여 승리를 이끌어내고 마침내 요나라의 항복을 받아내게 된다. 요나라 진법이 오행에서 나온 것임을 간파하여 이를 격파하는 것도 역시 오행의 상극 이론으로 해결한 것이었으니 당시 중원이나 변방에서 모두 오행사상이 널리 퍼져 있음을 작품 속에서 보여주는 사례라고 하겠다.

『서유기』는 오행사상이 진하게 배어있는 작품이다. 서천 취경단의 인물을 오행으로 풀어보려는 작업은 전통시기부터 이미 시작되었다. 삼장법사를 검은색의 수(水)로, 손오공을 붉은색의 화(火)와 흰색의 금(金)으로 배치하고 저팔계를 푸른색의 목(木)에, 사오정을 누런색의 토(土)에 배치하여 각각의 성격적 특성이나 상호관계를 설명하고자 하는 것이다.

제19회에는 손오공이 저팔계를 받아들이는 대목에서 시를 통해 다음과 같이 밝힌 부분이 있다.

> "금(金)의 성질은 단단하고 강해서 목(木)의 성질을 이길 수 있다, 원숭이 손오공은 마침내 저팔계의 귀의를 받아내고야 말았다"

이는 오행의 상극관계로 금덕의 손오공이 목덕의 저팔계를 제압했다고 풀이한 말이다. 손오공은 금공(金公)이라고도 불리는데 금의 주인은 불이고(火剋金) 불은 오장에서는 심장과 대응하고 오방은 남방이다. 그래서 손오공 자신은 불이고 금에게 제압을 당하니 금으로 된 머리 조임테 긴고아를 쓰고 있다.

저팔계는 목모(木母)라고 하는데 목의 원천은 물이다. 그래서 저팔계는 곧 물(水)이고 오장에서는 신(腎)에 해당하고 방위는 북방이다. 신에 절제가 없으니 음란하고 신이 물을 제압하지 못하니 종증(腫症)이 있다. 물과 불은 상극이니 손오공과 저팔계는 서로 맞대결하려고 한다. 사오정은 흙(土)이고 용마는 나무(木)에 속한다. 원전에서 용마를 목용(木龍)이라고도 썼으니 이를 반영하는 것이다.

『서유기』는 상징적 의미를 많이 담고 있다. 손오공은 심원(心猿)을 의미하고 용마는 의마(意馬)를 의미한다. 즉 인간의 속마음이 원숭이나 말처럼 내달리는 것을 제대로 잡아두어야 한다는 의미에서 그렇게 상정한 것이다. 손오공을 금공이라고 하고 저팔계를 목모라고 하며 사오정은 황파라고 한다. 손오공은 오행에서 화와 금을 나타내며 그래서 태상노군의 팔괘로에 들어갔다가 살아나오면서 눈알이 붉게 달구어졌는데 「화안금정(火眼金睛)」이 되었다. 화와 금은 금단학에서는 연(鉛, 납)이 되는 것이다. 저팔계는 오행에서 수와 목을 나타내는데 금단학에서 공(汞, 수은)이 된다. 취경단의 오성을 반드시 오행에 억지로 맞추는 것은 도가 수련의 원칙이 아니다. 금은 불에 단련되어 나오는 것이고, 목은 물에 의해 탄생하는 것이며, 토는 조화를 이루는 것이니 단을 이루어 도를 얻게 된다고 하는 것이다. 단학에서 금연은 양이고 홍수는 음인데, 음에서 뽑아내면 진음이 나오고, 양에서 뽑아내면 진양이 나오는 것이니 마지막으로 진음을 버리고 진양을 얻게 되어 마침내 이를 배합하여 단을 만드는 것이다. 그러므로 오공은 화금에서 화를 버리고, 팔계는 수목에서 수를 버리게 되는데 그러면 금과 목으로 각각 손오공과 저팔계의 상징이 된다.

『서유기』의 작가가 의도적으로 오행의 순서로 이름 짓는 습관도 탁탑천왕 이정의 아들에서 살펴볼 수 있다. 이정은 당나라 이세민을 도와 천하를 제패한 용장이지만 신화적 인물이 되어 천병과 천장을 거느리는 천궁의 항마대원수인데 세 아들을 두었다. 첫째가 금타(金吒), 둘째가 목타(木吒) 그리고 셋째가 나타(哪吒)이다. 앞의 형제 이름만 보면 오행으로 이어질 것 같아 셋째가 수타(水吒)가 되어야 할 것 같지만 알고 보면 나타는 불교에서 유래한 인명이고 금타와 목타는 중국에서 만든 이름이다. 금타는 여래부처님의 제자가 되었고, 목타는 관음보살의 제자가 되었는데 나타는 세 살 때 동해 용궁에 가서 소란을 피우는 바람에 부친 이정의 화를 돋우어 죽이겠다고 마음먹었다. 그러자 나타는 스스로 골육을 부모에게 돌려주고 부자 관계를 끊었다. 여래불이 그의 영혼을 법력으로 환생시키고 부자를 화해시켰지만 나타는 아버지를 시해하겠다는 생각을 버리지 않았다. 여래불은 여의황금보탑을 주어 나타를 방비하도록 하였다. 이정은 항상 보탑을 들고 있어서 탁탑천왕이라 불렸고 요마를 밝혀내는 조요경을 갖고 있다. 이러한 『봉신연의』에서의 형상은 『서유기』에 와서 약간 바뀌어 옥황상제의 명을 받아 부자가 함께 손오공을 잡으러 출동하였고 서천취경길에서도 도움을 많이 주었다.

『금병매』의 인물에 대해 오행으로 풀이해 볼 수도 있을 것이다. 서문경은 주인공으로서 모든 여성들의 중앙에 위치한다. 하지만 그의 처첩 중에서 중앙을 생각하면 역시 오월랑이 이에 해당한다고 하겠다. 그녀는 물론 둘째로 새로 들어온 부인이지만 정실 부인이므로 본처에 해당한다. 나머지 첩들의 복잡한 갈등 관계 속에서 균형감있게 일을 처리해야 하는데 서문경 생전에는 별로 드러나지 않았지만 서문경이 돌연 사망하고 그녀의 손으로 가사를 처리해야 하는 일이 벌어졌을 때 그녀는 침착하게 인물과 재산의 처리를 진행하였다. 오월랑은 가문의 중심에 있었지만 서사의 핵심적인 주인공은 아니었다.

『금병매』의 서사 중심을 이끄는 인물은 서명에서 드러나듯이 반금련, 이병아, 춘매였다. 우선 서문경의 생전에 반금련과 이병아는 그 성격이나 위상으로 보아 각각 동서의 양쪽으로 대립하고 있는 대표 인물이다. 반금련은 서쪽의 백색인 금에 해당되는데 성격은 금의 특징을 닮았다. 오행에서 금은 성격이 강인하고 격렬하다. 좋은 면에서는 의리가 강하고 과단성이 있으며 악을 미워하고 예의와 염치를 중시하고 강한 자에 굽히지 않는 성격이다. 하지만 너무 지나치면 일을 함부로 처리하고 포악하고 헛되이 용맹을 자랑하고 탐욕스러우며 어질지 못하고 주변과 싸움을 벌이고 악행을 서슴지 않기도 한다. 반금련은 간혹 좋은 면이 보이기도 하지만 대체로 금의 성격이 과도하여 온갖 악행과 부정을 저지른다. 서문경을 독점하려고 하고 경쟁자인 이병아를 괴롭히고 관가를 놀라게 하여 죽음에 이르게 하고 오월랑에게 조차 달려들며 진경제와 불륜을 저지르고 추국을 학대한다. 서문경 사후에 불륜이 발각되어 왕파에게 팔려가고 결국 무송에게 죽임을 당하게 된다.

이에 비하여 이병아는 그 성씨에서 유래하는 목의 유형이 된다. 그녀는 또한 양류와 같은 성격으로도 묘사되니 역시 초목에 해당된다고 볼 수 있다. 나무의 성격은 곧게 자라거나 굽으며 자라는 성질이 있으므로 직(直)과 곡(曲)의 성격으로 나뉜다. 나무는 흙과 물의 기운을 받아들여서 성장하므로 부드럽고 인자하고 온화하며 측인지심을 갖고 남을 돕는 성격으로 표현된다. 하지만 목의 기운이 지나치면 고집스럽고 편집증이 있으며 목의 기운이 부족하면 나약하고 질투하고 냉혹하고 배은망덕한 성격도 나타난다. 이에 따라 이병아를 보면 화자허에게는 냉혹하리만치 무정하게 대하였으나 서문경에 시집온 이후로는 여러 사람들에게 순종적이고 여유있게 온화하고 자애로운 모습을 보여준다. 하지만 오행의 상극원리에서 금극목(金剋木)이라고 했으니 이 두사람의 관계만을 볼 때 필히 반금련이 이병아를 해치게 되는 것으로 나타나게 된다는 것인데 과연 이병아는 반금련의 강인한 암투를 이겨내지 못하고 아이를 먼저 보낸 후에 자신도 생을 마감하게 된다.

춘매는 반금련의 시녀로서 표면적으로 명랑하고 관용적인 모습으로 비쳐지지만 또 오만함과 탐욕스러움과 불같은 성격으로 인해 주변을 압도하기도 하였다. 비록 시녀였지만 반금련의 압력으로 우선 서문경과 관계하고 후에는 진경제와도 불륜 관계를 이어감에 따라 결국은 음란의 오명을 벗어날 수 없었다. 오월랑으로부터 쫓겨나서도 운이 좋아 주수비의 정실까지 되었지만 몰래 진경제를 불러들이고 결국 음행이 지나쳐 죽고 말았다. 그녀는 분명 『금병매』 여성 인물의 한 유형을 대표한다고 볼 수 있으므로 서문가에서 손설아와 다투고 주수비가에서 손설아를 하인으로 사들여 괴롭히는 불같은 모습에서 남방의 화를 나타내는 것이 아닌가 생각하게 된다.

맹옥루는 서문경의 셋째 첩으로 과부로 일년을 지내다가 중매로 서문경에게 시집왔다. 비교적 조용한 성격으로 오월랑과 함께 집안에 화기애애한 분위기를 만들려고 노력하고 반금련과도 어울리며 때로는 서문경에게 변명과 호소를 하여 화해시키려는 중재적인 인물이다. 그녀는 전통적인 부덕을 갖추고 있지만 또한 자신의 인생에는 나름대로 자유의지를 가지고 서문경 사후 일 년간 오월랑을 도와 집안을 지키고 수절하다가 이아내와 만나서 새 인생을 살게 된다. 다른 인물과 굳이 비유하자면 또 다른 유형인 수에 해당하는 인물이라고 여겨진다.

그러나 이러한 분석은 결코 절대적인 것이 아니고 그저 재미일 뿐이다.

사대기서의 작가들이 소설 속에서 노골적으로 음양오행의 민간 사상을 활용하였다고 하더라도 역시 당시 민중의 생각과 활동을 반영하고자 한 것일 뿐이며 너무 진지하게 불변의 원칙으로 삼고자 한 것은 아니었다.

5. 여성 인물과 여인국

「사대기서」에는 남자와 여자가 모두 등장하지만 『금병매』의 경우에 비교적 많은 여자들이 나오고 「삼대기서」의 인물은 대체로 남성 중심이다. 여자가 나오기도 하지만 온전한 인격체의 여성이라기보다는 특별한 역할을 담당하거나 부정적인 입장에서 등장시키고 있다. 『삼국지』에서는 반간계로 이용되는 초선이 나오고, 『수호전』에서는 몇몇 여성 호걸도 있으나 염파석이나 반금련 같은 호색적인 여성이 많아 여성을 화근으로 보는 시각을 갖고 있다. 『서유기』에서도 여신으로 왕모낭랑 등이 있으나 대부분 취경단을 유혹하는 요마들이고 여인들만 사는 여아국도 등장하지만 취경의 의지를 꺾으려는 것이었다. 여성이 다수 등장하는 『금병매』의 경우에도 긍정적이고 선하며 아름다운 모습의 여자는 찾아보기 어렵고 음란하거나 악독한 경우가 더욱 많으니 전체적으로 「사대기서」는 여성에 대해서 상당한 편견을 가지고 있다고 보아야 할 것이다.

『삼국지』의 초선(貂蟬)은 사도 왕윤의 시녀이며 양녀로 소개된다. 사서에는 없는 인물이고 또한 동탁과 여포 사이를 미인계로 이간시키는 사건의 전모도 소설적 구성이라고 할 수 있다. 왕윤은 우선 여포를 불러 초선을 첩으로 주겠다고 약속하고는 날을 정해서 정식으로 출가시키겠다고 약조한다. 이어서 은밀히 동탁을 불러 잔치를 열고 초선을 곁에서 시중들게 하여 유혹하고 결국 그날 당장 초선을 데리고 가도록 하여 여포를 몸달게 만든다. 여포를 향한 초선의 애절한 눈빛으로 반간계를 확실히 성공으로 이끌게 한다. 봉의정에서 밀회 장면이 발각되고 한바탕 소동이 일어난 후에 여포는 의부인 동탁에게서 결정적으로 마음이 멀어져 마침내 동탁 제거의 결심을 실행으로 옮기게 한다. 초선은 이로부터 중국 사대미인의 하나로 등극하게 되었다. 그러나 초선의 일은 결국 항우와 마찬가지로 '세상을 뒤엎는 영웅이라도 미인의 관문은 넘지 못한다'는 격언만 확인시켜주고 있으며 역사에서 '미인화근'이라는 오랜 여성관을 그대로 보여주고 있다.

삼국시대 유명한 여성 인물로 채옹(蔡邕)의 딸인 채문희(蔡文姬)가 있다. 소설 제71회에서 조조가 동관에 출병하여 채옹의 장원을 지나는 과정에 채문희의 이야기를 곁들이고 있다. 일찍이 채문희는 위도개(衛道玠)의 처였는데 동탁의 난리때 흉노의 좌현왕(左賢王)에게 잡혀가 12년간이나 살면서 아들 둘을 두고 있었다. 그러나 그녀의 「호가십팔박(胡笳十八拍)」이 중원에 알려져 그녀에 대해 동정론이 일자 채옹과 잘 알고 지내던 조조는 천금의 보석금을 들여서 그녀를 중원으로 귀환시켜 동기(董紀)에게 새로 시집을 보냈다. 『후한서』에서는 채문희의 남편을 동사(董祀)라 표기했다. 채문희는 박학다식하면서 재변(才辯)이 있고 음악에 정통했다고 하는데 후에 남편이 조조에게 죄를 얻어 처형될 위기에 처했을 때 조조를 찾아가 능란한 구변으로 구출했다고 한다. 채문희의 경우는 비교적 긍정적으로 재주있는 여성을 그렸음을 보여준다. 소설에서 채문희는 조조와 만나 「조아비(曹娥碑)」를 소개하면서 아버지 채옹이 쓴 여덟 글자의 평가를 보여주었다. 조조와 양수가 이를 파자로 풀이하고 있는데 이는 채문희의 학문과 재주에 대한 긍정의 표시라고도 하겠다.

『수호전』에 나오는 인상적인 여성들은 대부분 음란하거나 탐욕하여 남편을 모해하거나 집안을 망치는 여자들이다. 가장 유명한 세 명의 음란한 여인은 염파석과 반금련 그리고 반교운이다. 송강의 여인 염파석(閻婆惜)은 염파의 딸이다. 염파는 송강이 늘 도와주고 있음에 감사의 뜻으로 딸을 송강에게 주어 따로 살림을 하도록 했다. 하지만 염파석은 따로 장문원과 사귀고 송강을 데면데면 대하고 있었는데 양산박 도적의 편지를 발견하여 송강을 협박하다가 죽임을 당했다. 송강은 살인자로서 이내 도망자가 되었다. 반금련(潘金蓮)은 청하에서 무대에게 시집와서 양곡현으로 옮겨 살다가 남편의 동생 무송과 만나자 은근히 마음을 두었다. 하지만 자신의 프러포즈가 매정하게 거절당하자 무송이 출장간 사이에 서문경과 사통하고 남편을 독살하고 후에 돌아온 무송에게 죽임을 당하게 된다. 서문경과 반금련의 이야기는 소설가의 주목을 받아 따로 장편소설로 만들어져 『금병매』가 되었다. 반교운(潘巧雲)은 양웅의 아내다. 양웅의 의형제인 석수가 집안에 함께 있었는데 이들을 속이고 승려인 배여해(裴如海)와 사통하고 석수를 모함하여 쫓겨나도록 했다. 석수는 억울함을 참을 수 없어 교묘히 그들의 간통 현장을 잡고 양웅과 함께 남녀 두 사람을 죽이고 양산박으로 들어갔다.

남편을 배신하고 음란함으로 인하여 집안을 망친 여자는 소설의 후반부에 나오는 노준의 아내인 가씨(賈氏)도 있다. 노준의를 영입하기 위해 오용은 점쟁이로 변장하고 방문하여 반시를 남기고 왔다. 마침 부인 가씨는 집사인 이고와 사통하고 있어서 노준의의 재산을 가로채고 그를 감옥에 갇히게 하였다. 양산박 군사가 대명부를 공략하여 감옥에서 노준의를 구출하고 두 사람을 잡아서 산채로 압송하자 노준의는 그들을 처형했다.

은혜를 원수로 갚는 못된 여자로 청풍채 지부 유고의 처를 들 수 있다. 송강은 산적 연순에게 잡혀서 죽을 뻔 하다가 "송강이 여기서 죽는구나"라는 말을 산적들이 듣는 바람에 겨우 살아났다. 그런데 셋째 두령 왕영은 잡아온 관리의 부인을 강제로 욕을 보이려고 했다. 관리의 부인이라는 말에 송강이 측은히 여겨 강력히 부탁하여 그녀를 살려서 돌려보냈다. 후에 송강은 화영을 만나 밤거리의 공연 구경을 하다가 마침 이고의 부인 눈에 띄어 산적으로 지목받아 즉각 체포되었다. 결국 화영의 군사와 청풍산채의 산적들이 송강을 구출하고 유고의 처도 잡아서 산채로 압송하였을 때 송강이 유고의 처에게 왜 은혜를 원수로 갚았느냐고 따졌지만 큰 두령이 달려들어 한칼에 죽이고 말았다.

이처럼 『수호전』의 여성 인물들은 대부분 부정적으로 그려져서 여자는 화근이라는 생각을 강하게 보여주고 있었다. 그러나 양산박 108명 호걸 중에는 3명의 여자 호걸도 있다. 부부로서 함께 두령을 맡고 있는 6명이 그들이다. 모대충(母大虫) 고대수(顧大嫂)는 남편 손신(孫新)과 함께 등주(登州) 동문 밖에서 주점을 열고 있었지만 외사촌 동생인 해진과 해보 형제가 모태공의 모함으로 감옥에 갇히자 이들을 구출하려고 남편과 그 형인 손립을 끌어들여 영웅적인 활약을 한다. 그녀의 별명이 암컷 호랑이인 것처럼 진정한 여장부로서 축가장을 치는데 큰 역할을 하였고 양산박을 위해 동산에 주점을 열고 활약을 하였다. 방랍의 토벌 이후에는 관직을 사퇴하고 다시 등주로 돌아가 주점을 열었다. 모야차(母夜叉) 손이랑(孫二娘)과 남편 장청은 이룡산(二龍山) 십자파에서 주점을 열고 행인에게 몽혼약을 먹여 죽이고 물건을 빼앗는 부부 강도였다. 그녀는 별명처럼 야차같은 여자였던 것이다. 마침 지나던 무송을 잡으려다가 오히려 잡히고 나서 친하게 되었다. 양산박 서산 아래에 주점을 열었다가 방랍 토벌 때 전사했다. 일장청(一丈靑) 호삼랑(扈三娘)은 호가장의 딸인데 양산박과 대결하다가 임충에게 잡힌 후에는 귀순하여 송강의 중매로 왕영과 결혼했다. 왜각호 왕영은 청풍산에서 이고의 처를 잡아와서 산채 부인으로 삼으려다 송강의 만류로 그만두었는데 새로 짝을 맺어준다는 송강의 약속을 받아들여 호삼랑과 결혼했다. 호삼랑은 방랍 토벌 때 목주에서 전사했다.

이들 세 사람의 여호걸은 『수호전』 작가에 의해 비교적 긍정적으로 묘사한 여성들이다. 물론 양산박의 두령으로 오른 인물들이므로 모두 사납고 거칠며 잔인한 면도 있다. 소설에서는 부부 두령으로 맺어주었지만 소설의 주제 상 전투 묘사에나 나오며 가정생활이나 여성적 삶의 이야기에 대해서는 거의 언급이 없다.

한 가정의 현숙한 부인으로서 불행한 삶을 마치는 임충의 처(林娘子)가 있다. 미모 때문에 고태위의 양아들 고아내의 눈에 들어 희롱을 당하며 급기야 모함을 받은 임충이 귀양을 가며 이혼장을 써주어 개가할 것을 허락했지만 결국 자결하고 말았다. 그러나 물론 객관적인 설명이 있을 뿐 당사자의 내심을 그려낸 묘사는 없다. 유랑하는 예인인 김노인의 딸 김취련은 진관서 정도에게 핍박을 받고 있었는데 노지심의 도움으로 구출된 후 조원외에게 시집가서 잘 살게 되었다. 노지심은 푸줏간 하는 정도를 때려죽이고 조원외의 추천으로 오대산으로 도망치게 되었다.

『서유기』의 여성 인물로는 초반부에 강류화상의 모친인 은온교가 나온다. 재상 은개산의 딸로서 장원급제한 진광예의 처가 되는 그는 남편이 홍강의 도적에게 살해된 뒤에 배 속의 아이를 살리기 위해 도적을 따라 강주로 가서 아이를 낳아 강물에 띄워보낸다. 아들이 자라나고 원수를 처치하고 죽었던 남편도 용왕의 도움으로 되살아왔지만 부끄러움을 이기지 못해 자진하고 만다. 온교의 자진 행위는 아들이나 가족뿐만 아니라 독자들까지 한없이 안타깝게 만드는데 이는 당시의 사상이 아니라 명나라 때 고착화된 윤리관의 반영이라고 볼 수밖에 없다. 삼국시대 때 채문희가 여러 차례 새로 시집을 가거나 원소의 둘째 아들 부인이었던 견부인을 얻어서 황후로까지 삼은 조비의 예에서 보듯이 고대에는 개가의 관습이 그다지 문제되지 않았다.

『서유기』의 여성이 정조를 지키는 모습은 계속 보인다. 주자국(朱紫國)의 정궁낭랑도 있다. 기린산 해치동의 새태세(賽太歲)에게 납치되어 산채의 부인이 되었지만 자양진인이 준 오채하의(五彩霞衣)를 입고 있어서 끝내 정절을 지킬 수 있었고 후에 손오공에게 구출되었다. 청사자의 정령이 도사가 되어 오계국의 국왕을 우물에 빠뜨리고 변신하여 자신이 국왕이 되어 왕후를 차지했으나 손오공이 죽은 국왕의 시신을 찾아내어 태상노군의 금단을 구하여 먹여서 살려냈다. 다행히 청사자는 거세하였기 때문에 3년간 부부 생활도 못하였으므로 왕비는 정절을 지킬 수 있었다. 철선공주는 우마왕의 본처인데 우마왕이 첩에게 간 후에도 일심으로 남편이 돌아오기만을 기다렸다. 파초선을 구하려고 손오공이 한때 우마왕으로 변신하여 찾아가니 철선공주가 기뻐하였다. 이처럼 『서유기』의 정조관은 비교적 보수적이었다.

『서유기』에서 주목받는 대목은 여아국(女兒國)이다. 바로 여자만 있는 여인국이다. 삼장법사 일행은 서행중 여아국에 이르러 기이한 사건을 경험한다. 제53회에서 자모하(子母河)라고 하는 강물에 이르러 물이 맑고 깨끗한 것을 보고 마침 목이 말랐던 삼장법사와 저팔계가 마시게 된다.

그런데 곧이어 복통이 일어나고 현지에 살고 있던 토착민으로부터 이 강물을 마시면 복통과 함께 곧 임신하게 된다는 사실을 알게 되었다. 낙태천(落胎泉)의 샘물을 마셔야 비로소 나을 수 있다는 말을 듣고 손오공이 애써 찾아내어 해결한다는 이야기다. 마침 우마왕의 동생이며 홍해하의 숙부인 여의진선(如意眞仙)이라는 방해꾼이 있어서 샘물을 구하느라 고생을 하였지만, 손오공이 그를 따돌리고 함께 데려간 사오정으로 하여금 샘물을 떠오게 하여 무사히 회복하도록 하였다. 남녀의 교접으로 잉태하게 되는 자연의 이치를 이와 같이 변형하여 자모하의 물을 마시면 누구든 곧 잉태하게 한다는 설정은 단성 생식이 가능하도록 한 것이다. 이어서 제54회에 서량국(西涼國)의 여아국에 들어간다. 여관(女官)이 나와서 극진히 삼장법사 일행을 대접하고 국빈관으로 모시더니 여왕에게 보고하였다. 여왕은 삼장법사가 당당하게 잘 생긴 것을 보고 마음에 들어 곧 그를 남편으로 모시고 나라를 함께 통치하자고 유혹하였다. 손오공은 여왕으로부터 통관문첩을 구하여야 하므로 거짓으로 응하는 체 하고 성안으로 들어갔다. 여왕은 궁중에서 특별히 진수성찬을 차리고 환대하였다. 여왕이 삼장과의 혼인을 꿈꾸며 행복한 상상을 하고 있을 무렵, 손오공은 삼장법사를 빼돌리고 여아국의 모든 사람을 꼼짝 못하게 주문을 걸어두고 그 나라를 빠져나온다.

서유고사의 초기 단계인 남송 때의 『대당삼장취경시화』에는 이미 "문수보살과 보현보살이 삼장법사의 선심(禪心)을 시험하고자 변신하여 여인국을 만들었다"라고 하였고, 원대의 잡극 『서유기』에도 "여인국의 여왕이 음란하고 사악하여 억지로 성친을 하려고 핍박했다"고 하였다. 『서유기』에서 물을 마시기만 해도 임신이 되는 「자모하(子母河)」를 설정하고 또 여인국의 여왕이 순진하게 삼장법사와 혼인을 하고자 하는 꿈을 꾸다가 손오공으로부터 제압을 당하는데 이와 별도로 사악한 전갈 요정이 삼장법사를 납치하는 과정을 추가하고 있으니 잡극에서 사악하게 묘사된 여인국의 여왕의 이미지를 전갈 요정에게 따로 설정한 것으로 볼 수 있다.

사실 예로부터 동서양 고전에 모두 여인국이 나온다. 중국의 가장 오래된 문헌은 『산해경』이다. 산과 바다의 지리 경전이라고 하지만 많은 신화를 담고 있어 최고의 여신 여와(女媧)와 서왕모(西王母)가 나온다. 「대황서경」에는 "여자의 나라가 있다(有女子之國)"고 하였고 「해외서경」에서는 "여자국은 무함의 서북에 있다(女子國在巫咸西北)"고 했다. 중원의 서쪽에 여자의 나라가 있다고 본 것이다. 곽박이 단 주석에 의하면 "황지에서 목욕을 하면 임신이 되는데 남자아이를 낳으면 3살이 되면 죽는다"고 했다. 사서에서도 여인국이 나오는데 방향이 중국의 동쪽 바다로 바뀌었다. 『후한서』 「동이전·동옥저」에 "바다 가운데 여자의 나라가 있는데 남자는 없다고 한다. 전하는 말에는 나라 안에 신비로운 우물이 있는데 들여다보면 곧 아이를 낳는다"고 했다. 이후 남조의 『양서(梁書)』에선 여전히 동이의 부상국에 여자의 나라가 나오고, 북조의 『북사』에서는 서역에 여자의 나라가 나온다. 중원을 벗어나면 동서의 끝에 이런 나라가 있다고 본 것이다.

명칭으로 보면, 초기에 여국(女國), 여자국(女子國), 여인국(女人國)의 이름으로 불리던 것이 『서유기』에서 여아국(女兒國)이 되었다. 명나라 『삼보태감서양기』에 나오는 여아국의 여자들은 용감한 전사들이다. 청대 『홍루몽』에서는 젊은 여성들의 청정무구한 세계를 만들었으니 소녀들만이 활약하는 대관원이 바로 여아국을 상징한다. 작가는 주인공의 입을 통하여 '여아는 물로 만들고 남자는 흙으로 만들었다'는 등 여성지상주의적 입장을 취하고 있다. 물론 해외에 있는 여아국의 이름도 나온다. 해당화의 일종인 여아당(女兒棠)은 여아국에서 나는 것이라고 했다. 『경화연』에서는 해외의 여러 나라를 그려가는 도중에 상상의 나라 여아국을 구체적으로 그려내고 있다. 여기서는 남녀의 역할이 반대로 그려진다. 남자가 치마를 입고 부인 노릇을 맡아 집안일을 하고 여자는 장화를 신고 바깥 일을 한다. 남녀평등의 이상을 소설 속에서 실현하기 위하여 측천무후의 시대에 여성만을 위한 과거 시험을 치르도록 하고 여성 인재를 선발하는 내용을 그려내고 있다.

『금병매』와 『홍루몽』은 다 같이 여성을 많이 다루고 있지만 엄밀한 의미에서 전자는 『수호전』의 여성관을 그대로 채용하여 「여자는 화근」이라는 관점을 보여준다. 후자에서는 여성은 순수하고 남성은 더럽다는 인식을 가지고 여성을 숭고한 존재로 보지만 불행한 운명에서 벗어나지 못하는 많은 젊은 여성의 삶에 가슴 아파한다. 그러나 『금병매』의 여성인물이 자신의 욕망을 노골적으로 드러내고 스스로 삶을 개척하기 위해 능동적인 행동을 한다는 점에서 여성해방의 움직임을 보여준다는 시각도 있다. 오히려 피동적으로 불행한 운명 앞에 어쩌지 못하는 『홍루몽』의 여성에 대한 부정적 시각도 함께 존재하는 것도 사실이다.

6. 속서의 출현과 영향

명작이 출현한 이후에 독자들은 명작의 뒷이야기를 이어가는 또 하나의 작품이 나타나기를 바란다. 이러한 경향에 편승하여 통속소설의 작가들이나 출판 사업의 업자들은 명작의 명성에 기대어 조금이라도 이득을 보기 위하여 새로운 속서의 창작을 부추기거나 서둘러 간행하는 경향이 있다. 「사대기서」는 중국문학의 출판역사상 일찍이 경험해보지 못한 호황을 누리게 되었다. 명대 가정 연간 이후 만력과 숭정으로 이어지는 말기에는 완전히 소설의 시대가 되었기 때문이다. 그러나 어떠한 경우에도 원작을 능가하는 속서를 찾기는 힘들다. 하지만 속서 중에는 매우 독특한 시각을 보여주는 작품도 있다. 그것은 원서의 독자로서 반응하는 감동적인 독서 감상의 결과로서 볼 수도 있고 또 전서에 대한 불만의 토로라고 할 수도 있다. 원전에 대한 사회적 반응으로서 이러한 속서를 살펴볼 수가 있으며 이 또한 「사대기서」의 전파에 중요한 지표가 될 수 있다. 몇 가지 중요한 속서만 간략히 살펴본다.

명대소설 『후삼국지연의』는 12권인데 「삼국지속편」, 「속삼국지」 등으로도 불린다. 실제 내용은 삼국 이후 진(晋)나라 통일 이후의 역사를 그린 것으로 「동서진연의」라고 할 수 있지만 또한 서진시대를 중심으로 그리고 동진 초기에 끝난다. 이와 다른 『동서진연의』가 별도로 있다. 청대소설로 『후삼국석주(石珠)연의』 30회본이 있다. 이 책은 명대 「유양야사」의 「삼국지후전」 140회의 기초에서 출발한 이야기를 담고 있다. 진나라 무제 태강 연간에 상계의 직녀가 인간 세상에 내려와 석주로 등장했다. 진나라에 팔왕의 난이 일어나고 혼란에 빠졌을 때 석주는 진나라에 반대하는 기치를 내세웠다. 한편 유홍조(劉弘祖) 등이 모여들어 석주를 제위에 오르게 하였다. 도사가 나타나 석주가 천상의 직녀임을 밝히고 깨우치자 제위를 유홍조에게 양위하고 자신은 암자에 들어가 수련하다가 천상으로 돌아갔다. 유홍조는 한왕에 올랐다. 유홍조는 곧 유연(劉淵)의 이야기를 부연한 것이다. 소설에는 석주 외에도 몽옥, 하옥용 등 여장군들이 전장을 누비는 묘사가 나오지만 서사는 조잡하고 황당한 설정에 상투적인 대단원의 결말로 끝이 난다. 『삼국지』의 주인공 유비에 이어서 서진을 멸망에 이르도록 한 북위의 황제 유연에게 한 왕조의 계승을 기대한 민중의 염원이 이러한 『삼국지』의 속서를 만들어내도록 했다고 할 수 있다. 삼국시대 이후를 다루는 속서에서 유연을 주인공으로 끌어내고 있는 것은 상당히 오랜 유래가 있다.

이미 『삼국지평화』에서 유연이 촉한을 위해 복수하는 장면을 만들고 있는데 『삼국지후전』에서 이를 더욱 부연하였던 것이고 다시 『후삼국석주연의』에서 더욱 황당한 묘사를 덧붙이고 도술과 신마의 내용을 더하여 석주라는 여주인공을 내세워 차별성을 보이고자 한 것이었다.

수호 영웅의 새로운 운명을 그린 속서는 어떠한가. 명말 이탁오는 『수호전』 120회본에 평을 달고 주인공 송강에 대하여 극찬한 바 있었지만 명말에서 청초로 접어든 시기에 새롭게 비평가로 자리잡은 김성탄은 『수호전』의 후반부를 삭제하고 70회본으로 확정하여 유통시켰다. 그가 문제를 삼은 것은 양산박 호걸의 봉기는 결국 그 성격이 반란이라는 것이었으며 그들을 초안으로 귀순시키고 조정의 관군으로 만드는 것은 결국 혼란을 더욱 부추길 뿐이라는 생각이었다. 그러나 이들 양산박 인물을 그려내는 문필만큼은 뛰어나기 그지없으므로 그는 최고의 소설로 『수호전』을 꼽으면서 평점비평의 형식과 내용을 자리매김시켰다.

명나라는 농민 반란군 이자성의 난으로 인하여 황궁이 점령당하고 황제는 스스로 자결하였으며 나라는 멸망에 이르렀다. 그 틈을 타서 동북의 이민족인 만주족의 청나라가 들어와 나라를 차지해버렸으므로 한족 문인들 입장에서는 『수호전』 속의 양산박 인물들에게 초안을 통해 귀순시키고 조정의 관군으로 만드는 것을 그냥 보아 넘길 수는 없었던 것이다. 『수호전』이 역대 조정의 금서로 지정된 이후 국가적 반역의 범죄자를 옹호하는 입장에서 강력히 징계하는 방향으로 전환되었다는 것이다. 명대 소설 『수호전』은 북송 말기를 배경으로 하고 있지만 실제로 명대 말기의 농민봉기에 적지 않은 영향을 끼친 것으로 평가된다. 나라의 멸망을 직접 목도해야 했던 명말청초의 지식인들은 『수호전』에 대해 깊은 생각을 하지 않을 수 없었다.

청나라 강희 연간(1715)의 유정기(劉廷璣)는 『재원잡지』에서 이렇게 말했다.

> "수호전의 속서가 둘 있는데 하나는 이준이 바다 건너 해도 금오도에 나라를 건립하고 화영과 서녕 등이 보좌하는 내용이고, 또 하나는 송강이 양요(楊幺)로 환생하고 노준의가 왕마(王魔)로 환생하여 사악하고 추잡한 이야기로 괴이한 문장을 펼치는 개 꼬리 같은 내용이다."

여기서 전자는 진침의 『수호후전』을 말하고, 후자는 청련실주인의 『후수호전』을 말하는 것이다. 모두 강희 연간 이전에 나왔다. 진침(陳忱, 약 1613-졸년미상)은 명말청초의 인물이다. 그가 지은 『수호후전』은 『수호전』 속서의 대표작이다. 이 책에는 「고송유민(古宋遺民) 저, 안탕산초(雁宕山樵) 평」으로 썼지만 모두 가탁한 것이다. 작자는 청나라의 통치에 반대하는 운동에 참가했으나 역부족임을 깨닫고 책을 통해 울분을 삭이고자 하였다. 그의 『수호후전』은 생전인 강희 연간(1664년경)에 나왔다. 내용은

『수호전』 120회의 뒤를 이은 것으로 양산영웅 중에서 살아남은 이준(李俊) 등이 하북 음마천에서 봉기하고 완소칠(阮小七)과 난정옥(欒廷玉)이 산동 등주의 등운산에서 봉기하는 내용을 담고 있다. 북송 조정의 간신 채경, 고구 등은 양산의 영웅들에게 처결되고 금나라에 포위된 남송의 고종 조구(趙構)를 구출한다. 후에 이들은 무리를 이끌고 해외로 나가 섬라국(暹羅國, Siam, 泰國)의 금오도(金鰲島)를 점령하여 독립왕국을 건설하는 것으로 마무리한다. 본래 『수호전』에서는 송강이 조정의 초안을 받아들여 충의를 다하려는 태도를 견지하고 있었으나 『수호후전』에서는 외족의 침입에 따른 대외 항거 의식을 훨씬 더 높이고 있다. 작가의 반청 의식이 은연중 반영된 것이다. 특히 당시 대만에 정성공(鄭成功)의 아들 정경(鄭經)이 아직 반청의 기치를 내세우고 버티고 있는 상태에서 작가 진침이 주인공 이준으로 하여금 해외 독립 왕국을 건립하는 것으로 처리한 것은 그 의도가 분명하다고 할 수 있다.

조선에서 나온 허균의 『홍길동전(洪吉童傳)』에서도 홍길동이 무리를 이끌고 해외의 율도국(栗島國)에서 적서의 차별 없는 이상 세계를 구축하는 것으로 마무리하고 있다. 『홍길동전』과 『수호전』의 관련성을 많이 얘기하지만 결말 부분만 가지고 본다면 『수호후전』과의 관계를 주목할 만하다. 하지만 『홍길동전』의 작자가 분명히 허균(1569-1618)이라고 단정할 때 창작 연대는 진침의 『수호후전』보다 앞서기 때문에 해외 이상국 건설의 아이디어는 오히려 먼저 만들어냈다고 보아야 할 것이다.

『후수호전』의 작자는 청련실주인이라고 했지만 서문에는 「채홍교상객(彩虹橋上客)제어천화장(題于天花藏)」이라고 적어서 유명한 「천화장주인」과 관련 있을 것으로 보고 있다. 내용은 인과응보에 의해 주요 인물의 윤회환생과 새로운 지역에서의 취의봉기를 그려간다. 주인공 송강이 간신에 의해 독살된 이후 남송 초기에 양요로 환생하였고 노준의는 왕마로, 오용은 하능(何能), 공손승은 하운룡(賀雲龍), 이규는 마륭(馬隆), 화영은 화무(花茂), 대종은 단충(段忠) 등으로 환생하여 동정호의 군산(君山)에 모이는 내용이다. 북송 조정의 사대 간신들도 역시 남송의 간신이나 상인,

못된 노비, 악당 등으로 환생하여 이들과 선악의 대결을 벌이게 된다. 조정에서 파견된 악비의 토벌에 의해 양요 등의 취의가 실패하자 땅속으로 은둔하여 검은 연기로 뭉쳐 다시는 나타나지 않게 된다. 『수호전』 첫대목에서 홍태위가 개봉한 복마전 속의 요마의 기운으로 돌아간 것이다.

『수호전』의 속서 중에 청대 후기에 나온 『탕구지(蕩寇志)』는 「결수호전」의 이름으로도 알려져 있는데 유만춘(俞萬春, 1794-1849)이 지었으며 71회에 부록1회가 있다. 「탕구지」에서는 제목에서 보여주듯이 반란의 무리들을 완전히 소탕하고야 만다는 의지를 담고 있다. 조정에서 결코 이러한 반역의 무리를 초안이라는 명목으로 죄를 용서하고 사면해서는 안 된다는 강력한 주장을 관철시키고자 새로운 속서를 썼다. 유만춘은 광동 지역의 반란을 평정하는 데 참가하여 공을 세운 경험을 갖고, 당시 청나라의 쇠퇴를 가속화시키는 반란 행위를 증오하며 우국충정을 참지 못하고 이들을 용서할 수 없다는 입장이었다. 내용은 『수호전』의 제71회에 강호의 호걸이 양산에 모여든 이후를 이어서 후반부에 양산박 인물 108명을 모조리 주멸하는 과정을 묘사하고 있다. 이 책은 1826년에 쓰기 시작하여 1847년에 완성했는데 후에 태평천국의 난이 성공하여 남경을 점령하고 소주에 이르렀을 때 이 책의 판목을 소각하라는 명이 내려지기도 하였다. 당시에 이 책의 영향을 알 수 있는 조치였다.

『서유기』의 속서로 나타난 작품 중에서 명말에 나온 16회짜리 『서유보(西遊補)』는 그 특이한 구조와 주제 의식 때문에 많은 관심을 끌고 있다.

작자 동열(董說, 1620-1686)은 스무 살에 과거에 낙방하고 이듬해 이 작품을 지었다. 몇 년 후에 청나라가 되자 동열은 성명을 바꾸고 반청복명의 뜻을 가졌으나 대세를 돌릴 수 없게 되자 삭발하고 출가했다. 일생 동안 많은 책을 지었으나 일부는 스스로 분서하고 일부는 후손이 곤궁하여 지키지 못하고 훼멸되었다. 대부분 세상의 세태를 비판하고 당시 문인들의 공허한 글을 풍자하는 것이었다. 여기서도 꿈과 현실의 문제를 다루고 있지만 그는 평소 꿈을 기록하기 좋아했다.

이야기는 『서유기』 제59회, 60회, 61회에서 우마왕, 철선공주, 홍해아

등의 일가와 한바탕 싸움을 벌리는 「삼조파초선(三調芭蕉扇)」의 대목이 지나고 제62회 제새국의 불탑을 청소하는 「척구세심(滌垢洗心)」의 이야기 사이에서 시작된다. 속서로서는 매우 특이한 구조라고도 할 수 있다. 손오공이 청어(鯖魚, 情欲과 동음)에게 미혹되어 환상으로 만들어진 청청(靑靑, 情情과 동음)세계에 들어가서 미래와 과거를 보고 홀연 미녀가 되고 홀연 염라왕이 되었다가 끝내 허공주인의 대갈일성에 퍼뜩 정신을 차려 꿈을 깨고 나온다는 것으로 구성되었다.

여기서 청어는 본래 환상세계에 살며 스스로 청청세계라고 호를 하고 일체의 경계를 그가 만든 것이었는데 사실은 아무 것도 없는 무유(無有)의 세계이며 바로 손오공 자신의 정(情)이었던 것이다. 그러므로 대도를 깨달으려면 반드시 먼저 정근(情根)을 간파해야 하고 정의 근원을 없애려면 역시 정의 속으로 들어가야 하며 정의 속으로 들어간 후에 비로소 정의 뿌리가 허무한 것임을 알 수 있는 것이니 그러한 연후에 정의 바깥으로 나와서 도의 뿌리인 도근(道根)을 찾아내야 하는 것이다.

조선 숙종 연간(1689)에 김만중이 지은 『구운몽』도 16회짜리 한문(문언)소설이다. 소설의 마지막에 주인공 양소유는 팔선녀로부터 환생한 여덟 아내들과 좋은 인연이 맺어지고 부마로서 부귀영화를 누리다가 승상의 벼슬에서도 물러나 한가롭게 낙유원에서 인생의 즐거움을 만끽하던 중 문득 인생의 허무함을 느낀다. 이때 한 노승을 만나 불도에 귀의할 것을 말하자 지팡이로 난간을 두드리니 그 소리에 모든 것이 온데 간데 없이 사라지고 양소유는 백팔염주를 손에 쥐고 불상 앞에 앉아있는 성진으로 돌아와 있었다. 돌이켜보니 한 평생의 부귀영화는 한바탕의 꿈이었기에 황망히 육관대사 앞에 달려가 엎드리고 팔선녀도 들어와 제자가 되기를 청한다. 육관대사는 천축으로 돌아가고 성진과 팔선녀는 도를 닦은 후에 모두 극락을 가게 되었다는 이야기다. 『서유보』의 꿈을 깨는 일장춘몽의 과정과도 닮아 있다.

조선한문소설의 대표작으로서 『구운몽』은 16회의 장회소설의 형태를 띠고 있는데 사실 명말청초의 중국소설 중에 이와 같은 체제를 갖춘 작품은 비단 『서유보』만이 아니었다. 백화소설 서목에서 조사해보면 무려 60여 종의 작품이 모두 16회의 체제를 갖추고 있는데 특히 재자가인류의 작품이 많은 것을 보면 당시에 이러한 체제는 상당히 유행했던 것으로 보인다.

『서유보』의 주제를 소설사적인 입장에서 상호 관계를 비교해볼 수 있을 것이다. 신마소설인 『서유기』에서 몽환의 문제를 자연스럽게 추출하였고, 그 속서인 『서유보』에서 정욕과 몽환의 문제를 정면으로 다루어 봄으로써 사회적으로 막 유통되고 있었던 『금병매』에서의 욕망의 문제를 진지하게 보게 되었으며 청대 건륭 연간에 이르러 『금병매』로부터 환골탈태한 『홍루몽』에서 본격적으로 태허환경과 지상낙원의 구조를 설정하고 몽환과 정욕의 긴밀한 관계를 다루게 되는 흐름으로 이어진다는 것이다.

청대 『서유기』의 속서로는 또 『후서유기』와 『속서유기』가 있다. 강희 연간(1715)에 유정기의 『재원잡지』에서 이 두 책을 모두 거론하면서 "『후서유기』는 비록 전서에 비할 바는 아니지만 웃고 떠들고 화내고 욕하는 모습의 묘사가 그런대로 문장이 잘 되었지만 『속서유기』는 정녕 겨우 꼬리를 붙인 격에 불과하다"고 했다.

『후서유기』는 40회본인데 작자는 청나라 천화재자(天花才子)다. 누군지는 미상이지만 「천화장주인」과 동일인물로 보기도 한다. 내용은 원전의 이야기 끝에 삼장법사가 서천취경에 성공하여 「진경(眞經)」을 가져왔지만 막상 「진해(眞解)」를 구해오지 않았으므로 이번에는 다음 세대의 고승인 당반게(唐半偈)가 제자 손소행(孫小行), 저일계(猪一戒), 사미(沙彌) 등을 데리고 다시 서천취경에 나서서 숱한 난관을 지나 마침내 「진해」를 구하여 돌아오는 과정이다. 소설의 작가는 서유인물의 다음 세대를 설정하여 교묘하게 만들어냈다. 당나라 태종보다 2백년쯤 뒤가 되는 헌종(806-820재위) 때 황제는 고승 대전(大顚)법사에게 반게(半偈)법사의 법호를 하사하고 서천에 가서 「진해」를 구해올 것을 바란다. 화과산의 돌에서 새로 튀어나온 작은 돌 원숭이 손리진(孫履眞)은 제천소성으로 불리다 손소행이 되고, 저팔계의 아들 저수졸(猪守拙)은 저일계가 되고, 사오정에 해당하는 유사하의 사미가 등장하여 제자가 된다. 이들이 서행하는 과정의 요마들도 새로 만들어졌다. 점산대왕, 대력왕, 문명대왕, 십악대왕, 구미호, 음양대왕, 삼시대왕 등이 되어 취경팀과 대결하게 되며 지수화풍(地水火風) 네 가지의 험악한 요새를 헤쳐 나가 세존을 만나 결국 「진해」를 구하게 된다는 것이다.

『속서유기』 100회본은 지금 청대소설로 보고 있다. 앞서 이를 명대소설로 본 기록도 있지만 기록에 나오는 저자(즉 蘭茂)가 홍무연간에 태어나 성화연간에 이미 죽어 15세기 인물로 되었으니 그렇다면 『서유기』 원전보다도 빨리 나온 것이 된다. 지금 『속서유기』의 작가는 알 수 없지만 청초에 이루어진 것으로 보고 있다. 내용은 원전의 줄거리를 이어서 삼장법사와 제자들이 서천취경을 이루고 동토로 돌아오는 과정에서 일어나는 갖가지 사건을 기록했다. 여래불은 손오공 등의 병기가 인명을 살상하는 해로운 것임을 이유로 모두 회수하였다. 귀로에 요마를 만난 손오공은 비록 변신술을 쓰기는 했지만 요마들의 도전에 대응하기는 힘겨운 상태였다. 이를 미리 예견한 여래불은 비구승 도피와 우바새 영허자를 보내 은연중 보호하도록 하였다. 그리하여 수많은 난관을 모두 헤치고 마침내 경전을 당나라로 무사히 운반시키게 된다는 이야기다.

『금병매』의 직접적인 영향으로 만들어진 속서로는 『옥교리(玉嬌李)』, 『속금병매』, 『격렴화영』 등 세 작품이 가장 유명하다. 그중에서 『옥교리』는 『금병매』 자체가 아직 간행되기도 전에 나온 가장 이른 모방 작품이다. 사조제(謝肇淛)의 「금병매발」에서 이미 이 책을 언급하였는데 "괴리패도(乖離敗度, 황당하고 풍기문란함)하여 군자가 취하지 않는다"고 하였다. 심덕부(沈德符)가 「야획편(野獲編)」에서 또 원굉도의 말이라고 하면서 "『옥교리』라는 책이 있는데 역시 가정의 대명사 손에서 나왔다. 원작과의 인과응보의 윤회환생으로 이어져 있다. 무대가 음란한 사내가 되어 원수를 갚고 반금련도 역시 음탕한 여자로 살다가 극형을 받으며, 서문경은 어리석은 남자로 태어나 오쟁이를 져도 멍청하게 있으니 윤회가 한 치의 오차도 없다"고 인용했다. 하지만 원굉도도 귀로 전해 들었을 뿐 직접 본 것은 아니었는데 심덕부는 경성에 갔다가 구지충(邱志充)의 집에서 이 책의 첫 권을 보았다고 했다. 외설스럽고 반윤리적인 내용으로 가득차서 차마 읽기가 어려웠지만 또한 서사 필법은 『금병매』보다 나았다고 평했다. 전문가의 연구에 따르면 이때는 대략 1620년경이다. 명나라 멸망이후 이 책은 없어졌다.

『옥교리』의 책이름은 앞에 언급한 명대소설 『옥교리(玉嬌李)』와 청대소설 『옥교리(玉嬌梨)』가 있으니 주의해야 한다. 후자는 「쌍미기연」이라고도 불리는 천화장주인의 작으로 『평산냉연』, 『김운교전』 등과 더불어 청초 재자가인 소설의 대표작이다. 비록 전자의 『옥교리』와는 상관없으나 등장인물 세 사람의 이름 백홍옥(白紅玉), 무교(無嬌), 노몽리(盧夢梨)의 이름을 따서 제목을 지은 것은 그대로 『금병매』의 영향이다. 명말 장무구(張無咎)가 쓴 「북송삼수평요전서」에는 당시의 이름난 소설을 언급하면서 「옥교려(玉嬌麗)」와 「금병매」를 함께 거론하고 있는데 아마도 사조제와 심덕부가 말한 『옥교리(玉嬌李)』일 것으로 여겨진다.

명대 『옥교리』의 내용에 대해서는 청대 『옥교리』의 권두에 들어있는 「연기」에서 언급한 것이 도움이 될 수 있다. 인과응보에 의해 윤회환생한 심육(沈六)원외와 여씨(黎氏)가 광란의 음행을 계속하고 시정의 사악한 묘사를 농염하게 그려내어 본래의 『금병매』보다 백배는 더 외설스럽다고 했다. 그래서 당시 왕세정도 차마 간행하지를 못했다고도 했다. 청대 『옥교리』에서는 동일한 제목의 두 옥교리가 있다고 하면서 전자는 속서이고 후자는 비본이라고 강조하고 있는데 명대 『옥교리』의 내용이 그때까지 전해지고 있었다고 보여진다.

청대소설 『속금병매』는 산동의 명문가 출신인 정요항(丁耀亢)이 쓴 64회본이다. 작가는 동기창(董其昌)의 문하생이었지만 과거에 낙방하고 청병의 산동 침공 때의 피난 경험 등을 담아 『금병매』의 송금 교체 시기를 빗대어 명청 교체기의 안타까움을 그려냈다. 전서의 인물이 역시 인과응보를 받아 윤회환생하는 내용으로 엮었다. 서문경은 죽은 이후 지옥에서 갖은 형벌을 당하고 환생하여 부잣집의 심금가(沈金哥)로 되었지만 몰락하여 거지가 되고 다시 경가(慶哥)로 전생하여 환관이 됐다. 이병아는 상저(常姐)로 환생하여 이사사의 양녀가 되어 병저(甁姐)로 개명하고 화자허로부터 환생한 정옥경(鄭玉卿)과 함께 도망쳤다가 팔려서 자살하고 말았다. 정옥경도 부녀를 유괴 간음하다 잡혀서 타살되었다. 반금련은 여금계(黎金桂)로 태어났는데 춘매로부터 환생한 공옥매(孔玉梅)와 동성애에 빠졌다가 후에 진경제의 환생 인물에게 시집가서 석녀가 되었다. 옥매는 남의 첩이 되어 갖은 박해를 다 받다가 금계와 함께 출가하여 비구니가 된다. 또 당시 황음무도한 북송의 황제와 간신들을 통해 명말의 정치적 현실을 풍자하고 있다.

작가는 『속금병매』를 도교의 경전인 『태상감응편(太上感應編)』을 해석하기 위한 것으로 여기면서 천도를 어길 수는 없으며 세상의 모든 사람들은 인과응보의 법칙에 따라야 한다는 인생관을 보여주었다. 『태상감응편』은 사람들에게 착한 일을 하고 악한 일을 저지르지 말라고 권하는 책인데 중국뿐만 아니라 한국에서도 꽤 전해졌고 낙선재문고에 언해본도 남아있다. 작가는 『속금병매』와 같은 작품을 이에 연결하여 비난을 비켜가려는 의도가 있었던 것이다. 소설은 순치연간(1660)에 나왔으며 청초의 팔기(八旗) 이름이 간혹 나오는 등 현실적 내용을 반영하고 있다. 강희초기(1664)에 이 책으로 인하여 정요항은 고발을 당하여 사방으로 도망다니다 입산하여 삭발 출가까지 하였으나 결국 체포되었고 책은 금지되고 불태워졌다. 청초에 공식적으로 금서 조치로 분서가 된 것은 이 책이 처음이다. 그러나 책이 완전히 없어지지는 않아서 작가는 이 책이 류큐(琉球)에 남아 전하고 있다는 말을 듣고 기뻐했다고 한다.

또 하나의 속서로 나온 『격렴화영(隔簾花影)』 48회본은 실제로 『속금병매』를 줄여서 만든 것이다. 아마도 청초에 금서가 되어 더 이상 전파되기 어렵게 되니 누군가가 그렇게 만들었을 것이다. 특히 정치적으로 민감한 부분을 주로 삭제하고 고쳐서 제목을 전혀 달리 붙인 것이다. 이 책은 청대에 상당히 유행하여 많이 전해졌으나 청말의 금서목록에는 여전히 들어있어 지속적으로 금지 조치의 대상이었음을 알 수 있다. 소설 출판계에서도 또한 이에 대한 대책으로 제목을 다시 바꾸어 『화영기정전(花影奇情傳)』으로 하였고, 민국 이후에는 또 다른 산절본으로 『금옥몽(金屋夢)』도 나온 바 있다.

청초 이어(李漁, 1611-1680)의 작으로 알려진 『육포단(肉蒲團)』 20회본은 『금병매』의 영향 하에 만들어진 또 하나의 이름난 외설 작품이다. 부제를 「각후선(覺後禪)」이라고 했는데 이 책도 금서의 대상이 되자 출판 상에서는 지속적으로 「야포연(耶蒲緣)」, 「옥포단(玉蒲團)」, 「종정연(鍾情緣)」, 「교인연(巧姻緣)」, 「풍류기담(風流奇譚)」, 「야수기어(野叟奇語)」, 「순환보(循環報)」 등의 이름으로 바꾸어가며 전파시켰다. 책에는 「정치반정도인(情癡反正道人)편차」, 「정사환혼사우(情死還魂社友)비평」으로 되어 있지만 유정기의 『재원잡지』에서 이미 이어의 작품으로 열거하고 있으며 학계에서도 상당부분 인정하고 있다. 내용은 원나라 때 미앙생(未央生)의 여성편력을 다루고 있는데 전후에 불교적 깨달음이라는 상투적 수법을 덧씌우고 있다. 이 작품은 『금병매』뿐만 아니라 『화신삼묘전(花神三妙傳)』 등의 명대 중편 문언소설의 영향도 크게 작용했다.

이와 같이 사대기서의 속서 창작의 붐이 영향을 끼침으로 인하여 명청소설계에는 명작의 출현과 더불어 방대한 속서의 창작이 잇달아 나타나는 문화 현상이 지속되었다. 청대에 나온 『홍루몽』이 성공적으로 독서계의 주목을 받자 불과 이십여 년 만에 속서가 속출하고 희곡 작품이 함께 나타난 것은 그 증좌가 될 것이다.

7. 관우의 신격화 유래

중국에서 관우 신앙은 뿌리가 깊다. 나관중의 『삼국지연의』가 만들어지기 이전부터 관우를 숭배하는 일은 널리 퍼져 있었다. 소설 속에서도 당연히 이러한 사회적 현상을 반영하기 위하여 작가의 정교한 안배가 있었을 것이다. 소설에서의 묘사를 보면 관우가 죽은 이후 신으로 승격하는 과정은 다음과 같다.

관우가 처형된 이후의 이야기는 두 갈래로 갈라지는데 하나는 그의 혼령이 옥천산에 현성하여 보정화상을 만나는 일이고 또 하나는 조조가 그의 수급을 장례지낸 일이다. 이 이야기는 소설 제77회에 나온다.

손권은 관우가 조조로부터 극진한 대접을 받았음에도 마음을 변치 않고 유비를 따랐으므로 지금 사로잡혔다고 해서 굽힐 위인이 아니라는 좌함(左咸)의 말을 듣고는 처형을 결행하게 된다. 관우는 220년 12월에 죽었고 향년 58세였다.

관우를 처형하고 형주와 양양 등지를 손에 넣은 손권은 곧이어 장수들을 불러 노고를 치하하면서 여몽을 칭송하였다. 주유와 노숙에 이어 대도독에 오른 여몽이 마침내 계략을 성공시켜 형주를 되찾은 것을 크게 기뻐하면서 술을 따라 여몽에게 대접하였다. 하지만 이때 여몽에게 죽은 관우의 혼령이 씌워 손권을 밀치고 그 자리를 차지하여 앉더니 대갈일성으로 손권을 매도하였다. 그리고 여몽의 몸은 칠공에 피를 흘리며 쓰러져 죽어버렸다. 모두 놀라 두려워하며 여몽을 장례 지내고 앞으로의 일을 걱정했다. 여몽이 관우의 혼령에 씌워 죽은 일은 소설적 묘사라고도 볼 수 있다. 관우에 대한 민중의 안타까움을 그렇게 표현한 것일 것이다.

유비가 원수를 갚으려고 공격할 것으로 예상한 손권은 장소(張昭)의 진언에 따라 화를 떠넘기고자 조조에게 관우의 수급을 보냈다. 조조가 함을 받아서 열어보았을 때 관우의 머리통이 입과 눈을 움직이며 수염을 빳빳이 세우는 바람에 기겁을 하고 놀라서 뒤로 자빠졌다. 그는 가까스로 깨어나 "관장군은 정녕 천신(天神)이로다!"하고 감탄하였다. 조조의 승상 사마휘도 동오의 계략을 눈치 채고 향나무로 몸통을 만들어 관우의 수급을 왕후의 예를 갖추어서 낙양의 남문 밖에 성대히 장례지내 주고 형왕(荊王)으로 추증하였다. 오늘날 낙양의 관림(關林)이 바로 그 무덤이다.

관우의 혼령은 여몽에게 씌워서 스스로 「한수정후(漢壽亭侯) 관운장(關雲長)」이라고 자칭하였다. 한수정후는 관우가 조조의 밑에 있을 때 원소와의 전투에서 그 수하 장수인 안량(顔良)을 죽이고 조조로부터 받은 관직이다. 조조는 그 인(印)을 주조하여 특별히 관우에게 주었다. 물론 형식상으로는 한나라 헌제로부터 내려진 것이므로 관우는 후에 줄곧 이 호칭을 좋아했다. 그가 죽어서도 정작 유비로부터 받은 형주 도독이나 전장군(前將軍) 보다는 한수정후의 명칭을 좋아하였음을 알 수 있다. 그런데 이제 조조가 장례를 지내주면서 또 형왕이란 작위까지 추증하고 있고 수급을 보고 놀라서 소리 지른 "천신"이란 말은 결국 관우의 신격화에 결정적인 계기가 되었다.

관우의 혼령이 옥천산에 나타나는 현성(顯聖)의 일은 조조의 장례에 앞서서 나온다. 관우의 이야기를 죽음 이후로 이어지게 하는 에피소드이지만 이를 통해 관우의 신격화는 훗날 역사상 수많은 이야기의 원천이 되었고 급기야 관우를 신으로 모시는 관우 신앙으로 형성되었다.

그런데 다시 옥천산 현성의 구체적인 내용을 잘 살펴보면 작자의 의도가 어디에 있었던 것인지 다시 한번 생각하게 한다. 「옥천산관공현성(玉泉山關公顯聖)」은 제77회 회목의 앞구절이지만 실제 내용은 불과 한 페이지에 불과하다. 관우의 혼령이 흩어지지 않고 떠돌다가 한 곳에 이르렀는데 바로 형주 당양현의 옥천산이었다. 산 위에는 보정이란 법명의 노승이 있었는데 일찍이 사수관 진국사의 장로였지만 행운유수로 천하를 다니다가 이곳에 이르러 초막으로 암자를 짓고 머물며 참선을 하고 있었다. 이야기는 보정의 입장에서 서술된다. 이날 밤 보정이 달이 밝고 바람이 잔잔하여 삼경이 지난 후에 암자에서 정좌를 하고 있는 중에 홀연 공중에서 "내 머리를 돌려 달라(還我頭來!)"고 소리치는 사람이 있었다. 보정이 눈을 들어 공중을 살펴보니 적토마를 타고 청룡도를 비껴들고 좌에 백면의 장군과 우에 얼굴 검은 수염의 사람이 따르는데 모두 구름 끝으로부터 옥천산 꼭대기로 떨어졌다. 보정은 관우임을 알고 불진을 들어 치면서 "운장이 어디 있느뇨?"하고 소리치니 관공의 영혼이 돈오하여 곧 말에서 내려 바람을 타고 암자 앞에 내려섰다. 관우가 "스님은 뉘신지요? 법호를 알고자 합니다."하니 보정이 "노승은 보정이라 하는데 전에 사수관 앞의 진국사에서 있을 때 그대와 만난 인연이 있지요. 오늘 어찌 잊으셨습니까." 관우가 "그때 구해주셔서 그 은혜를 여태 잊지 않고 있습니다. 지금 제가 화를 당하여 죽음에 이르렀는데 삼가 맑은 가르침으로 미혹의 마음을 깨우쳐주시기를 바라나이다"라고 했다. 보정이 설법했다. "지난날과 오늘날의 옳고 그른 일에 대해 일체 논하지 마십시오. 전후의 인과응보는 피차가 꼭 들어맞는 법이랍니다. 지금 여몽에게 해를 당하셨다고 내 머리를 내놓으라고 하시면, 전에 장군이 해친 안량과 문추, 그리고 오관의 여섯 장수의 머리는 누구에게 돌려달라고 해야 하는 것이오니까?" 이 말에 관우는 뒤통수를 맞은 듯 대오각성하여 고개를 조아려 귀의하고는 사라져갔다. 이후로도 왕왕 옥천산에는 관우의 혼령이 현성하여 백성을 돕는 일이 있었으니 그곳 사람들은 그 은덕에 감읍하여 산의 정상에 사당을 짓고 계절마다 제사를 지내곤 하였다.

이것이 옥천산 현성의 참된 모습이다.

관우가 여몽에게 내 머리를 내 놓아라 하고 외치며 떠돌아다닐 때 보정화상은 그럼 당신이 죽인 숱한 사람의 머리를 누구에게 내놓으라고 할 것이냐고 되물어서 관우를 깨우친다. 관우는 보정에게 머리를 조아려 귀의하고는 떠나갔다고 했는데 굳이 불교의 신자가 되었다기보다는 보정의 말을 수긍하고 감사 표시를 하고 떠났다는 정도로 이해할 수 있을 것이다. 훗날 현지인들에 의해 옥천산에 세워진 사당이 첫 번째 관우 사당의 시작이라고 할 수 있을 것이다. 『삼국지』에는 삼국시대의 이야기까지만 다루고 있으므로 당송 이후 명청 시대에 흥성해진 관우 신앙에 대해서 덧붙일 기회가 없지만 소설 속에 옥천산 현성의 대목을 만들어 넣음으로써 나관중의 창작 당시 성행했던 관우 신앙의 단초를 조금은 보여주려고 하였던 것이다.

그러나 여전히 일부 독자들의 관우 사랑을 감안하여 관우를 죽음으로 몰아간 여몽에게 관우의 혼령이 씌워서 곧바로 죽음에 이르도록 만든 것은 또 하나의 편견이라고 할 수 있다. 굳이 보정화상을 등장시켜 죽음과 삶, 살해와 죽임의 관계를 깨우치게 하였건만 관우는 방금 깨달은 이 사실을 그대로 지키려고 하지 않고 끝내 여몽을 쫓아가 그의 입을 빌어서 손권과 오나라 장수들을 매도하며 여몽의 몸을 죽음에 이르도록 하고 만 것은 앞뒤가 모순된 것이라고 보여진다. 하지만 작자로서도 역시 소설의 핵심적인 주인공으로서의 관우의 죽음을 그냥 흘려보내기는 어려웠을 것이다.

관우는 유비가 평원상을 맡았을 때 별부사마가 되었고 유비가 서주를 얻어 통치할 때 하비 태수가 되었으며 조조에 항복한 이후에 편장군이 되고 원소 수하의 안량을 참하고 나서 한수정후의 직함을 받았다. 조조는 특별히 인을 주조하여 내려주었지만 유비를 찾아갈 때 인수를 문에 걸어두고 나왔다. 그 뒤로도 유비가 형주 일대를 장악했을 때 양양태수가 되었고 유비가 익주로 진출했을 때는 형주를 맡았고 유비가 한중왕이 되었을 때 전장군이 되었지만 관우의 혼령이 옥천산에 현성하여 보정화상을 만났을 때도 스스로 「한수정후」라고 자신을 지칭하였으니 당시 아직 촉한이 만들어지기 직전인 상황에서는 비록 조조의 힘으로 얻은 것이었지만 한나라 헌제로부터 받은 이 작위가 가장 마음에 들었음을 보여준다.

훗날 그가 가장 좋아하는 이 '한수정후(漢壽亭侯)'의 직함에 대해 혼란이 많았다. 한나라의 수정후로 보는 것은 잘못이다. 당시 나라 이름을 앞에 놓고 쓰인 예가 없다. 한수와 정후의 결합으로 보는 것이 합당하다는 의견이 있다. 줄여서 한수후라고도 한다. 정후는 작위다. 청나라 모종강도 이미 한의 수정후가 아니라 한수정후가 맞다고 하면서 수정후라고 쓰는 것은 잘못이라고 지적했다.

관우의 사당은 소설에서 옥천산 현성에 감복하여 현지의 백성들이 옥천산에 처음 세우고 계절마다 제사를 지냈다고 설명했지만 실제로는 위진남북조를 지나서 대체로 수나라 때부터 각지에 관우 사당을 세우는 풍조가 생겼다고 한다. 관우의 사후 약 4백 년 가량 지난 뒤의 일이다. 그리고 보면 관우 자신은 훗날 자신이 이렇게 신격화될 줄은 몰랐을 것이다.

역사는 산자에 의해 만들어가는 것이므로 죽은 자를 어떻게 기리고 어떤 면을 골라내어 자신의 삶의 활력소로 활용할 것인지는 오로지 산자들의 몫이다. 중국인들은 예로부터 유일신 사상이 아닌 수많은 신들을 모두 인정하고 있었다. 특히 역사상의 현실적인 인물이라도 차츰 신으로 추앙하여 모시고 제사를 지내며 기리는 경우가 많았는데 관우가 바로 그 전형적인 예가 된다. 그냥 막연한 선사시대의 전설적인 영웅뿐만 아니라 아주 구체적으로 삶의 궤적이 알려진 인물이라도 그의 영웅적 일면이 사람들에게 감동을 줄 때 그를 단순한 영웅이 아닌, 실제로 자신의 삶에 지혜와 가호를 내려줄 수 있는 신으로 모시게 되는 것이다. 관우 이외에 송나라 때 복건성 해안의 실존 인물이었다가 해상의 여신이 된 마조(媽祖)의 경우도 이와 비슷하다.

관우묘는 당나라에 이르면 문묘(文廟)와 대응하여 무묘(武廟)로 격상시켰고 관우와 관련이 있던 지역을 중심으로 특히 관우에 대한 숭배의식이 성대하여 거대한 사당을 만들어 지금까지 지속시키고 있다. 관우의 고향인 산서성 해주(解州)를 비롯하여 낙양(洛陽), 당양(當陽) 등지에 모두 상당 규모의 무묘가 세워져 있다.

관우의 직함은 시대의 변천에 따라 날로 높아졌다. 본래 한수정후의 정후를 줄여서 후만 쓰기도 했는데 후(侯)에서 공(公)이 되고 다시 왕(王), 그리고 제(帝)와 성(聖)과 천(天)으로 지속적으로 변한 것이다. 이러한 경향을 반영하여 소설에서는 조조가 관우의 수급으로 보고 놀라면서 '천신(天神)이로다!'라고 소리쳤고, 그를 장례지내고 형왕(荊王)을 추증하였다고 기록했다. 결국 그를 신의 경지로 만들었다는 원말명초의 현실이 작가에 의해 반영된 것이 아닌가 한다.

역대 제왕에 의해 관우에게 하사된 작위는 충혜공(忠惠公), 소무안왕(昭武安王)이 있고 스스로 도군황제로 자칭하였던 북송의 휘종(徽宗, 趙佶)은 관우에게 숭녕진군(崇寧眞君)이라는 도교의 작위를 하사하였다. 명대 만력제는 관우에게 관성제군(關聖帝君)으로 추증하여 관우묘를 후에 관제묘, 관성묘로 불리게 하였다. 청나라에서도 만주에 있던 건국 초기부터 관우를 특별히 숭배했다. 아마도 전쟁의 수호신으로 그렇게 추앙했을 것이다. 청말 광서제에 이르러 그에게 내린 봉호는 「충의신무령우인용위

현호국보민정성수정익찬선덕관성대제(忠義神武靈佑仁勇威顯護國保民精誠綏靖翊贊宣德關聖大帝)」였으니 무려 26자에 이르는 최대의 찬사와 추앙의 뜻을 모두 종합한 것이었다. 마침내 그는 인간으로서 가장 높은 위상인 성군(聖君)과 대제(大帝)의 최고 지위를 얻게 된 것이었다.

관우에 대한 신격화는 결국 역대 정권의 필요와 황제의 기호에 의해 변천되어 왔다. 전통 시대의 왕실에서는 누구보다도 관우와 같은 변함없는 의리와 충성으로 뭉쳐진 충신이 나오기를 기대하고 있었으며 일반대중에게 보편적인 교육을 위해 바로 관우의 이미지를 활용하고자 하였다. 관우의 현성은 그의 영험한 능력을 보여주는 다양한 사례로 활용되었고 통치 그룹의 바람과 더불어 민간에서의 믿음은 더욱 굳어졌다.

북송의 사마광이 『자치통감(資治通鑑)』을 편찬할 때도 진수의 『삼국지』를 본받아 위나라를 정통으로 여기고 촉한은 변방의 역사가 되었다. 하지만 금나라로부터 수도 변경(汴京, 開封)을 비롯한 중원의 북방 지역을 빼앗기고 황제 두 사람(徽宗과 欽宗)을 비롯한 황실 인물과 대부분의 조정대신들이 포로로 잡혀간 치욕적인 정강(靖康)의 변을 당한 이후에 어렵사리 임안(臨安, 杭州)에서 나라를 이어가던 남송의 지식인들에게는 이제 자신들의 존재 이유로 내세울 수 있는 자부심은 오로지 중원의 한족이라는 혈통밖에는 없었다.

남송의 지식인들은 중원의 영토를 장악한 정권에게 정통성을 부여하던 전통적 역사관을 바꾸고 영토를 잃었다고 하더라도 혈통을 유지하고 전통문화를 계승 발전시키고 있는 자신들에게 역사적 정통성을 부여하였고 이러한 관점에서 역사를 다시 쓰기 시작하였다. 중국 역사상 분열의 시대는 춘추전국으로부터 이미 시작되었으므로 이때에 형성된 춘추대의의 관념과 화이구분의 이론을 대대적으로 발양광대하여 후세의 역사에 적용하였다. 진한의 통일시대를 지나 다시 나타나는 삼국의 시대는 이러한 관념을 부여해야 하는 첫 시험대가 되었다. 역사상으로 보면 한나라 황실의 정통성을 장악하고 중원의 땅을 차지하여 천하에 호령한 조조를 정통으로 삼지 않을 수 없었으며 또한 한나라로부터 직접 선양의 형식으로 정권을 이어받고 허창에서 낙양으로 천도한 위나라는 명실상부한 정통 왕조라고 할 수 있다. 실제로 가장 많은 인재들이 몰려있었고 역사 발전에 지대한 공이 있었던 위나라를 지방 정권으로 돌리기에는 무리가 아닐 수 없었다. 조조의 사후에 조비에 의해 위나라가 정식으로 건국되자 유비와 손권도 부랴부랴 연이어 황제를 칭하게 되지만 만약 정통이 하나의 나라에만 주어져야 한다면 위나라에게 주어질 수밖에 없었음은 분명한 사실이다. 진수의 『삼국지』나 사마광의 『자치통감』에서 그것을 증명한다. 하지만 남송의 지식인들은 자신들의 정체성을 살리기 위해서 새로운 역사관을 도입할 수밖에 없었으며 그것은 삼국시대의 정통을 촉한에게 주어야만 가능하게 되었다. 실제로 지리적 위치로 보면 동오의 남경과 남송의 항주가 더욱 가깝기는 하지만 한나라 황실이라는 혈통 중심의 정통을 생각하면 촉한을 중심으로 삼지 않을 수 없었던 것이며 이와 같은 관점은 사실 위진남북조 시기에 이미 탄생한 생각이었다. 삼국을 통일한 진나라가 머지않아 북방 민족에 의해 밀려서 남방으로 옮겨져 동진이 되었을 때부터 남조의 송, 제, 양, 진의 사대에 걸쳐 중원을 잃은 민족으로서 상처입은 자존심을 일으켜 세우고자 하였던 것이다.

남송의 대표적인 사상가 주자(朱子, 朱熹)는 사마광의 『자치통감』을 재해석하는 책 『자치통감강목』을 쓰면서 삼국시대의 정통 왕조를 촉한에게 두는 시도를 보여주었다. 물론 이러한 시도는 이미 동진 시대 습착치의 『한진춘추』과 같은 책과 궤를 같이 하는 것이지만 주자의 영향력이 이후 명청대에 강력하게 파급됨에 따라 주자의 촉한정통론은 그대로 오랫동안 지속될 수 있었던 것이다. 위정자들은 결국은 문성과 무성을 함께 만들어 백성을 교화하는 것으로 책무를 삼게 되었다.

한편 역사상 모든 정권은 무력에 의해 이루어졌음을 부인할 수는 없다. 오늘날에도 권력은 총구에서 나온다고 했듯이 예전에는 마상에서 천하를 얻는다는 말이 있었다. 권력을 얻는 것은 결국 무력에 의한 것이란 말이다. 하지만 한고조 유방(劉邦)에게 정치의 실무를 깨우친 사람은 육가(陸賈)다. 그는 유방에게 "권력은 마상에서 얻을 수 있으나 정치는 마상에서 할 수 없다."고 갈파했다.

싸움의 기술을 정교하게 가르치는 책이 『손자병법』이다. 피할 수 없는 싸움이라면 반드시 이겨야 하기 때문에 미리 생각하고 철저하게 대비해야 한다. 그러나 『손자병법』에서 최상의 책략은 싸우지 않고 이기는 것이다. 중국은 역사상 춘추전국시대의 대 혼란을 겪으면서 전쟁에서는 싸움의 실력뿐만 아니라 민심을 안정시키고 병사의 사기를 진작시킬 수 있는 대의명분을 어떻게 내세우는가 하는 것이 무엇보다도 중요함을 뼈저리게 느끼게 되었다. 천명을 받고 민심을 얻은 다음에 비로소 대의명분이 생기는 것이며 시정의 무뢰배나 오합지졸이 아님을 증명하여야 하는 것이다.

관우는 실제 역사상 행적에서 의리와 충성으로 뭉쳐진 인물이었다. 『삼국지』에서 보여주는 도원결의의 첫 번째 등장에서부터 비장한 마지막 순간에 이르기까지 독자의 심금을 울리는 일생을 살았던 관우는 밤이면 청등 아래서 『춘추』를 즐겨 읽었다는 이미지까지 덧붙여서 춘추대의의 화신으로서의 모습까지 더하도록 하였다. 그의 영혼이 옥천산에 현성하여 보정화상의 깨우침을 얻고 사라진 이후 나오는 다음의 시구에서는 붉은 마음(赤心, 丹心)과 푸른 역사(靑史)를 대비시키며 이렇게 노래하고 있다.

붉은 얼굴 붉은 마음	赤面秉赤心,
적토마로 내달리니	騎赤兔追風,
적제를 어느 한 시	馳驅時,
잊어 본적 없으시고	無忘赤帝
푸른 등불 푸른 역사	靑燈觀靑史,
청룡언월 칼에 기대	仗靑龍偃月,
청천에 어느 한 점	隱微處,
부끄러움 없으셨네	不愧靑天.

그가 타던 말이 적토마이고 그가 지닌 칼이 청룡언월도임을 내세워서 이렇게 정교하게 대비시키고 있지만 핵심은 굳은 의리를 지키는 일편단심과 청사에 빛나는 그의 춘추대의라고 하는 데 있을 것이다. 관우의 이미지는 바로 이러한 바탕 위에서 무인으로서 가장 이상적인 모습으로 그려지게 되었고 결국 역대 설화와 통속문학에서 점차적으로 만들어진 그의 이미지는 다시 역사가 되어 관우 숭배의 상징인 관우 사당으로 실존하게 되고 다양한 민속 활동으로 존속하게 되었던 것이다.

청나라에서의 관우 숭배는 얼핏보아 명나라의 전통을 이은 감도 있지만 그러나 아직 17세기초 만주지역에 있었던 후금의 초기에 벌써 관우 사당을 세우고 무신으로서 관우를 적극 추앙하고 있었다는 점을 간과해서는 안될 것으로 보인다. 나라 이름을 대금(大金, Aisin gurun)에서 대청(大淸, Daiching)으로 바꾸고 여진족에서 만주족으로 민족의 명칭도 바꾸었지만 이들은 문화적 전통을 한족으로부터 적극적으로 수용하고자 노력하였다. 후금의 초기 수도 허투알라의 영채에도 관제묘를 만들어 두고 있었다. 청태종 홍타이지는 만주문자를 이용하여 가장 먼저 소설 『삼국지』의 번역을 명하였다. 만주족에게 있어서 소설 『삼국지』는 명나라와의 전쟁을 성공적으로 수행하는데 직접 참고해야 하는 중요한 교과서와도 같았다. 실제로 산해관을 굳건하게 지키고 있는 원숭환을 처치하기 위해 그들이 활용한 것은 정교한 반간계였다. 그냥 순박하고 거칠 것만 같은 동북의 미개민족으로서 유구한 한족의 문명을 장악하고 있었던 명나라와 대결하기에는 오히려 그들의 문화유산을 활용하는 길 밖에 없음을 깨달았던 것이다.

그러나 관우 신앙이 단순히 정치가의 필요에 의해 무성으로서만 발전한 것은 아니다. 오히려 상인들에 의한 전파와 문화 활동 그리고 재신으로서의 숭배 대상 등에 대해서도 이해할 필요가 있다.

관우가 태어난 곳은 산서성 해주(解州, Haizhou, 발음 주의)다. 바로 해주 염전의 출산지다. 해주의 염상들은 전국적으로 장사를 다니면서 고향 출신인 관우를 수호신으로 모시기 시작하여 결국 그의 덕분으로 장사가 잘 될 것을 바라 재물의 신이 되었다. 송나라 이후 관제 신앙은 상당히 보편화되어 원나라 때도 관우의 영험함이 알려져 더욱 칭송하였다. 명말에는 나라가 혼란에 빠지고 위기가 닥쳐오자 호국과 충의의 대표로 유비, 관우, 장비를 모신 삼의묘를 건립했다.

산서 상인들이 다니는 중요한 도시에는 회관이 만들어지고 연극 공연과 더불어 관우에 대한 제사가 진행되었다. 나중에 회관은 아예 관제묘에 설치되었다. 이러한 방식은 다른 지역 사람들도 이어받았고 특히 동남해안 지역으로부터 해외로 진출한 화교들은 동남아시아, 일본, 미주지역에 정착하는 대로 현지에 관제묘를 지어서 신앙 활동을 계속하면서 정체성을 이어갔다. 오늘날 해외 화교의 거리는 반드시 관제묘를 중심으로 발달되어 있고 상점이나 민가에도 관우의 상을 모시고 신으로 받드는 경우가 많다. 현재 중국에서는 마조 신앙을 유네스코 인류무형문화유산으로 등재한데 이어 관우 신앙의 등재도 적극 추진하는 것으로 알려졌다.

8. 지리 문화의 배경

「사대기서」의 지리적 배경으로는 중국 전역에서 수많은 현장을 찾아볼 수 있다. 우선 「사대기서」를 지리적으로만 개괄해보면 네 작품이 갖는 범위가 달라서 서로 비교하는 것이 흥미롭다. 청하현을 무대로 삼고 있는 『금병매』가 가장 좁은 범위이고, 산동의 양산박을 중심으로 동경 개봉부과 북경 대명부 그리고 북으로 유주와 남으로 목주에 이르는 범위를 다루는 『수호전』이 좀 더 넓다. 『삼국지』는 중국 전역의 판도를 대상으로 하고, 『서유기』는 거대한 우주 안에서 천상과 천하를 종횡무진으로 이동한다. 그리하여 「사대기서」에서 다루는 문제는 작게는 일개 가정의 일에서 시작하여 체제 개혁과 변화를 추구하는 사회의 일로 넓혀지고 나라를 창업하고 천하를 다투는 문제로 비화되었다가 결국 천상천하와 수중지하에서 우주 공간으로 확대되고 끝내는 인간의 내면적인 깊숙한 마음까지 천착하고 있음을 알 수 있다. 이처럼 「사대기서」는 인간이 생각할 수 있는 다양한 범위의 문제를 모두 다루고 있다. 역사 연의소설 『삼국지』에서는 황하 중류의 낙양과 허창, 양자강 상류의 형주와 익주, 양자강 하류의 건업(남경) 등을 중심으로 천하를 삼분하여 서로 대치하면서 동시에 북으로 몽골지역인 선비와 오환, 동남으로 광동 지역인 남월, 서남으로 운남 지역인 남만, 서쪽 감숙의 강저(羌氐)까지도 복속하거나 정벌하고 있다. 신마소설 『서유기』에 이르면 현실적 지리 관념을 뛰어넘어 사대부주 전체를 대상으로 확대하고 있다. 손오공이 태어난 화과산이 있는 동승신주로부터 장안의 남염부주, 영산이 있는 서우하주까지를 종횡으로 오가며 물속으로는 동해의 용궁, 땅속으로는 염라대왕의 지옥, 하늘 위로는 옥황상제의 천궁에 이르도록 우주 공간을 활개 치는 것이 바로 『서유기』다.

『삼국지』는 중원의 세계에서 다투어 창업하고 영토와 인민을 서로 많이 차지하려고 경쟁하는 이야기다. 후한의 수도 낙양과 조조의 근거지 허창이 조조 군단의 핵심지역이었고, 유비의 근거지로는 출신지 탁군으로부터 시작하여 여포와 쟁패를 한 서주, 조조의 추격을 피해 옮겨간 신야, 적벽대전의 결과로 얻게 된 형주, 새로 진출한 익주가 중심이 되어 끝으로 성도를 촉한의 수도로 삼았다. 양자강 하류의 동오 지역을 확보한 손권은 건업에 석두성을 쌓았고 관우를 잡은 이후에는 형주와 양주 전역과 동남 지역을 모두 차지하였다.

수많은 현장이 삼국의 이야기를 전해주지만, 필자는 도원결의 현장인 탁주와 천하삼분의 기회를 잡은 적벽에 관심이 간다. 탁군(涿郡)은 유비와 장비의 고향이다. 산서 해주(解州)출신의 관우가 이곳으로 피신 와서 세 사람이 우연찮게 만나게 되었다. 장비의 도원에서 세 사람이 의형제를 맺는 장면은 파란만장한 삼국 이야기의 화려한 시작이 되었다. 결의형제의 의식에서 하늘에 고한 그들의 맹세는 두고두고 사람들의 입에 오르내리며 훗날 수많은 의형제들에게 똑같은 말을 반복하게 했다.

오늘날 하북성 탁주(涿州)는 북경에서 남쪽으로 멀지 않은 작은 도시이지만 아직도 유관장의 결의형제를 기념하여 명나라 때 황제의 명으로 세운 삼의묘(三義廟)가 남아있고 또 장비를 기리는 장환후묘(張桓侯廟)도 따로 근처의 장비점(張飛店, 현재 충의점)이라는 곳에 남아있다. 이곳에 도원이 조성되어 있고, 장비고정(古井)과 음마조(飮馬槽) 등의 유적지를 간직하고 있다. 유비는 비록 한나라 황실의 종실이었지만 당시에는 이미 몰락한 후손이라 스스로 돗자리를 짜서 팔러다니지 않으면 안 되는 상황이었고, 장비는 비록 푸줏간 일을 한다고는 했지만 그런대로 장원을 갖추고 있어서 살만한 지주였다고 볼 수도 있다. 고향을 도망쳐 나온 관우나 집안이 가난한 유비에 비하면 장비는 당시 도원에서 소 잡고 양 잡아서 천지에 제사 지낼 제수를 마련할 만한 재력이 있었던 것이다. 유비는 어려운 환경 속에서도 당시 유명한 학자 노식(盧植)의 제자로서 학문을 닦은 바 있다고 했다. 노식은 한말의 경학가로서 이름 있는데 정현(鄭玄)과 동문수학한 사이였다. 고향으로 돌아와 백마장군 공손찬과 유비, 유덕연 등을 가르친 바가 있다고 한다. 노식은 노씨의 원조라고 하여 일찍이 노태우 대통령도 퇴임이후 그의 고거(故居)를 방문하여 기념비석을 남긴 바 있다. 바로 탁주에 있다. 당나라 한림학사 노수(盧穗)가 안록난의 난을 피해 아들 9형제를 데리고 우리나라로 건너와서 신라에 등과하고 한국 노씨의 선조가 되었다고 한다. 낙양의 교외 용문석굴의 앞에는 이천(伊川)이 흐르고 강 건너 맞은편 향산(香山) 위에 백거이의 묘가 있는데 그곳에도 한국의 백씨 종친회에서 세운 기념비가 있으니 한국인의 조상숭배는 남다르다고 하겠다.

탁군에서 남쪽으로 조금 더 내려가면 조자룡(趙子龍)의 고향 상산(常山)이 있다. 조자룡은 전장에 나타나면 말을 달리면서 "여기 상산 조자룡이 있다!"고 소리치는 것으로 유명하다. 자룡은 조운(趙雲)의 자다. 그는 공손찬의 수하로 있다가 빛을 보지 못하고 유비의 수하가 된 이후 주군과 뜻이 맞아 30여 년간 충성을 다한 장수다. 삼국인물 중에서 용맹하고 지혜로우며 마음이 넓고 고결하여 가장 존경받는 장수다. 『삼국지』에서 완벽한 인품으로 칭송받는 두 사람이 있다면 문과에서 제갈량이고 무과에서 조자룡이라고 말하곤 한다는데 그의 고향은 전장에서 외치는 그 한마디로 더욱 빛이 난다. 상산은 지금 하북성 정정현(正定縣)이다. 시진핑 주석이 젊은 시절 당 서기로 근무하면서 『홍루몽』 연속극의 촬영 무대 영국부(榮國府)를 건설하여 일약 관광 명소로 발돋움하게 하였다는 곳으로도 이름난 지역이다.

삼국시대 최대의 전쟁이었던 적벽대전은 제갈량의 의도대로 「천하삼분」의 계기를 마련하게 되었다. 오나라로부터 일시적으로 형주를 빌려 근거지를 마련한 유비 집단은 관우를 남겨 형주를 지키도록 하고 제갈량의 원대한 계획을 실천하기 위해 익주로 진출하여 서남의 이민족을 복속시키며 탄탄한 일국의 터전을 마련하였다.

양자강의 강 언덕에 깎아지른 붉은 색 절벽이라는 의미로 붙여진 적벽(赤壁)은 호북성 포기(蒲圻)현에 있어서 포기적벽이라고 불렀다. 포기현은 부들이 많이 나는 언덕이란 의미로 동오의 손권 때 명명되었는데, 1998년에 지명도를 높이기 위해 아예 적벽시로 개명했다. 옛 전장의 유적은 적벽시에서 서북으로 백리쯤 되는 적벽진의 양자강 남안에 있다. 악양과 무한의 중간쯤이 된다. 「적벽고전장」이라는 이름으로 기념공원을 만들어 관광객을 맞고 있다. 그곳에는 주유가 썼다고 전해지는 적벽(赤壁) 두 글자가 새겨 있고 적벽대전진열관, 삼국인물전시관, 문사자료실 등이 설치되었고 심지어 삼국지혜연구원도 있어 눈길을 끈다. 『삼국지』에서 삶의 지혜를 배우려는 것은 중국이나 한국이 다를 바 없는 모양이다.

이와 별도로 송나라 소동파(蘇東坡)는 황주(黃州)로 귀양을 가서 양자강 강가의 한 곳에서 현지인들이 적벽이라고 부르던 곳을 배를 타고 지나게 되었다. 멋진 절벽 앞에서 감개무량하여 그는 곧 「적벽부(赤壁賦)」를 지었고 또 「적벽회고」의 부제가 달린 「염노교(念奴嬌)」사를 지어 천고에 이름을 남겼다. 세상 사람들은 그가 보았던 곳이 본래의 적벽대전이 일어났던 전장이 아니었음을 알았지만 아무도 비난하지 않았고 오히려 그의 문학적 수사로 되살아난 적벽회고의 화려한 부활에 환호하였다. 이곳은 황주적벽 혹은 동파적벽이라고 부르며 지금도 명승지가 되어 소동파를 기념하는 「이부당」을 만들어 놓고 관광객을 맞이하고 있다. 이부(二賦)란 「전적벽부」와 「후적벽부」를 말하는 것이다. 역사적 명승지는 명문을 만들어 내고 그 명문은 새로운 역사적 명승지를 창조하고 있음을 본다. 「임술년 칠월 기망에……」로 시작하는 「적벽부」는 내용이 긴 편이니 여기서는 그 분위기를 고스란히 전하고 있는 「염노교」사를 보자.

장강은 유유히 동으로 흐르고	大江東去,
천고의 풍류인물 물결 따라 가버리네	浪淘盡千古風流人物.
옛날 보루의 서쪽 저편이	故壘西邊,
삼국시대 주유의 적벽이라고 말하네	人道是三國周郎赤壁.
바위는 어지럽게 구름 위 솟아있고	亂石崩雲,
파도는 놀란 듯이 강 뚝에 부딪쳐서	驚濤裂岸,
백설 같은 거품 수없이 말아 올리네	捲起千堆雪.
강산은 그림만 같은데	江山如畵,
한때의 영웅호걸 얼마나 될까	一時多少豪傑.
아득히 주유를 생각하니	遙想公瑾當年,
그때 소교에게 막 장가들어	小喬初嫁了,
한창 영웅의 기개 펼쳤노라	雄姿英發.
두건 쓰고 부채 흔들며	羽扇綸巾,
담소하고 즐기는 사이	談笑間,
강적은 재가 되어 연기로 사라지네	强虜灰飛煙滅.
옛날 그곳 회상하며 노니나니	故國神遊,
다정한 이 나를 두고 비웃으리	多情應笑我,
벌써 흰머리가 났노라고	早生華髮.
인생은 한바탕 꿈이거늘	人生如夢,
술잔 들어 강물 속 달님에 뿌리노라	一尊還酹江月.

이처럼 가슴에 와닿는 시 구절이 남아있으니 오늘날 적벽의 현장을 찾

는 사람들도 또한 소동파와 같이 똑같은 감동을 받으리라. 동파적벽을 문(文)적벽이라 하고 포기적벽을 무(武)적벽이라 하는데 문화적이고 풍류적인 분위기는 동파적벽이 훨씬 농후했으니 "가작진시진역가(假作眞時眞亦假)"의 느낌이라고 하겠다.

『수호전』의 무대는 양산박이다. 양산박에 영웅들이 모여들기 전에 임충은 개봉부 대상국사에서 노지심을 만났고, 양지는 북경 대명부에서 생신강의 운송 책임을 맡았으며, 송강은 운성현에서 조개와 오용 등을 탈주시켰고, 청하 출신 무송은 양곡현에서 형수를 살해하고 창주로 귀양 갔으며, 송강은 강주로 귀양 가서 대종과 이규를 만났다. 사형수가 된 송강을 구출하기 위해 양산박 호걸들이 형장을 습격한 것도 바로 강주다. 훗날 조정에 귀순한 송강의 부대는 유주에서 요나라와 싸우고 절강의 목주에서 방랍을 토벌하였고 간신이 보낸 독주를 먹고 초주에서 죽었다. 이것이 『수호전』의 대강의 지리적 배경이다.

그 중심은 강호의 영웅 인물 108명이 모여 있는 양산박인데 오늘날 그 현장은 산동성 양산(梁山)과 동평(東平) 사이에 있었던 것으로 생각된다. 송나라의 양산박은 거대한 호수였지만 후에 황하의 물줄기가 몇 차례 바뀌면서 양산박으로 흘러드는 물이 줄어들고 마침내 호수는 말라버리고 말았다고 한다. 그러나 오늘날 산동성에 양산의 지명이 그대로 있고 주변에 동평호가 아직 있으므로 비록 본래의 양산박과 동일하지는 않다고 하더라도 이곳을 수호의 유적으로 보려는 것이 현지인들의 생각이다. 사실 소설 『수호전』에서 양산박 호걸의 이야기가 딱히 어디서 유래한 것인지는 아직도 논란 속에 있으므로 그곳을 역사적 현장이라고 확인 짓기는 어려운 일이다. 동정호에서 일어난 반란 사건이거나 태항산에 자리잡은 봉기사 건에서 유래하는 것으로 보는 시각도 있기 때문이다.

어쨌거나 오늘날 동평호(東平湖)의 동쪽으로 동평이 있고 서쪽에 양산이 있으며 남쪽으로 머지않은 곳에 송강과 조개, 오용 등의 고향인 운성(鄆城)이 있고 서북쪽으로 머지않은 곳에는 무송이 형을 만나는 양곡(陽谷)도 있으니 대체로 소설 속의 지명을 찾을 수 있어 지리적 현장을 가늠할 수 있다. 다만 현대의 행정 단위상 동평은 태안(泰安)에, 양산과 운성은 하택(荷澤)에, 양곡은 요성(聊城)에 나뉘어 속해있다. 하지만 또 경항(京杭) 운하의 흐름에서 보면 북에서 임청(臨淸)을 지나 양산의 동평호를 경유하여 남으로 제녕(濟寧)을 지나 서주(徐州)로 이어지는 노선이 이어지고 있는데 과거 한때의 황하 물길이라고 할 수 있다. 다만 현재의 지리상 양곡과 청하(淸河)는 상당한 거리가 있는데 『수호전』이나 『금병매』에서 모두 청하와 양곡을 이웃이라고 설정하고 무송과 무대, 반금련과 서문경의 이야기를 진행하고 있는 것은 당시에는 상황이 달랐기 때문일 것이다.

사실 황하는 낙양의 북쪽을 지나 개봉에 이르러서 역사상 여러 번 물길을 바꾸었다. 전한 말기까지 6백년간 흐르던 물길은 후한부터 북송 초까지 근 천년 동안은 길을 바꾸어 조금 아래로 흘러 발해(渤海)로 빠지고 있었다. 황하의 물길은 송나라 때는 몇 번이나 크게 바뀌었다. 북송의 인종에서 남송의 효종 연간까지 백여 년간 물길이 남행하여 회하(淮河)에 합류하였고, 남송 영종(寧宗)부터 명대 홍치까지는 다시 바뀌어 오늘날 양산근처로 흘러들었다가 남쪽의 여러 호수를 경유하여 서주 근처에서 동해로 빠졌다. 홍치 연간에 바뀐 물길은 또 남으로 흘러 청대까지 3백 년간 회하의 북쪽에서 동해로 빠져 나갔다. 현재 제남의 북쪽으로 흘러서 발해만의 황하구로 나가는 황하의 물길은 1855년 이후 지금까지 150여 년간 지속되고 있다.

이러한 상황으로 생각해 보면 북송과 남송사이에 물길이 여러 번 바뀌었고 특히 휘종 연간에 양산박 근처를 흘러 북으로 흘러갔고, 그 후에도 역시 양산박을 경유하여 남행하였으니 수호 이야기가 형성되었던 남송 이후 원초까지 모두 양산박의 현장감을 느끼면서 이야기를 만들어갔다고 볼 수 있다. 원말명초에 장편소설로 만들어질 때 여전히 이곳에 거대한 호수가 있었을 때였다. 그 넓이는 『수호전』에서 "8백리 양산박"이라고 묘사하였고 사서에서는 양산락(梁山濼)으로 쓰기도 했다.

송나라의 수도는 변경(汴京)인데 바로 동경 개봉부다. 변경이라고 한 것은 변하(汴河)를 끼고 있기 때문이다. 전국시대 위(魏)나라의 혜왕이 이곳

대량(大梁)으로 천도하였다. 지금도 성문에 대량문의 이름이 남아있다. 『맹자』에서 양혜왕이라고 말한 것은 바로 위 혜왕을 말한다. 진한 이래로 주로 장안과 낙양을 수도를 삼았는데 오대 때 후량과 후진, 후한, 후주가 비로소 개봉을 수도로 삼고 동경이라고 불렀다. 후주를 이어받은 송태조 조광윤이 개봉을 그대로 수도로 삼았다. 본래 성문을 열고 닫는다는 계봉(啓封)이었는데 한나라 경제(景帝, 劉啓)를 피휘하여 개봉으로 바꾸었다고 한다.

『수호전』과 『금병매』는 모두 휘종 연간을 배경으로 하기 때문에 개봉을 동경이라고 지칭하고 있다. 노지심은 오대산 문수원에서 취중에 큰 소란을 피워 지진 장로는 그를 동경의 대상국사로 보냈다. 동경으로 향하는 과정에서도 도화촌에서 소동을 일으키고 와관사를 불사르는 등 사연이 적지 않았으나 일단 대상국사에 도착하여 채마밭을 맡아보게 되었다. 대상국사는 본래 북제(北齊)때 건국사의 이름으로 세워졌는데 당나라 예종(睿宗)이 상왕(相王)으로 있다가 황제로 등극한 것을 기념하여 대상국사로 이름을 내리고 황실에서 특별히 보호하였다. 후에 전란과 수재로 인해 훼손되었으나 강희 연간에 중수하였다. 노지심이 이곳 채마밭 주변에 까마귀 둥지를 튼 버드나무를 뿌리째 뽑아버리는 괴력을 보여주어(제7회) 동네 망나니들을 놀라게 한 일이 있다. 이곳에서 임충과 만나 의기투합하였다가 임충이 고태위의 미움을 받아 귀양 가게 되었을 때 뒤를 따라가면서 개봉을 떠나는데 야저림에서 임충을 해치려던 공인을 혼내주고 귀양지까지 따라간다. 지금 대상국사 뜰의 한 켠에는 버드나무를 뽑고 있는 노지심의 모습을 동상으로 만들어 볼거리를 제공하고 있다.

개봉의 대상국사는 『서유기』에서도 등장한다. 당태종이 경하의 용왕과 약속을 지키지 못했다고 염라전에 고발되자 지옥으로 가게 되었는데 다행히 위징이 소개장을 써준 덕분에 최판관의 안내를 잘 받고 특히 지옥의 곳간 열세 군데에 금은보화를 많이 비축한 개봉부 사람 상량(相良)의 돈을 빌려서 가난한 귀신들에게 나눠주었다. 인간 세상으로 환생한 당태종은 지옥에서 빌린 돈을 잊지 않고 갚고자 조정 대신을 개봉부로 보내서 상량을 찾도록 했다. 상량은 물장수를 하고 그 아내는 옹기를 팔아서 생계를 유지하면서 조금이라도 남으면 승려에서 보시하고 지전을 태워 선업을 쌓았다. 그러나 울지경덕이 황제의 명으로 거금을 주려고 하니 혼비백산 놀라면서 절대로 까닭모를 재물을 받을 수 없다고 버티는 바람에 황제는 그 돈으로 절을 세우고 그를 위해 사당을 짓도록 명했다(제11회). 절은 칙건상국사(勅建相國寺)라고 하였고 상량 노부부를 위한 사당을 짓고는 「울지공(蔚遲恭)감조(監造)」라는 비석까지 세웠다고 하면서 그 절이 바로 오늘날 개봉의 대상국사라는 말까지 잊지 않았다. 『서유기』의 작가는 역사와 현실을 교묘히 착종하여 이처럼 멋진 이야기로 꾸며낸 것이다. 이 절은 당나라 이전에 만들어졌고 황제와 관계는 있었지만 이처럼 당태종의 지옥 여행과 그 결과에 따른 후속 이야기로 민중의 인상에 깊이 박히도록 꾸며내어 동정과 감동을 연출한다. 소설적 진실이란 바로 이런 것이다.

개봉은 명말 이자성(李自成)의 난 때 명나라군과 반란군 사이에 성(城)쟁탈전을 하던 중 황하의 물을 터뜨려 개봉 시내를 수몰시키는 바람에 수많은 인명피해가 나고 대부분의 건축물이 훼손되었다고 한다. 황하는 오랜 세월 바닥에 침전물이 쌓이는 바람에 그 하상(河床)은 현재 개봉 시내보다 무려 13미터나 높다. 황하의 제방을 계속 높이는 수밖에 없는 데 사람 사는 땅이 강물의 바닥보다 한참이나 낮으니 언제나 불안할 뿐이다. 개봉 철탑은 북송 인종 연간에 세운 55미터짜리 팔각의 13층탑이다. 본래 개보사(開寶寺)가 있던 곳이라 개보사탑이라고 하는데 갈색 유리 기와로 구운 벽돌을 써서 마치 철로 주조한 듯 하여 원대부터 민간에서 철탑이라고 불렀다. 근 천년에 이른 동안 지진과 수재를 여러 번 겪었지만 꿋꿋하게 지키고 서 있어서 천하제일탑이라고도 부른다.

북송의 수도 동경은 당시 인구 백만이 넘는 세계 최대의 도시였으며 도시경제의 발달로 상업과 통속 문예활동이 활성화되어 있었다. 당시의 그림 「청명상하도」에 그 모습이 여실히 그려져 있고 『동경몽화록』에 상세한 기록이 남아 전하고 있다. 지금 개봉 시내의 한 구역에는 바로 이러한 모습을 재현하여 「청명상하원(淸明上河園)」을 만들어 당시의 화려한 모습과 다양한 전통문화를 보여주고 있어 관광객을 끌어들이고 있다.

『서유기』는 주인공 손오공이 천상과 천하를 뒤흔들며 대활약을 하는 환상적인 소설이므로 시간적 공간적 배경을 현실적으로 고증하기 어렵지만 세상 사람들은 소설의 묘사와 유사한 곳을 적극 찾아내어 그 배경으로 인식하고 있다. 손오공의 탄생 현장은 동승신주 오래국(傲來國)의 화과산이다. 오늘날 화과산은 강소성 연운항(連雲港)의 바닷가에 있는데 본래는 창오산(蒼梧山)이었다. 창오산이 소설 속 화과산의 원형으로 가장 유사하기 때문에 화과산으로 개명하고 관광지가 되었다. 소설 묘사에는 화과산 정상에 신령한 돌 하나가 있다가 천지의 정기를 받아 돌이 갈라지면서 원숭이가 태어났다고 했다. 오늘날 연운항의 운대산(雲臺山) 봉우리 중에 해발 625미터의 창오산(蒼梧山)에는 산정에 달걀껍질 반쪽모양의 매끄러운 돌이 있다. 사람들은 이를 당시 돌 원숭이를 태어나게 한 신령스런 돌이라고 말한다. 또 이 산에는 높이 6미터나 되는 돌기둥이 있는데 동해 용궁에서 빼앗은 여의봉으로 보고 있고, 또 더욱 공교로운 것은 원숭이 왕국이 있었던 수렴동과 아주 유사한 폭포가 있어서 역시 수렴동으로 이름 붙여놓고 있다. 심지어 『서유기』의 작자인 오승은이 이곳을 방문하여 여러 가지 아이디어를 얻고 이 산에 전해오는 전설을 채집하여 갔다는 이야기까지 전해지고 있다. 화과산에는 남천문, 삼원궁, 수렴동, 여와유석 등 볼만 한 것들이 많다. 『홍루몽』에 나오는 여와유석까지 이곳에 그 이름을 만들어서 또 하나의 볼거리로 만들어가는 중국인의 문화적 창조정신이 놀랍다.

연운항은 사실 고대에 해주(海州)라는 지명이었다. 『서유기』에서 해주는 강류화상의 부친 진광예의 고향이다. 그는 이곳 출신으로서 장안으로 가서 과거에 장원급제하고 재상 은개산의 딸 온교와 혼인하여 강주로 발령이 났다. 부인과 함께 경성을 출발하여 고향으로 돌아와 인사하고 노모를 모시고 강주로 떠났다. 그러므로 이곳은 『서유기』의 실질적 주인공인 손오공과 삼장법사가 모두 관련된 중요한 지역이라고 하겠다. 화과산의 유적으로 인해 강소성 연운항시에서는 관광지 개발뿐만 아니라 『서유기』를 주제로 하는 국제학술대회도 개최하고 있다. 명실공히 「서유기의 고향」으로 확실하게 굳히기 위한 전략일 것이다. 만약 『홍루몽』의 첫머리에 나오는 대황산 무계애를 너무 황당무계하도록 묘사하지 않고 조금만 신경 써서 현실적 지리 배경을 추적할 수 있도록 안배해 두었다면 지금쯤 유명한 관광지로 발돋움했을 것이다. 하다못해 거대한 보천유석의 몸통에 가득 적힌 석두기의 원형이 만주 벌판에 우뚝 솟은 광개토대왕의 비석에서 영감을 받은 것이었다고 하였다면 또 얼마나 대단한 관심을 불러일으킬 수 있었겠는가. 화과산의 예를 보면서 그런 생각이 드는 것은 필자의 아쉬움이며 또한 나름대로의 상상이기도 하다.

화염산(火焰山)은 신장위구르 자치구의 투루판(吐魯番) 근처에 있다. 산의 본명은 키질커타(克孜勒格塔)산인데 불타는 산(火山), 영어로 Flaming Mountains라 한다. 고서에서도 적석산(赤石山)이라고 했으니 붉은 돌이 빛을 받아 불타는 모습으로 보였기 때문일 것이다. 해발 500m 정도 되는데 적색사암으로 된 돌의 성분 때문에 석양을 받으면 활활 타오는 모습이 된다. 단지 모습뿐만 아니라 실제로 여름에 47도까지 오르고 어떤 곳은 70도에 이른다고 하니 과연 이 지역을 '화주(火州)'라고 했음이 알만 하다. 이 산은 실크로드의 연로에 위치하여 예로부터 많은 사람들이 오가면서 이름이 났다. 현장법사의 취경 당시부터 이름이 전해졌을 것이며 자연스레 『서유기』의 묘사에 포함되었을 것이다. 소설 제59회에서 취경단은 화염산을 만나 철선공주의 파초선을 빌려서 불을 꺼야만 길을 갈 수 있게 되었다. 손오공은 취운산으로 달려가서 철선공주로부터 파초선을 빌리고자 하였으나 앞서의 싸움에서 자기 아들 홍해아를 제압했다는 원한으로 부채를 빌려주지 않았다. 손오공은 일찍이 그의 남편 우마왕과 결의형제 사이였으므로 형수라고 부르며 잘 달래고자 했으나 뜻대로 되지 않자 이들 부부와 한바탕 싸움으로 재주를 겨룬 후에 천궁장수의 도움을 받아 제61회에 이르러 파초선으로 화염산의 불을 끄고 앞으로 전진할 수 있었다. 오늘날 투르판의 화염산은 이미 실크로드 탐방의 유명한 관광지가 되었다.

사실 중국에는 또 하나의 화염산이 있다 하여 화제다. 손오공 일행이 서천취경의 길목에서 만난 화염산은 당연히 서역에 있어야 할 것이지만, 중국 동북 지역인 내몽고 적봉(赤峰) 근처에도 화염산이 있으므로 참고로 한번 살펴볼 만하다. 이 산은 화염산과 함께 홍산(紅山)이란 이름이 있다. 도시 이름 적봉도 산 이름과 그 뜻이 같다. 모두 붉게 빛나는 산의 모습이다. 해발 650m인 산 전체가 붉은색 화강암으로 햇빛에 반사되어 불타는 모양으로 보인다. 이 산은 역사적, 문화적으로도 유명하여 산정에는 전국시대 연(燕)나라 만리장성의 유적이 있으며 신석기시대의 문화를 발굴한 '홍산문화'의 현장이기도 하다. 홍산문화는 지금부터 5천 년 전의 고대문화로서 황하문명보다 천 년 정도 앞서는 문명이라고 하며 한국학계에서는 이곳에서 동쪽으로 갈라져 발전한 문화가 곧 고조선으로 이어진다고 보고 있다.

『금병매』의 무대는 청하 현이다. 본래 『수호전』에서는 무대와 무송이 모두 청하 현 사람이었는데 무대가 반금련과 결혼하고 주변에서 불량배들이 집적대자 양곡 현으로 옮겨와서 찐빵 장수를 하면서 살고 있었다. 경양강에서 호랑이를 때려잡은 무송이 양곡 현의 도두가 되는 바람에 양곡 현에서 친형인 무대를 만나게 된 것이다. 그런데 『금병매』의 작가는 이야기의 구조를 빌려왔지만 지명과 사건을 조금씩 뒤바꾸고 비트는 기교를 부렸다. 그는 무대와 무송을 양곡 현 사람으로 설정하고 이야기의 중심을 청하로 옮겨와서 반금련과 서문경의 만남을 청하 현에서 진행시켰다.

청하(淸河)는 현재 중국에서 산둥성의 경계에 있으며 허베이성에 속해 있다. 경항(京杭)운하가 임청을 지나는데 논자들은 『금병매』의 청하는 곧 임청의 운하 문화를 배경으로 하는 것이라고 설명하기도 한다. 청하는 무대와 무송의 고향이다. 무대는 『수호전』에서 그냥 성씨만 있고 이름 없는 인물이었다. 둘째인 무송을 무이랑이라 부르고 무대는 첫째라는 뜻으로 무대랑(武大郞)이라 부른다. 그런데 『금병매』에서는 무송과 돌림자로 무식(武植)이라는 이름까지 만들어 넣었다. 놀라운 것은 청하에 「무식고묘(古墓)」 즉 「무대랑묘」가 있다는 것이다. 전설에 의하면 명대 인물 무식의 자는 전령(田嶺)이고 어려서 대랑(大郎)이라 하였으며 총명하고 재주가 있어 중년에 진사가 되었고 양곡현 현령까지 지냈다. 부인 반씨(潘氏, 반금련)는 명문귀족으로 현숙하였으며 부부는 화목하였고 아들이 넷이 있었다고 했다. 청하 사람들은 역사인물에서 무식이란 사람의 행적을 찾아냈고 실존인물로 소개하고 있는 것이다. 소설 속에서 청하 출신으로 못난이의 대표 격인 무대의 인물 형상을 그대로 받아들이기 난감했던 그들은 이처럼 새로운 노력을 기울여 문화를 창조하고 있었던 것이다. 그냥 소설에서 아무렇게나 만든 이름 같았는데 현장에서는 새로운 전설에 근거하여 무덤까지 만들고 그의 사당을 건립하고 있으니 중국문화의 재생산 과정이 이와 같다. 물론 청하사람들은 오히려 역사적 인물의 사적을 뒤틀어서 소설에 넣은 것이라고 보는 편이 많은 것이다. 청하에는 지금 무송공원과 쾌활림 공원도 만들어놓고 있으니 『수호전』을 통해 청하의 이름을 대내외에 널리 알고자 함을 알 수 있다. "천하의 장씨는 청하 출신이다(天下張氏出淸河)"는 말이 있을 정도로 청하는 장씨의 고향으로 알려져 있다. 장씨는 황제의 신하로서 활과 화살을 처음 만든 사람이었다. 장씨는 전 세계에 1억명이나 있다고 한다. 청하 출신의 유명한 성씨로는 춘추시대 제나라 공경의 한사람인 최씨(崔氏)도 있다. 동한 이후에 산동의 유망종족으로 이름났다. 당나라 때는 재상을 수십 명이나 배출하여 노(盧), 이(李), 정(鄭), 왕(王)씨와 함께 최씨는 오대 성씨로 추앙받았다. 당대 전기소설 『침중기』에는 노생이 꿈속에서 청하 최씨와 혼인하고 과거에 급제하여 출세하여 재상까지 지내는 이상적인 삶의 모습을 그리고 있다. 당시 청하 최씨를 아내로 얻는 것은 뭇 남성들의 바람이었던 것이다. 청하 최씨를 시조로 하는 한국의 충주 최씨도 있는 것을 보면 그 유래와 영향이 상당히 넓음을 알 수 있다.

第10장 사대기서의 전파와 한국의 수용

「사대기서」는 중국문화의 상당부분을 보유하고 오랜 세월 중국 사회에 유전되어 오면서 많은 영향을 끼친 장편소설이다. 중국문화는 일찍부터 동아시아 각국에 전파되어 적잖은 영향을 끼쳤고 문화의 전파와 더불어 「사대기서」의 전파와 영향도 함께 이루어졌다. 한국은 특히 중국과 가장 가까이 인접해있고 일찍부터 한자와 문물을 받아들여 국가 발전에 이바지해 왔다. 「사대기서」는 중국에서도 명대 이후에야 출판물로 나와 대량 전파가 가능해졌지만 사실 그에 앞서 그 원류에 해당하는 강사화본이나 희곡 작품 등은 이미 고려 시대에 전해졌을 가능성도 있다. 오늘날 확인할 수 있는 것은 고려 때 전해졌을 것으로 확신되는 「고본서유기」의 내용과 「서천취경도」 등이라고 할 수 있다. 당시의 한어 교재에 이미 다양한 서유고사가 들어있고 또 당시 건립된 불탑의 부조에 20폭의 서천취경의 장면이 들어있어 상당히 일찍부터 원나라로부터 고려에 전해왔음을 보여주고 있다.

소설 『삼국지』의 조선 전파는 상당히 구체적으로 기록이 남아있고 민간에 전해진 내용도 가장 풍부하여 「사대기서」 중에서 가장 영향을 많이 받은 작품이다. 조선에서는 『금병매』의 관련 기록도 적고 직접적인 번역의 경우에는 20세기 후반에서야 나타나므로 조선 후기에는 주로 「삼대기서」라는 말을 많이 썼다. 우선 「사대기서」의 동아시아 전파 개황을 일별하고 조선 후기 이래로 문헌으로 남아있는 관련 자료를 중심으로 살펴본다.

1. 사대기서의 동아시아 전파

「사대기서」는 중국에서 나온 것이며 명대소설 중의 뛰어난 네 작품을 의미하지만 그 전파와 영향은 비단 중국에 국한되지 않았다. 전근대 시기에 중원의 주변 지역과 한국과 일본 등 동아시아 각국에 큰 영향을 끼쳤고 세계문학의 하나로서 이미 국제적인 주목을 받고 있는 것이 현실이다.

「사대기서」의 전파와 영향은 여러 분야에서 관심을 가질 만하다. 우선 중국내에서 소수민족의 언어로 번역된 경우도 포함될 수 있는데 그중 가장 중요한 것은 만주어와 몽골어의 경우다. 「사대기서」가 정립되고 출판계를 통해 대대적으로 홍보되던 청대 초기 이후 제일 먼저 이에 대한 번역에 착수한 사람들은 만주족의 청나라 역관들이었다. 청초 심양에 있던 청태종(淸太宗, 홍타이지皇太極)은 중국문화를 이해하고 명나라와의 전투에서도 활용하기 위해 『삼국지』의 번역을 명했다. 이때 완역은 아직 나오지 않았지만 상당수의 만주족 군관들이 열심히 이 책을 읽고 전술을 익히고자 했을 것이다. 『삼국지』 만주어본이 정식으로 간행된 것은 중원에 들어온 지 수년 후인 1650년이었다. 이 번역은 후에 방각본으로도 나왔는데 만한(滿漢)합벽본으로 만들어졌다. 합벽은 한문과 만주어를 함께 보여주는 대역본의 뜻이다. 나중에는 삽화도 들어갔다. 이는 당시 유행하던 「사대기서」의 모든 판본에 삽화가 들어있었던 것에서 영향 받은 것이다.

『금병매』의 만주어본은 특히 주목할 만한 성과다. 『수호전』과 『서유기』도 간행본이 없는 마당에 유독 『금병매』가 간행되어 널리 전파되었다는 것이 특히 주목할 점이다. 1708년에 간행된 이 책은 황실이나 귀족들에게 특별히 제공된 간행본이었다. 강희 연간에는 음란하거나 반역적인 소설에 대해 대대적인 금서 조치를 취했으며 『금병매』는 매번 명단에 포함되어 있었다. 그러나 만주 귀족을 위한 번역본은 당시 평점본이었던 장죽파(張竹坡)본 『제일기서』를 근거로 번역되었던 것이다. 이는 마치 20세기 신중국 초기에 『금병매』 원전을 영인하여 공산당 간부들에게만 일부 제공하고 일반인들에게는 여전히 금서로 묶어둔 것과 같은 이치였다. 『서유기』와 『수호전』도 모두 번역되었지만 필사본으로만 전하고 있다.

당시 소설의 번역은 대부분의 경우 필사본으로 유통되었으며 이는 조선에서도 마찬가지였다. 조선 사역원에서는 만주어 교재로 편찬하기 위해 만주어 『삼국지』를 저본으로 10회의 고사를 추려내 『삼역총해(三譯總解)』를 만들었다. 『금병매』 만주어본은 서양으로 전해져 독일어 번역에 원본으로 활용되었다. 당시 한문 원전을 보지 않고 만주어본에서 독일어 번역을 시도하였다는 점에서 서양인의 만주어 학습의 열기를 알 수 있다.

몽골어는 청나라 중국에서 중요한 언어였다. 만주족은 몽골족과의 연합으로 명나라의 한족과 싸워서 마침내 중원을 차지하게 되었고 전통적으로 만몽간에 혼인 정책을 이어가면서 몽골족을 특별히 우대하였다. 만주족이 적극적으로 한족의 문화를 이해하기 위하여 경전과 사서 등의 고전과 전통문학과 통속소설 등을 대량으로 번역하면서 몽골족에서도 이에 영향을 받아 만주어 번역본을 근거로 몽골어 번역소설이 나오기 시작했다.

몽골어 번역의 중국소설 중에서는 『서유기』가 가장 이른 시기에 나왔고 이어서 『열국지』, 『삼국지』 등의 작품이 번역되었다. 『삼국지』 등은 만주어의 번역이 먼저 나와 있었으므로 이를 번역저본으로 삼아서 재번역하였다. 소설 『삼국지』의 영향은 몽골어로 된 『청사연의(靑史演義)』의 출현을 촉진시킨 것으로 알려졌다. 그것은 몽골족 소설가가 쓴 몽골족의 역사를 그려낸 소설이다.

일본도 중국문화를 오랫동안 적극적으로 수용하고자 노력한 한자 문화권의 나라이다. 비록 명청 시대에 정기적인 사신의 왕래를 통한 직접 교류는 없었지만 해상무역을 통한 교류나 전쟁과 교섭 등으로 지속적인 문화교류가 있었다. 특히 임진왜란 이후 대외적인 쇄국정책 속에서도 나가사키를 통한 중국과의 무역은 더욱 활발하였고 당통사(唐通事)에 의한 문화 전파가 에도 문인들을 자극하여 중국으로부터 더욱 많은 서적을 구입하고자 노력했으며 특히 통속 문예 작품에 대한 학습 열의는 대단하였다. 일본의 「사대기서」 수용이 간혹 조선보다 훨씬 적극적이며 구체적이라는 느낌을 갖게 되는 것은 정통 유교 사상을 고수하는 조선 문단의 보수적인 문학관과는 달리 패관소설과 통속 문화에 대해 혁신적인 에도시대의 문화적 경향에 따른 개방 풍조에서 온다고 할 수 있다.

임진왜란 직후부터 조선과 중국의 문학과 문화에 관심이 깊었던 17세기 초의 문인 하야시 라잔(林羅山)의 책에서는 중국소설 목록이 다수 나타나고 있는데 그중에 『정충록』, 『서유기』, 『열국전』, 『삼국지연의』, 『전상한서』 등의 책 이름이 보인다. 조선에서 1569년에 『조선왕조실록』에 처음 이름이 보이는 것에 비하면 30여년 늦은 시기이지만 이때 일본의 전적에 처음으로 『삼국지연의』가 나오고 있다. 17세기 중엽 『일광산(日光山)문고서적목록』에는 이미 「신수전상대자통속연의삼국지」나 「이탁오선생비평삼국지」와 같은 판본 서명이 보인다. 또 이 무렵에 일본에서 직접 『삼국지』와 『수호전』을 합각하여 「이각영웅보」의 이름으로 간행하기도 하였으니 이 두 소설의 영향이 급속하게 퍼지게 되었음을 알 수 있다. 이러한 영향으로 17세기 말(1689-1692)에는 첫 번째 번역본 『통속삼국지』가 고난분잔(湖南文山, 義轍과 月堂의 合名)에 의해 나왔다. 이후 『삼국지』와 『수호전』은 대중화되었고 그 영향으로 일본 작가 교쿠테이 바킨(曲亭馬琴)에 의해 19세기 초(1814-1842)에 『남총리견팔견전(南總里見八犬傳)』이 나와 큰 반향을 일으켰다. 이 소설은 「사대기서」를 위시하여 상당수의 중국소설로부터 광범위한 영향을 받았다고 한다.

근대 이후 일본에서는 중국의 통속문학을 더욱 적극적으로 수용하였고 「사대기서」에 대한 연구와 번역, 번안 등의 작업이 더욱 활발해졌다. 초기에 조선에서 먼저 시작된 수용과 번역은 근대 이후 오히려 일본의 번역이나 번안 작품을 다시 한국으로 수입하는 경우가 많아졌다. 중국소설의 신문 번역 연재의 방식도 그렇게 시작되었고 근현대의 한국문학과 국

한문체의 한국어 규범화에 나름대로 영향을 끼치게 되었다고 본다.

베트남에 중국소설이 전파되는 경로는 조선의 경우와 거의 비슷하게 연행사절단에 의해 수집하는 경우가 대부분이며 일부 이민자 혹은 무역상인에 의한 전파가 있을 수 있었다. 건륭 연간 베트남 연행록의 기록에 다량의 명청소설 목록이 보이며 가경 연간의 연행사절로 중국에 다녀온 응우옌 주(Nguyen Du, 阮攸)는 특히 재자가인 소설 『김운교전(金雲翹傳)』을 베트남의 장편서사시 작품인 『쭈엔 끼에우(翹傳, Kieu: The Tale of a Beautiful and Talented Vietnamese Girl)』를 재창작하여 크게 유행시킨 문학가이다. 『삼국지연의』를 비롯한 「사대기서」의 전파는 이러한 방식으로 전해졌다.

중국에서 전해진 소설은 한문 원본이 그대로 읽히기도 했다. 『전기신보(傳奇新譜)』의 부록으로 있는 『단씨가보(段氏家寶)』에는 단씨점(段氏點)이란 인물이 팔구십이 되도록 독서를 좋아하여 제자백가를 비롯하여 『삼국연의』, 『수호』 등 수많은 작품을 읽지 않음이 없었다고 기록하였다. 중국소설의 원문은 다시 베트남 쯔놈(字喃)과 한문이 섞인 방식으로 번역 혹은 번안되어 희곡이나 소설로 개편되어 전해졌는데 이러한 작품 중에는 「삼고초려」, 「형주부회」, 「화용도」, 「당양장판파」 등의 제목이 있다고 한다. 19세기 이전에 베트남에 전해져 번역된 작품중에는 『삼국지연의』, 『서유기』, 『봉신연의』 등에서 가져온 내용이 가장 많다고 한다. 따라서 관우와 장비, 손오공과 저팔계, 주왕과 강자아 등의 인물은 베트남 사람들에게도 매우 귀에 익은 인물로 알려져 있다. 『삼국지연의』와 같은 중국의 역사 연의소설의 전파는 베트남에서 자국의 역사소설을 탄생시키는 데도 큰 역할을 했다. 전체 60회짜리 장편소설 『황월춘추(皇越春秋)』나 전 17회의 『황려일통지(皇黎一統志)』 같은 역사소설이 바로 그러한 예다.

베트남 이외의 동남아시아 국가인 태국이나 말레이시아, 인도네시아 등에도 「사대기서」는 널리 알려져 부분적으로 연극으로 개편되거나 번안본이 나와 전하는 것으로 알려지고 있다. 이들 국가와 중국과의 밀접한 관련이나 일찍부터 진출한 화인(華人)의 후예들이 나름대로 관우 사당 등을 짓고 문화를 이어가고 있음을 생각하면 더욱 쉽게 이해할 수 있을 것이다.

본서에서 동아시아 전역에 퍼진 「사대기서」의 세계를 면밀하게 살펴볼 기회는 없지만 만약 단적으로 그 인상을 말한다면 대개 이렇다. 각 나라별로 가장 넓게 전파된 것은 중국의 역사소설 『삼국지』라고 할 수 있지만, 굳이 나라와 민족별로 구분하여 특징을 말해본다면 조선에서는 『삼국지』, 일본에서는 『수호전』, 베트남에서는 『서유기』 그리고 청 초의 만주족 사회에서는 『금병매』가 다른 작품에 비하여 특별한 대접을 받았던 것이 아닌가 생각된다. 이는 또한 각 민족의 사회적 특징과도 연관되어 있지 않을까 생각된다. 「사대기서」는 이미 세계문학의 대열에 올라 있다고 할 수 있으므로 오늘날 세계 각국에서 「사대기서」를 어떻게 수용하고 어떠한 관점에서 독서하고 감상하는지를 살피는 일도 필요하다고 본다.

2. 삼국지통속연의 조선 간행

「사대기서」중에서 조선 시대에 가장 이른 시기에 들어온 것은 기록상 『삼국지연의』다. 그동안 『조선왕조실록』의 「선조실록」에 나온 기대승(奇大升)의 언급을 가장 이른 것으로 보고 있다. 1569년의 기록이다.

> "지난번 장필무(張弼武)를 인견하실 때 전교하시기를 '장비의 고함에 만군이 달아났다고 한 말은 정사(正史)에는 보이지 아니하는데《삼국지연의(三國志衍義)》에 있다고 들었다.' 하였습니다. 이 책이 나온 지가 오래되지 아니하여 소신은 아직 보지 못하였으나, 간혹 친구들에게 들으니 허망하고 터무니없는 말이 매우 많았다고 하였습니다. (…) 시문 · 사화도 중하게 여기지 않는데, 더구나《전등신화(剪燈新話)》나《태평광기(太平廣記)》와 같이 사람의 심지를 오도하는 책들이겠습니까. 위에서 무망함을 아시고 경계하시면 학문의 공부에 절실할 것입니다. (…)《전등신

화》는 놀라우리만큼 저속하고 외설적인 책인데도 교서관이 재료를 사사로이 지급하여 각판하기까지 하였으니, 식자들은 모두 이를 마음 아파합니다. 그 판본을 제거하려고도 하였으나 그대로 오늘에 이르렀습니다. 일반 여염 사이에서는 다투어 서로 인쇄하여 보고 있으며 그 내용에는 남녀의 음행과 상도에 벗어나는 괴상하고 신기한 말들이 또한 많이 있습니다.《삼국지연의》는 괴상하고 탄망함이 이와 같은데도 인출(印出)하기까지 하였으니, 당시 사람들이 어찌 무식한 것이 아니겠습니까. 그 문자를 보면 모두가 평범한 이야기이고 괴벽한 것뿐입니다"

여기서 말한『태평광기』는 일찍이 고려 때 들어와서 조선 초에 성임(成任)이『태평광기상절』을 간행하여 널리 전해졌고『전등신화』는『전등여화』와 함께 세종 연간에 들어와 백문본으로 간행되었다가 명종 때 임기가 주석하고 윤춘년이 간행한『전등신화구해』가 유행하고 있었던 것이다. 기대승은『삼국지연의』에 대해 "이 책이 나온 지가 오래되지 않았고(此書出來未久)"라고 하고, 또 "인출하기까지 하였으니(至於印出)"이라고 하였기에 학자들 중에는 이미 간행되었다고 본 견해와 중국 간행본의 조선 전래라는 의견으로 갈라져 있었다. 그러나 2010년 조선의 금속활자간행본『삼국지통속연의』의 권팔(卷八)부분이 발굴됨에 따라 이 구절은 조선 교서관의 공식적인 간행본임이 분명해 졌다. 선조 2년에 기대승이 강력히 비난하는 어투로 보아서 바로 직전인 명종 말년에 교서관에서 간행되었을 것으로 추정된다. 외설적인『전등신화』와 견주면서 허구의 역사를 기록한『삼국지연의』도 인출했다고 한 것으로 보아서 정통 유학자로부터 비난을 받았던 명종 연간의 문신 윤춘년과 관련이 있지 않을까 생각된다.

윤춘년(尹春年, 1514-1567)은 명종 연간 문화계의 핵심 인물로서 교서관 제조를 지냈고 1558년 동지 겸 주청사로 명나라 연경을 다녀왔고 이조판서가 되었다. 그는 1559년『전등신화구해』를 교서관에서 간행하도록 하였고 1560년 전후하여『금오신화』도 간행했다. 그는 비교적 개방적인 사고를 갖고 중국 문학을 애호하였으므로 중국 도서를 적극적으로 수입하고 간행하여 보급하는데 힘썼다. 그의 노력으로 간행된 책은 『시법원류』, 『시가일지』, 『목천금어』 등의 시화(詩話), 『문전』, 『문단』 등의 문화(文話)가 있다. 당시 연경에 다녀오기도 하였으므로 가정 원년(1522) 간본 『삼국지통속연의』의 구입과 간행에 관여했을 가능성이 많다. 현재 『삼국지통속연의』는 전 12권 중에서 제8권 부분만 발견되었으므로[21] 간행자와 간행 시기 등을 확인하기 어려운 상황이지만 기대승의 기록을 통해서 역추적하면 명종 연간에 『삼국지통속연의』가 조선 교서관에서 간행되었던 것은 거의 사실에 가까울 것이다.

이와 별도로 『삼국지』의 조선 목판본도 비교적 유명하다. 제목은 「삼국지전통속연의」이고 권말에 「세재정묘탐라개간(歲在丁卯耽羅開刊)」의 구절이 있어서 제주 목판본임을 알 수 있지만 정묘년은 인조연간(1627)이나 숙종 연간(1687)이 아닐까 추정되고 있다.

3. 사대기서 조선전래의 기록

문언소설의 경우에는 조선에 전래된 이후 간행본으로 나온 경우가 많았다. 『전등신화』, 『전등여화』, 『효빈집』, 『화영집』 등의 문언소설이 모두 조선간본이 있었다. 특히 조선 초기에 전해진 『전등신화』는 명대의 한문 문체를 배우는 교과서로서의 역할을 담당하면서 전국 각지에서 수많은 판본이 지속적으로 간행되었다. 하지만 장편소설의 간행은 매우 드문 현상이므로 『삼국지』의 간행은 역시 특수한 목적에 따른 결과라고 할 수 있을 것이다. 『삼국지』는 전래 초기 기대승과 같은 정통 유학자로부터 허구적인 내용이 많다는 이유로 비난을 받기는 했지만 다른 소설에 비하면 그래도 가장 환영받는 작품이었다. 후세에는 『삼국지』의 언해가 지속적으로 이루어지고 부분적인 내용이 다양하게 번안되어 한국문학으로 창작되

21 박재연, 김영교주 『三國志通俗演義』(영인), 학고방, 2010 참조

었다.

조선에서 일찍부터 『삼국지』를 수용하고 간행도 하였다는 점을 인식하고 있었던 것이었는지, 병자호란 이후 청나라의 만주족 사신들은 조선에 오면 「사대기서」를 구하려고 애썼다. 당시 명나라와 교류가 단절된 이후 중국 책을 구해 읽으려는 청나라의 고위층은 도서의 수입과 간행에 적극적이었던 문화대국 조선에서 대신 이들을 구하려고 했던 것이다. 1637년의 『승정원일기』에는 청의 사신이 『서유기』와 『수호전』을 구하려고 한다는 요청을 받고 처음에는 전란 중에 책이 거의 없어졌다고 응답했지만 재삼 요청을 하였으므로 널리 수색하여 마침내 부마 박미(朴瀰)의 집에서 『수호전』의 잔본 10권을 구해서 보내주었다는 기록이 있다. 박미는 훗날 『열하일기』로 유명한 박지원의 선조다. 그래서 그런지 박지원도 소설에 관심이 많아서 연행길에서 중국소설에 대해 여러 차례 언급하였고 스스로 소설을 여러 편 지어 남긴 바 있다.

조선 문인 중에 소설에 관심이 많았던 인물은 허균(許筠, 1563-1618)이다. 그는 『홍길동전』의 저자로도 알려져 있지만 그의 문집 『성소부부고(惺所覆瓿藁)』의 「서유록발」에서는 『서유기』를 비롯한 사대기서를 언급하고 작품별 특징을 다음과 같이 기록하기도 하였다.

> "내가 희가(戱家)의 소설 수십 종을 얻어 읽어보니, 《삼국지연의》와 《수당지전(隋唐志傳)》을 제외하고, 그 밖에 《양한지(兩漢志)》는 앞뒤가 맞지 않고, 《제위지(齊魏志)》는 옹졸하며, 《잔당오대지연의(殘唐五代志演義)》는 조악하고, 《송태조용호풍운회(宋太祖龍虎風雲會)》는 소략하며, 《수호전》은 간사한 속임수에 기교를 부렸다. 이것들은 모두가 독자를 교훈하기에 충분하지 못한 것들인데 한 사람의 솜씨에서 저술이 되었으니 나관중(羅貫中)의 자손이 3대를 벙어리로 살아간 것이 당연한 일이다."

허균은 나관중의 저술로 알려진 역사 연의소설을 일별하고 각각의 부정적 특징을 드러내어 판별하고 있다. 당시 이만한 소설 평론가는 조선에 없었다. 그의 『홍길동전』은 『수호전』의 영향을 받았다는 것으로 많이 알려졌지만 또한 도술과 둔갑술 등은 『서유기』의 지대한 영향 하에 이루어진 것이다. 그는 「서유록발」에서 특별한 시각으로 바라보고 있음을 보여주고 있다.

> "《서유기》라는 책이 있는데, 종번(宗藩)에서 나왔다고 하는 것으로 이는 곧 현장(玄奘)의 취경기를 가지고 부연한 것이다. 여기에 대한 사실은 《석보(釋譜)》와 《신승전(神僧傳)》에 대강 나타나 있으되 반신반의할 만하다. 지금 보건대 그 책은 독특하게 불가의 수련하는 의미를 가설하였다. 후왕(猴王)의 좌선은 곧 몸을 단련하는 것이며, 노조궁(老祖宮)에서 단(丹)을 훔친 것은 곧 서주(黍珠)를 삼킨 것이며, 대요천궁(大鬧天宮)은 곧 연념(煉念)이며, 법사를 모시고 서역(西域)에 가는 것은 곧 하거(河車, 단약수련으로 임독맥으로 운송)를 운반하는 것이며, 화염산 홍해아는 곧 화후(火候, 즉 주천화후)이며, 흑수가 천하(天河)에 통한다는 것은 곧 퇴부후(退符候, 즉 수공)이며, 서쪽에서 동쪽으로 돌아왔다는 것은 곧 서호(西虎)가 동룡(東龍)과 교제하는 것이며, 하루에 서천 십만 리를 돌아온다는 것은 곧 온 하늘의 빽빽한 별을 일시에 셈한다는 것이다. 이는 비록 지리하고 막연하며 그 말들이 올바른 말이 아니지만 종종 다 단결(丹訣)을 가탁하여 이야기하였으므로 진정 내버릴 수는 없다. 나는 특별히 이 책을 간직하고서 진체(眞諦)를 수련하는 여가에 피곤하면 이것으로써 수마(睡魔)를 몰아낼 생각이다."[22]

이처럼 허균은 『서유기』의 함의를 도교의 수련법으로 이해하고 있었던 것이다. 이밖에 그의 『한정록(閑情錄)』은 수많은 독서를 통해서 마음에 드는 멋진 구절을 뽑아서 정리한 것이다. 처음에 명나라 사신으로부터 『세설산보』, 『태평광기』, 『옥호빙』, 『와유록』 등을 선물 받아 탐독하여 선록했다. 후에 동지 겸 진주부사로 명나라에 갔을 때(1615) 도서 4천여 책

22 허균 『성소부부고』 제13권 「서유록발」. 한국고전종합DB 번역문. 일부 수정.

을 구입하여 와서 보충하였다. 『한정록』에 실린 「상정(觴政)」에는 『수호전』과 『금병매』를 언급한 원굉도(袁宏道)의 글이 그대로 인용되고 있다.

> "사인으로는 유영과 신기질이 있고, 희곡 작가로는 동해원, 왕실보, 마치원, 고명 등이 있고 소설 작품으로는 『수호전』과 『금병매』가 별미를 가진 전형적인 작품이라고 할 만하다. 이러한 경전을 익숙하게 읽지 않고 뱃속에 술만 들이붓는다면 진정한 술꾼이라고 할 수가 없다."

본래 이 글은 원굉도 「상정」의 「십지장고(十之掌故)」의 일부다. 상정의 상(觴)은 술잔이다. 그러니 제목은 술 마시는 법을 제시한 것이며, 원굉도는 이 글에서 역대 술에 관한 전적을 나열하고 있다. 고전 전적에서 선별하여 내전, 외전, 일전으로 나눈 것인데 여기서 사곡과 소설을 언급한 것이다. 특히 중시되는 것은 이때 원굉도는 최초로 『금병매』 필사본을 보고 감상한 인물이라는 것이다. 원굉도는 1610년에 죽었고 허균은 1618년에 처형되었다. 허균이 연경에서 구입한 책 중에 원굉도의 문집이 있었고 그 속에서 이 구절을 찾아서 옮겨 적은 것이다. 원굉도는 중국에서 최초로 『금병매』를 직접 언급한 사람이고 허균은 조선에서 최초로 『금병매』의 이름을 옮겨 적은 인물이다.

이수광(李晬光, 1563-1628)의 『지봉유설』에는 「전등신화」, 「야사잡설」, 「패관소설」 등의 항목에서 중국과 조선의 소설을 간략히 언급했다. 따로 『삼국지』의 내용을 구체적으로 지적하기도 했는데 바로 손권이 관우의 딸을 며느리로 맞고자 했고, 원술이 여포의 딸을 며느리로 맞이하려 했다는 대목이다.

이식(李植, 1584-1647)은 『삼국지연의』를 좀 더 상세히 언급했다.

> "역사를 부연한 작품들은 처음에는 어린아이 장난 같아서 문자 또한 비속하나 족히 사실(史實)을 어지럽히지는 못했다. 전해 내려온 지가 오래되면서 진실과 허구가 서로 병행하게 되어 그 실린 말들이 유서 속에 많

이 들어왔으니 문장하는 선비들도 살피지 못하고 그것을 혼용하고 있다. 진수의 『삼국지』는 사마천과 반고에 버금가지만 『삼국지연의』에 가려서 사람들이 다시 보지 않는다. 이제 역대로 각각 연의가 있는데 명나라의 개국성전(즉 『대명영렬전』)조차도 황당한 말과 부연을 일삼으니 마땅히 국가에서 통렬히 금지하여 진나라 분서와 같이 해야 한다.”

이식은 당시 역사 연의가 상당히 전해졌음을 밝히면서 그 허구적 내용에 대해 비판적 시각을 드러내고 있다. 특히 주원장의 창업 과정을 그린 『대명영렬전』도 전통적 소설 창작의 기법에 따라 신출귀몰의 전략과 전기적이고 신비로운 묘사를 넣고 있는 것을 이해하지 못하고 있다. 그는 허균의 『홍길동전』과 『수호전』을 연결시켜 다음과 같이 언급하기도 했다.

“세상에 전하기를 ‘『수호전』작가의 삼대가 벙어리 되었다는 것은 그 대가를 받은 것’이라고 했다. 도적들이 그 책을 좋아했기 때문이다. 허균과 박엽이 특히 『수호전』을 좋아하여 양산박 호걸의 별명으로 각자 호를 지어 서로 희롱하였고 허균은 『수호전』을 본떠서 『홍길동전』을 지었다. (…) 허균도 반역죄로 주살되었으니 이것은 벙어리가 된 것보다 그 인과응보가 심하였다.”[23]

홍만종(洪萬宗, 1643-1725)은 허균의 「서유록발」의 글을 옮겨 싣고 또 명나라 호응린(胡應麟)의 『수호전』 관련 글을 인용하여 이들 소설에 대한 관심을 표현하였다. 여기서 『수호전』의 작가에 대해 허균이 나관중설을 따르고 있고 호응린이 시내암의 설을 소개하고 있으니 홍만종으로서는 의문을 제기하며 박식한 허균이 어찌 잘못 알았을까 반문하고 있는데 실상은 중국에서부터 두 가지 설이 각각 존재하고 있었음을 몰랐던 것이다.

숙종 연간에 활약한 이이명(李頤命, 1658-1722)은 좀 더 상세하게 『삼국

23 이식 『택당집』 별집권15 「산록」. 한국고전종합DB참조

연의』, 『서유기』, 『수호전』을 소개하고 있다. 당시 부정적인 소설관을 가진 문인들과 마찬가지로 각 작품의 문제를 지적하면서도 약간의 이해를 보이는 입장도 취하고 있다. 그리고 청초의 소설 금지 조치에 대한 정보도 보여주고 있다.

> "『수호전』에 이르면 여러 도적들이 창궐하고 횡행하는 모습을 자세히 그려 명나라 말엽의 도적들이 이것을 본받았다. 그들이 틈왕(闖王)이니 천왕(天王)이니 하는 이름을 쓴 것은 양산박의 옥기린(玉麒麟)과 구문룡(九紋龍) 등의 명명법을 따른 것이다."

여기서 틈왕은 바로 명말의 이자성(李自成)이고 천왕은 이만경(李萬慶)을 말한다. 숭정 연간에 반란을 일으켜 결국 망국을 자초하게 되었다. 『수호전』의 인물 옥기린은 노준의(盧俊義)이고 구문룡은 사진(史進)이다. 당시 비교적 상세하게 『수호전』의 인물을 이해하고 있었던 것이다.

『구운몽』의 작가인 서포 김만중(金萬重, 1637-1697)도 특히 『삼국지』의 유래와 내용에 대해 익숙하게 알고 있었다.

> "『삼국지연의』는 원대의 나관중에게서 나왔는데 임진왜란 이후에 우리나라에 성행하여 부녀자와 아이들이 모두 외울 수 있을 지경이 되었다. 우리나라 선비들은 역사책을 읽기 좋아하지 않으므로 건안 이후의 수백 년 간의 사건을 이 책을 근거로 이해한다. 도원결의(桃園結義), 오관참장(五關斬將), 육출기산(六出岐山), 칠성단제풍(七星壇祭風) 등의 대목은 과거 시험 교재에서도 왕왕 인용되고 전해져서 진실(역사)과 허구(소설)가 뒤섞여 있다. 여포의 원문사극(轅門射戟)이나 유비의 젓가락 떨어뜨린 대목, 유비의 적로마(的盧馬)가 단계(檀溪)를 뛰어넘는 장면, 장비가 장판파(長板坡)에서 대갈일성 하는 장면 등은 오히려 사실이 아니라고 의심한다."

김만중은 이처럼 상세하게 『삼국지』의 본문 내용을 훤히 꿰뚫고 있었다. 그리고 이어서 독서당의 학사들에게 삼국의 고사 「풍설방초려(風雪訪草廬)」의 제목으로 시를 지으라고 한 이민서(李敏敍)의 선례를 들었다. 바로 「풍설방초려」는 눈을 맞으며 제갈량을 찾아가는 「삼고초려」를 말한다. 이처럼 17세기 당시에 문인들의 『삼국지』 이해는 상당한 수준이었다. 김만중은 이러한 이해를 바탕으로 『구운몽』을 창작하였다. 그는 통속소설의 창작에 대해서도 논했다. 소동파의 『동파지림(東坡志林)』의 다음 구절을 옮겼다.

> "유현덕이 패했다는 말을 들으면 얼굴을 찡그리고 눈물을 흘리는 아이도 있고 조조가 패했다고 하면 기뻐서 소리치는 아이도 있다"

그리고 이것이 소설의 힘이며, 진수의 『삼국지』나 사마광의 『자치통감』을 읽어서는 눈물 흘릴 자가 없을 것이라고 하며 이게 바로 통속소설을 짓는 까닭이라고 갈파하였다. 자신도 소설의 작가로서 이미 소설의 효용을 긍정하고 있는 것이다.

4. 조선왕실의 소설 관념 변화

조선에서는 『금병매』를 언급하는 경우가 극히 미미하여 「사대기서」보다는 「삼대기서」를 언급하는 경우가 많았다. 『조선왕조실록』에서 언급한 바를 보면 영조 대왕은 「삼대기서」 중에서 『삼국지』를 가장 익숙하게 알았다고 했고, 조정대신과의 대화에서도 조선의 어린 아이들도 간교한 조조에 대해 알고 있는 것은 『삼국지』가 널리 전해졌기 때문이라면서 『삼국지』의 판화 그림이 정교하기 그지없어 조조의 모습이 잘 그려져 있다고도 했다.

> "상(上)이 말씀하셨다. 삼대기서는 내가 늘 좋아하는 바인데 그중에서

『삼국지』를 더욱 익숙하게 많이 읽었다."

"상이 말씀하셨다. 옛말에 '의심하면 쓰지 말고, 쓰게 되면 의심 말라(疑之勿任 任之勿疑)'고 했는데 모든 신하가 다 그러하고 고관대작이면 더욱 그러하다. 그 가르침이 오늘날만 같은 게 없으니 어찌 개탄하지 않으리오. 『서유기』, 『삼국지』, 『수호지』는 세칭 삼대기서라고 하는데 다만 원전만 읽을 게 아니라 언해본으로 번역하여 읽어도 좋을 것이다."

영조 대왕은 18세기 당시 모처럼의 동아시아 평화공존 시대를 맞이하여 52년간 왕위를 지키면서 문화 예술의 발전에도 적극적이던 국왕이었다. 이 시기에는 중국에서 양산된 소설이 대량으로 전파되었고 그 자신도 소설을 좋아하여 중국소설의 번역이나 조선의 창작소설이 많이 쏟아져 나왔던 시대였다. 그 자신이 직접 「삼대기서」를 언급하고 강조한 것은 당시 왕실 내에도 소설의 유통이 보편적이었음을 보여준다.

영조가 말한 구절은 의즉물임(疑則勿任), 임즉물의(任則勿疑)라고도 하고 의인불용(疑人不用), 용인불의(用人不疑)라고도 쓰는 구절이다. 『삼국지』에서도 부하 참모를 자주 의심을 하는 조조에 대비하여 한번 믿고 발탁하면 결코 의심 없이 신뢰하는 유비의 인재 선용이 후세의 전범이 된다. 그러나 후주 유선은 소인배의 참언을 듣고 제갈량이 다른 마음을 먹을까 의심하며 전장에서 소환한 적이 있어 대비된다.

당시 조선 궁중에는 이미 상당수의 소설 판본이 구비되어 있었으며 그 중 대부분은 명말청초 이래 유행한 삽화본이었음을 짐작할 수 있다. 영조 연간 이처럼 당시 왕실에서 소설 읽기를 애호하였던 점은 불과 십여 년 후에 사도세자(思悼世子)가 화원 김덕성을 시켜서 중국소설의 삽화를 백 이십여 폭 골라서 모사한 그림책 『중국소설회모본』을 편찬하도록 한 일에서도 찾을 수 있다. 현재 국립중앙도서관에 소장중인 이 책의 표제는 「지나역사회모본(支那歷史繪模本)」으로 되어 있지만 일제강점기에 새로 장정한 것이므로 원제는 다를 것이다. 1762년에 쓴 서문의 작가는 완산이씨(完山李氏)다. 서문은 2편이 있는데 글의 끝에 각각 "임오년 윤오월 초구일에 완산이씨가 장춘각(藏春閣)에서 씀"과 "임오년 윤오월 초구일 완산이씨가 여휘각(麗暉閣)에서 씀"이라고 했다. 완산이씨에 대해서는 처음에 일단 여성으로 간주하고 영조의 후궁으로 추정하였으나 후에 사도세자(思悼世子)의 문집에 이 서문이 들어있는 것을 확인하여 완산이씨는 곧 사도세자를 말하는 것으로 판명되었다. 그는 성격이 호탕하고 무술을 즐기며 소설을 탐독하여 당시 수많은 중국소설을 구하여 궁중에서 즐겨 보았던 것으로 알려졌다. 그리고 궁중 화원 김덕성(金德成) 등을 시켜서 소설 판본에 실려 있는 삽화를 옮겨 화책으로 만들도록 한 것이다.

> 이 그림책은 고금의 행적으로서 여러 책으로부터 그림을 모아 한데 엮어서 화원 약간 명으로 하여금 모본으로 그리도록 하여 만든 것이다. 그중에 귀감이 되고 경계할 만한 것으로 허와 실이 모두 있으니 어떠한 것들인가. 한고조가 발에 화살을 맞음과 송강의 일편단심 충성과 백아가 지기를 알아보는 것은 모두 천고의 귀감이 될 만한 것이고, 위공이 학을 좋아하다가 망국에 이르고 항우가 오강에서 자결하고 평요전에서 미아가 요괴가 되며, 저팔계가 술을 탐하고 색을 밝히는 것은 백 대를 지나도 경계해야 하는 일이다. 제갈량이 서성에서 공성계를 쓰고 적벽에서 동풍을 빌리는 것, 문언박이 요괴를 제거하는 것은 정의로 사악함을 이기고 정성으로 하늘을 감동시키며 지혜로 어리석음을 타파하는 것이다. 손오공의 둔갑이나 공손승의 도술, 당태종의 취경 등은 사서에 실려 있지 않으나 세상을 깨우치는 말일 뿐이며 실제 사실은 아님이 분명하다. 이 한 권의 책에 역대의 모든 사연이 갖추어져 있으니 봄날이나 겨울밤 병을 요양하면서 쓸쓸함을 달래는 데 소일거리로 족하리라.[24]

이처럼 여기서는 책을 만든 과정을 간단히 피력하였지만 뒤의 소서(小序)에서는 소설의 목록을 다수 열거하여 당시 조선에 전해지고 알려진 중

24 박재연 편 『중국소설회모본』, 강원대 출판부, 1993.

국소설의 목록을 다수 확인할 수 있게 되었다. 『서유기』 삽화 40폭, 『수호전』 삽화 29편, 『삼국지』 삽화 11편 등 전체 78편의 절반가량 이상이 이른바 「삼대기서」의 삽화 그림이다. 이밖에도 장편소설로 『동서한연의』, 『열국지』, 『수당연의』 등이 있고 문언소설인 『전등신화』의 삽화도 4폭이 있다. 그리고 중국에서 없어지고 우리나라 규장각에만 남아있는 명말의 화본소설집 『형세언』의 삽화도 1폭이 확인되어 비상한 관심을 끌고 있다. 현존하는 『형세언』에는 첫 권의 삽화 부분이 없어지고 작품 40편의 원문만 남아있는데 이 삽화의 확인으로 일찍이 삽화본이 함께 전해졌음을 알 수 있게 된 것이다. 한편 『회모본』의 삽화에는 각각 한문 제목과 언문 제목이 있는데 대부분 원서로부터 왔지만 간혹 한국식 한자어로 바꾸었거나 한자와 달리 표현한 언문도 있다.

사도세자는 이 그림책의 서문에서 수십 종의 중국소설 목록을 유형별로 나누어 열거하고 평가했다. 특히 역대 금지소설이었고 지금은 희귀본으로 분류되고 있는 「음담괴설류」에 『염정쾌사』, 『소양취사』, 『금병매(錦屛梅로 기록함, 金甁梅로 추정)』, 『옥루춘』, 『탐환보』, 『행화천』, 『육포단』, 『연정인』, 『무몽연』, 『등월연』, 『요화총』, 『염사(수양제염사)』 등의 이름도 들어있어 당시 조선 왕실에 소장하고 있었던 소설 문고의 규모와 특징을 살펴볼 수 있는 귀중한 자료가 되고 있다.

그러나 사도세자는 바로 이 책의 서문을 쓸 무렵에 조정 대신들로부터 탄핵을 받았고 불량한 성격과 탈선행위로 인해 부왕으로부터 벌을 받아 뒤주에 갇힌 채 8일만에 절명하게 된다. 그리고 영조에 의해 철저한 유교적 교육을 받으며 스스로 절제하면서 마침내 등극한 사도세자의 아들 정조는 왕실과 조정의 분위기를 일신하여 철저한 유교적 도덕 교범에 따른 생활태도를 강조하였다.

영조 시대에는 중국의 강희, 건륭 연간의 자유로운 문예사조로부터 영향을 받아 소설 창작도 많아지고 한문 문체도 매우 느슨하여 소품문체와 비슷한 글이 범람하게 되었다. 그러나 정조는 이상적인 유교 국가의 건설을 목표로 삼으면서 조정 대신과 문인들에게도 명말 이래의 소품체를 벗어나 당송팔대가의 정중하고 근엄한 문체를 근본으로 삼을 것을 강조하였다. 「문체반정」의 운동이 추진됨에 따라 정조는 중국으로부터 일체의 소설과 잡서의 수입을 금지하고 자유로운 문체에 앞장섰던 박지원(朴趾源)과 이옥(李鈺) 등에게 자송문을 쓰게 했다. 본래 문체반정이란 후세에 만들어진 학술 용어이고 당시에는 「기사순정(其辭醇正)」이나 「비변귀정(丕變歸正)」이라고 했다. 1791년 정조는 동지정사로 연경에 가는 사신을 접견하면서 당시 조정 대신을 비롯하여 문단에 만연한 패관소품체에 대한 원인을 분석하고 문체와 사상의 오염이 모두 명말청초의 소설과 문집 같은 중국 책에 있다고 진단하고 연경으로부터 패관잡기를 들여오지 못하도록 금지하도록 하였다. 박지원은 과거에 참가하지 않고 재야에 있었지만 연행을 다녀온 후에 『열하일기』로 일약 이름이 났다. 문체는 소품문과 소설 문체를 따른 것이라 정조의 불만을 자아냈다. 박지원은 후에 면천 군수로 제수되면서 이방익이 대만 팽호로 표류했다가 귀국한 여정을 고증하는 글을 쓰도록 명받아 「서이방익사(書李邦翼事)」(1797)를 썼다. 이옥은 과거 시험에서 장원으로 합격했지만 시험 답안에 소품체 문체를 섞어쓰는 바람에 정조로부터 최하등으로 처리되었다. 그러나 18세기 말에는 시대적으로 소설을 거부할 수 없는 방향으로 흘러가고 있었다. 이옥은 벼슬길을 거부하고 은둔하여 소설과 산문 작가로 『심생전(沈生傳)』같은 작품을 남겼다.

이 무렵 김조순과 이상황은 궁중의 숙직 중에 재자가인 소설 『평산냉연(平山冷燕)』을 탐독하다가 국왕에게 발각되었다. 정조는 조정 대신마저 이렇게 패관잡서에 빠져있는 것을 통탄하면서 책을 불태우고 강력한 경고를 하였다. 이상황은 「힐패(詰稗)」와 「척패시(斥稗詩)」라는 반성문을 써서 제출했다. 소설을 힐난하고 배척하는 글이었다. 하지만 그는 본래 소설광이었다. 국왕의 반성문 요청에 억지 글을 쓰긴 했지만 글 속에는 은근히 소설 본연의 역할이나 임무를 드러내며 한편의 소설론을 완성했다. 소설 옹호론자와 비난론자가 논리적으로 서로의 주장을 보여주고 있는데 옹호론자는 문체 혁신, 소설과 역사의 상관성, 무소용심론(無所用心

論), 박학다식론, 핍진론(逼眞論) 등을 강조하여 아무리 보아도 옹호론자의 말이 좀 더 일리가 있어 보이니 그것이 어쩌면 이상황의 본뜻이었는지도 모른다.

정조 자신은 어려서부터 잡서를 좋아하지 않았다고 고백하고 소위 『삼국지』, 『수호전』등의 책을 한 번도 눈을 들어 보려고 하지 않았다고 강조하였으니, 부친인 사도세자가 소설을 탐닉하고 소설 속의 불량한 인물의 행위를 따르다가 불행의 늪에 빠지게 되었다고 여긴 것이었다. 그 자신은 성인의 말씀에 충실하여 결코 그러한 불행에 이르지 않고 새로운 도덕국가를 만들어보겠다는 생각을 한 것이었다.

「삼대기서」의 경우에는 지금 방대한 언해본이 모두 전해 내려오고 있다. 종류도 비교적 다양하여 조선 후기의 소설언해에 있어서 「삼대기서」의 수용이 매우 적극적이었음을 알 수 있다. 『삼국지통쇽연의』는 39책본이 낙선재 문고에 들어있어 장서각에 소장되어 있고, 또 다른 언해본도 남아 전하고 있다. 『수호전』의 언해본은 「충의수호전」, 「충의수호지」 등의 이름으로 전하는 것이 있다. 조선에서는 「수호전」을 「수호지」로도 많이 불렀으므로 서명이 상이하게 나온 것이다. 『수호전』의 속서로 청초에 나온 『속수호전』도 완역본이 번역되어 낙선재본에 전하고 있는데 이 책은 중국에서도 흔치 않은 책이어서 더욱 주목을 받고 있다. 『서유기』의 번역은 구활자본으로 전해오는 것이 있는데 조선후기의 언해본을 활자화한 것으로 보인다.

조선시대 문인들이 통속적인 한자나 백화 어휘가 많이 들어있는 「삼대기서」를 읽어가기에는 어려움이 많았으므로 이를 해독할 수 있는 어휘사전도 만들었는데 『주자어록(朱子語錄)』의 어휘를 공부하려는 것과 같은 것이라서 『어록』이라고 불렀다. 「소설어록」으로는 「삼국지어록」, 「수호지어록」, 「서유기어록」외에 조선에서 소설처럼 읽힌 원대희곡 「서상기어록」이 포함되었다. 조선에서 『삼국지연의』는 「삼국지」로 지칭하고 『수호전』은 「수호지」로 부르는 경우가 많은데 이는 「삼국지전」(三國志傳)이나 「수호지전(水滸志傳)」 등의 판본에서 유래한 것이 아닌가 생각된다.

한국에는 「사대기서」중에서 『삼국지』 관련 도서나 그림이 유독 많이 만들어지고 전파되었다. 원전의 간본과 필사본, 언해본에 이어 다양한 종류의 삽화본이 전해지고 있다. 사도세자의 명으로 만들어진 『회모본』이외에도 민화 중에는 「삼고초려도」, 「수정후관운장도」, 「적벽오병도」 등의 작품과 「도원결의」등 다양한 장면을 담고 있는 「삼국지도」가 전해지고 있다.

5. 조선의 관왕묘와 관우 신앙

임진왜란 때 명나라의 참전으로 건립이 시작된 관우 사당은 한국의 곳곳에 아직도 남아있다. 1597년 성주(星州) 관운사 경내에 관성전을 처음 세웠고 이듬해인 1598년 명나라 장수 진린(陳璘)이 한양의 숭례문(崇禮門) 밖에 관왕묘를 세웠으니 그것이 바로 남묘다. 진린은 전투에서 부상을 입었다가 완치가 되자 관우의 현성으로 도움을 받았다고 생각하고 사당을 세운 것이다. 당시 중국의 관제(關帝)신앙은 이미 보편적으로 퍼져있었고 타국과의 전쟁에 나선 장수나 병사들에게는 전쟁의 두려움을 없앨 수 있는 수호신이 필요했기에 관우 신앙은 명나라 장병들에 의해 이식되었다.

1597년 정유재란이 일어나자 명나라에서 다시 대규모 군사를 보내 방어하도록 했는데 진린은 수군 도독으로 광동 병사를 거느리고 파견되었다. 그는 6월에 한양에 도착하여 선조를 알현하고 7월에 이순신의 통제영이 있는 전라도 강진 고금도에 도착했다. 이순신과 함께 적극적으로 전투에 나서 조명(朝明)연합군이 수로에서 왜군을 막으며 노량대첩의 위업을 거두었지만 이때 이순신 장군이 전사했다. 진린은 전공을 세우고 귀국하였으나 그의 손자 진영소(陳泳素)는 명나라가 망하고 청나라가 되자 조선으로 망명하여 남해에 표착하였다가 전라도 강진의 고금도에 옮겨가서 살았다. 그의 조부가 세운 관왕묘의 곁에서 살았던 것이다. 그는 조선에서 광동 진씨의 시조가 되었다.

진린은 북경에서 출병 직전 꿈에 관우를 보고 관제묘에 참배하면서 관우상을 그려 군중에 봉안하였다. 왜적과의 싸움에서 가호를 받을 것으로 여겼기 때문이었다. 고금도에 도착하니 관우가 다시 현몽하여 관우 사당을 세우고 제를 지냈다. 이 사당에는 '위양만리(威揚萬里)'의 편액을 걸고 현종 때(1666)는 관왕묘의 동쪽 행랑에 진린을 모시고 서쪽 행랑에 이순신을 모셨다. 숙종 때(1713)는 관왕묘비를 세웠는데 지금도 남아있다. 정조 때(1792)는 이순신과 함께 전사한 명나라 장수 등자룡(鄧子龍)의 위패도 안치했다. 일제의 탄압으로 위패를 철거하고 옥천사로 바꾸어 겨우 사당 건물을 유지하다가 해방 후 충무사로 개칭하여 정전에 이순신을 안치하게 되었다. 고금도의 관왕묘는 우리나라에서 왜군과의 전투를 앞둔 명나라 부대에서 관왕묘가 설립되는 동기와 변천의 과정을 잘 보여준다.

임진왜란이 끝나는 1599년에는 만력황제가 건축기금과 친필 편액을 보내와서 홍인지문(興仁之門) 밖에 관왕묘를 세우게 하여 1601년 완공하였으니 바로 지금까지 건재하고 있는 동묘인데 정식 명칭은 동관왕묘다. 건물은 중국풍으로 지어졌으며 관우상 뒤에는 일월오악도의 병풍이 있고 그 뒤에 운룡도가 그려져 있었다. 근년에 발굴되어 조사를 마쳤다. 관우의 본상과 그 앞에 관평과 주창 등 4명의 무인상이 있다. 서무(西廡)의 비석의 앞면엔 「대한조충절무안왕찬양명(大漢朝忠節武安王贊揚銘)」(숙종친필), 뒷면에는 「현령소덕무안왕비(顯靈昭德武安王碑)」(영조친필)의 글이 있다. 동무(東廡)의 「무안왕묘비(武安王廟碑)」에는 전면에 사도세자의 글, 후면에는 정조의 글이 쓰여 있다. 영정조 시대에 특히 관왕묘를 위해 연이어 비석을 세우고 관우의 위업을 기리고 있었음을 알 수 있다. 동묘에는 대형 「삼국지연의도」가 10폭이 있었는데 현재는 9폭이 서울역사박물관으로 옮겨 보존 중이다. 그림마다 상단에 현판의 그림이 있고 현판에 화제(畵題)를 기록하고 있다. 그 제목은 다음과 같다.

「제갈공명초용병(諸葛孔明初用兵)」

「와룡선생설전군유(臥龍先生舌戰群儒)」
「와룡선생용기계차전(臥龍先生用奇計借箭)」
「방사원의연환계(龐士元議連環計)」
「지성단제갈제풍(志星壇諸葛祭風)」
「오림화기아만경주(烏林火起阿瞞驚走)」
「장장군수익주성(張將軍守益州城)」
「관흥참장구장포(關興斬將救張苞)」
「와룡선생승전고(臥龍先生勝戰告)」

이후 고종 때(1883) 민비의 총애를 받던 무녀인 진령군(眞靈君)이 북묘를 창시하고 서묘는 엄비의 신임을 받던 무녀 현령군(賢靈君)이 왕실의 안녕을 기원하기 위해 건립했지만 후에 모두 동묘에 합사되었다. 관왕묘 이외에 제갈량을 모시는 와룡묘(臥龍廟)도 남산에 남아 있다. 엄밀히 말하면 관제 신앙은 조선의 민간 신앙에 없었던 것이었으며 임진왜란 때 명나라 군사와 깊은 관계가 있을 뿐이었는데 구한말에 이르러 민속신앙으로 발전되어 왕실 비빈의 후광을 업고 면면히 이어져 온 것이다. 서울의 무악재 근처에는 중국 사신을 신령으로 모신 성황당이 있었고 유비, 관우, 장비, 제갈량 등의 인물 그림도 남아 있었다.

6. 근대 한국 삼국지 번역 열기

『삼국지』의 영향으로 만들어진 「적벽가」는 오늘날 전해오는 판소리 다섯마당 중의 하나로 매우 소중한 전통 무형문화유산이다. 내용은 당연히 적벽대전을 다룬 것이지만 전쟁에 패한 군사들의 목소리를 담는 등 한국적 변형을 통해 다양한 요소를 포함하여 독특한 분위기를 자아내고 있다. 『삼국지』의 일부 인물이나 내용을 뽑아 별도의 작품을 만들거나 새롭게 고친 번안 작품도 많이 나타났다. 「관운장실기」, 「적벽대전」, 「삼국대전」,

「대담(大膽)강유실기(姜維實記)」 등이 구한말부터 일제강점기 사이에 유행한 딱지본으로 나왔고 또 『원본현토삼국지』나 『제일기서삼국지』, 『무쌍언문삼국지』 등의 구활자 번역본도 많이 유행하였다.

본격적으로 현대적 방식으로 번역 연재가 시작된 것은 중국소설 전문 번역가인 양백화(梁白華)의 「삼국연의」 번역이 『매일신보』에 연재(1929-1931)되면서 시작되었다. 만해 한용운(韓龍雲)의 「삼국지」도 『조선일보』에 연재(1939-1940)되어 인기를 얻었다. 이후 박태원(朴泰遠)의 번역이 시작되었으나 완성되지 못하였고 1950년 정음사본에서 후반부가 보충되어 출간되었다. 후에 북한에서 나온 박태원 완역본이 재발간되어 전해지고 있다. 이후에도 한국문단의 작가들은 경쟁적으로 『삼국지』 번역에 뛰어들어 중국소설의 번역시장은 일대 혼전의 상태를 이어갔다. 「사대기서」는 1950년대 정음사본으로 동시에 선을 보이며 널리 영향을 끼쳤지만 모두 축약본이었다. 그 후 『삼국지』 열기에 힘입어 『수호전』 등도 완역본이 속속 출현했지만 『삼국지』의 성가를 뛰어넘지는 못했다.

한국에서의 「사대기서」 전파에 대해 한마디로 종합하면 『삼국지』 독주라는 것이다. 가장 일찍 시작된 전래와 간행, 조정 대신과 국왕 사이의 대화와 논쟁, 역사교육과 충효 사상의 현창을 위한 홍보, 한문 학습과 과거 시험의 교재로서의 역할 등을 고려할 때 『삼국지』의 위상은 타의 추종을 불허하는 것이었다. 만주어 교재를 만들면서 『삼국지』 만주어 번역본에서 만주어의 원문을 가져와 언문 발음으로 책을 만든 것도 역관이나 문인 사이에 이미 상식화된 『삼국지』를 손쉽게 활용하자는 의도가 깔려있었던 것이다. 이에 비하여 『수호전』과 『서유기』는 비록 한때 허균과 같이 개혁적 문인에 의해 중요성이 강조되기는 하였지만 대체적으로 부정적인 시각에 사로잡혀 있었고 유교적 예교 사상에 얽매인 문인들이 과감하게 드러내놓고 좋아할 수 없었던 책이었다. 더욱이 『금병매』는 아예 그 이름조차 노골적으로 말할 수 없었고 기록할 수 없었기에 『왕조실록』에서도 「삼대기서」라는 용어로 앞의 세 작품만 언급하였고 사도세자에 의해 편찬된 『중국소설회모본』에서도 「삼대기서」의 삽화가 전체의 절반에 이르렀지만 『금병매』의 삽화는 전혀 채록하지 않고 있었던 것이다. 그럼에도 불구하고 지방관으로 있던 일부 문인이 연행사절단에게 『금병매』의 구입을 문의하는 특이한 현상도 있었음을 보면 이 책의 성가에 대해 조선 문단이 전혀 모르고 있었던 것은 결코 아니라고 할 수 있다.

제11장 에필로그

1. 사대기서의 평가론

필자는 중국소설을 전공하고 특히 명청소설을 가르치고 연구하면서 오랜 세월을 지내왔지만 「사대기서」에 대해서는 만족할 만큼 깊이 빠져들지 못했다. 『홍루몽』과 깊은 관련성으로 인하여 『금병매』 텍스트 속의 인물 묘사나 속어 활용 등에 관심을 기울였고 한국어 번역본이나 만주어 번역본과의 관계 등을 조금 살펴본 바가 있지만, 「삼대기서」에 대해서는 어쩐지 크게 마음이 끌리지 않았다. 아마도 중국소설사 변천의 흐름에서 『수호전』의 위상을 높이 평하였고, 문학 기교나 소설 발달의 입장에서 『금병매』를 극찬하였던 것이 자연스레 『삼국지』에 대해 조금 등한히 생각하게 되는 원인이 되지 않았나 생각된다. 더구나 중국의 최고 명작으로서 『홍루몽』을 오래 다루다 보니 자연히 「사대기서」와의 비교가 관심에 떠오르지만 『서유기』나 『금병매』와의 구체적인 비교 분석이 많고 『삼국지』의 경우는 아무래도 조금 덜 언급되는 느낌이었다. 『삼국지』는 역사적 사실을 근거로 하다 보니 소설 작가의 독창적인 창작 요소가 적고 문언소설(반문반백의 문체)로 쓰여 졌으니 백화소설의 특징을 드러내는 다른 소설과도 차이가 나타나게 되었다.

그러나 중국 이외의 지역에서는 읽기 쉬운 문언으로 된 『삼국지』가 가장 일찍 수용되었고 또 가장 널리 전파되어 가장 많은 영향을 끼치고 있으니 중시하지 않을 수 없게 된 것이다. 특히 우리나라의 경우 조선 시대 강조되었던 유교적 충효 사상과 주자 사상에 입각한 정통 역사관에 기인하여 『삼국지』에 대한 관심은 독자의 비율로 보았을 때 오히려 중국을 뛰어넘는 형국이 되었다.

『삼국지연의』 혹은 『삼국연의』로 불리는 소설 『삼국지』는 정말 오래된 이야기다. 당나라 때 골목의 아이들이 벌써 유비와 조조의 싸움이야기를 듣고 있었고 송나라 때는 이야기꾼들의 입에 정식으로 오르내렸다. 이 이야기는 수많은 역사 이야기 중에서도 특히 재미를 더하여 많은 사람의 관심을 이끌었다. 세 나라의 삼각관계로 인한 묘한 대결, 불과 백년을 넘지 않는 짧은 시대 배경이라 길게 늘어지지도 않았고 인물의 특징이 너무나 명확하여 기억하기도 좋았다. 이야기꾼은 점점 더 인물의 유형화를 가속화시켜서 머리 좋은 자에게는 더욱 기발한 지혜를 주었고 간교한 자에게는 더욱 교묘한 속임수의 기술을 부여하였다. 의로운 자는 처음부터 끝까지 오로지 의롭게 살다가 의롭게 죽도록 안배했으며 인자한 자에게는 어리숙할 만큼의 인자한 정신을 점점 더 불어넣었다. 그리하여 설화인들이 흥미진진하게 이야기할 수 있도록 하였고 청중들이 귀를 기울여 들으면서 명쾌하게 이해할 수 있도록 하였다. 그러다가 이러한 사연들이 모아져 나관중에 이르렀을 때 이를 기초로 하여 보다 완벽한 장편소설로 만들어 낸 것이다.

『수호전』은 젊은 혈기를 앞세워 의분을 참지 못하고 치고받는 싸움 이야기다. 그래서 중국에서는 젊은 사람이 『수호전』에 빠져 등장인물의 온갖 행태를 그대로 따라하려는 흉내 내기의 현상을 우려했다. 세상은 모순 덩어리이고 단순하게 보면 모두가 개혁의 대상이다. 특히 유교 사상을 기반으로 하는 가부장적인 사회에서는 가족의 윤리적 권위와 사회체제의 권위는 자유분방하고 혈기왕성한 젊은이들로서는 타파하고 싶은 개혁의 대상이다. 미처 용기를 내고 있지 못할 때 『수호전』이 주는 메시지는 작지 않을 것이다. 『서유기』의 손오공이 벌이는 천궁 소동과 같이 절대 권위에 항거하는 이야기도 깊은 인상을 주었을 것이지만 그것은 아무래도 너무 황당한 것이고, 수호 영웅의 이야기는 너무나 실제적으로 항상 주변에서 보고 듣던 불합리한 사회에 대한 구체적인 반항이기 때문에 가슴에 와 닿는 대목이 많을 수밖에 없을 것이다. 그러나 『수호전』의 강호 영웅들에게 일어나는 각양각색의 억울하고 분한 일, 불합리한 일과 또 그에 대한 반응으로서의 대응이나 복수 등이 과연 모든 독자들에게 동일한 공감을 얻을 수 있는지는 미지수이다. 어쩌면 과거의 중국 사회에서 민중들의 고통은 항상 그러한 억압과 통제가 있었고 그러할 때마다 모두 반항과 궐기를 한다는 것에 대해 또 다른 측면에서 혼란을 야기하고 심지어 무고한 일반 백성들에게 또 하나의 해악을 끼치는 행위가 될 수 있다는 점도 고려하게 되었을지 모른다.

『서유기』는 명대 유불도 삼교 사상이 혼합된 후에 만들어진 소설로 이해되고 있다. 이야기는 당나라의 현장법사가 천축국에 가서 불경을 가져온 내용을 기초로 삼았으나 수많은 도교적 요소와 민간신앙적 무속을 가미하였으며 도교적 입장에서 개진하는 사상이 적지 않다. 하지만 또한 유교적인 입장을 담으면서 작가 오승은이 유생이라는 점이 적잖게 작용했을 것으로 보기도 한다. 오승은을 고증하기 이전인 20세기 초까지만 해도 도사 구처기(丘處機)의 작품이라는 설이 풍미하였다. 연구자 중에는 저자를 오승은으로 보는 견해에 반대하면서 여전히 도교의 한 종파인 전진교의 도사집단에서 만들어졌을 것이라는 주장을 하는 이도 있다.

『서유기』의 해학적이고 동화적인 환상세계에 대하여 오늘날 새로운 관심이 집중되고 있지만 전근대시기의 유교적 문인 사회에서는 그다지 고운 시선으로 보려고 하지 않았다. 『서유기』의 작가를 객관적으로 가늠해보면 아무래도 정색을 하고 엄정한 사상이나 학술을 논하는 학자로서 대접할 수는 없다. 아주 뛰어난 장난꾼이거나 기발한 아이디어의 총집합체 같은 느낌이다. 어쨌든 이 책이 한 시대, 한 사람에 의해 모든 것이 이루어진 것이 아닌 만큼 중국인과 중국문화가 담고 있는 상상력과 해학성을 다시 한 번 높이 평가하지 않으면 안 될 것으로 보인다. 중국은 다양한 문화를 창출한 역사를 지녔으며 복잡다단하고 중층적인 사회구조를 가지고 있다. 그 한 축에는 분명히 이러한 상상력의 힘을 지닌, 뛰어난 이야기꾼들의 세계가 존재하는 것이다. 오늘날 『서유기』는 동아시아에서 환상세계를 창조하고 초월적이고 경이로운 작품의 아이디어를 제공하는 원천으로서 충실한 역할을 하고 있다.

『금병매』는 오늘날까지도 여전히 금서의 대명사가 되어 있다. 점잖은 사람의 입에 함부로 올리기기도 어려운 책이다. 전문가들은 학술적으로 이미 최고의 명작 대열에 이 책을 올리고 있으며 이 책의 뛰어난 문학적 예술적 가치를 거듭 강조하고 있지만 일반 사회에서는 여전히 색안경을 끼고 보려는 분위기다. 하지만 「사대기서」에 『금병매』를 빼놓고 감히 논할 수 없다. 중국에서는 사대명저라고 명칭을 바꾸고 책이름에서도 이 대신 『홍루몽』을 끼워 넣어서 설명하고 있지만 알 만한 사람은 다 안다. 그 자리에는 『금병매』가 제대로 들어가야 한다는 사실 말이다. 『홍루몽』이 들어갈 수 없다는 게 아니라, 함께 넣어서 오대명저가 되어야 한다는 것이고, 정녕 네 책을 고집한다고 해도 결코 『금병매』를 빼놓아서는 안 된다는 것이다. 그렇다면 어떤 책을 대신 빼놓을 것인가. 각각 강력한 이유를 들이대며 명단에 남으려고 애쓸 것이지만, 정말 아쉽게도 하나를 탈락한다면 다섯 번째의 작품은 『삼국지』가 될 것이다. 그만큼 소설적 완성도와 예술적 기법의 수준에서 『금병매』는 뛰어난 작품이라는 것이다.

오늘날 중국에서는 아직도 『금병매』를 음란 소설의 대표로 생각해서 온전한 판본으로 공개하기를 꺼리고 중고등학교에서도 다른 명작 소설과는 달리 구체적으로 소개하려고 하지 않는다. 중국에 개혁개방의 바람이 불자 1980년대부터는 여러 분야의 학술 단체가 만들어졌는데 「금병매학회」도 그중의 하나였다. 그런데 중국에서의 학회 설립은 매우 엄격하여 당국의 허가를 받아야 하고 매번 활동 상황이나 저술에 대한 심사도 받아야 한다. 1990년대 중국금병매학회의 회장은 유휘(劉輝)선생이었다. 북경대 중문과를 나온 서주 출신의 기골이 장대하고 성격이 불같은 학자였다. 당시 중국대백과전서출판사에 편집(교수급)으로 봉직하고 있었다. 그의 적극적인 노력으로 한국에도 방문하여 각 대학에서 강연도 하고 당시의 정신문화연구원 장서각의 고서도 열람한 바 있다. 그런데 그가 중국에서 열린 국제학술대회에서 열변을 토하는 것은 당국이 『금병매』의 연구와 출판에서 사사건건 시비를 걸고 이 책을 고전문학의 명저로 보지 않고 단순한 음란 소설로 보고 있다는 점 때문이었다. 사실 전통 시대에 『금병매』와 『수호전』은 언제나 금서의 첫 자리를 차지했다. 음란소설과 반역 소설이라는 이유에서다. 이 책에 음란 묘사가 노골적으로 들어있음은 사실이다. 그것은 본래부터 그러한 목적에서 쓰인 것이 아니라 인간의 세속적인 욕망과 허영을 표현하기 위해서는 돈과 권력과 술과 색을 그리지 않으면 안 되었기 때문이다. 오늘날로 말하면 졸부가 된 어떤 젊은 기업가의 집안 곳곳에 CCTV를 설치하여 놓고 몰래 점검하면서 세상에 이를 그대로 까발리는 것과 같은 격이다. 누군가의 사생활 전체를 일거수일투족 몰래 촬영하여 세상에 중계방송으로 알리는 영화 「트루먼 쇼(The Truman Show)」와 거의 같은 개념이라고 하면 이해가 빠를 것이다. 사생활은 지금도 본인의 동의 없이 침해를 하면 범법에 해당하는 것이지만 당시 『금병매』의 이름 없는 작가는 바로 서문경의 사생활을 가감 없이 독자들에게 보여준 것이고 거기에는 권력과 돈을 향한 낮의 생활과 음식과 여자를 향한 밤의 생활을 구분 없이 철저히 보여줌으로써 인성의 문제, 남녀의 문제, 돈과 권력의 문제, 흥망과 성쇠의 문제를 화두로 남기고 있는 것이다.

중국 당국에서는 『금병매』를 금기시하여 출판할 때 마지막 몇 글자를 삭제함으로써 완전하게 이 음란소설을 해방시키려는 의지가 없음을 보여주고 있다. 이는 이 책의 문제가 아니라 갈수록 위험시되는 음란물에 대한 대표적인 통제로서 이 책을 선정한 것이라는 것이 중설이다. 사실 이러한 당국의 정책이 오히려 『금병매』의 신비감을 더욱 부채질하여 많은 사람들이 이 책의 노골적인 성적 묘사 부분에만 집착하게 만드는 요인이 되고 있다고도 할 수 있다. 오늘날 수많은 음란 잡지와 영상물이 난무하고 있는 상황에서 어려운 전고로 도배되다시피 한 『금병매』 속의 음란 묘사를 즐기려는 사람이 있을 것이라고 우려하는 것은 넌센스다. 전통문화의 연원과 변천을 연구하려는 일부 고전문학자들의 연구 대상이 될 수 있을 뿐이다.

2. 사대기서의 이미지

오늘날 독자들은 「사대기서」를 어떠한 이미지로 이해하고 있는가. 중국의 독자층을 포함하여 우리가 알고 있는 단편적이고 피상적인 생각을 한 자리에서 비교해보면 나름대로 각 작품의 특징이 더욱 선명히 드러날 수도 있을 것이다.

우선 모두가 역사라는 입장에서 보자면 "삼국은 정사(正史)이고, 수호는 야사(野史)이며, 서유는 요사(妖史)요, 금병매는 가사(家史)다"라고 할 수 있다. 『삼국지』는 정사(正史)다. 한 시대의 역사를 기록한 바른 역사란 말이다. 물론 기존의 진수의 『삼국지』가 아닌 나관중의 『삼국지』는 새로 쓴 역사다. 정통 춘추대의의 화이지변의 입장에서 새로 정리한 역사다. 『수호전』은 야사(野史)다. 역사 기록에는 송강의 반란 사건이 짧은 기록으로 나타나지만 민간에서 전해지는 수많은 전설과 설화가 모아져서 거질을 이룩한 강호의 호걸 이야기이니 곧 재야의 역사다. 『서유기』는 요사(妖史)다. 요괴들의 역사라는 말이다. 신마소설이라는 이 책의 소설적 유형처럼 신불과 요마의 대결을 그리고 있다. 역대 중국에서 만들어진 수많은 요마와 요정이 한자리에 모인 명실공히 요마의 역사라고 할 수 있을 것이다. 이 책의 주인공은 손오공인데 남다른 능력을 가진 원숭이 손오공도 하나의 요마라고 할 수 있다. 『금병매』는 가사(家史)다. 분명히 서문경을 중심으로 하는 한 가문의 역사다. 제목도 서문경의 처첩의 이름에서 조합하였고 그를 둘러싼 한 가문의 흥망성쇠를 그려낸 작품이다.

「사대기서」에서 중점적으로 다룬 등장인물의 부류와 성격에서 살펴본다면 또 이렇게 말해볼 수 있다. "삼국은 관(官)의 이야기고 수호는 도(盜)의 이야기이며 서유는 요(妖)의 이야기고 금병매는 인(人)의 이야기다." 『삼국지』와 『수호전』은 각각 조정의 관리와 재야의 도적을 그리고 있으므로 강력하게 대비가 되고, 『서유기』와 『금병매』는 각각 요괴와 인간을 그리고 있어 서로 분명한 대비가 된다. 『삼국지』는 세 나라의 조정 관리와 군사를 중심으로 사건이 전개되고 있다. 각지의 영웅 호걸들이 나라를 만들어보기 위해 애쓰고 있을 때는 재야의 반란 집단이나 마찬가지이지만 결코 도적으로 묘사하지는 않는다. 수많은 군사 집단의 활동 중에서 살아남아 황제로 등극한 경우가 위촉오의 세 나라가 된 것이다. 그들 간의 갈등과 다툼은 당연히 조정의 관직을 받은 인물로서 정당한 애국행위로 간주되었다. 그에 비하여 『수호전』은 분명 송나라라고 하는 하나의 조정과 황제가 존재하였고 조정 간신배를 배격하고자 하는 강호의 호걸들이 모여 불법적인 군사 집단을 형성하여 관군에 대항하니 그 신분은 결코 도적의 위상을 벗어나지 못한다. 의로운 거사이기는 하지만 결국 관군을 공격하는 반란군일 뿐이다. 『서유기』와 『금병매』는 묘사의 중심이 요괴인가 인간인가로 나뉘어진다. 『서유기』에는 진정한 인간 세상의 인물이 거의 없다. 부처님을 모시고 있던 제자에서 환생하여 강류화상으로 어린 시절을 보내고 삼장법사의 칭호를 받은 현장법사만이 나약한 인간의 모습으로 유일하게 나온다. 그를 따르는 손오공과 저팔계, 사오정은 모두 인간이 아니고, 취경단을 음으로 양으로 지원하는 신불이나 서천길을 가로막는 수많은 요괴들도 인간이 아니다. 이에 비하여 『금병매』는 오로지 인간 세상의 이야기로 점철되어 있다. 그것도 인간세상의 가장 노골적인 인정세태, 주색 재기의 모습이 적나라하게 그려진다. 술과 여자, 재물을 둘러싸고 성질을 부리며 탐욕의 끝을 향해 달려가는 불나방 같은 인간의 이야기다.

「사대기서」에서 진정 독자들에게 보여주고자 한 것은 무엇인가. 이러한 입장에서 비교해 보면 대체로 "『삼국지』는 건국 창업의 의지요 『수호전』는 강호 형제의 의리이며 『서유기』는 난관을 극복하는 불심이고 『금병매』는 인정세태의 실상"이라고 할 수 있다. 삼국시대 영웅들은 새로운 나라를 만들어 세상을 제패하겠다는 의지로 똘똘 뭉쳐있었고, 양산박의 영웅들은 새로운 세상으로 고쳐보려고 결의형제 같은 강호의 호걸 사이의 의리를 철석같이 지키려고 하였으며, 서천취경의 길목에서 수많은 요마를 물리치고 난관을 극복하는 것은 진정한 마음을 찾기 위한 것이며, 서문경과 처첩 사이의 온갖 추악한 작태는 변화무쌍의 인정세태를 보여주려는 것이다.

「사대기서」에서 걸핏하면 어려움에서 구해달라는 말이 나오는데 그렇다면 누구에게 기대었을 때 가장 믿을 만 했을까. 농담처럼 하는 말이지만 핵심을 찌르고 있다. 『삼국지』에서는 신출귀몰의 지략으로 언제나 살길을 찾아내는 군사 제갈량을 찾을 것이고, 『수호전』에서는 언제나 도와줄 것 같은 산동급시우 송강 큰형님을 찾을 것이며 『서유기』에서는 무조건 천상천하 최고의 능력과 담력을 갖추고 있는 제천대성 손오공을 찾게 될 것이고, 『금병매』에서는 권력과 능력을 함께 지닌 서문대관인 서문경에게 구원을 청하게 될 것이다.

「사대기서」에 시간과 공간의 이동에 대한 변화는 여러 가지 측면에서 그려진다. 『삼국지』에서는 한 차례 세상의 거대한 변혁을 그리고 있다. 한나라의 멸망과 삼국의 정립, 그리고 삼국이 다시 멸망하는 과정이다. 『수호전』에서는 소용돌이치는 사회적 변화의 움직임을 그린다. 작은 불씨가 거대한 양산박의 세력으로 키워졌고 나라를 뒤흔드는 거대한 횃불이 되어 새 세상에 대한 기대를 한껏 부풀리지만 결국 제도권 속으로 녹아들어가고 끝내는 영웅의 집단이 와해되고 몰락하는 과정을 그렸다. 『서유기』에서는 천상천하를 휘돌면서 난동을 부리는 손오공을 오행산 바위 밑에 잡아두는 부처님의 법력을 시작으로 삼장법사를 보필하여 요마의 난관에 대항하면서 험난한 서천취경의 과정을 담고 있다. 고난의 과정 속에서 참된 자아의 본 모습을 찾아가는 구도의 길이라고 할 수 있다. 『금병매』는 작은 지방 도시의 악당같은 소상인이 온갖 수단 방법을 가리지 않고 돈을 끌어 모으고 이를 통해 권력을 탐하고 주색을 즐기며 행패를 일삼다가 홀연 죽음을 맞고 집안이 풍비박산되는 허망한 모습을 그리고 있다. 욕망의 세계를 탐닉하는 한 인간의 모습을 극명하게 보여준다.

「사대기서」에서 그려지는 인물의 형상을 살펴보면 『수호전』과 『금병매』가 각각 과격한 남성과 음란한 여성을 중심으로 그리고 있어 대비가 된다면, 『삼국지』와 『서유기』에서는 각각 역사적 현실 인물과 환상적 신불과 요괴 인물이라는 강력한 대비를 이루고 있다. 『금병매』와 『홍루몽』을 비교하면 동일하게 여성이 중심이 되었지만 전자는 기혼 여성의 음란한 남녀관계를 그리고 있음에 비하여 후자는 미혼 여성의 청순한 순정을 그리고 있다는 차이가 있다.

중국에는 후흑학(厚黑學)이라는 독특한 주장이 있다. 청나라 말기에 나왔는데 얼굴을 두껍게 하고 마음을 시커멓게 하며 살아야 겨우 성공할 수 있다고 역설적인 제안을 하는 것이다. 예의범절이나 찾으려는 유교적 삶으로는 험난한 세상에서 성공하기 어렵다고 본 것이다. 이에 빗대어 누군가 「사대기서」에서 그처럼 얼굴이 두꺼운 인물을 재미있는 시각으로 지적했다. 『삼국지』에서는 뜻밖에 지략의 화신이라고 하는 제갈량이라고들 말한다. 왜 그러한가. 그는 20대의 젊은 나이에 유비의 삼고초려를 받아 일약 유비 군단의 최고 참모인 군사(軍師)가 되었다. 조조의 참모와는 달리 제갈량은 거의 모든 아이디어를 자신의 것으로 관철시켰다. 조조는 여러 명의 참모에게서 다양한 의견을 받아서 자신이 독단적으로 선별하는 주체성이 있었지만 유비는 오로지 제갈량의 한 가지 의견으로 만사형통했다. 유비가 백제성에서 죽어갈 때 제갈량에게 탁고하면서 촉한의 전권은 제갈량의 수중에 들어갔다. 그는 재상으로서 책임을 다했지만 또한 일인지하 만인지상의 자리를 확고히 했다. 하지만 또 어떤 면에서 본다면 유비를 지목함이 더욱 타당할 듯도 하다. 조조와의 대면에서 염치없게도 천둥소리에 놀라 젓가락을 떨어뜨리고, 형주의 유표에게 얹혀 지내고 있을 때는 겉으로 의리를 내세우면서도 속으로는 자신의 이익을 위해 은밀히 준비하고 있었고 결국 형주에 이어 익주를 손아귀에 넣고 조비가 위나라 황제로 등극하자 기다렸다는 듯이 이듬해 자신도 황제가 되었다. 한나라의 헌제가 살해당했을 것이란 뜬소문을 일부러 믿은 것 같이 그는 한나라 혈통을 잇는다는 명분에 목매고 있었다.

『수호전』에서는 단연 채경(蔡京)이나 고구(高俅)와 같은 조정 대신들이다. 양산박의 반역도 결국 조정의 간신을 몰아내고자 하는 요구였다. 황제를 반대하는 것은 아니었으므로 소설 속에서 황제에게 자신들의 진의를 전달하려고 무진 애를 쓰는 대목이 나온다. 개봉의 명기 이사사(李師師)와 노준의 하인이었던 연청(燕青)의 역할이 그래서 돋보인다. 송나라와 황제에 대한 송강의 충성심을 드러내려는 의도였는데 조정대신들은 끝내 황제의 뜻을 왜곡하여 양산박 인물에게 독약을 내리는 악행을 저지른다. 실제 역사에서 북송 말기의 간신들은 나라와 백성을 피폐하게 하였고 스스로의 운명에도 무덤을 팠다.

그러나 역발상으로 본다면 송강(宋江)이야 말로 얼굴 두꺼운 사람이다. 운성현 압사의 직무는 도적을 체포하는 것이었지만 생신강 탈취의 주범을 사사로이 도망치도록 귀뜸해 주어 실정법을 어겼고, 공을 세운 바가 없어도 명성만으로 도처의 호걸에게서 환대를 받았으며 피신 중이나 귀양살이에서 무송과 이규 등을 자신의 숭배자로 만들어 세력을 형성하였고, 강주 감옥에서 대종의 특별 대우를 받으면서도 세상에 불만을 품고 취중에 반시를 써서 스스로 큰 소동을 야기하였다. 그럼에도 불구하고 반시를 문제삼은 황문병을 원수로 여겨 잡아죽였다. 양산박에서 대부분의 졸개를 자신의 편으로 만들고 은연중 탁탑천왕 조개를 허수아비로 만들었으며 주동이나 진명을 영입할 때는 가족을 몰살하는 등 비인간적인 만행을 저질렀다. 송강은 양산박을 장악한 이후 자신의 정치철학을 강요하여 취의청을 충의당으로 바꾸고 조정의 초안을 요구하여 끝내 귀순하여 관군이 된다. 송강이야말로 양산박 영웅 중에서 후흑학에 가장 어울리는 낯두꺼운 인물이라고 하겠다.

『서유기』에서 가장 얼굴 두꺼운 인물은 신선들이다. 신불은 삼장법사를 돕는 역할을 하지만 단순히 그냥 돕지는 않는다. 손오공에게 온갖 골탕을 먹이고 뇌물을 요구하며 심지어는 스스로 함정을 파놓고 요괴로 변신하여 이들의 앞길을 막기 위한 장애물을 설치한다. 차라리 손오공이 자유자재로 술법을 부리고 힘을 다하여 천궁에서 소동을 부리고 옥황상제의 궁전을 때려 부수고 천군에 대항하는 모습에서 독자들은 진정한 쾌감을 맛보게 된다. 험난한 신고를 겪으며 도착한 영취산에서 가섭과 아난에게 뇌물을 바치지 않았다는 이유로 글자 없는 백지 경전을 주고 또 이를 옹호하는 여래불의 말씀에서 인정세태와 다름없는 신불의 세계를 대하면 실소를 금치 못한다. 취경단의 인물 중에서 노골적으로 식욕과 색욕을 드러내고 욕망을 추구하려는 자는 저팔계다. 그의 식탐은 유명하여 서천취경의 도중에 수도 없이 그 장면이 나타나며 색탐의 장면도 여러 군데 나온다. 보살들이 여자로 변신하여 취경단을 시험할 때 노골적으로 말려들어 곤욕을 치르고 여인국 여왕의 미모에도 침을 흘렸으며 탁구천에서 일곱 명의 거미 요정이 목욕하는 샘에 메기로 변신하여 들어가 다리사이로 휘젓고 다니기도 하였다. 여덟 가지 계율을 지키라고 부르는 팔계의 이름이 무색하게 욕망의 덩어리 같이 묘사되는 것은 어쩌면 욕망을 버리지 못하고 살아가는 가장 인간적인 모습을 형상화한 것으로도 보인다.

『금병매』에는 얼굴 두꺼운 사람들이 부지기수다. 주인공 서문경이 가장 얼굴 두꺼운 몰염치한 인물이지만 그를 제외하더라도 어렵사리 먹고 살만한 집의 첩으로 들어간 반금련도 얼굴 두껍게 처첩이 여섯이나 되고 바깥에 숱한 여자를 두고 있는 서문경을 독차지하려고 용을 쓴다. 자신은 그중의 하나의 지분만 있는데도 불구하고 공공의 재산을 너무 독차지하려다가 아예 판을 깨버린 경우가 아닌가. 이병아도 서문경한테 시집오려고 너무나 얼굴 두꺼운 짓을 계속했다. 남편인 화자허 몰래 감춰둔 재산을 담 너머로 서문경에게 다 넘겨주었고 사건이 생겨서 얼마동안 두문불출하고 있다는데 그것을 못 참고 장죽산을 덜컥 데려오더니 급기야 서문경이 나타나자 그냥 헌신짝 버리듯이 매정하게 쫓아내버린다. 그러던 그녀가 서문경에 집에 들어와 관가를 낳고나니 사람이 달라진 거다. 하녀 출신 춘매의 두꺼운 얼굴은 봐주기가 어려울 만큼 가증스럽다. 주인인 반금련이 서문경의 마음을 잡으려고 춘매에게도 몸을 허락하도록 했더니 은근히 첩의 위상으로 올랐다고 생각했는지 악사가 잠시 손을 스쳤다고 악을 쓰며 야단치고 내보냈다. 또 주인마님이 진경제와 사통을 하고 입막음으로 함께 엮어들자고 하니 군말 없이 한통속이 된다. 진정으로 주인의 앞날을 걱정하는 몸종이라면 충고를 하거나 말리거나 뭔가 제동을 걸어주어야 하는데 불난 데 부채질한 건 춘매다. 더구나 서문경이 죽은 이후 오월랑에 쫓겨 나간 후반부에서는 그 와중에 복도 많아서 주수비의 아들을 낳고 정실부인으로 승격까지 했는데 하녀 출신의 제 버릇을 남 주지 못하고 찾아온 복을 차버리고 말았다. 그녀는 진경제를 끌어들이고 또 그가 사통 현장에서 맞아 죽고 자신은 겨우 모면했는데도 대오각성하여 근신하지 못하고 얼마 후에는 또 다른 젊은 하인을 불러서 요동치다 죽었으니 그 파렴치하고 두꺼운 얼굴을 누가 따를 것인가 한다. 과연 후흑학의 원조는 이 책에서 절정을 이룬다고 하겠다.

이제 우스갯소리로 이들 소설을 좀 더 비교해보면, 『삼국지』에서 술은 잘 익은 후에 마시고, 『수호전』에서 술은 큰 사발로 마시며, 『서유기』에서 술은 몰래 훔쳐 마시고, 『금병매』에서 술은 기생과 함께 마신다고 한다. 「사대기서」의 내용을 달리 표현해보면, 『삼국지』는 빈궁에서 부강하게 삼형제의 기발한 발전사이고, 『수호전』은 어디서 와서 어디로 가는가 108명의 호걸들이여! 라는 것이고, 『서유기』는 천방지축 하늘 무서운 줄 모르는 손오공이 삼장법사 모시고 서천취경을 시행하는 한바탕의 행군 실습이며, 『금병매』는 허망한 부귀를 향해 욕망의 전차를 달려가다 허망하게 사라진 씁쓸한 이야기다. 「사대기서」에서 싸우는 주체를 살펴보면 『삼국지』는 군벌 사이의 싸움이요, 『수호전』은 호한들 사이의 싸움이고, 『서유기』에서는 신마 사이의 싸움이며, 『금병매』는 처첩간의 싸움이라고 볼 수 있다. 「사대기서」의 인물들은 각각 무엇이 되려고 했던가 라는 점에서 비교해보면, 『삼국지』에서는 황제가 되려고 했고, 『수호전』에서는 고관대작이 되려고 했으며, 『서유기』에서는 신불이 되려고 하였고, 『금병매』에서는 부자 호색한이 되려고 했다.

이상은 몇 가지 키워드로 「사대기서」의 특징을 극명하게 드러내도록 해학적으로 풀어본 것이지만 나름대로 일목요연하게 차이점을 보여준다고도 할 수 있다. 이 네 작품은 과연 중국문화의 정수를 담고 있는 명품소설로서 영원불멸의 기이한 책, 「사대기서」라고 할 수 있을 것이다.

참고문헌

중국소설

최용철 외.『중문학 어떻게 공부할까』. 실천문학사. 1994.

최용철 외.『중국소설의 이해』. 학고방. 1994.

루쉰. 조관희 역주.『중국소설사』. 소명출판. 2004.

데이비드 롤스톤. 조관희 역.『중국 고대소설과 소설평점』. 소명출판. 2009.

정재서.『중국신화의 세계』. 돌베개. 2011.

조관희 역주.『중국고대소설독법』. 보고사. 2012.

박재연.『중국고소설과 문헌학』. 역락. 2012.

선정규.『여와의 오색돌, 중국문화의 신화적 원형』. 고려대학교출판부. 2013.

霍松林 主編.『中國古典小說六大名著鑑賞辭典』. 華岳文藝出版社. 1988.

完山李氏序.『中國小說繪模本』. 강원대학출판부. 1993.

『中國古代小說百科全書』, 中國大百科全書出版社, 1993.

宋莉華.『明淸時期的小說傳播』. 中國社會科學出版社. 2004.

石昌渝 主編.『中國古代小說總目』(白話卷). 山西教育出版社. 2004.

劉勇强, 潘建國, 李鵬飛 著.『古代小說硏究十大問題』. 北京大學出版社, 2017.

사대기서

王濟洲.『四大奇書與中國大衆文化』. 湖北教育出版社. 2000.

馮文樓.『四大奇書的文本文化學闡釋』. 中國社會科學出版社. 2003.

郭英德 著.『中國四大名著講演錄』. 廣西大學出版社. 2006.

小松謙.『四大奇書の研究』. 汲古書院. 2010.

陳洪.『四大奇書話題』. 江蘇人民出版社. 2015.

浦安迪(Andrew H.Praks).『明代小說四大奇書』. 三聯書店. 2015.

삼국지

이경선.『삼국지연구의 비교문학적 연구』. 일지사. 1976.

이전원 외. 손경숙 외 옮김.『삼국지고증학』(전2권) 청양. 1997.

오수형 편역.『제갈량문집』. 문학과지성사. 1998.

전인초 외.『삼국연의 역사기행』. 학고재. 2000.

김문경.『삼국지의 영광』. 사계절. 2002.

장정일 외. 『삼국지해제』. 김영사. 2003.
『우리의 삼국지 이야기』. 서울역사박물관. 2008.
박재연 · 김영교주. 『삼국지통속연의』(영인), 학고방. 2010.
서성. 『삼국지, 그림으로 만나다』. 천지인. 2010.
김문경. 송완범 외 옮김. 『삼국지의 세계』. 사람의 무늬. 2011.
류차이푸. 임태홍 · 한순자 옮김. 『쌍전–삼국지와 수호전은 어떻게 동양을 지배했는가』. 글항아리. 2012.

渡辺精一 監修. 『圖解三國志』. 西東社. 2005.
吳羽. 『圖解三國演義』. 南海出版公司. 2008.
陳岡龍 · 張玉安 主編. 『三國演義在東方』(上, 中, 下). 北京大學出版社. 2016.

수호전

미야자키 이치사다. 차혜원 옮김. 『중국사의 대가, 수호전을 역사로 읽다』, 푸른역사, 2006
진기환. 『수호전평설』. 명문당. 2010.

岡崎由美 監修. 『水滸傳の謎』. 光榮. 1994.
侯會. 『水滸源流新證』. 華文出版社. 2002.
呂哲. 『圖解水滸傳』. 南海出版公司. 2008.
井波律子. 『水滸縱横談』. 潮出版社. 2013.

서유기

홍상훈. 『그래서 그들은 서천으로 갔다, 서유기 다시 읽기』. 솔. 2004.
유용강. 나선희 옮김. 『서유기, 즐거운 여행』. 차이나하우스. 2008.
첸원중(錢文忠). 임홍빈 옮김. 『현장 서유기』. 에버리치홀딩스. 2010.
나카노미 요코. 김성배 옮김. 『서유기의 비밀』. 모노그래프. 2014
나선희. 『서유기, 게사르전, 라마야나 실크로드로의 초대』. 학고방. 2017.
張錦池. 『西遊記考論』. 黑龍江教育出版社. 1997.
朝日新聞社. 『西遊記のシルクロード, 三藏法師の道』(展示圖錄). 1999.
磯部彰. 『西遊記資料の研究』. 東北大學出版會. 2007.
李路. 『圖解西遊記』. 南海出版公司. 2008.

금병매

진기환. 『금병매평설』. 명문당. 2012.

魏子雲 主編. 『金瓶梅資料彙編』(上 · 下). 天一出版社. 1989.
尹恭弘. 『金瓶梅與晚明文化』. 華文出版社. 1997.

王乃驥.『金瓶梅與紅樓夢』. 里仁書局. 2001.
胡衍南.『飲食情色金瓶梅』. 里仁書局. 2004.
黃霖.『說金瓶梅』. 中華書局. 2005.
吳敢.『金瓶梅研究史』. 中州古籍出版社. 2015.

홍루몽

최용철.『홍루몽의 전파와 번역』. 신서원. 2007.
최용철 · 고민희 · 김지선.『붉은 누각의 꿈』. 도서출판 나남. 2009.

周自横.『圖解紅樓夢』. 南海出版公司. 2008.

도표

〈표 1〉 삼국지의 형성 과정

삼국	위(220-265) 46년	촉(221-263) 43년	오(229-280) 59년

시대	유형	인물	서명	내용
서진(3C)	정사	진수	삼국지	위서30, 촉서15, 오서20권
동진(4C)	야사	습착치	한진춘추	촉한 중심으로 역사 기술
남조 송(5C)	주석	배송지	삼국지주	주석에 야사와 전설 추가
	민간	유의경	세설신어	민간에 에피소드 전파
수대(7C 초)	공연	수양제		수상에서 삼국 잡희 관람
당대(7-9C)	당시	이상은		당시에 삼국 이야기 반영
송대(10-12C)	역사	사마광	자치통감	삼국-위 정통으로 기술
	역사	주희	자치통감강목	삼국-촉한 전통으로 강조
	설화	설서인	설삼분	삼국이야기 전문 연예인
원대(13-14C)	강사	소설가	삼분사략	삼국이야기 소설화(1294)
	강사	소설가	삼국지평화	삼국이야기 소설화(1231-33)
	희곡	희곡가	삼국희	삼국이야기 희곡 연출
명대(14-16C)	장편소설	나관중	삼국지통속연의	최초본 가정본(1522) 간행
청대(17-18C)	평점본	모종강	삼국지연의	강희본(1662-1722) 전파

〈표 2〉 수호전 형성의 과정

시대	제목	인물	서명	내용
북송	역사	송강	〈송사-휘종본기〉 〈송사-장숙야전〉	회남도적 송강, 송강 일당 36명
남송	설화	내득옹	〈도성기승〉	남송 임안의 설화 사종, 설공안 등
송원	인물찬	공개	〈송강삼십육인찬〉	최초의 양산박 36인 명단 소개
송원	설화고사	나엽	〈취옹담록〉	수호고사 설화, 청면수, 화화상 등
송원	강사화본		〈대송선화유사〉	수호고사의 초기 형태 형성
원대	희곡		수호희	흑선풍쌍헌공, 양산박이규부형 등
원명	장편소설	시내암	〈수호전〉	번본과 간본 대요, 전호, 왕경, 방랍의 정벌
명대	평점본	이탁오	〈충의수호전〉 (항주 용여당간)	100회,이탁오비평, 엽주평점,삽화본 후반 요나라와 방랍정벌만 포함
명대	평점본	이탁오	〈충의수호전전〉 (원무애 간본)	120회, 양정견제공, 이탁오비평 요나라, 전호, 왕경, 방랍정벌 포함
청대	산절본	김성탄	〈고본수호전〉 (관화당본)	후반 삭제한 71회까지의 비평본

〈표 3〉 서유기 형성의 과정

<table>
<tr><th>시대</th><th>제목</th><th>인물</th><th>서명</th><th>내용</th></tr>
<tr><td rowspan="2">당대</td><td>취경본사(取經本事)</td><td>현장법사</td><td>〈대당서역기〉</td><td>취경 과정의 사실적 서술</td></tr>
<tr><td>전설추가</td><td>제자혜립</td><td>〈대당대자은사삼장법사전〉</td><td>스승의 업적을 신격화</td></tr>
<tr><td>송대</td><td>강사화본(講史話本)</td><td></td><td>〈대당삼장취경시화〉
〈대당삼장법사취경기〉</td><td>강사류 설화에서 유래
흥미로운 이야기로 소설화</td></tr>
<tr><td>원대</td><td>평화(平話)
희곡(戱曲)</td><td>오창령
양경현</td><td>〈서유기평화〉(실전)
〈당삼장서천취경〉
〈서유기잡극〉(명초)</td><td>평화 소설로 출현
무대 연출로 공연</td></tr>
<tr><td>고려</td><td>한어교재</td><td></td><td>〈박통사(언해)〉(서유기평화)</td><td>「차지국투성」</td></tr>
<tr><td>명대</td><td>고본
장편소설
평점</td><td>화양동천
이탁오
양치화
주정신</td><td>〈서유기〉(영락대전)
〈서유기〉(세덕당, 1592)
〈비평서유기〉(1614 중간)
〈당삼장서유기전전〉
〈전상당삼장서유전〉</td><td>「몽참경하룡」
오승은</td></tr>
<tr><td>청대</td><td>장편소설</td><td>왕욱상
진사빈</td><td>〈서유증도서〉(1662-1669)
〈서유진전〉(1694)</td><td>개편본</td></tr>
</table>

〈표 4〉 삼국 주요인물 분류

<table>
<tr><th>분류</th><th>세분</th><th colspan="3">인물</th></tr>
<tr><td rowspan="5">한말조정</td><td>황실</td><td colspan="3">영제, 소제, 헌제, 동태후(영제 모), 하태후(소제 모), 왕미인(헌제 모)</td></tr>
<tr><td>권신</td><td colspan="3">동탁(상국), 여포(호위)</td></tr>
<tr><td>외척</td><td colspan="3">하진(대장군), 동승(국구)</td></tr>
<tr><td>환관</td><td colspan="3">건석, 장양, 단규</td></tr>
<tr><td>사도</td><td colspan="3">왕윤</td></tr>
<tr><td rowspan="4">군웅할거
(반 동탁)</td><td>서북지역</td><td colspan="3">마등(서량태수)
장양(상당태수)</td></tr>
<tr><td>하북지역</td><td colspan="3">원소(발해태수), 한복(기주자사),
공손찬(북평태수)-유비, 공융(북해태수)</td></tr>
<tr><td>하남지역</td><td colspan="3">도겸(서주자사), 원술(남양태수), 장초(광릉태수)</td></tr>
<tr><td>강남지역</td><td colspan="3">손견(장사태수), 손책(강동 장악)</td></tr>
<tr><td rowspan="14">군웅할거
(동탁사후)</td><td>요동</td><td>공손도</td><td rowspan="6">북방지역</td><td rowspan="6">공손도(요동)
원소(기주)
서량(마등)</td></tr>
<tr><td>유주</td><td>공손찬</td></tr>
<tr><td>기주</td><td>원소</td></tr>
<tr><td>북해</td><td>공융</td></tr>
<tr><td>서량</td><td>마등</td></tr>
<tr><td>병주</td><td>한수</td></tr>
<tr><td>장안</td><td>이각, 곽사</td><td rowspan="6">중원지역</td><td rowspan="6">조조(하북-장안,허창)
유표(형주-양양, 장사)
유비(신야)
장로(한중)</td></tr>
<tr><td>낙양, 허창</td><td>조조</td></tr>
<tr><td>한중</td><td>장로</td></tr>
<tr><td>남양</td><td>원술</td></tr>
<tr><td>서주</td><td>도겸</td></tr>
<tr><td>형주</td><td>유표</td></tr>
<tr><td>양주</td><td>손책-손권</td><td>강동지역</td><td>손권(양주-시상, 회계)</td></tr>
<tr><td>서천</td><td>유장</td><td>서남지역</td><td>유장(성도)</td></tr>
</table>

조조그룹	가족	조창, 조비, 조식
	호기(虎騎)장군	하후돈, 하후연, 조인, 조순, 조휴, 조진, 하후상, 조홍
	명장	장료, 악진, 우금, 장합, 서황
	무장	이전, 전위, 허저, 고람, 장패, 여건, 방덕, 문빙, 제갈탄, 사마사, 진태, 채모, 장윤, 조창, 장수, 종회, 등애
	문신 참모	순욱, 순유, 가후, 정욱, 곽가, 양수, 동소, 유엽, 종요, 허유, 화흠, 최염, 모개, 장간, 진림
유비그룹	가족	감부인(유선 모), 미부인, 손부인, 유선(후주)
	의형제	관우, 장비
	오호(五虎)장군	관우, 장비, 마초, 황충, 조운
	무장	강유, 위연, 마대, 유봉, 맹달, 엄안, 왕평, 관평, 관흥, 장포, 장익, 장의, 요화, 진도, 주창, 미방, 동윤
	문신 참모	제갈량, 방통, 법정, 간옹, 미축, 손건, 장완, 이엄, 서서, 마량, 동화, 마속, 장송
손권그룹	가족	손견(부), 오태부인(모), 손책(형), 손량(자), 손호(손)
	육대원로	장소, 정보, 황개, 한당, 주치, 여범
	사대도독(都督)	주유, 노숙, 여몽, 육손
	십이 명사	장굉, 제갈근, 우번, 엄준, 감택, 정병, 설종, 육적, 낙통, 장온, 육모, 오찬
	십이 장수	태사자, 주연, 장흠, 주태, 진무, 동습, 감녕, 능통, 서성, 반장, 정봉, 주항

〈표 5〉 수호전 인물의 구성

유형구분	인물(별명)
양산박 호걸 (천강성 36명)	송강(급시우), 노준의(옥기린), 오용(지다성), 공손승(입운룡), 관승(대도), 임충(표자두), 진명(벽력화), 호연작(쌍편), 화영(소이광), 시진(소선풍), 이응(박천조), 주동(미염공), 노지심(화화상), 무송(행자), 동평(쌍창장), 장청(몰우전), 양지(청면수), 서녕(금창수), 삭초(급선봉), 대종(신행태보), 유당(적발귀), 이규(흑선풍), 목홍(몰차란), 뇌횡(삽시호), 이준(혼강룡), 완소이(입지태세), 장횡(선화아), 완소오(단명이랑), 장순(낭리백도), 완소칠(활염라), 양웅(병관색), 석수(반명삼랑), 해진(양두사), 해보(쌍미갈), 연청(낭자)
양산박 호걸 (지살성 72명)	주무(신기군사), 황신(진삼산), 손립(병울지), 선찬(추군마), 학사문(정목한), 한도(백승장), 팽기(천목장), 선정규(성수장군), 위정국(신화장군), 소랑(성수서생), 배선(철면공목), 구붕(마운금시), 등비(화안산예), 연순(금모호), 양림(금표자), 능진(굉천뢰), 장경(신산자), 여방(소온후), 곽성(새인귀), 안도전(신의), 황보서(자염백), 왕영(왜각호), 호삼랑(일장청), 포욱(상문신), 번서(혼세마왕), 공명(모두성), 공량(독화성), 항충(팔비나타), 이곤(비천대성), 김대견(옥비장), 마린(철적선), 동위(출동교), 동맹(번강신), 맹강(옥번간), 후건(통비원), 진달(도간호), 양춘(백화사), 정천수(백면낭군), 도종왕(구미구), 송청(철선자), 악화(철규자), 공왕(화항호), 정득손(중전호), 목춘(소차란), 조정(조도귀), 송만(운리금강), 두천(모착천), 설영(병대충), 시은(금안표), 이충(타호장), 주통(소패왕), 탕륭(금전표자), 두흥(귀렴아), 추연(출림룡), 추윤(독각룡), 주귀(한지홀률), 주부(소면호), 채복(철각박), 채경(일지화), 이립(최명판관), 이운(청안호), 초정(몰면목), 석용(석장군), 손신(소울지), 고대수(모대충), 장청(채원자), 손이랑(모야차), 왕정륙(활염파), 욱보사(험도신), 백승(백일서), 시천(고상조), 단경주(금모견)
양산박 초기	왕윤(백의수사), 조개(탁탑천왕) - 송강 이전
황실 조정	휘종(황제), 채경, 고구, 동관, 양전
도교 불교	장천사(용호산상청궁), 지진장로(오대산문수원), 지청장로(동경대상국사), 최도성(와관사, 생철불), 구소을(와관사, 비천야차).

관리 토호	양중서(대명부), 시문빈(운성현지현), 하도(제주부 포도대장), 하청(하도동생), 장문원(운성현 아전), 장단련(맹주), 장도감(맹주), 유지채(청풍), 모용지부(청주), 채구지부(강주), 황문병(무위군), 황문엽(황불자), 축씨부자(축가장), 증씨부자(증두시), 사문공(증두시), 조태공(기수), 모태공(등주), 시황성(횡해군), 은천석(고당주), 하태수(화주), 왕태수(대명부), 장태수(능주), 정태수(동평), 적태공(진류현), 유태공(형문진), 유몽룡(건강부), 후몽(박주태수), 야율득중(요나라장수), 이금오(요나라시랑), 전호(하북에서 칭왕), 전표(전호동생), 변상(전호우승상), 왕경(섬주에서 칭왕), 단이(왕경처남), 단오(왕경처남), 방랍(절강에서 칭제), 방모(방랍동생), 방천정(방랍 태자)
민간 인물	김노한(취련 부친), 정도(진관서), 고아내(고구 양자), 장교두(임충 장인), 무대(무송형), 운가(양곡현), 하구숙(양곡현), 송태공(송강, 송청 부친), 공태공(공명, 공량 부친), 목태공(목홍, 목춘 부친), 이귀(가짜 흑선풍), 이달(이규 형), 우이(동경 무뢰한), 배여해(반교운과 사통), 백옥교(백수영 부친), 장왕(절강귀), 손삼(유리추)
여성 인물	김취련, 염파석, 염파, 반금련, 왕파, 반교운, 장씨(임충 부인), 유고(지채)부인, 양중서부인(채경 딸), 백수영, 가씨(노준의 처), 이사사(개봉부 기녀), 이교노(건강부 창기), 이서란(동창부 창기), 교수(동관 양녀), 단삼랑(왕경 처), 김지(방랍 딸).

〈표 6〉 서유기 인물의 구성

구분	인물	출신	설명
서천취경 (취경단)	삼장법사	강류화상, 현장법사	전생 여래제자 금선자, 당승
	손오공	화과산 미후왕	제천대성, 손행자
	저팔계	고로장	천봉원수, 저오능
	사오정	유사하,	권렴대장, 사화상
	용마	소백룡	서해용왕 삼태자
장안	어부, 초부, 경하용왕, 원수성, 당태종, 위징		
지옥	최판관, 염라대왕		
홍강, 강주	진광예, 은온교, 강도 유홍, 강류화상, 법명화상,		
삼성동	수보리조사		
용궁	동해용왕, 남해용왕, 서해용왕, 경하용왕, 소백룡, 홍강용왕,		
불계	석가여래, 남해 관음보살, 아미산 보현보살, 오대산 문수보살, 미륵불		
선계	옥황상제, 왕모낭랑, 태상노군, 태백금성, 남극수성, 진원대선, 이랑진군, 탁탑천왕, 나타태자, 묘일성관, 월궁 항아		
요마	혼세마왕, 우마왕, 흑풍괴, 흑수하타괴, 황미대왕, 육이미후, 통천하어괴, 홍해아, 호력대선, 각력대선, 독각시, 백안마군, 백골정, 금각대왕, 은각대왕, 파산호, 의해룡, 구미호요정, 철선공주, 사마왕, 전갈요정		

〈표 7〉 금병매 인물의 구성

분류	구분	인물	설명
서문경 가족	부친	서문달	이미 사망
	초취	진씨	이미 사망
	재취-정실	오월랑	오천호의 딸, 친청형제 오대구, 오이구
	제이-첩	이교아	기녀출신, 서문경사후 장이관에 개가
	제삼-첩	탁이저	이미 사망, 맹옥루로 보충
	제삼-첩	맹옥루	과부출신, 서문경사후 이아내에 개가
	제사-첩	손설아	진씨의 시녀, 서문경사후 내왕과 도주
	제오-첩	반금련	무대 독살후 개가, 후에 무송에 살해됨
	제육-첩	이병아	화자허 사후 개가, 아들 관가사후 병사
	딸	서문대저	진씨 소생, 서문경사후 남편학대로 자살
	사위	진경제	친가 몰락 처가 의탁, 반금련, 춘매와 사통
	아들	관가	이병아 소생, 반금련에 의해 놀라서 죽음
	아들	효가	오월랑 소생, 15세에 영복사에서 출가함
서문경 친척	오가	오월랑	오대구, 부인, 오이구, 부인
	맹가	맹옥루	전남편 양종석, 시동생 양종보, 시고모,
	반가	반금련	모친 반노파
	이가	이병아	화태감, 전난편 화자허, 화씨 형제
서문경 친구	의형제	응백작, 사희대, 축일념(축실념), 손과취, 오전은, 운리수, 상시절, 복지도(사후 화자허 영입), 백뢰광(백래창) 등	
서문경 하인	하인	시동	대안, 평안, 금동, 기동, 서동, 화동
		집사부부	내왕-혜련, 내보-혜상, 내소-일장청, 내작-혜원,
	하녀	주요시녀	오월랑 방-옥소, 소옥
			반금련 방-춘매, 추국
재물 관리	생약포 등	부명, 부자신	
	물품 구매	한도국, 내왕	
경성 관리	사돈	진경제 부친 진홍, 모친 장씨,	
	내각	태사 채경, 아들 채유, 집사 적겸, 소첩 한애저	
	파견	순안 채온(일천), 안진사(봉산), 감찰어사 송교년	
지방 관리	주수비	주수(후에 주통제), 춘매, 아들 금가, 노복 주충	
	하제형	하연령, 아들 하승은, 노복 하수,	
	청하현	지현 이달천, 현승 전성, 주부 임정귀	
	산동관원	산동순무 사후몽, 좌포정 공기, 제남지부 장숙야	
서문경 사통	왕초선	과부 임부인, 아들 왕삼관아	
	기원	이계저, 정애월, 오은아	
악공과 배우	주채, 양탁, 마진, 한좌, 소겸, 좌순, 왕계 등		
스님과 도사	오도관, 비구니 왕고자, 운유화상 호승, 영복사 보정화상		
의원	태의 장죽산, 포태의, 호태의, 조태의		
매파	왕파(반금련 소개), 설수(춘매 소개), 도마마(맹옥루 소개)		

〈표 8〉 제갈씨 가문 가계표

제갈풍	**제갈규** →	**제갈근**(오)	**제갈각** → 제갈교(출계) →	제갈작 제갈송 제갈건 제갈번(귀속)	제갈각-손권 사후 오의 실권 장악, 손준에 살해됨
	제갈현 (숙부양육)	**제갈량**(촉) 제갈균	제갈교(양자) → **제갈첨**(친자) →	제갈번(출계) 제갈상 제갈경	제갈량-유비사후 촉에 충성 제갈첨-위 등애와 전투중 전사
	(불명)	**제갈탄**(위)	제갈정	제갈회	제갈탄-사마소에 반대, 위에 충성

〈표 9〉 조조 가문의 가계도

조숭 (하후씨)	유부인 → **조조**(무제) → 변황후 환부인	조앙 ①**조비**(문제) → 조창 조식 조자 →	②**조예**(명제) → 조림 → ⑤**조환**(원제)	③**조방** ④**조모**

〈표 10〉 유비 가문의 가계도

(선조) 중산정왕 유승	(부) 유홍	①**유비**(소열제) → 감부인 미부인 손부인	경애황후 장황후 ②**유선**(후주) → 왕귀인 유봉(양자)	유선 유요 유종 유찬 유심 유순 유건
		장비	장포 장소 경애황후 장황후	

〈표 11〉 삼국지의 사건 연표

시대 연도	대사건	인물	내용
후한시대			
184(영제)	황건 봉기 군웅 할거	장각 형제 유비(劉備)	조조 황건적 토벌을 위해 거병 관우(關羽), 장비(張飛)와 도원결의
190(헌제)		조조(曹操) 동탁(董卓)	반동탁 연합군 창의, 원소(袁紹)를 맹주로 추대 낙양 불태우고 장안으로 천도

191		손견(孫堅) 동탁 헌제(獻帝) 손책(孫策) 조조	낙양에서 옥새획득, 유표(劉表) 공격중 사망 여포에 의해 살해되고 여포는 원소에 의탁 장안 탈출, 조조가 영입하고 허창으로 천도 원술의 군마 얻어 강동 평정하고 세력장악 서주 공략, 유비는 도주하고 관우는 생포됨
199	관도대전	조조	오소(烏巢)를 습격하고 원소에 대승함
200		손권(孫權) 유비 조조	손책을 이어 강동 장악하고 동오 맹주가 됨 관우, 장비, 조운과 함께 형주 유표에 의탁 오환 공략, 중국북방 통일하고 남방공격 시작
207		유비	남양의 제갈량(諸葛亮) 삼고초려, 천하삼분지계
208	적벽대전	손권 유비 유비	유비와 연합, 오나라 주유(周瑜) 조조군을 대파 손권으로부터 형주(남군)를 빌림 익주를 장악, 형주는 관우에게 맡겨 지킴
216		조조	위왕(魏王)으로 승격됨
219		유비 관우	한중왕(漢中王)이 됨 오의 여몽에 패하여 손권에게 처형당함
삼국시대			
220	위 건국(황초)	조비	조조 사망하고 조비 낙양에서 위문제로 등극
221	촉 건국(장무) 이릉대전	유비 손권 장비 유비	촉(성도)에서 한 황제로 등극, 사칭 촉한 조비에 칭신(稱臣)하고 오왕(吳王)으로 봉해짐 출정준비 독려 중에 부하에 피살됨 관우의 복수위해 오나라와 전쟁 시작
222		유비 유선(劉禪) 제갈량 제갈량 제갈량 조예(曹睿)	오의 육손에 패하여 백제성 피신 촉한의 후주로 등극하고 승상은 제갈량 오와 우호관계 회복하고 국정 안정시킴 남정으로 맹획 복속하고 서남지방 안정시킴 북정시작하여 위와 전쟁, 읍참 마속(馬謖) 조비 사망하고 조예 위명제로 등극함
229	오 건국(황룡)	손권	무창에서 등극, 건업(남경)으로 천도, 사칭 동오
234		제갈량	기산에 출병(6차), 오장원에서 사망함
249			사마의(司馬懿) 정변으로 권력 장악함
251			사마의 사망하고 사마사(司馬師) 대권 장악함
252			손권 사망하고 손량(孫亮)등극, 제갈각 보좌함
263	촉 멸망		종회와 등애 정벌로 유선 항복, 낙양으로 이송됨
265	위 멸망		진왕 사마염에 선양하고 위 멸망
서진시대			
265	진 건국(태시)	사마염	진 무제로 등극
280	진(晉)의 통일	손호(孫晧)	오의 손호, 진의 사마염에 항복 (삼국시대의 종료)

〈표 12〉 수호전 사건의 전개

순서	단계 명칭	주요 인물과 사건	비고
제1단계	취의(聚義)단계	①왕진-연안도주 사진과 노달(지심) ②조개-생신강탈취 오룡과 삼완규합 ③임충-양산박입산 조개일당-입산 ④무송-반금련살해 십자파의 장칭 ⑤송강-염파석살해 청풍채의 화영	송강 이전

제2단계	확장(擴張)단계	⑥송강-강주에서 반시 양산영웅-형장습격 ⑦송강-축가장 공격 삼차공략-송강 승리 ⑧고렴-고당주 장악 공손승-술법 대결 ⑨호연작-연환마 시천-갑옷 훔쳐 대항 ⑩삼산공동 청주공략 무송-양산박 합류 ⑪조개-증두시에서 화살 맞음 오용-노준의 유인 ⑫양산군-북경 대명부 공략 노준의-구출 입산 ⑬송강-증두시 공략 노준의-사문공 생포 살해	송강 참여
제3단계	초안(招安)단계	⑭충의당-석갈 천문발견, 양산영웅-백팔 명 명단 확인 ⑮송강-조정 초안 수용, 양산군-조정의 정규군 이 됨	송강 귀순
제4단계	정벌(征伐)단계	⑯대요 정벌, 북방 ⑰전호 정벌, 서북 산서 ⑱왕경 정벌, 서방 사천 ⑲방랍 정벌, 남방 절강	송강 지휘
제5단계	와해(瓦解)단계	⑳양산군 와해, 송강과 이규 독주 사망	송강 사망

〈표 13〉 서유기 서천취경의 내용

장소	회목	인물	사 건
장안(長安)-출발	12	삼장법사, 당태종	당태종 명으로 서천취경 출발
양계산(兩界山)	14	삼장, 손오공	오행산(양계산)에서 손오공구출
응수간(鷹愁澗)	15	서해용궁 백룡	백룡 백마로 환생하여 취경단
흑풍산(黑風山)	17	손오공, 흑풍괴	흑풍괴가 삼장의 금란가사 훔침
고로장(高老莊)	18-19	저팔계, 고취란	손오공, 저팔계 제압 취경단
황풍령(黃風嶺)	20	황풍괴	황풍괴 황풍으로 삼장을 납치
유사하(流沙河)	22-23	사오정,	관음 목차, 사오정 제압 취경단
오장관(五莊觀)	24-26	진원대선, 관음	관음 감로수로 인삼과 되살림
백호령(白虎嶺)	27	삼장일행, 백골정	삼타 백골정, 삼장-손오공 갈등
보상국(寶象國)	28-31	황포괴,백화수공주	황포괴, 보상국 백화수공주납치
평정산(平頂山)	32-36	금각, 은각대왕	저팔계 잡히고 손오공이 구출
오계국(烏鷄國)	37-39	청사자요괴, 국왕	문수보살이 청사자 요괴 제압
호산(號山)	40-42	홍해아, 관음	우마왕과 철선공주 아들 홍해아
흑수하(黑水河)	43	타룡	서해용궁 마앙태자, 타룡 제압
차지국(車遲國)	44-46	호력, 녹력, 양력	세 요도 제압하고 차지국 회복
통천하(通天下)	47-49	영감대왕, 자라	관음이 나서 금붕어요정을 제압
금두산(金兜山)	50-52	독각시대왕	태상노군이 청우 요정을 제압
해양산(解陽山)	53	여의진선, 노파	낙태천 찾아서 삼장 임신 해결
서량여국(西梁女國)	54	여아국 여왕	여왕이 삼장과 혼인하고자 함
독적산(毒敵山)	55	전갈요정,앙일성관	앙일성관을 청래 전갈요정 제압
화염산(火焰山)	59-61	우마왕, 철선공주	화염산 불을 끄는 파초선 구함
제새국(祭賽國)	62-63	만성용왕,구두부마	용궁에서 제새국 보물을 찾아줌
형극령(荊棘嶺)	64	다섯 나무요정	삼장과 강제로 혼인하려 함
소뢰음사(小雷音寺)	65-66	황미괴, 미륵불	미륵불이 나와 황미괴를 제압
칠절산(七節山)	67	망사 요괴	칠절산의 구렁이 요괴를 처단
주자국(朱紫國)	68-71	새태세, 주자국왕	관음이 나와 제태세를 제압함
반사령(盤絲嶺)	72	거미 요정	저팔계 일곱 미녀요정에 잡힘

황화관(黃花觀)	73	지네 요정	비람파 청하여 백안마군 제압
사타령(獅駝嶺)	74-77	청사자,대붕금시조	여래불을 모셔와 삼마두 제압
비구국(比丘國)	78-79	국왕, 백면호리	국왕이 해치려던 아이들 구출
함공산(陷空山)	80-83	지용부인,탁탑천왕	이천왕과 나타, 쥐 요괴를 제압
멸법국(滅法國)	84	멸법국 국왕	불법박해 국왕 흠법국으로 개명
옥화군(玉華郡)	88-90	옥화왕자, 황사자	태을천존 병기훔친 황사자 제압
금평부(金平府)	91-92	서우요괴,사목금성	코뿔소 요괴 세명 삼장 납치함
천축국(天竺國)	93-95	천국국공주,옥토끼	가짜공주가 삼장과 혼인하려 함
영산(靈山)	98	여래, 아난, 가섭	예물 없다고 백지 경전을 줌
통천하(通天下)	99	삼장일행, 관음	경전 물에 빠뜨려 81난 맞춤
영산(靈山)	100	삼장일행, 여래	여래불조, 오성성진(五聖成眞)
장안(長安)-귀환	100	삼장일행, 당태종,	팔대금강이 호송, 당태종 영접

〈표 14〉 금병매 사건진행의 연표

연호	서기	인물	사건
사전		서문경	청하현 생약포 운영, 본처 진씨 사망 정실 오월랑, 첩 이교아(2방), 탁이저(3방)
사전		반금련	재봉집 딸, 왕초선부에서 비파 학습, 장대호 통방시녀, 무대랑에 시집보냄
政和2	1112	서문경	옥황묘에서 10명이 의형제를 맺음, 응백작, 사희대 등, 복지도 죽고 화자허 가입
정화3	1113	서문경	이병아 사연, 대명부 양중서 측실, 양산박 공략때 탈출하여 화자허와 혼인
		반금련	왕파 찻집에서 서문경과 사통, 무대 독살 탁이저 죽고 중매로 맹옥루 영입(3방)
		손설아	손설아 영입(4방), 진씨부인의 배방시녀 반금련 영입(5방), 오월랑 시녀 춘매를 줌
정화4	1114	서문경	기원 이계저 머리 얹어주고 독점함 반금련이 금동 유혹, 서문경의 매질과 축출
		이병아	서문경 담을 넘어 이병아와 사통, 재물 옮김 화자허 재산 분규로 투옥, 석방후 화병으로 죽음
정화5	1115	이병아	이병아, 반금련 생일날 방문하여 가족들과 인사 원소절날 오월랑, 맹옥루 등 이병아 집 방문교류
		서문경	이병아 영입 직전, 딸과 사위(진경제) 피신 귀가 서문경 정원공사 중단, 뇌물로 명단 고쳐 모면
		이병아	상사병 극심, 병치료하던 장죽산과 결혼 서문경 위기모면 후 장죽산 핍박하여 쫓아냄
		서문경	이병아 영입(6방)후 박대, 자살 소동후에 화해 이계저 몰래 손님 받자 서문경이 기원에서 난동
정화6	1116	송혜련	서문경 집사 왕아를 잡아 억울하게 귀양보냄 서문경과 사통하던 송혜련 항의 표시로 자살
		이병아	아들 관가 출산, 유모 여의아를 영입 서문경 관직 승진, 반금련의 질투 시작됨
		서문경	채태사에 생일선물, 집사에 한애저 첩으로 보냄 한도국의 처 왕육아와 사통 시작, 집을 사줌
정화7	1117	서문경	호승에게 얻은 춘약으로 왕육아, 이병아에 실험 반금련과 사위 진경제 사통시작, 오월랑의 회임

		반금련	반금련 홧김에 개와 시녀 매질, 관가 놀람 흰고양이에 고기덩이로 관가 놀람, 관가 사망
		이병아	아들 관가 죽은 이후 슬픔과 분노로 병사(27세) 서문경 슬퍼하며 화려한 장례식, 여의아와 사통
정화8	1118	서문경	임부인, 분사처, 여의아, 왕육아 등과 연일 사통 반금련이 춘약먹여 혼수상태, 수일후 사망(33세)
		오월랑	아들 효가 출산, 집안의 주인으로 본격 나섬 응백작 등 장이관에게 붙음, 집사는 재물 빼돌림
		진경제	진경제와 반금련 사통 드러나서 쫓겨남 왕파에 팔려간 반금련 무송에 살해됨(32세)
宣和1	1119	방춘매	죽은 반금련의 유골을 거두어 장례지냄 주수비 첩이 되어 아들 낳고 정실로 승격
		맹옥루	지현의 아들 이아내에게 재가함 진경제 맹옥루 모함으로 투옥, 재물은 산실
		진경제	진경제 핍박으로 서문대저 목매어 자살(24세) 진경제 재물 탕진하고 거지로 전락함
선화2	1120	방춘매	손설아를 하녀로 사들여 핍박하다 창기로 팜
		오월랑	시동 대안과 시녀 소옥을 혼인시키기로 함 오순검의 모함을 춘매 통해 주수비에 해결부탁
선화3	1121	진경제	앞서 관가에 잡힌 진경제를 춘매가 구출 춘매가 진경제를 집안으로 데려와 사통함
선화7	1125		금나라 침공, 휘종 퇴위, 흠종 즉위
靖康1	1126	진경제	춘매와 밀회하다 하인 장승에게 맞아죽음(26세) 장승은 주통제 타살, 손설아 자살
정강2	1127	방춘매	주통제 가인들과 동창부로 가게 됨 하인의 아들과 사통하다 음란으로 폭사(29세)
		북송멸망	금군이 휘종과 흠종을 잡아 북으로 끌고 감
建炎2	1128	오월랑	효가 15세에 영복사에서 출가시킴, 법명 명오 시동 대안을 서문안으로 고쳐 가업 계승토록 함

〈표 15〉 손권 가문의 가계도

손견 ——→ 오태후	손책 ①손권(대제) ——→ 손부인(유비 부인)	손등(태자) 손화(태자) ——→ ②**손휴**(경제) 손량(폐주)	③**손호**(후주)

〈표 16〉 사마씨 가문 가계도

부친	형제	자녀	손자
사마방 경조윤	1. 사마랑 2. **사마의** ——→ (자 중달, 고조) 3. 사마부 4. 사마구 5. 사마순 6. 사마진 7. 사마통 8. 사마민(세칭 八達)	1. 사마사(경제) 2. **사마소**(문제) ——→ 3. 사마량(회남왕) 4. 사마주(낭야왕) 5. 사마경(청혜정후) 6. 사마간(평원왕) 7. 사마준(부풍무왕) 8. 사마융(양효왕) 9. 사마륜(조왕) 1. 여-남양공주 2. 여-고륙공주	1. **사마염**(진 무제): **삼국통일** 2. 사마유(제헌왕) 3. 사마조(성양애왕) 4. 사마정국(요동도혜왕) 5. 사마광덕(광한상왕) 6. 사마감(낙안평왕) 7. 사마기(연왕) 8. 사마영조 9. 사마연조(낙평왕)

저자후기

필자는 중국소설 전공자로서 1984년 이래 대학 강단에서 전공수업 혹은 교양수업으로 매번 명청소설 과목의 강의를 주로 맡아왔다. 명청소설사를 강의하면서 문언소설로 명대의 『전등신화』와 청대의 『요재지이』, 백화 단편소설로 명대의 「삼언이박」, 장편소설로 명대의 「사대기서」와 청대의 『유림외사』 및 『홍루몽』이 항상 관심의 대상이었다. 필자는 그중에서 『홍루몽』을 전공하였으므로 언제나 『홍루몽』의 인물 이야기와 원전 읽기를 빼놓지 않았지만 그렇다고 다른 작품을 소홀히 다루면서 명청소설사 전체를 말할 수는 없었다.

명청소설사의 전후를 장악하기 위해 박사 학위를 취득한 이후에는 국내 비교문학계에서도 관심이 높았던 『전등신화』의 판본과 전파 관련 문헌을 파고들었다. 중국과 일본의 소장 판본을 조사하는 과정에서는 중국 대련에서 뜻밖에 『금오신화』의 조선간본을 발굴하는 성과도 얻을 수 있었고, 「학술명저번역총서」로 『전등삼종』(전등신화, 전등여화, 멱등인화)의 역주본을 내기도 하였다. 후에 「인문저술」 지원을 받아 『전등신화와 전등여화의 종합연구』 집필에 착수하여 진행 중이었지만 도중에 연구원의 HK연구단 책임을 맡게 되었다는 이유로 지원이 중단되어 완성되지 못하고 차후의 과제로 남기게 되었다. 머지않아 다시 시작할 생각이다. 그리고 그동안 천착해 온 연구를 쉽게 풀어내어 따로 『홍루몽과 중국문화』도 미구에 집필을 시작하여 장편소설 「오대명저」를 함께 살펴보는 기회를 갖도록 하겠다.

「사대기서」는 항상 강의의 핵심 주제였지만 연구 주제로 삼아서 천착하기에는 벅찬 대상으로 여기고 있었다. 그러다 간혹 국제회의에 참가하여 개별 작품의 한국에서의 전파와 번역에 대한 논문을 발표하기도 하면서 차츰 「사대기서」에 접근하기 시작했다. 기왕에 명청소설을 전공한다면 「사대기서」는 언젠가 한번은 넘어야 할 거대한 산이었다. 『홍루몽』 연구에서의 경험을 살린다면 넘지 못할 것도 없으리라고 근거 없는 자신감도 은근히 생겼다. 그러다 한국연구재단의 「인문교양저술」 지원에 선정되어 본격적으로 「사대기서」를 종합적으로 소개하는 교양도서를 목표로 준비하게 되었다. 핵심교양 과목으로 신청하여 학부생들과도 「사대기서」의 여러 가지 문제를 함께 풀어보았다. 교양강의에서는 젊은 독자의 눈높이를 맞춰보려고 다양한 시도를 해보게 되었다. 책을 쓰면서도 여러 가지 다양한 아이디어는 샘솟듯 솟아올랐지만 그렇다고 그때마다 글의 방식을 고쳐 쓸 수는 없었다. 항상 다음 기회에 따로 한번 시도해 보겠다는 생각으로 유예하면서 솟아오른 아이디어를 잠시 잠재우곤 했다. 그래도 막상 책으로 만들어내는 데는 손오공이 넘어가는 여든 한 번의 난관과 같은 어려움이 있다. 날마다 쏟아지는 책방의 책을 보면서 그리 쉽게만 여겨지던 것이 막상 내 손안에서 다루어질 때는 또 얼마나 어려운 일인지!

이제 35년간의 대장정을 끝내고 마무리하려는 순간 이 책을 내는 기회가 되고 보니 그동안 고마웠던 사람들이 주마등처럼 눈앞을 스친다. 지난 세월 내가 강단에서 강의할 때 두 귀를 쫑긋 세우고 두 눈을 반짝이며 때로는 넋을 놓고 들어주며 기뻐하고 즐거워했던, 그래서 나로 하여금 더욱 흥에 겨워 열변을 토하게 했던 젊은 그들, 앞서간 10년의 한양대 학생들과 뒤따른 25년의 고려대 학생들에게 고마운 마음을 전한다. 무릇 가르치는 자와 배우는 자의 사제지간은 교학상장이라는 말처럼 우리 모두의 힘을 북돋게 하고 일어서게 한다. 직접 논문을 써서 학위를 취득해야 하는 대학원생들은 자신의 글쓰기를 조금이라도 배우겠다는 일념으로 더더욱 나의 손발이 되어 자료를 검색하고 문헌을 강독하면서 수많은 시간을 함께 하였다. 그들은 나에게서 무엇인가 배웠다고 말할 것이나 나 또한 그들과 함께 함으로써 비로소 학자로서 자리를 굳건히 지킬 수 있었던 것이니 고단한 인생길에서 정녕 즐거운 동반자가 아니었겠는가. 대학 시절부터 함께 공부하고 훗날 함께 강단을 지킨 많은 동학과 동료 교수의 고마움도 잊을 수 없다. 창립멤버로 함께 한 중국소설학회의 여러 회원들은 실질적인 조언과 진정이 담긴 격려를 통해 학문적인 성취를 이룩하는 데 도움을 주었으니 만나면 즐거운 동호인처럼 반갑고 고맙다. 가족의 고마움을 이 자리에서 밝히기는 좀 뭣하지만 정년을 앞두고 더 이상 기회가 없을 것 같아 굳이 한마디 덧붙인다. 「송림지화」의 목표 아래 함께 공부하면서 꿋꿋하게 가정을 지키고 살아온 아내 솔림에게 고마운 마음을 표하고 싶다. 가을이 깊어지면 낙엽은 조용히 제 뿌리로 돌아가나니 이듬해 다시 어느 가지 끝의 새 잎으로 자라나리!

마지막으로 교양도서 저술지원을 제공해준 한국연구재단과 이와 같은 좋은 책으로 만들어 준 고려대학교출판문화원에 심심한 감사의 말씀을 드린다.

2018년 12월 17일
안암동산 시계탑 대관루에서
최용철

찾아보기

사대기서와 중국문화

초판 1쇄 2018년 12월 27일
초판 2쇄 2019년 12월 5일

지은이 최용철
펴낸곳 고려대학교출판문화원
www.kupress.com
kupress@korea.ac.kr
(02841) 서울특별시 성북구 안암로 145
Tel 02-3290-4230, 4232
Fax 02-923-6311
찍은곳 (주)동화인쇄

ISBN 978-89-7641-973-6 93820

값 27,000원
※ 잘못 만들어진 책은 바꿔드립니다.